001 명인문화문고

Global Cultures

문화로 읽는 세계

주요 13개국의 문화 탐방

Martin J. Gannon, Rajnandini Pillai 지음
남경희, 변하나 옮김

명인문화사

명인문화문고 001

문화로 읽는 세계 _ 주요 13개국의 문화 탐방

1쇄 펴낸 날　2013년 8월 31일
3쇄 펴낸 날　2014년 6월 16일

지은이　Martin J. Gannon, Rejnandini Pillai
옮긴이　남경희, 변하나
펴낸이　박선영
펴낸곳　명인문화사

디자인　정은영
교　정　정주원

등　록　제2005-77호(2005.11.10)
주　소　서울시 송파구 석촌동 58-24 미주빌딩 202호
이메일　myunginbooks@hanmail.net
전　화　02)416-3059
팩　스　02)417-3095

ISBN　978-89-92803-58-8
가　격　15,000원

ⓒ 명인문화사

Understanding Global Cultures: Metaphorical Journeys Through 31 Nations, Clusters of Nations, Continents, and Diversity, 5th ed.

Martin J Gannon, Rajnandini Pillai

English Language edition published by SAGE PUBLICATIONS, INC of the United States, London and New Delhi, Copyright ⓒ 2013 by SAGE Publications, Inc.

Korean Edition ⓒ 2013 Myung In Publishers

간략목차

1장	이탈리아의 오페라	1
2장	독일의 심포니	45
3장	프랑스의 와인	87
4장	영국의 전통가옥	127
5장	미국의 미식축구	175
6장	중국의 만리장성	223
7장	중국의 가족제단	243
8장	일본의 정원	267
9장	태국의 왕조	313
10장	인도, 시바의 춤	335
11장	러시아의 발레	383
12장	캐나다의 배낭과 국기	419
13장	멕시코의 축제	439
14장	브라질의 삼바	471

세부목차

역자 서문   VII

1장 이탈리아의 오페라   1

서곡 8 | 장대한 볼거리와 화려한 연출 10 | 목소리 18 |
외면화 22 | 독창자와 합창단 36

2장 독일의 심포니   45

다양한 악기 55 | 연주자의 자리배치 59 | 지휘자와 지도자 66 |
정확성과 동시성 71 | 미완성 교향곡   83

3장 프랑스의 와인   87

순도 90 | 분류 97 | 성분 106 | 어울림 114 |
숙성 과정 117 | 변화하는 초상 122

4장 영국의 전통가옥   127

전통가옥 130 | 역사, 정치, 경제: 기초 놓기 132 |
영국인으로의 성장: 집짓기 143 | 영국인 되기: 집 안에서 살기 157

5장 미국의 미식축구   175

테일게이트 파티 179 | 식전공연과 중간공연 181 | 전략과 전쟁 183 |
선발, 훈련캠프, 플레이북 186 | 팀 구조 내 개인의 특화된 성취 187 |

공격성, 고위험, 예측불가능한 결과 198 │ 허들링 202 │
미식축구 교회와 완벽에 대한 예찬 212

6장 **중국의 만리장성** 223

만리장성: 복잡하고 굴곡진 긴 역사 229 │ 유교와 도교 232 │
손자, 전쟁, 시장 238

7장 **중국의 가족제단** 243

원형 252 │ 조화 261 │ 유동성 263

8장 **일본의 정원** 267

기업문화 269 │ 은유로서의 정원 273 │ 와, 그리고 시카타 275 │
세이신 훈련 281 │ 물방울 또는 에너지의 합체 285 │ 미학 305 │
비슷한 점과 다른 점 309

9장 **태국의 왕조** 313

느슨한 수직적 위계질서 318 │ 자유와 평등 326 │ 태국의 미소 329

10장 **인도, 시바의 춤** 335

순환론적 힌두철학 348 │ 삶의 순환 351 │ 가족의 순환 354 │
사회적 상호작용의 순환 363 │ 일과 기분전환(재충전)의 순환 373

11장 **러시아의 발레** 383

발레의 계급 393 │ 드라마와 사실주의 397 │ 러시아인의 영혼 407

12장 **캐나다의 배낭과 국기** 419

평등주의와 그 관점 423 │ 캐나다 모자이크 427 │
비미국계 북미인으로서의 캐나다인 430

13장 멕시코의 축제　　　　　　　　　　　　　　　　　　　439

사람에 대한 주된 초점　449　｜　종교 강조　457　｜
현재를 경험하기　462　｜　사회 질서 안에서의 자유　465

14장 브라질의 삼바　　　　　　　　　　　　　　　　　　　471

작은 스텝의 순환성　477　｜　신체적 접촉　485　｜　파동　490　｜
자발적 탈피　495　｜　무용수의 역설　500

참고문헌　508

찾아보기　526

저자 소개　537

번역자 소개　539

역자 서문

『문화로 읽는 세계: 주요 13개국의 문화 탐방』은 많은 독자들이 관심을 갖는 주요 13개국의 다양한 문화를 몇 가지 군으로 분류한 후 각 국가만이 가지고 있는 특징, 국민성 등을 서술한 아주 독창적인 문화·역사 안내서이다.

이 책의 제목을 처음 본 독자들은 각 나라의 문화적 특징을 나열한 안내서라고 생각하기 쉽다. 그러나 이 책은 단순히 외부인의 시선에서 들여다 본 각 나라의 문화적 특징을 독자들에게 알려주는 것이 아니라 각국의 개별적 문화가 갖는 특성과 그 특성들이 모일 때 이루어지는 관계를 한 권에 담아냈다는 차별성이 있다.

이 책의 특징은 먼저, 주요 13개국의 각 문화적 특징을 선명하게 드러내 주는 은유를 사용했다는 점에서 특별하다. 이 책에서 소개하는 문화적 은유는 이탈리아의 오페라, 독일의 심포니, 프랑스의 와인, 영국의 전통가옥, 미국의 미식축구, 중국의 만리장성과 가족제단, 일본의 정원, 태국의 왕조, 인도의 시바의 춤, 러시아의 발레, 캐나다의 배낭과 국기, 멕시코의 축제, 브라질의 삼바이다. 각 국가의 문화적 은유는 해당 문화에서 겉으로 드러나는 모습뿐만 아니라 그 안에 놓여있는 맥락과 의미까지 효과적으로 이미지화 해준다. 이는 더 나아가 독자들이 각 문화를 더욱 생생하게 이해하고 기억할 수 있는 장치로서 기능한다.

따라서 이 책은 세계 각국의 문화에 지적 호기심이 있고, 특히 어떤 나라에 대해 대표적으로 떠오르는 이미지가 어떻게 형성되게 되었는지 알고 싶은 일반 독자들에게 비교적 쉽게 궁금증에 대한 답을 제공해준다. 인터넷 검색 결과의 방대함에 질리고, 유의미성에 실망한 독자에게는 더욱 유용할 것이다. 또한 책에 소개된 국가로 여행을 가거나, 그곳에서 잠시 거주할 기회가 생긴다거나, 사업을 시작할 의향이 있는 사람이라면 앞으로 이어질 긴 조사의 첫 걸음으로 적절한 선택이 될 것이다.

2013년 8월
공동역자 남경희, 변하나

01

이탈리아

이탈리아의 오페라

오페라에는 음악과 극적인 연기,
장대한 대중적 볼거리, 화려한 연출, 운명론
이 모든 것이 포함되며 이탈리아 자체를
상징한다고도 할 수 있다.

GLOBAL CULTURE

논란이 되는 유일한 극음악은 … 오페라이다.

-캅랜드 (Aaron Copland, 1939/1957: 133)

3월 아마토(Paolo Amato) 상원의원은 피렌체의 명물 우피치 미술관의 상징과도 같은 작품을 옮기는 데 분노하여 플래카드를 흔들며 항의하는 시민들에 합류했다. 레오나르도 다빈치의 〈수태고지(Annunciation)〉를 일본에 대여하는데 대한 항의의 표시로 아마토 의원은 독특한 방법을 선택했다. 그는 자신의 몸을 체인으로 감아서 미술관 입구에 있는 기둥에 묶고 자물쇠를 채웠다. 이는 마치 오페라의 결말처럼 수 주 동안 지속된 시끄러운 분쟁에 종지부를 찍는 행동이었다.

-나이트 (Christopher Knight, 2007)

밀라노-라 스칼라(La Scala) 극장의 시즌 개막공연으로 새롭고 여러모로 훌륭하게 제작된 바그너(Richard Wagner)의 발퀴레(Die Walküre)가 무대에 올려졌다. 이탈리아에서 오락거리로서 오페라의 인기가 아무리 시들해졌다 해도 시즌개막은 연례 최대의 문화이벤트로 각계각층의 명사와 주정부 수반들이 참석하곤 한다. …

시즌개막은 단순한 사회적 행사가 아니다. 정치적, 상징적 행사이며 수많은 이탈리아인들이 음악의 수준에 관심을 가지고 한마디씩 하는 행사이기도 하다. 공연 내용은 중요한 뉴스로 다루어진다. 유럽이나 미국 어디에도 이에 버금가는 행사는 없다.

-키멜먼 (Michael Kimmelman, 2010)

이탈리아는 2011년 3월 15일 근대국가로서의 통일 150주년을 맞이했다. 유럽 선진국 중에서 근대국가로서의 역사가 이 탈리아보다 짧은 나라는 독일밖에 없다. 그러나 다른 신생국가들과 비교할 때 이탈리아가 특이한 점은 국민들이 국가에 대해 양가감정(ambivalence)을 느낀다는 것이다. 이탈리아는 지역 간 차이가 크고 국민들은 자신을 나라보다는 지역과 연계시킨다 ("생일 대략 축하합니다[Happy-ish Birthday]," 2001).

이탈리아는 수세기 동안 훌륭한 미술작품과 음악은 물론 뛰어난 감각과 쾌활하고 열정적인 삶의 방식으로 명성을 누려왔다. 다른 나라들은 뛰어난 전쟁수행 능력을 과시하거나 국민들에게 경제적 풍요를 안겨다 준다. 그러나 이탈리아는 특히 독일, 프랑스, 스칸디나비아 반도 국가들 같은 다른 유럽연합(EU: European Union) 국가들과 비교하면 경제적으로는 낙후되어 있다. 원인으로는 공무원 조기퇴직제 같은 사회보장제도를 유지하기 위한 높은 세율, 낮은 경제활동 참가율, 낮은 생산성, 마피아 같은 조직범죄의 지속적인 영향력, 광범위한 부패, 탈세, 막대한 공공부채, 무능한 정부 등이 꼽힌다. 탈세만 해도 공신력 있는 조사에 따르면 미납세액이 국내총생산(GDP)의 27%에 이른다고 한다 (Kahn, Di Leo, 2007). 2011년 경제자유지수(Index of Economic Freedom, 미국 헤리티지재단과 월스트리트저널이 공동으로 투자자유도, 기업, 재정 등 10가지 경제지표를 바탕으로 각국의 경제적 자유도를 평가하여 매년 발표 - 역자 주) 조사에서 이탈리아는 179개국 중 87위를 차지했다 (T. Miller, 2011).

더욱 심각한 것은 제2차 세계대전 이후 이탈리아가 쌓은 부의 대부분은 북부지역 소기업의 극적인 성공으로 인한 것이라는 점이다. 최근 중국 등의 나라와 거대 다국적기업과의 경쟁으로 이탈리아의 소기업들이 심각한 문제에 직면했다. 이탈리아는 인구

5,890만 명에 대기업이 47개 있지만 비슷한 인구 규모를 가진 영국(6,100만 명)에는 대기업이 약 129개 있다 (Peet, 2005).

이탈리아는 미국 플로리다와 면적이 거의 같지만 토지는 더 척박하고 부존자원도 적다. 이탈리아는 크게 두 지역으로 나뉜다. 대륙 가까이에는 알프스 산맥과 북이탈리아 평야가 있고, 지중해 쪽으로는 이탈리아 반도와 도서지역이 있다. 이탈리아 반도를 남북으로 가로지르는 아펜니노 산맥 북부를 경계로 남북이 거의 완전히 분리된다. 지리적 분리는 극심한 지역주의를 초래했으며, 그 결과 많은 이탈리아인들은 이탈리아를 부유하고 인구가 4,000만 명에 이르는 북부 산업지대와 인구가 북부의 절반 밖에 안 되는 남부 농업지대로 분리된 국가로 인식하게 되었다.

북부와 남부

정치학자 퍼트남(Robert Putnam)은 이탈리아 북부와 남부의 시민 전통에는 각기 다른 원인이 있고 이러한 전통이 수 세기 동안 유지되어 왔음을 경험적으로 설득력 있게 입증했다 (Putnam, 1993). 11세기 프레데리코(Frederico) 왕이 이탈리아 남부에 세운 정치적, 경제적으로 번성한 전제국가는 후계자들의 부패로 쇠락했다. 왕과 시민 사이의 중개인으로 부상한 마피아로 인해 부패는 더욱 심각해졌다. 이와 반대로 북부에서는 교육과 도제제도(중세 때 길드에서 수공업자가 후계자를 양성하던 제도 – 역자 주)를 강조하는 길드와 민주적 선거를 통한 시민참여의 전통이 수세기에 걸쳐 이어지면서 부패가 뿌리내릴 수 없었다. 오늘날 북부는 세계화의 위협을 받고 있지만 여전히 성공적이다. 그러나 남부에서는 수백만 달러를 쏟아 부어 빈곤을 퇴치하려는 노력에도 불구하고 빈곤이 근절되지 않고 있다. 이에 따라 끈질기게 남북의 분리를 주장하는 북부연맹(Lega Nord, 연방제와 북부지역의 독립을 주장하는 이탈리아 극우정당 – 역자 주)이 밀라노를 근거지로 설립되기까지 했다. 그러나 북부의 경제적 성공은 남부출신 노동력에 크게 의지하는 만큼 이러한 움직임은 헛된 주장이나 마찬가지라고 할 수 있다. 또한 남부와 북부는, 아래에서도 설명되겠지만, 물론 다른 점이 있긴 해도 문화적으로 매우 밀접하게 연관되어 있다.

이탈리아 문화는 그 명성에도 불구하고 다른 문화들처럼 사라질 위기에 처해있다. 이탈리아의 출산율은 1.4명으로 인구대체율(현재의 인구 수준을 안정적으로 유지하기 위해 필요한 출산율 – 역자 주)에 훨씬 못 미치며 세계에서도 가장 낮은 수준에 속한다. 인구의 중위 연령(총인구를 연령순으로 나열할 때 정 중앙에 있는 사람의 해당 연령 – 역자 주)은 43.3세로 일본과 독일에 이어 세계 3위다. 그러나 이탈리아는 인구 규모가 커서 이러한 추세는 얼마든지 달라질 수 있다. 이탈리아로 이민을 원하는 사람이 많아서 하루에도 많은 불법 이민자들이 몰래 국경을 넘는다. 따라서 이탈리아의 문화적 기반은 변화가 있겠지만 한 동안은 비교적 탄탄하게 지켜질 것이다.

이탈리아에는 화산폭발, 홍수, 기근, 지진 같은 자연재해가 많았다. 이탈리아 반도는 지질학적으로 젊기 때문에 국토의 대부분이 지반이 단단한 땅(terra firma)이 아니며, 따라서 예부터 산사태가 자주 발생하여 사람들의 재산과 생명을 앗아가곤 했다. 그래서 사람들은 이탈리아에 '산사태의 나라'라는 별명을 붙였다("신의 손[Hand of God]," 1998). 이탈리아에는 불안정한 느낌이 배어있다 (Haycraft, 1985/1987). 이탈리아인들은 불안정성을 삶의 일부로 받아들인다. 이러한 순응적인 태도는 왜 순간의 삶을 더 즐기는 것처럼 보이는지, 왜 일어나는 일을 있는 그대로 받아들이게 되었는지 설명해준다. 이탈리아인들은 일어날 일은 일어나게 되어 있으며 이를 막을 방법은 별로 없다고 믿는다.

이탈리아의 역사에는 로마제국과 르네상스 등 문화적으로 풍요롭고 중요한 시기가 많다. 앞서 말했듯 민족국가로서의 이탈리아는 프랑스나 영국 등 다른 유럽국가들 보다 훨씬 늦은 1861년 리소르지민토(*risorgimento*), 즉 부활로 알려진 통일의 결과로 성립되었다. 그 이전에 이탈리아인들은 이탈리아를 정복하고 지배했던 여러 외국문화를 자신의 것으로 여긴 적이 한 번도 없다. 이것이 이탈리아인들이 전통적으로 법과 세금납부를 거부했던 배경일 수도 있다. 이탈리아인들은 외세의 지배로부터 큰 영향을 받았지만 자신들만의 독특한 문화를 창조하는 데 성공했다.

은유로서의 오페라

이탈리아를 이해하기 위해서는 이탈리아인들이 고안하여 최고의 수준으로 발전시킨 예술 형식인 오페라에 대해 알아보는 것이 도움이 된다. 오페라는 거의 모든 대사를 말이 아닌 노래로 하는 유일한 음악극이다. 오페라에서 발전한 음악극에는 길버트와 설리반(영국 빅토리아 시대의 극작가 W.S. Gilbert와 작곡가 Arthur Sullivan을 가리키는 것으로 이들은 함께 〈군함 피나포어(H. M. S. Pinafore)〉 등 총 14편의 코믹 오페라를 썼음 – 역자 주)이 확립한 영국의 오페레타(상류계급의 전유물이었던 오페라를 서민을 위한 가벼운 오락으로 만든 것 – 역자 주)와 미국의 〈남태평양(*South Pacific*)〉, 〈오클라호마(*Oklahoma*)〉 같은 뮤지컬이 있다. 그러나 이 같은 파생된 유형의 음악극은 노래보다 말이 압도적으로 많다는 점에서 오페라와 다르다.

오페라에는 이탈리아 문화의 거의 모든 특징이 압축되어 있다. 오페라에는 음악과 극적인 연기, 장대한 대중적 볼거리, 화려한 연출, 운명론 등 이 모든 것이 포함되며 이탈리아 자체를 상징한다고도 할 수 있다. 오페라에는 희극도 있고 비극도 있으며, 지극히 개인적일 수도 있고 눈에 띄게 대중적일 수도 있다. 독창자와 합창자는 언어와 몸짓, 음악, 농익은 연기를 통해 이러한 내용들을 표현한다. 오페라에는 과장된 분위기가 있고, 관객은 이탈리아인들이 공유하는 정서를 뛰어난 실력으로 표현하는 성악가에게 공감과 애정을 드러내며, 그 사이 오페라 그 자체에 빠져든다. 이탈리아인들은 이탈리아 문화의 정수가 담긴 오페라와 오페라 음악을 향해 극적 표현을 좋아하지 않는 사람이라면 이해 못 할 정도의 정서적 친밀감을 드러낸다. 근래 들어 높은 제작비용과 이에 따른 높은 티켓 가격으로 오페라의 인기가 떨어지고 있다. 그렇다 해도 오페라만큼 이탈리아적 가치를 잘 표현할 수 있는 수단은 없다. 따라서 오페라를 통해 이탈리아 문화를 살펴보고자 한다.

오페라의 다섯 가지 특징에 초점을 맞추어 오페라 은유를 살펴보고 이러한 특징들이 이탈리아인들의 삶을 어떻게 설명하는지 알아보겠다. 첫 번째 특징은 서곡이다. 두 번째 특징은 장대한 볼거리와 화려한 연출, 그리고 오페라 같은 활동이 이탈리아인들의 일상생활에서 연출되는 방식이다. 세 번째는 언어를 음악적으로 표현하는 데 있어

목소리의 사용과 그 중요성이다. 다음은 구체적으로 정서와 생각에는 강력한 힘이 있어서 개인이 속에 담고 있을 수만은 없고 타인에게 표현할 수밖에 없다는 믿음인 외면화(externalization)이다. 마지막 특징은 합창자와 독창자의 중요성으로, 합창은 이탈리아 문화의 통일성을, 독창은 특히 남북 간의 지역적 다양성을 나타낸다.

서곡

서곡은 독일에서 교향곡이 발달하는 계기가 된 중요한 혁신이었다. 기본적으로 교향악단은 서곡을 통해 오페라의 전체적인 분위기를 알리고, 관객이 주요 내용을 예상할 수 있게 해준다. 일반적으로 5분 남짓한 길이의 서곡에는 우울하거나 쾌활하거나 또는 진지한 분위기를 자아내는 악절이 여럿 포함된다. 연주속도는 빠르게, 중간 속도로, 느리게 등으로 다양하며, 오페라가 구성되는 각각의 막(주로 3막으로 구성)에 무슨 일이 일어날지 관객이 눈치 챌 수 있도록 다양한 악기가 사용된다.

이탈리아 문화에서도 서곡이 강조된다. 이탈리아는 미국의 저맥락 문화와 아시아의 고맥락 문화의 중간쯤에 위치한다. 미국인들은 거두절미하고 본론으로 들어가는 경향이 있는 반면, 아시아인들은 본격적으로 일을 시작하기에 앞서 상대를 파악하는 데 많은 시간을 들인다. 이탈리아인들은 개인적인 믿음이나 앎에 관한 문제에는 중간자적 입장을 취하지만, 적어도 관계를 형성하는 초기에는 자신의 감정이나 생각을 표현하는 편이다. 상대는 앞으로 어떤 일이 일어날지 어느 정도는 예상할 수 있지만, 이는 불완전한 예고편일 뿐이며 전혀 예상치 못했던 일이 종종 일어나기도 한다.

일상에서 서곡이 연주되는 방식에는 지역별로 차이가 있다. 스위스 및 독일과 지리적으로 가까워서 이 두 국가로부터 영향을 많이 받은 밀라노는 서곡이 짧은 경향이 있다. 그러나 테이블도 몇 개 밖에 없고 주 메뉴라고는 샌드위치가 전부인 아무리 작은 카페에서라도 서곡은 있다. 샌드위치는 식욕을 돋우는 다양한 색깔의 접시에 담겨 나오고 여러 가지 커피와 에스프레소, 파니니(파니니 기계로 눌러서 만든 이탈리아식 샌드위치 - 역자 주)가 제공된다. 주인과 대화할 기회가 많은 것은 아니지만, 주인과의 대화는 진열장의 음식처럼 기분을 좋게 한다. 백화점에서도 이와 같은 행동패턴을 볼 수 있다. 손님과 점원의 교류 비율은 미국보다 이탈리아에서 훨씬 높다.

남부지역에서는 서곡이 훨씬 길다. 예를 들어 어떤 사람이 신발을 사려고 하면 상점에 자주 가서 주인에게 그곳에서 신발을 산 친구가 추천했음을 알린다. 그러면 유쾌한 첫 대화가 시작되고 주인이 손님에게 에스프레소를 권할 것이다. 첫 방문에서 구매가 이루어지는 일은 별로 없으며 주인도 구매를 기대하지 않는다. 두 번째 방문에서도 즐거운 대화가 이어지지만, 손님은 물건을 살 수도, 사지 않을 수도 있다. 그러나 양쪽 모두 세 번째 방문에서는 구매가 이루어질 것을 알고 있다. 그리고 그제야 오페라 즉, 실제 협상이 시작된다. 양쪽 모두 최종결론이 무엇인지 잘 알고 있지만, 감정과 주장, 설득, 다양한 어조를 사용하여 최종결론 즉, 구매가 이루어지는 과정을 촉진시킨다. 이러한 과정은 충만하고 쾌활한 삶의 전반적인 감각을 강화해준다. 그러나 운명이란 이탈리아인들의 삶에서 중요한 요소인 만큼 예상치 못한 일은 언제든지 일어날 수 있고, 실제로도 일어난다.

장대한 볼거리와 화려한 연출

이탈리아는 장대한 볼거리와 화려한 연출이 많은 나라이다. 다른 나라 국민들에 비해 이탈리아인들은 더 활달하고 표현력이 뛰어나다. 예를 들어 아시아인들은 남들과 대화할 때 감정을 숨기고 몸짓을 잘 사용하지 않는 편이다. 그러나 특히 남부출신 이탈리아인들은 적극적인 표현을 좋아한다. 이탈리아에서 공공장소에 가면 혼자 있는 사람이 별로 없고, 매우 시끄럽다. 지다가던 사람이 남의 일에 끼어드는 일도 흔하다. 예를 들어 과속으로 걸린 운전자가 경찰과 실랑이를 벌이고 있노라면 지나가던 사람들이 모여들어 선처를 부탁하는 운전자의 편을 대놓고 들기도 한다. 버스기사가 키가 6피트(약 182센티미터 - 역자 주)에 얼핏 봐도 아동이라고는 할 수 없는 아이를 데리고 탄 어머니에게 어른 요금을 내라고 했다가, 승객들이 어머니 편을 드는 바람에 애를 먹기도 한다.

서곡이 끝나고 막이 오르면 박수가 저절로 나올 만큼 훌륭한 세트가 무대에 펼쳐진다. 이는 장대한 볼거리와 화려한 연출의 시작이다. 장대한 볼거리와 화려한 연출은 무엇보다도 외양을 기준으로 사람이나 사물을 판단하는 이탈리아인들의 삶에서 중요한 역할을 한다. 이탈리아인들을 묘사한 고전적 저작을 통해 바지니(Luigi Barzini)는 쾌활하면서도 가끔 우울하고 비극적인 이탈리아인들의 삶의 겉모습은 이탈리아의 역사와 닮았고 한 편으로는 쇼(show)와 같은 특징이 있다고 말했다 (Barzini, 1964). 쇼의 첫 번째 특징은 대단히 감동적이고 재미있으며 노골적으로 아름답다는 점이다. 두 번째 특징은 모든 효과는 주변인에게 특정한 메시지를 전달하고 특정한 감정을 불러일으키기 위해 정교하게 계산된다는 점이다. 오페라를 발전시킨 국민들인 만큼, 이탈리아인들은 종종 훌륭한 연기자가 된다. 메이어스(Frances Mayes)의 『토스카나의 태양 아래서(*Under the Tuscan Sun*)』(1996)처럼 이탈리아를 소재로 삼은 최근의 베스트셀러들을 보면 바지니의 설명을 새삼 확인할 수 있는 동시에 여러 분야에서 서서히 문화적 변화가 나타나고 있다는 점도 알 수 있다.

쇼의 첫 번째 목적은 삶을 견디어 내고 좀 더 즐겁게 만드는 것이다. 이러한 태도는 이탈리아의 자연적, 인위적 역사에서 이유를 찾을 수 있다. 네 개의 활화산과 홍수와 지진, 끊임없는 외세의 침략에 시달리면서 이탈리아인들은 불안감을 가지게 되었다. 이탈리아인들은 지루하고 별 의미 없는 순간들을 장식하고 의식으로 만들어, 재미있고 중요한 순간으로 바꾼다. 추한 것은 감추고, 슬프고 비극적인 것은 가능한 숨기며, 평범한 일을 장식을 통해 더욱 극적인 경험으로 만든다. 재난은 피할 수 없으며 오직 완화될 수만 있다고 믿기 때문에 신중하게 대응을 하는 현실적인 사람들이 일상적인 순간들을 화려하게 장식하는 풍습을 발전시킨 것이다. 이탈리아인들은 삶의 표면 아래 묻힌 것은 그냥 두고 그 표면에서 우아하게 활주하기를 선호한다 (Barzini, 1964).

장대한 볼거리라는 장치가 단순히 보는 사람을 기만하고 현혹시키려는 욕망 때문에만 존재하는 것은 아니다. 때때로 쇼를 한다는 것은 용기 있는 민족이 그들에게 허락된 몇 안 되는 무기 중 하나인 상상력을 이용해, 운명에 저항하고 삶의 불의에 맞설 수 있는 유일한 방법이기도 한 것이다. 물론 힘없고 가난한 것 보다는 힘있고 부자인 것이 낫다. 그러나 국가로서든 개인으로서든 이탈리아인들에게 힘이나 부를 하나라도 가지기란 쉽지 않은 일일 때가 많다.

가르보의 중요성

피상적인 기쁨과 즐거움의 영원한 추구에는 가르보(*garbo*)가 수반된다. 가르보를 정확히 번역하기는 어렵지만 어떤 상황에 섬세하면서도 타인에게 상처를 주지 않는 방식으로 대처하는 이탈리아인들의 세련됨을 가리킨다. 가르보는 이탈리아인들의 삶을 하나의 예술작품으로 바꾼다. 이탈리아인들은 대중 지향적이고, 많은 것을 기꺼이 나누고자 하며, 언제나 무대에 오르는 삶에 익숙하다.

이러한 설명에서 알 수 있듯, 많은 이탈리아인들은 주변인들에게 특정한 이미지를 심어주고 싶어 한다. 라 벨라 피규라(*la bella figura*)라고 명명된 이러한 성향을 가리켜 브린트(Steven Brint)는 자신감 있고 유능한 이미지를 자신에게 투사하는 것이라고 정의했다 (Brint, 1989). 윌킨슨(Tracy Wilkinson)은 라 벨라 피규라는 내용을 무시하고 스타일에 집착하는 이탈리아인들의 성향을 나타내며 대중공연 예술의 하나라고 주장함으로써 이러한 정의를 더욱 확장했다 (Wilkinson, 2007a).

인상(impression)의 중요성은 이탈리아 공화국의 기본 문서인 헌법에 나타난다. 미국 독립선언문의 자명한 진리 중 첫 번째는 모든 인간은 평등하게 태어났다는 것이다. 그러나 이탈리아 헌법의 제1 기본원칙은 "모든 시민은 동등한 사회적 존엄성을 가진다"는 것이다 (Levine, 1963). 실제로 많은 이탈리아인들은 밖에서 좋지 않은 인상을 남기느니 차라리 집에 남아있기를 택할 것이다. 윌킨슨은 부유하면서도 자신이 남들의 기대만큼 부유하지는 않다고 생각하는 사람들이 극단적인 라 벨라 피규라를 추구하는 세태를 묘사했다 (Wilkinson, 2007a). 이탈리아에는 값비싼 차를 오후에만 빌려주는 곳도 있고 파티를 장식할 미술작품 컬렉션을 임시로 대여해주는 곳도 있다. 다른 나라에도 이러한 과시 성향이 있지만 이탈리아는 그 중에서도 으뜸일 것이다.

많은 이탈리아인들이 물질적 소유를 통해 라 벨라 피규라를 쫓는다. 행동뿐만 아니라 물질적 부를 통해 좋은 인상을 주는 것이 중요하다. 이러한 성향의 원인으로 외세의 오랜 지배, 높은 인구밀도, 자연재해 등 다양한 설명이 제시되었다. 원인이 무엇이건 간에 기쁨과 즐거움을 끊임없이 추구하여 쇼를 창조하는 것은 일상의 고단한 현실을 견디려는 시도라고 할 수 있다.

장대한 볼거리와 가르보에 의지하여 삶을 하나의 예술작품으로 바꾸는 것은 대부분의 문제 해결에 도움이 된다. 장대한 볼거리와 가르보는 개인의 공적인 삶과 사적인 삶 모두를 지배하며 정책과 정치 계획의 틀을 제공한다. 장대한 볼거리와 가르보는 이탈리아인들이 외양이 중요한 분야에서 뛰어난 성적을 거두는 이유이기도 하다. 중세시대 이탈리아제 갑옷은 아름다운 장식과 우아함, 우수한 디자인으로 유럽을 통틀어 가장 아름다운 갑옷으로 통했다. 그러나 전투에서 사용하기에는 너무 가볍고 얇은 것이 흠이었다. 실제 전쟁에서 이탈리아인들은 모양은 볼품없지만 좀 더 실용성이 있는 독일제 갑옷을 선호했다. 또 다른 예로, 1938년 히틀러가 이탈리아를 방문했을 때 이탈리아인들은 로마에 마치 영화 세트장처럼 골판지로 만든 건물을 세워 로마가 더욱 현대적이고, 부유하고 강력한 도시처럼 보이게 탈바꿈시킨 바 있다.

이탈리아인들은 "계란이 있으면 누구라도 오믈렛을 만들 수 있지만 계란이 없으면 오직 천재만이 오믈렛을 만들 수 있다"고 생각한다(Barzini, 1964: 91). 예를 들어 르네상스 시기 이탈리아 밖에서 벌어지는 전쟁은 거대한 군대가 맞붙어서 피를 흘리며 전력을 다해 싸우는 것을 의미했다. 상대를 더 많이 죽이는 쪽이 그 날의 승리를 거머쥐는 것이다. 그러나 이탈리아에서 전쟁이란 피를 흘리지 않는 우아한 무언극과 같은 것이었다. 소규모 무장 세력의 지도자들이 거금을 받고 깃발, 색색가지 천막, 말, 화염 등 아름다운 소품으로 꾸민 전장에서 무력충돌의 외양을 재현했다. 연기에 어울리는 군가와 북소리, 사기를 북돋우는 노랫소리, 섬뜩한 비명소리가 어우러졌다. 양측은 몇 안 되는 군사를 이리 저리 그럴듯하게 움직이면서 멀리까지 서로를 추격하고 요새를 빼앗았다. 그러나 결국 승리는 비밀협상과 뇌물에 의해 결정되었다. 이는 전쟁을 즐겁고 문명화된 방식으로 치르는 것이었다. 실제 전쟁은 다른 곳에서 벌어지는 것처럼, 이러한 접근으로는 문제를 완전히 해결할 수 없는 경우가 많았지만, 비용과 인명 피해, 고통은 훨씬 덜한 방법이었다.

교회 의식

이탈리아인들의 삶에서의 오페라 같은 화려한 연출은 여전히 막강한 정치적, 문화적 권력을 행사하는 가톨릭 교회의식에도 나타난다("무슨 수를 써서라도 [By Hook or by Crook]," 2007). 이탈리아인들은 교회의식을 종교적 의미보다는 화려한 행사와 장대한 볼거리, 가족행사를 위한 가치 측면에서 중요하게 여긴다. 많은 이탈리아인들은 교회를, 마치 오페라처럼, 권위의 원천이 아닌 드라마와 의식의 원천으로 본다. 이탈리아인들이 미사에 꼬박꼬박 참석하는 것은 아니지만 여전히 교회는 이탈리아인들의 행동에 강력한 문화적, 사회적 영향력을 미치고, 또 절대다수의 이탈리아인들이 자신을 가톨릭 신자라고 밝힌다.

장대한 볼거리를 추구하는 이탈리아인들의 태도는 의사소통에서 뚜렷이 나타난다. 이탈리아인들은 의사소통에 능숙한 사람들이다. 이탈리아인들이 감정표현을 위해 사용하는 몸짓과 표정을 보면 조금 떨어진 곳에 있던 사람도 대화의 흐름을 쫓아 갈 수 있다. 오페라에서도 관객은 성악가가 부르는 노래를 완전히 알아듣지 못해도 무대 위에서 무슨 일이 일어나고 있는지 이해할 수 있다.

이탈리아인들에게 감정적이고 극적인 측면이 있지만 의사결정은 감정이나 취향, 운, 희망이 아니라 상대방의 강점을 주의 깊게 살펴본 후에 이루어진다. 그래서 이탈리아인들은 아무리 사소한 거래라도 상대방을 직접 만나서 협상하기를 선호한다. 또한 상대방의 표현을 통해 입장을 판단하며, 이에 따라 더 많은 것을 요구할지, 요구를 끝까지 밀고 갈지, 아니면 요구를 접을지 결정한다.

이탈리아인들은 자신은 유일무이한 인간으로서 특별히 주의를 기울일만한 가치가 있는 사람이라는 인상을 주기 위해 속이 빤히 들여다보이는 거짓말을 한다. 자신이 '보통 사람'이라고 말하는 이탈리아인은 거의 없으며, 대신 자신은 '신의 은총을 받은 아들'이라고 스스로를 설득한다 (Barzini, 1964: 79).

오페라적 삶을 사는 이탈리아인들은 세상을 향해 유능한 모습을 보여야 하기 때문에 신뢰감을 주고 지적으로 보이는 일만 하려고 한다. 이탈리아에서 중산층은 고등학교나 대학교에 다니는 동안에는 일을 하지 않고 정식으로 취업을 해야 일을 한다. 실제로 웨이터 같이 급료가 낮은 일자리들은 전일제로 운영되며 다른 유럽 국가에서도 흔히 그런 것처럼 학생들에게는 그런 일자리를 얻을 기회가 쉽게 주어지지 않는다. 대학생들은 1학년이 되자마자 전공을 정하고 미국처럼 이 과목 저 과목 건드리지 않는다. 그러나 학부 4년, 법학전문대학원 3년처럼 대학에 정해진 코스는 없기 때문에 많은 이탈리아인들이 미국인보다 학교를 오래 다닌다.

사업협상

장대한 볼거리와 화려한 연출은 사업 발표와 협상에도 적용된다. 협상장에서 발표를 하는 관리자에게는 명쾌하고 정확한 발표 기술이 요구된다. 이들은 세부적인 내용과 필요한 용어들을 완벽하게 알고 있다는 것을 증명해야 하며 발표는 체계적으로 정리되어 있어야 한다. 명료함과 우아함이 큰 역할을 한다. 그러나 화려한 연출과 장대한 볼거리가 발표와 협상에서 중요한 역할을 한다 하더라도 성실한 협상을 기대하는 것은 이탈리아인들도 다르지 않다.

대부분의 이탈리아인들은 부자로 보이기보다는 부자가 되는 것이 훨씬 낫다는 것을 알고 있다. 그럼에도 한 사람이나 국가에게 부를 쟁취하거나 쌓기 위한 부존자원이 없다면 어떻게 해야 할까? 부유한 척하는 기술이 그 어느 곳도 아닌 바로 이탈리아에서 발전했다. 이탈리아에서는 지방의 작은 마을도 대저택과, 성곽, 위풍당당한 오페라 하우스를 자랑한다. 작은 어촌의 주민들은 바다에서 보이는 바위에 마을이 부유하고 번영하고 있다는 환상을 심어줄 수 있을 정도로 정교한 그림을 그린다. 이탈리아인들은 좋은 옷을 입고 최신식 자동차를 타며 값비싼 레스토랑에서 식사를 한다. 그러나 그렇게 하는 사람들 중 일부는 물질적으로 별로 부유하지 않다. 장식과 포장은 경제적 불안과, 불확실성, 부존자원이 별로 없는 나라의 현실을 장대한 볼거리가 있는 환상으로 탈바꿈시켜준다.

엄격한 사회적 위계질서가 부족하다는 것은 화려한 연출을 하는 이탈리아인들의 삶을 잘 보여준다. 이탈리아에는 고정된 엄격한 계급구조가 존재하지 않는다. 대신 한 사람을 판단할 수 있는 조건들이 존재한다. 여기에는 직업과 권위, 교육 수준, 조상, 그리고 대부분의 경우에 부(富)가 포함된다. 그러나 가장 중요한 것은 사회적 행동이다. 이탈리아인들은 이를 **지빌타**(*civilta*), 즉 어느 한 개인이 지역의 규범에 맞게 행동하는 것이라고 부른다 (Keefe, 1977). 이 규범에는 옷차림, 행동양식, 지역사회에의 참여 등이 포함된다.

사회적 위계질서 내에서의 지위는 공동체 구성원들이 개인이나 그의 가족에게 표시하는 존경의 수준을 통해 확실하게 알 수 있다. 그러나 존경은 나이와 가족의 지위와도 연관된다. 젊은 사람들은 마치 아이가 부모에게 하듯 나이 든 사람들에게 존경을 표시한다.

산업화와 도시화, 저출산 추세, 고령화, 젊은이들의 미국화(Americanization)의 결과로 계급인식과 사회적 위계질서는 달라질 수밖에 없을 것이다. 그러나 여전히 많은 존경을 받는 직함이 있다. 의사, 변호사, 교수 등이 그것이다. 많은 사람들이 이런 직함을 가진 이들과 대화하거나 관계를 가지는 것을 영광으로 여기고 존경을 담아 높여서 이들을 칭한다.

화려한 연출의 마지막 예는 다른 문화에도 이탈리아와 비슷한 측면이 있다는 것을 보여준다 (13장 멕시코의 축제 참고). 일 년에 한 번 모든 도시와 마을마다 산토 파트로노(santo patrono) 즉, 수호성인을 기념하는 퍼레이드가 열린다. 수호성인의 동상을 행렬 앞에 내세우고 성직자와 상류층 인사들, 일반 시민들이 그 뒤를 따른다. 뒤이어 광장이나 마을 중앙에서 축하행사가 열린다. 이러한 전통 축제와 퍼레이드를 통해 마을의 연대감이 강화되며 사람들은 극적이고 화려한, 재미있는 행사를 통해 지겨운 일상에서 탈출한다.

이탈리아를 이해하려면 장대한 볼거리에 의존하는 성향을 반드시 이해해야 한다. 장대한 볼거리는 사람들이 대부분의 문제를 해결하는 데 도움을 주며 이탈리아인들의 공적, 사적 생활 모두를 지배한다. 이는 이탈리아인들이 건축, 장식, 정원조경, 오페라, 패션, 영화 등 인상이 중요한 분야에서 탁월한 능력을 보이는 이유이기도 하다.

목소리

이탈리아인들은 투스카니 방언에서 파생된 이탈리아어가 세상에서 가장 아름다운 언어라고 생각한다. 이탈리아어의 아름다움은 주로 다른 언어들에 비해 자음 대비 모음의 비율이 높아서 음악적 효과가 난다는 사실에서 비롯된다. 이탈리아인들은 높낮이를 바꾸며 리듬감 있게 열정적으로 말을 함으로써 언어에 많은 감정을 담아낸다. 가장 중요한 것은 화법의 수준이며 이러한 경향은 오페라의 소프라노와 베이스처럼 매우 다른 음역에서도 반복된다. 또한 오페라에서와 마찬가지로 메시지를 전하는 데 있어 소리와 운율이 내용만큼이나 중요한 역할을 한다. 이탈리아인들은 종종 자신의 생각을 정확하게 전하는 것보다 듣는 이를 즐겁게 하고 대화에 참여시키는 데 더 관심을 가진다.

이탈리아어의 중요도를 고려할 때 2000년 당시 이탈리아 국민의 44%가 이탈리아어와 함께 방언을 사용한다는 조사 결과는 흥미롭다. 여전히 많은 사람들이 방언을 사용하지만, 텔레비전의 영향력이 확대되어 이탈리아어가 표준어로 확실히 자리를 잡았다 ("생일 대략 축하합니다[Happy-ish Birthday]," 2011).

오페라에서 가장 어려운 창법은 아마도 낭만파 이탈리아 작곡가 벨리니(Vincenzo Belini)가 창안한 아름다운 목소리라는 뜻의 **벨칸토**(*bel canto*) 창법일 것이다. **벨칸토** 음악은 특히 사상과 감정을 표현해야 하는 합창에서 성악가에게 극도로 어려운 기교와 발성 능력을 요구한다. **벨칸토** 음악은 아주 어려워서 이를 제대로 부를 수 있는 가수는 일부에 불과하며 오직 이탈리아 작곡가들만이 **벨칸토** 창법의 곡을 쓰는 데 성공했다.

이탈리아인들은 다른 나라 국민들에 비해 선반적으로 목소리가 큰 편인데, 특히 북부보다 남부에서 더 그렇다. 이탈리아인들은 친구를 만나면 한꺼번에 말을 하기 시작하여 자기도 모르는 사이에 목청을 높이곤 한다. 열정과 분노, 기쁨을 담아 하고 싶은 말을 한다. 이탈리아의 공기에는 너무나 많은 목소리들이 떠돌고 있어서, 상대가 알아듣게 말을 하려면 목소리를 높여야만 하고 그러다 보니 소리가 더 커지고는 한다.

말과 몸짓

이탈리아에서는 말로 하는 의사소통 그 자체도 쇼가 된다. 대화에는 오페라 전통에 어울리는 정교한 몸짓들이 곁들여진다. 전국 어디에서든 사람들은 손짓으로 말을 한다. 마치 무언가를 실제로 말하고 있는 것처럼 손과 팔, 어깨를 빠르고 민첩하게 움직여 말과 얼굴 표정을 강조하고 여기에 진실성을 부여한다. 예를 들면, 어떤 사람이 시장에서 생선을 사려다가 가격을 듣고는 주머니를 탈탈 털어 보여주는 시늉을 하고 한마디 말도 없이 자리를 뜨는 식이다 (Willey, 1984).

많은 이들의 생각과는 달리 몸짓에는 비현실적인 과장이 없다. 사실 몸짓은 매우 현실적이어서 눈에 거의 띄지 않을 정도이다. 이탈리아인들의 모방본능에서 직접 비롯된 성악가의 연기는 극단적인 과장이라는 잘못된 인상을 심어줄 수도 있다. 그러나 현실에서 이탈리아인의 몸짓은 이에 익숙하지 않은 사람도 단번에 이해할 수 있을 만큼 자연스럽고 본능적이며, 그 중 다수는 오랜 옛날부터 존재해 왔다 (de Jorio, 2000).

또한 이탈리아인들은 예의 있고 유쾌한 생활을 위해 아첨과 정중한 거짓말을 가끔 한다. 이는 일상의 기복을 줄이고 삶을 좀 더 살 만하게 하기 위한 것이다. 아첨은 오페라 가수들이 실제보다 커 보이는 것처럼, 소심한 사람에게 대범함과 자신감을 심어준다. 이는 이탈리아인들이 가끔 지킬 수 없을 것이 자명한 약속을 하는 이유를 설명해준다. 기쁨을 주고 감정을 고조시키고 논점을 밝히기 위해서라면 작은 거짓말은 정당화될 수 있다. 이는 진실한 눈빛으로 기한 내 납기를 다짐하는 (그래놓고 한 달 늦게 이행하는) 사업가뿐만 아니라 각료급 정부관리들에게도 해당된다. 장관들은 약속을 하고 이행을 다짐, 재다짐하지만 정작 약속한 날이 되면 약속을 지킬 수 없는 이유를 댄다. 이탈리아에서는 약속을 대수롭지 않게 여기는 태도가 용인된다.

논쟁적 기질

논쟁은 겉으로 드러난 이탈리아인들의 성격과 크게 동떨어진 것이 아니다. 그러나 이는 이탈리아인들의 평소 행동과는 달라서 사람들을 놀라게 할 때도 있다. 사고를 당한 운전자가 상대를 비난하는 것을 듣거나, 거리에서 스쳐가는 사람들의 대화가 마치 싸우는 것처럼 들리거나, 불행을 상상하며 끊임없이 혼잣말을 중얼대는 사람들을 보면 이탈리아인들의 논쟁적인 면을 알 수 있다. 대부분의 이탈리아인들에게 논란이란 대단히 즐거운 일종의 취미 내지는 스포츠일 뿐이다 (Levine, 1963).

이탈리아인들은 종종 오페라를 즐겨 부르는 유쾌한 사람들로 묘사된다. 그러나 이는 정확한 설명이 아니다. 많은 오페라들이 죽음 같은 비극으로 끝맺듯 이탈리아인들도 우울해할 때가 있다. 재치라기보다 모욕이라 해도 좋을 수준의 유머를 구사하는 것은 이러한 어두운 면을 부각시킨다. 일반적으로 유머를 구사한다는 것은 놀림의 대상으로부터 스스로를 분리시킬 능력이 있다는 뜻이다. 그러나 이탈리아인들은 쉽게 스스로를 유머의 소재로 삼을 만큼 열정적인 사람들이다.

　이탈리아인들은 주변의 모든 것을 분석하여 이러한 종류의 유머를 대화중에 구사한다. 대화를 하며 여가를 보내는 이탈리아인들은 카페에 모여 최근에 있었던 일을 얘기하곤 한다. 이탈리아인들은 남의 일에는 관심이 없다고 말하지만, 이탈리아 어디를 가더라도 사생활을 지키기란 쉽지 않다. 속을 잘 드러내지 않는 영국인들과 달리 이탈리아인들은 알게 된지 30분밖에 되지 않은 사람에게 재정상태, 가족의 병력, 현재 애착을 가지는 대상 등 모든 것을 능히 말할 수 있다. 그래서 이탈리아에서 비밀을 오래 유지할 가능성은 낮으며, 대화(와 목소리)에 대한 이탈리아인들의 사랑은 오페라의 네 번째 특징인 외면화와 밀접한 관련이 있다.

외면화

외면화란 느낌과 감정에 압도되어 이를 타인에게 표출할 수밖에 없음을 말한다. 또한 한 개인의 행위보다는 사건들이 더 중요하다는 의미일 수도 있으며, 이는 앞서 설명한 이탈리아인들의 재난과 불확실성에 대한 반응과도 일맥상통한다. 즉, 드라마란 그 상징성과 일반성으로 인해 거기에 연루된 개인보다는 이를 보는 관중이나 공동체에 더욱 중요한 의미를 가진다는 뜻이다. 이러한 행동양식은 감정을 절제하고 밖으로 표현하지 말 것을 강조하는, 영국인들의 표현에 따르면 '입술을 굳게 다물(4장 참고) 것을 강조'하는 앵글로색슨계 민족의 행동과는 정반대이다. 예를 들어 이탈리아의 장례식에서는 감정을 드러내는 것을 부끄러워하지 않으며 사람들은 남녀를 불문하고 소리 내어 울며 슬픔을 한껏 표출한다. 드물기는 하지만, 이탈리아 남부에서는 관 위에 자신의 몸을 던져 비통함을 표현하는 장면도 심심치 않게 볼 수 있다. 또한 월드컵 같이 큰 대회에서 우승하기라도 하면 광장을 가득 메운 인파가 엄청난 소리로 환호성을 지르며, 마을마다 열리는 축제에서 사람들이 한꺼번에 신나게 떠들어대는 모습을 볼 수 있다. 축배를 들기도 하지만 영국인들이나 미국인들에 비해 이런 식의 축하는 많지 않다.

외면화를 중요하게 여기는 것을 고려할 때 이탈리아인들에게 "몸은 좀 어때?"라고 묻는 것은 좋은 생각이 아니다. 질문에 짧게 답하는 앵글로색슨계 민족과는 달리 이탈리아인들은 어디가 아픈지, 의사의 처방이 무엇인지, 심지어 무슨 수술을 어떻게 했는지까지 아주 상세하게 설명하기 때문이다.

일상에서 드라마의 중요성으로 인해 이탈리아인들은 마을 중앙에 광장을 배치한다. 광장은 사람들이 모여 대화하고 서로의 경험을 연관 짓는 무대이다. 광장에서 벌어지는 일들은 이탈리아인들의 삶의 작은 드라마에 해당한다. 대부분의 사람들은 광장에서 대략 12시 그리고 일과 후 저녁 5시나 6시쯤 사람들을 어차피 만날 것을 알고 있기 때문에 미리 약속을 잡지 않으며, 따라서 오랜 친구를 만나거나 새로운 친구를 사귀기가 쉽다. 이러한 **빠레라 빠쎄치아테**(*fare la passeggiate*) 즉, 산책하기는 주로 일요일 오후의 산보를 말하는 독일의 **슈파치예강**(*spatziergang*)과 완전히 다르다. 중앙광장이 없는 도시에서는 그 역할을 대신하는 중심가를 따라 지방의 광장에서 볼 수 있는 것과 같은 풍경이 펼쳐진다. 중심가를 따라 늘어선 많은 야외카페에 사람들이 모이고, 심지어는 지방의 광장을 축소한 모양의 작은 옥외공간에는 벤치가 마련되어 있다. 예상할 수 있겠지만, 이탈리아에는 비슷한 규모의 다른 유럽국가에 비해 일인당 펍(pub)과 레스토랑 숫자가 훨씬 많다. 한 박사학위 논문에서는 이탈리아 남부지역을 잘 설명해주는 것은 대규모 광장이고 북부지역을 잘 설명해주는 것은 바(그리고 옆에 딸려있는 작은 공원)라고 주장함으로써 외면화의 중요성과 변화하는 문화적 환경을 관련지었다 (Venezia, 1997).

광장에서 보는 광경

이탈리아인들은 삶의 위대한 구경꾼들이다. 광장에서 벌어지는 쇼는 굉장히 매혹적이어서 많은 사람들이 그저 쇼를 바라보는 것만으로 대부분의 시간을 보내기도 한다. 카페 테이블도 손님이 여유롭게 에스프레소를 마시면서 조금이라도 중요한 일은 절대 놓치지 않고 구경할 수 있게 배치되어 있다. 심지어 창가에서 죽음을 맞이한 나이든 여성이 미동도 하지 않자 3일이나 지나서야 이를 이상하게 여긴 이웃의 신고로 발견되었을 정도다.

외국인들은 이탈리아인들이 자신의 일에 전심전력을 다하는 것처럼 보인다는 데 종종 깊은 인상을 받는다. 그렇다고 해서 이탈리아인들이 반드시 효율적이고, 빠르고, 철저하게 모든 일을 처리한다는 뜻은 아니다. 종종 이탈리아인들은 마치 일이란 인간이 짊어진 형벌이 아니라는 듯, 남들이 보기에는 즐겁게 일을 마치곤 한다. 그러나 외부인이 이탈리아인들의 행동을 자세히 살펴보면 자신의 행동을 돋보이게 하는, 그러나 약간 왜곡시키는 극적인 특질이 있다는 것을 알 수 있다.

오페라에서 외면화가 가장 잘 나타나는 장면은 군중장면이다. 이탈리아 오페라에는 군중장면이 매우 많아서 일부 작가들은 군중장면을 이탈리아 오페라의 중요한 특징으로 꼽을 정도다. 군중은 독창자에 맞추어 노래하는 합창자들로 이 둘 사이에는 역동적인 상호작용이 일어난다. 이 상호작용은 작은 마을에서 문제가 발생하면 모든 마을사람들이 광장에 모여 그에 대해 한마디씩 하는 행동의 역학과도 유사하다.

대부분의 이탈리아인들에게 전혀는 아니지만 사생활이 거의 없다고 할 수 있다. 조금이라도 중요한 일은 공개적으로 일어나거나 적어도 공개적으로 논의 된다. 이탈리아어에는 사생활을 가리키는 단어 자체가 없고 정보는 널리 공유된다. 지역 간에 차이는 있어서, 북부지역 사람들이 남부지역보다 입이 더 무거운 편이다. 그러나 어떤 사람이 공동체의 일원이라고 일단 인식 되면 그 사람은 남들과 있을 때 최소한 어느 정도는 자신의 속내를 드러낼 것이라고 추정할 수 있다.

이탈리아에서는 사업비밀이 문제가 될 수 있다. 모든 이들이 협상 비밀을 친구와 가족은 물론 언론에게도 털어놓는다. 그래서 대규모 거래에서도 정보유출이 비일비재하게 일어난다. 이탈리아 언론은 이웃이 뭘 하는지 궁금해 하는 국민적 호기심을 충족시키기 위해 휘발성이 강한 추측기사를 많이 쓴다. 그래서 일상적 비즈니스 활동도 수많은 관중이 지켜보는 한 편의 거대한 연극이 된다. 게다가 최근 이탈리아 정부가 부패와 탈세를 적발하기 위해 전화도청을 대폭 늘림에 따라 비밀유지가 더욱 어려워졌다. 이탈리아의 유리스페스(Eurispes, 이탈리아의 민간 정치, 경제, 사회연구소 - 역자 주)에 따르면 이탈리아 정부는 2000년에서 2005년 사이 총 20만 건에 이르는 전화도청을 위해 약 16억 달러를 쓴 것으로 추정된다.

라 벨라 피규라

이탈리아인들에게 옷차림이란 라 벨라 피규라로서 장대한 볼거리와 화려한 연출을 의미하므로 중요하다는 사실은 앞서 언급했다. 또한 옷차림은 드러내고자 하는 감정을 표현해주는 도구로써 외면화의 한 단면이기도 하다. 이탈리아인들이 집에서 입는 옷과 밖에서 입는 옷이 다른 것은 적어도 부분적으로는 이러한 이유에서이다. 일을 할 때는 작업 환경에 맞게 세련된 방식으로 옷을 입는다. 이탈리아인들은 옷을 통해 자신감을 표출한다.

일상생활에도 드라마가 펼쳐질 기회는 많다. 외면화의 좋은 예는 운전자들의 행동에서 볼 수 있다. 로마나 나폴리 같은 대도시의 운전자들은 신경질적으로 경적을 울리고 다른 운전자에게 욕을 내뱉는다. 또 다채로운 몸짓을 하며 운전도 극적이고 거칠게 한다. 그러한 행동은 운전을 할 때조차 타인과 의사소통을 할 수 있게 해주는 것이므로 이탈리아인들에게는 이상할 것이 없다. 두 명의 운전자가 차에서 내려 거친 몸짓으로 고함을 지르며 말을 속사포처럼 쏟아내면 지켜보는 사람들은 곧 피를 보게 될 것이라고 생각하지만, 그런 경우에도 육탄전으로 번지는 일은 거의 없다. 다만 그 상황에서 전개되는 드라마 자체가 이탈리아인들에게 정서적 만족을 안겨주는 것이다.

정치에도 극적이고 오락적인 면이 있는데, 특히 선거기간에 두드러진다. 그러한 사건을 다루는 텔레비전 보도에는 일부 카니발 같은 분위기마저 감돈다고 한다 (Brint, 1989). 이러한 분위기에는 화려한 연출과 목소리, 외면화를 선호하는 이탈리아인들의 성향이 반영된다. 이탈리아의 정치 제도가 급격하게 변화하고 있음에도 불구하고 이러한 극적인 요소는 사라지지 않을 것이다. 세 번이나 총리를 지낸 베를루스코니(Silvio Berlusconi) 전 총리는 드라마를 강조하는 성향을 여실히 보여주는 사례다. 성공한 사업가 출신인 베를루스코니는 소송을 수도 없이 당해서 총리를 절대 형사기소 할 수 없도록 헌법을 고치려는 시도까지 했다. 베를루스코니는 성적으로 부적절한 행동으로 수차례 비난 받았으며, 2011년 퇴임 전에는 검사들이 베를루스코니의 저택에서 미성년자가 연루된 난교파티가 벌어진 것을 입증하는 서면자료를 의회에 제출했다 ("파티 동물[A Party Animal]," 2011).

이탈리아 문화에서 느낌이나 감정은 직접적인 의사소통과 미묘한 방식을 통해서 표출된다. 자연재해와 외세의 침입으로 일룩진 이탈리아 역사는 이탈리아인들에게 예측 불가능한 것에 대한 두려움을 남겼다. 이는 쉽게 파괴될 수 있는 기하학적 패턴과 대칭에 대한 이탈리아인들의 특이한 열정에서 알 수 있다 (Barzini, 1964).

결혼은 인생의 정점으로 간주되며 외면화된 행동을 가상 잘 보여주는 사례이기도 하다. 실제로 오페라에는 결혼식 장면이 자주 등장한다. 이탈리아인들은 딸에게 격식에 맞는 결혼식을 치러 주기 위해 평생에 걸쳐 저금을 한다. 마을 주민이 모두 하객으로 초대되는 경우도 많다. 결혼식은 신부가 오픈카를 타고 교회로 출발하면 친지와 친구들이 뒤를 따르며 시작되는 작은 오페라와 같다. 결혼식의 성패를 결정짓는 것은 결혼식에 동원된 차와 하객의 규모, 피로연이다. 부모들은 자신들에게 주어진 사회적 의무를 제대로 수행하기 위해 경쟁하듯 저금을 하고 때로는 빚까지 진다. 외부인이 보기에 이러한 사회의 구성원은 삶을 간신히 지탱하고 있는 것으로 보이겠지만 이들은 고대의 전통을 이어가며 진정한 만족감을 얻고 있는 것이다(Willey, 1984). 결혼식이 열리는 내내 모든 이들이 슬픔과 기쁨을 표현한다. 식장으로 입장하는 신부와 아버지 모두가 우는 장면도 드물지 않게 볼 수 있다.

가족 간의 유대

가족과 친지는 외면화의 기본 단위이다. 이탈리아인들의 가족관계는 매우 밀접하고 가족 간에 정서적 유대가 깊으며 광장에서 하는 행동이 가족 안에서도 그대로 되풀이된다. 일반적으로 가족이란 개인의 가장 큰 자원이며 어려운 일로부터 피신할 수 있는 보호막이기도 하다. 예를 들어 가족에게는 자식이 매우 중요해서 자식이 원하는 것이라면 아주 사소한 것까지 다 들어준다. 부모는 자식들의 응석을 받아주고, 또 자식들이 학교에 가서 사회적 사다리를 높이 올라가는 것을 지켜보느라 마음이 편할 날이 없다. 이러한 태도는 이탈리아인들과 일자리를 두고 경쟁하는 외국인의 끝없는 유입, 빠르게 변화하는 정부, 이탈리아의 역사를 장식한 압도적인 자연재해와 직접 관련지을 수 있다. 물론, 가족들이 자식을 가족의 가치와 생활방식을 표현하는 매개라고 생각한다는 점에서, 외면화가 자녀에 대한 이러한 지원에서 일정한 역할을 하는 셈이기도 하다.

　이탈리아인들도 그들의 과도해 보이는 가족관계가 가진 아이러니와 이에 대한 우스갯소리를 알고 있다. 몇 년 전『맘모니(*Mammoni*)』(앞치마에 매달린 아들이라는 뜻 – 역자 주)가 출간되어 베스트셀러가 되면서 이 문제에 대한 논의가 폭넓게 이루어지기도 했으며 심지어 미국 텔레비전 프로그램 〈60분(*60 minutes*)〉에서 이 문제를 다루기도 했다. 30세~34세 성인 중 40%가 부모와 한 집에 살고 있으며, 부모와 동거하는 비율은 남성이 여성의 두 배에 이르는 것으로 조사되었다 (Peet, 2005). 이 연령대의 미혼남성 중 일부는 독립을 했으면서도 저녁을 매일 부모의 집에서 해결한다. 속옷 등 아들의 옷을 다림질해서 매주 버스 편에 실어 보내는 어머니도 있다. 어떤 도시에서는 25세 이상 독신남성에게 세금을 매기는 방안을 고민하기도 했다.

　이탈리아의 어머니들은 500마일(약 800킬로미터 – 역자 주)이나 떨어져 지내는 자녀를 위해 일주일에 한 번씩 음식을 장만한다. 그리고 40~50대 장성한 자녀를 위해 이 음식들을 전세버스 편에 배달한다. 한 어머니가 말하듯, "탯줄은 절대로 끊어지는 법이 없다." 이렇게 배달되는 음식이 매주 수천 끼에 달한다 (Meichtry, 2011).

　더 나아가 친인척 관계는 문제를 해결하고 유리한 입장을 차지하는 데 매우 중요한 역할을 한다. 정부와 법정은 친인척 관계가 밝혀지기 전까지 적대적으로 간주될 때가 종종 있다. 가족 안에서의 밀접한 관계가 가족의 울타리를 넘어 대부분의 사회적 상호작용에서도 개인에게 유리하게 작용한다. 이러한 점은 이탈리아인들이 왜 그렇게 논쟁적이고 남자들끼리 애정을 표시하는 데에 거리낌을 거의 느끼지 않는지 어느 정도 설명해준다.

이탈리아에서 사업에 성공하기 위해서는 가족 간의 끈이 필수적인 경향이 있다. 이를 보여주는 예로 대부분의 회사에 이렇다 할 채용정책이 없다는 점을 들 수 있다. 채용은 주로 개인적 관계나 추천을 통해 이루어진다. 직원을 능력이 아닌 고용주와 고용주 가족과의 관계를 보고 뽑는 회사가 많다. 스미스(Peter B. Smith)와 본드(Michael Harris Bond)는 국가별로 선호되는 채용기법을 조사한 결과 이탈리아 기업들은 단독으로 쓰일 때에는 인터뷰의 효과가 가장 떨어진다고 생각하면서도 인터뷰만으로 채용하는 것을 선호하는 특이한 성향을 보인다는 점을 발견했다 (Smith & Bond, 1998).

현대사회의 변화에도 불구하고 가족은 이탈리아인들의 삶의 중심이자 보루이며, 오페라에서와 마찬가지로 각 구성원들은 각자 맡은 역할을 잘 이해하고 수행한다. 가족의 공식적인 지도자는 남성이고 여성은 남성에게 종속되어 있지만, 실제 가족생활은 이보다 훨씬 복잡하다. 가족 구성원 중 중심인물로 오페라의 리드 테너에 비교될 수 있는 사람은 아버지이다. 아버지는 가족생활 전반을 책임진다. 아버지가 무대 중앙을 차지한다면 어머니는 리드 소프라노처럼 똑같이 중요한 인물이다. 아버지가 가족의 머리라면 어머니는 심장이다. 어머니는 권위를 아버지에게 양보하고 전통적으로 정서적 영역을 관리해왔다. 어머니는 보통 알아차리기 힘들 정도로 섬세하게 가족을 관리하고 또 노골적인 갈등이 일어나는 것을 피하면서 아버지의 감정을 누그러뜨린다. 그러나 어머니야말로 최후의 의사결정자다. 가족의 힘을 결정하는 열쇠는 여성의 손에 있다. 여성들은 자녀의 결혼식이 격에 맞고 불편함 없이 치러질 수 있도록 철저하게 준비하고, 먼 친척들의 소식을 챙기며, 개인의 행복이 아닌 가족 전체의 관점에서 모두가 적절한 역할을 수행하는지 확인한다. 이탈리아인들의 삶에서 여성이 매우 중요한 역할을 한다는 점은 많은 작은 표식들로부터 알 수 있다. 예를 들어 이탈리아에서는 어머니의 역할을 주제로 하는 대중가요를 자주 들을 수 있고 몇 년 사이 나온 신곡 중에는 사랑이 아닌 어머니에게 바치는 노래가 더 많았다.

성(Gender)의 문제

그러나 이탈리아는 남성중심 사회이다. 아들이 태어나면 부모는 이를 자랑스러워하며 대문에 파란색 리본을 달지만 딸이 태어나면 이를 별로 자랑스러워하지도 않아서 대문에 분홍 리본을 다는 경우도 많지 않다. 남성우위 풍속은 북부보다 시칠리아 같은 남부에서 더 강력해서 남부에는 미혼여성이 낮에 동반자 없이 외출할 수 없는 마을도 일부 있다.

이탈리아에서는 이혼과 낙태가 합법화되었다. 낙태의 합법화는 개인의 도덕문제에 관한 국가의 통제가 약화되고 가족에게 미치는 가톨릭교회의 공고한 영향력이 무너지고 있음을 상징한다. 1974년 공민이혼(civil divorce, 종교가 개입되지 않은 이혼 – 역자 주)이 합법화되었지만, 이는 사회적 독립성의 상징일 뿐이다. 실제로 이혼으로 끝나는 혼인 관계는 많지 않다. 이탈리아는 1,000쌍 당 0.8쌍이 이혼할 정도로 세계에서 이혼율이 가장 낮은 나라에 속한다.

많은 이탈리아인들이 이혼을 가족과 씨족 전체의 근간을 뒤흔드는, 용인될 수 없는 일이라고 생각한다. 어떤 이들은 이혼율이 높아지지 않는 것은 대부분의 여성은 남편이 없으면 경제적 고초를 겪을 수밖에 없기 때문이라고 설명하기도 한다. 이 설명은 산업화의 진전으로 여성들의 노동 참여가 늘어나고 경제적 독립을 쟁취함에 따라 설 자리를 잃고 있다. 그러나 여전히 이혼은 심각한 문제로 받아들여진다. 특히 남부에서는 부인을 떠난 남성은 가족으로부터 배척당하지만 이미 전처가 된 그 부인은 시댁으로 들어갈 것이다.

모든 사람이 가족에게 가장 충실하다. 이탈리아인들은 자식들을 자기들끼리 서로 돕고 가족에게 기여할 수 있는 사람으로 키운다. 일반적으로 가족의 품을 떠나는 것은 선호되지 않으며, 기대되지도, 쉽게 받아들여지지도 않는다. 이탈리아에서는 가족 간에 분쟁을 일으키는 일들이 다른 나라에서는 축하받을 일이다. 이탈리아인들에게는 마치 오페라에서나 볼 수 있을 법한 슬픔을 불러일으키지만 일반적으로는 즐거운 일에 해당하는 것인데, 그 예로는 가족과 떨어져 타지로 이동해야만 하는 승진, 외국 명문대로의 진학, 결혼 등이 있다. 이러한 경험은 개인에게는 성장의 기회이지만 이로 인해 가족 간의 공동체 의식이 약해지면 오히려 좋지 않은 경험으로 남을 가능성이 있다. 많은 이탈리아인들이 가족의 울타리 안에서 제공되는 안정감, 애정, 소속감에 비하면 교육과 직업훈련은 부수적인 것이라고 생각한다. 개인의 정체성은 직업이나 개인적 성공에서도 올 수 있지만 상당 부분 가족과의 끈에서 비롯되는 경향이 있다. 가족관계는 문제를 해결하고 유리한 고지를 점하는데 지극히 중요하다. 남들을 위해 일하기 싫어하는 이탈리아인들은 종종 가족 사업을 벌이고, 이는 가족 간의 연대를 더욱 강화하는 역할을 한다.

앞서 언급했듯, 이탈리아 북부지역은 경제적으로 부유하며 이러한 성공의 많은 부분은 특정 품목에 특화된 가족기업의 존재에서 비롯되었다. 가족기업들은 서로 협력하기도 하고 경쟁하기도 한다. 예를 들어 어느 회사가 납기를 맞출 수 없는 상황에 처하면 이웃 회사가 납기를 맞출 수 있도록 생산을 도와준다. 반면 경쟁기업을 제치기 위해 가격인하를 단행하기도 한다. 이러한 기업관계의 유형은 가족과 마을 단위의 행동 패턴을 반영하며, 이는 오페라에서도 표현된다.

개인의 유형

이탈리아인, 특히 이탈리아 남성들에게 섹스란 삶의 기초적 원동력으로 인식된다 (Newman, 1987). 모든 이들이 추구하는 가치가 명예라면 남성을 판단하는 기준은 여전히 남성성과 정력이다. 부정을 저지른 아내는 곧 남편의 남성성이 부족하다는 뜻으로 받아들여진다는 점에서 이를 알 수 있다. 많은 이탈리아인들에게 이상적인 남성이란 지저이거나 부유한 사람이 아니라 훌륭한 인성과 뛰어난 신체능력과 성적능력을 갖춘 사람이다.

대부분의 이탈리아인들은 남들의 말을 잘 믿지 않는다. 가족을 제외한 모든 사람은 외부인으로 취급된다. 예측 불가능한 사회에서 불안과 위험을 안고 살아온 만큼 이탈리아인들이 주로 혈연으로 이어진 친지들에게서 위안을 찾는 것은 놀랄 일이 아니다. 이탈리아인들이 매사에 의심하는 성격을 가지게 된 것은 그들이 중요하게 여기는 영리함이라는 가치에서 일부 비롯된다. 끊임없는 변화와 투쟁 속에서 진취성과 노련함, 상상력, 지성으로 살아남는 사람들은 남들의 존경을 받는다. 다시 말해, 이탈리아인들은 가장 상상력이 풍부한 쇼를 창조하는 사람을 존경한다는 뜻이다. 영리하고 미묘한 작은 기만은 비록 반드시 필요한 것은 아니더라도 용인된다. 모두가 남들보다 영리하게 굴려고 하기 때문에 국민 전체가 방어적 태도를 가지게 된 것이다. 이탈리아를 방문하는 사람은 이탈리아인들의 이러한 특성에 대해 종종 얘기한다. 예를 들어 거스름돈을 적게 주는 것, 가끔 지나치게 적게 주는 일도 흔하다. 그러나 손님이 거스름돈이 액수가 맞는지 물어보면 크게 사과하며 군말 없이 얼른 모자라는 금액을 돌려준다.

가족은 다른 어떤 집단보다 개인에게 큰 영향을 미치는 집단이지만, 또 다른 중요한 집단인 정당은 채택을 하느냐 마느냐의 문제다. 가족을 제외한 모든 집단에 대해 회의적인 이탈리아인들은 이 집단에서 저 집단으로 거리낌 없이 옮겨 다닌다. 종종 집단의 구성원들은 힘과 영향력을 얻기 위해 강력한 연대를 형성한다. 이 같은 하위문화, 집단, 단체의 존재로 인해 집단 간에 협상이 발생하며 모든 이해관계자 사이에 조정과 협력이 일어난다.

강력한 연대는 광범위한 부패로 이어지기도 한다. 이탈리아 역사상 최악의 부패 사건은 1992년 밀라노의 한 기업이 물건대금의 15%에서 20%를 상납하던 관행을 거절하면서 불거졌다. 이 사건은 다수의 사회 유력인사가 관련되었다는 제보들을 수사기관이 적극적으로 파고들면서 전모가 밝혀졌다. 기업인 1만 2,000명 이상이 기소되어 그 중 다수가 징역형을 받았고, 마피아 여러 명과 두 명의 전직 총리도 기소되어 형을 살았으며, 그 중 일부는 감옥에서 목숨을 끊었다. 이 사건과 그 밖에 관련된 노력들이 이어지며 마피아의 입김이 약해진 것 같았지만 오히려 남부지역에는 더 치명적이고 폭력적인 범죄조직 카모라(Camorra, 캄파니아와 수도 나폴리를 근거지로 한 범죄조직 - 역자 주)와 은드랑게타('Ndrangheta, 최남단 칼라브리아를 근거지로 한 범죄집단 - 역자 주)가 세력을 확장했다. 개혁운동은 역풍을 맞았으며, 그 결과 이탈리아 법정에서는 해외에서 수집한 증거의 사용이 제한되고 분식회계에 대해 유죄선고를 내리지 못하게 되었다.

이탈리아인들은 정치적 신념의 다양성에도 불구하고 일반적으로 부패의 수준이 훨씬 낮은 진정한 의미의 양당제의 출현을 원할 것이다. 그러나 가족의식과 연합 행동에 대한 의식이 매우 강력하기 때문에 앞서 언급된 행동들은 사라지지 않을 것으로 보인다. 이를테면 채용 의뢰나 추천은 적어도 부분적으로는 가족관계를 바탕으로 이루어질 것이며, 미국보다 그 정도가 심할 것이다.

문제적 태도

외면화는 기업의 경영 스타일에도 영향을 미친다. 대부분의 이탈리아 기업에서는 직위가 다른 경영진 간에 권한 위임과 효과적인 의사소통이 거의 이루어지지 않는다. 직원들은 회사에 관한 것은 물론 자신의 일에 대해서도 발언권이 거의 없다. 상사들은 부하직원의 생각이나 제안을 감정적으로 묵살해버릴 가능성이 크다.

외면화의 마지막 사례는 마음을 사뭇 심란하게 하는 이야기로, 이탈리아는 특히 모로코, 나이지리아, 세네갈, 튀니지 같은 아프리카 국가에서 유입되는 대규모 불법, 합법 이민자들을 사회에 통합시키는 데 어려움을 겪고 있다. 이민자들에게 자신들의 일자리를 빼앗긴다고 느끼는 이탈리아의 극빈층이 가장 큰 영향을 받는다. 그로 인해 잔인한 사건들이 발생했으며, 그 중에는 이민자를 불태우거나 16세 밖에 안 된 이민자 아동을 목매달아 죽인 사건도 있었다. 많은 이탈리아인들이 이러한 사태에 분노하여, 이탈리아인다운 방식으로, 신문과 텔레비전을 통해 또는 광장에서 분노를 극적으로 표출했다. 이러한 폭력사태는 다른 사회에서도 일어나지만, 이탈리아인들은 시민 모두가 참여하는 공개적인 방식으로 이 문제를 다루고 있으며 해결책 역시 점진적으로 시행되고 있다.

외면화는 오페라와 이탈리아 사회의 다양한 요소들을 한데 섞어 균형을 추구하는 것과 직접적으로 관련된다. 극의 전개에는 관객 또는 공동체 전체가 관여하기 때문에 몇몇 요소만 따져도 수없이 많은 사람들이 관련되게 된다. 이탈리아에서 1인 무대나 1인극이 발전하지 않은 것은 우연이 아니다. 따라서 이탈리아인들은 기본적으로는 개인주의를 강조하지만 집단행동, 즉 집단주의의 특정 측면들에 대해 편향성이 있다고 할 수 있다. 개인은 전체로서의 국가에는 별 관심이 없지만 지역과 관련된 일은 중요하게 생각한다. 이는 오페라의 또 다음 특성인 독창자와 합창단의 영향과 직접적으로 관련된다.

독창자와 합창단

이탈리아인들이 1560년경 오페라를 처음 공연하기 시작했을 당시에는 독창자가 없었다. 이탈리아 최초의 위대한 작곡가인 몬테베르디(Claudio Monteverdi)는 생각과 감정을 표현하기 위해 합창의 다양한 부분을 활용했다. 그러나 가수들은 주목을 받기 위해 경쟁했으며 이에 따라 점차 독창자가 주요한 지위를 점하게 되었다. 오늘날의 오페라에서 훌륭한 독창이 없는 것은 상상하기 힘든데, 이는 오늘날 몬테베르디의 오페라를 무대에 거의 올리지 않는 이유이기도 하다. 이탈리아에는 비록 부유한 북부와 가난한 남부라는 큰 구분이 있지만 각 지역들 간에도 많은 차이가 있다. 합창단과 독창자 사이의 긴장과 균형이 이들 지역 간의 투쟁을 단적으로 상징한다. 대부분의 이탈리아인들은 태어난 지역으로 자신을 설명한다. 지역별 차이는 오페라의 합창단 및 독창자에 비유될 수 있다. 합창단이 이탈리아의 전반적인 문화를 나타낸다면 독창자는 문화의 지역별 차이를 나타낸다. 이탈리아어에서 마을, 지역, 국가 순서의 소속감을 나타내는 단어는 '종탑'을 의미하는 **캄파닐레**(*campanile*)에서 유래한 **캄파닐리스모**(*campanilismo*)가 있다. 이 단어는 사람들이 광장에 서 있는 교회 첨탑에서 보이지 않는 먼 지역으로는 여행하기를 원하지 않았다는 사실을 의미한다.

산업화의 결과 북부 이탈리아인들은 번영하는 경제와 함께 상대적으로 윤택한 생활을 누려왔다. 그러나 농업을 주된 생계수단으로 하는 남부 이탈리아인들은 경제력과 교육수준이 낮은 편이다. 이들 두 지역의 사람들은 삶을 사랑하고 쇼의 환상을 창조하기를 즐긴다는 점에서 비슷한 면이 있다. 그러나 남부인들이 과거의 생활방식을 고집한다면 많은 북부인들이 미래지향적이라는 점에서 차이가 있다.

대부분의 북부인들에게 부란 가족과 가까운 친구들의 안전과 번영을 장기간 지켜주는 방편이다. 북부인들은 다양한 형태의 부를 쌓기 위해 끊임없이 노력한다. 그들은 직업, 좋은 직업, 더 나은 직업을 원한다. 또한 더 높은 소득을 보장하는 직업을 얻고 발전하기 위한 과학적·기술적 지식을 원한다. 그러나 남부인들은 타인으로부터의 복종과 감탄, 존경, 질투를 가장 원한다. 남부인들도 부를 원하지만 타인에게 영향력을 미칠 수 있는 도구로서 부를 원할 뿐이다. 이들은 삶 속에서 펼쳐지는 다양한 오페라를 통해 청중으로부터 존경을 받는 데 집착한다. 부자든 가난하든 많은 남부인들은 권력 있는 친구와 친지의 감사, 적들로부터의 두려움, 다른 모든 이들의 존중을 원한다. 남부인들은 타인의 복종과 존중을 획득하는 도구로써 부를 좇는다 (Barzini, 1964).

죽음의 문화

남부지역 문화의 중심에는 죽음이 있다. 이탈리아인들은 가족 구성원이 죽으면 인생이라는 오페라가 해체될 것을 걱정한다. 죽음의 경험과 그 같은 경험에 적절히 대응하지 못할까 두려워하는 마음으로 인해 이탈리아인들은 죽음을 마주하고 이를 지배할 수 있는 복잡한 전략을 만들어냈다 (Willey, 1984). 여기에는 수백 가지의 믿음과 관습, 의식이 포함된다. 남부지역의 믿음에 따르면 가족이란 산 자와 죽은 자를 모두 포함하므로 이러한 의식을 치루는 것은 산 자와 죽은 자 사이의 관계를 재정립하기 위한 것이라고 할 수 있다. 각 가족 구성원에게는 호혜적인 권리와 의무가 주어진다. 죽은 자는 산 자를 보호하고 산 자는 죽은 이들이 기억에서 사라지지 않도록 해야 하며, 또 사람들은 이러한 의무를 대단히 중요하게 생각한다. 이에 캘러브리언이라는 한 마을의 교구사제가 장례식 행렬이 길게 이어지는 것을 막기 위해 장례식을 치르는 가족에게 일정 거리당 특별세를 부과하려 하자, 주교가 즉시 그를 다른 교구로 보내버리는 일도 있었다 (Willey, 1984).

오페라에는 남부나 북부 어느 한 지역의 특성을 드러내는 경향이 있어서 오페라를 통해서도 남북부의 차이를 확인할 수 있다. 예를 들어 마스카니(Pietro Mascagni)의 〈카발레리아 루스티카나(*Cavalleria Rusticana*)〉에는 신분이 비천한 마을 주민들이 등장하고 의심과 복수를 강조하는 등 남부 오페라의 전형적인 예를 보여준다. 반면 베르디(Giuseppe Verdi)의 〈토스카(*Tosca*)〉는 북부의 특성을 보여준다. 〈토스카〉에서는 주요 등장인물들이 우아한 도시를 배경으로 미묘하고 복잡하지만 남부 오페라에 뒤지지 않는 (어쩌면 더한) 열정적인 감정들을 펼쳐 보인다.

교육은 근대화를 진행하고 지역격차를 줄이는 주요 장치였다. 하나의 이탈리아어 교육을 통해 민족문화를 확산시키고 문맹률을 낮춤으로써 이탈리아는 과거보다 문화적 통합을 강화하고 지역주의를 약화시켜왔다.

서로 다른 사업 방식

'두 개의 이탈리아' 사이에 존재하는 차이점이 시간이 지남에 따라 희석되고 줄어들었다고는 해도 사업방식은 여전히 다르다. 규칙과 합의를 강조하는 저맥락 하위문화인 북부 이탈리아 출신과 일을 하는 것은 미국인이나 독일인들과 일을 하는 것과 유사하다. 북부 이탈리아인과 효과적으로 협상을 한다는 것은 명쾌하고 정밀한 의사소통을 한다는 것을 의미한다. 본론에 접근할수록 사교적인 가벼운 대화는 최소로 줄여야 한다. 구두 의사소통과 미묘한 뉘앙스를 강조하는 고맥락 하위문화인 이탈리아 남부 출신과 협상을 할 때는 먼저 친밀한 관계를 형성해야 한다. 남부 이탈리아인들에게는 장기적인 관계가 중요하며 협상을 효과적으로 진행하기 위해서는 신뢰를 쌓는 것이 우선이다.

이 같은 미묘한 차이에도 불구하고 대부분의 이탈리아인들은 모두의 필요가 충족될 때까지 대화를 지속한다는 점에서 협력적 협상 스타일을 사용한다고 할 수 있다. 이는 이탈리아인들의 정서적 본성에서 일부 기인한다. 의사소통이란 단어를 주고받는 것을 훨씬 넘어서는 행위이다. 이탈리아인들의 정서적 본성은 말로 하는 의사소통을 넘어 감정으로 전달되는 의사소통이 가능하게 한다. 이러한 통찰력 덕분에 이탈리아인들은 협상 상대의 필요에 공감하고 이를 이해할 수 있다. 이처럼 적극적이지만, 한편으로는 감정적인 이탈리아인들은 그들 자신을 포함하여 모두가 행복해지기를 바란다. 그래서 이탈리아 어디에서나 협력적 협상법이 통한다.

합창단과 독창자가 오페라에서 차지하는 중요성과 마찬가지로 이탈리아의 전반적인 문화와 결합된 지역별 차별성 덕분에 이탈리아는 1970년대와 1980년대에 경제력을 향상시킬 수 있었다. 경제력 향상의 원동력은 앞서 말했듯 주로 가족 중심으로 경영되는 소규모 기업들이었다. 남부 지방의 농부였던 이들이 북부에서 시장과 자신들의 뿌리 깊은 전통을 접목한 것이다. 다양한 상품을 취급할 수 있는 기술과 장시간 기꺼이 일하려는 자세가 가족 경영 전통과 결합되면서 이들 새로운 기업가들은 유럽의 이웃들과 경쟁할 수 있게 되었다. 그러나 앞서 언급했듯 이탈리아의 소기업들은 현재 중국 등과의 경쟁에 직면해 있으며, 세계 곳곳에 침투한 거대 다국적 기업의 운영 규모에는 미치지 못하고 있다.

이탈리아는 주요한 경제문제들을 안고 있다. 작은 마을, 심지어는 대도시의 정부조차 시민들에게 필수적인 서비스를 제공할 재원이 없다. 2007년 나폴리에서는 청소부들의 파업으로 쓰레기가 수거되지 않아 시민들의 건강문제가 심각하게 대두되었다. 이탈리아가 EU에서 주도적인 역할을 지속하려면 이러한 상황을 반드시 해결해야만 한다. 2008년 세계경제가 불황에 접어든 이래 주식시장에서 단기차익을 노리는 투자자들은 재정상황이 취약한 이탈리아, 스페인, 그리스, 포르투갈을 주로 공격했다. 이들 국가의 만성적자 문제는 단일통화로서 유로화의 지위마저 약화시킬 가능성도 있다. 최후의 결과가 어떻게 되든 우리는 이탈리아가 오페라에서 볼 수 있는 유일하지는 않더라도 차별화된 방식으로 문제를 해결하기를 기대해 볼 수 있다.

합창과 문화

합창단과 독창자의 특성은 이탈리아 문화의 다른 면에도 적용될 수 있다. 이탈리아인들은 개인적인 편이지만 집단을 중시하기도 한다. 지금까지 보았듯 가족은 개인에게 영향을 미치는 기초적인 집단이다. 중요한 결정을 할 때면 개인은 가족들과 상의하여 상황에 대한 의견과 평가를 듣는다. 비록 가족의 의견이 중요하긴 하지만 최종 결정은 개인이 내린다. 이는 오페라에서 합창단과 독창자의 관계와 유사하다. 합창자들이 독창자에게 무대에서 펼쳐지는 드라마에 대한 사실을 알려주고 의견을 주지만, 결국 위험을 어떻게 피할지, 상황에 어떻게 대처할지를 극적으로 결정하는 사람은, 비록 그러한 결정이 재난을 초래하거나 비극으로 끝날지라도 독창자들이다.

집단의 영향은 경영 환경에서도 나타난다. 기업의 회의에서 사람들은 주제에 대한 자신의 느낌과 의견을 피력한다. 이러한 개방성 덕분에 이탈리아 기업의 회의는 생산적인 편이다. 그러나 합창자와 독창자가 그렇듯 회의에서의 결정은 한두 명의 영향력 있는 사람에 의해 이루어진다. 집단의 영향력에도 불구하고 이탈리아인들은 화려한 연출과 외면화 편향성으로 인해 적극적, 유물주의적 성향을 갖게 되었다.

오페라의 독창자들이 누리는 명성은 똑같을 수가 없다. 이는 이탈리아 경제도 마찬가지이다. 오늘날까지도 일부 지역, 특히 남부는 빈곤에서 벗어나지 못했다. 제2차 세계대전 이후 이탈리아 경제는 성공적으로 발전해왔지만 성장의 과실은 공평하게 분배되지 않았다. 북부의 기업들은 남부와 북부의 직업윤리가 다르다고 여기므로 남부에 지사를 두기를 꺼린다. 남부에서 북부로 노동자들이 대거 이동한 결과 남부에는 초기 유럽이 문명화된 이래 이어져 온 관습과 전통을 고집하는 사람들만이 남았다. 그러나 비록 이탈리아 문화가 지역별 하위문화로 이루어졌다고는 해도 근대화가 진행되면서 하위문화 간에 통일성이 증대되었다. 이탈리아 문화는 지역이라는 독창자의 노래가 조화로운 합창으로 섞여 들어가는 것과 같은 변화를 꾸준히 경험하고 있다.

이번 장에서는 시간과 공간, 그 밖에 일반적인 문화 개념들에 대한 이탈리아인들의 성향을 구체적으로 다루지는 않았다. 광장

관련 논의에서 알 수 있듯, 이탈리아인들은 다중시간적 성향이 있어서 여러 가지 활동을 동시에 진행한다. 호프스테드(Geert Hofstede)의 53개국의 문화적 가치에 관한 연구에서 이탈리아는 사회집단 간의 넓은 권력 거리를 강조하는 국가들과 함께 분류된다. 이는 이탈리아인들이 어떤 집단이 다른 집단보다 권력이 세고 또한 셀 수밖에 없을 것이라는 사실을 수용하며 그에 맞게 행동을 한다는 뜻이다 (Hofstede, 1991). GLOBE(Global Leadership and Organizational Behavior Effectiveness, 1994년 160여 명의 연구자들이 모여 162개 문화권에서 문화와 사회, 조직, 리더십 효율성의 관계를 밝히기 위해 시작한 비교문화연구 프로젝트 – 역자 주) 연구는 일상적 관행에서 확인되는 이탈리아인의 생활의 특징을 확인해 주었다 (House et al., 2004). 이탈리아인들이 광장에서 하는 행동이나 외면화 행동에서 알 수 있듯, 이탈리아인들은 일상의 위험과 불확실성을 피하려고 노력하며 이방인보다 친구를 좋아하고 새롭고 기이한 상황보다 익숙한 상황을 선호한다. 가족과 친지를 중요하게 생각하지만 이탈리아인들은 개인주의 및 유물주의적 행동에 대한 수용성이 큰 나라들과 함께 분류되는데, 이는 이탈리아인들의 외면화 편향성을 보여준다.

이것이 바로 이탈리아다. 이탈리아는 장대한 볼거리와 화려한 연출을 사랑하고, 일상에서 다양한 목소리를 강조하고, 감정과 느낌을 밖으로 표출하며, 자신들이 태어난 마을과 지역에 헌신하고자 하는 사람들이 살고 있는 장대하고 실제보다 과장된 사회이다. 이탈리아에는 고난의 역사가 있다. 제도는 변하고, 지배자는 바뀌고 사람들은 살아남아야 했으며, 그리고 실제로 이탈리아인들은 개인적, 비공식적 관계의 도움을 통해 살아남았다. 이탈리아에서의 삶은 모든 이들이 볼 수 있도록 각 장이 주의 깊게 연출된 연극이다. 이러한 관점에서 볼 때 오페라는 이탈리아인들의 행동과 문화를 이해하는 데 도움이 될 뿐만 아니라 필수적이라고 할 수 있다.

02

독일의 심포니

독일

작곡가들이 쓴 작품 중에 가장
생명력이 긴 것이 교향곡이다.
이러한 생명력은 독일 사회와 문화에
나타나는 지구력에서두 확인된다.
독일인들을 보면 변화란 비록
느릴지라도 체계적이고 논리적으로
발생한다는 것을 알 수 있다.

GLOBAL CULTURE

양측 모두 발전하고 있지만 이것이 다는 아니다. 시간이 걸린다. 오늘날 우리는 하나의 독일을 본다. 그저 물리적으로만 합쳐진 것이 아니라 마음으로부터 하나가 된 독일을 보는 것이다.

−뮐러(Winfried Müller), 구동독 안과의사 출신 미술관 소유주,
양측은 1990년 독일통일 이후의 동독과 서독으로 지칭 (Slackman, 2010a)

미국인 중에는 독일계의 비중이 가장 크지만(약 30%), 미국인들은 일본인이나 중국인처럼 독일인들을 이해하는 것도 어렵기는 마찬가지라고 말한다. 미국인들은 독일인들이 규칙과 질서를 지나치게 강조한다고 말한다. 실제로 독일인들의 규칙에 대한 강조를 이해하려면 고지식함의 범위를 넓게 잡아야 할 정도다.

그러나 규칙의 강조에만 집중하면 독일문화를 한정적이고 전형적으로 볼 수밖에 없다. 독일문화의 실제를 알고 싶다면 독일의 주요 역사를 알아야 한다. 스페인, 잉글랜드(1707년 연합법에 따라 오늘날의 영국으로 통합되기 이전에 존재했던 독립국가 − 역자 주), 폴란드, 스웨덴, 프랑스 등 독일보다 수백 년이나 앞서 국가를 건설했던 다른 유럽 국가들과는 달리, 독일은 1871년에 이르러서야 국가를 건설했다. 대제국을 건설한 로마인들은 '야만적인' 독일민족을 두려워하는 동시에 혐오해서 서기 109년 헤르만 대왕(Hermann the Cheruscan)에게 패한 후 독일을 건드리지 않았다. 다른 나라들이 독일을 가리킬 때 쓰는 저먼(German) 또는 도이치(deutsch)라는 이름에는 경멸적인 의미가 담겨있다 (Schulze, 1998). 심지어 미국 독립전쟁에 참가한 독일 용병들조차 겁쟁이 오합지졸이라는

조롱을 감수해야만 했다. 마침내 프리드리히 대왕과 그 아버지(빌헬름1세 - 역자 주)의 활약으로 프로이센 왕국이 1740년에서 1780년까지 유럽의 새로운 강국으로 군림했다. 프로이센 왕국의 강력한 정치적·군사적 지도력은 1871년 많은 소왕국의 통합과 독일제국의 탄생으로 이어졌다. 오늘날에도 독일은 16개의 자치주(州)로 구성된 연방제를 유지하고 있다. 각 주들은 여러 사안에 대해 서로 다른 입장을 취하는데, 그 이유에는 역사적인 배경이 크게 작용하고 있는 것이다.

화려한 역사의 부재는 일부 독일인들이 8세기 신성로마제국의 황제였던 샤를마뉴(Charlemagne) 재위기를 자칭 제1제국(First Reich)으로 미화하는 결과를 가져왔다. 이 같은 역사적 사실의 미화는 과거와 현재와의 관계성을 밝히려 할 때 거의 모든 나라가 겪는 일이지만, 독일의 시도는 히틀러(Adolf Hitler) 치하에서 왜곡되고 말았다. 샤를마뉴 대제는 유럽 전역을 손에 넣다시피 했으나 정작 지배기간은 짧았다. 그의 세 아들은 유럽을 분할했으며, 이는 직간접적으로 유럽의 여러 국가를 탄생시키는 결과를 가져왔다. 서유럽에 속해 있으면서도 동유럽과 국경을 맞대는 독일에는 많은 소수민족들이 정착했다.

제2제국(Second Reich)은 1871년에 시작되었다. 이 시기의 특징은 군국주의, 빠른 경제성장, 교육과 문화의 강조, 최초의 근대적 복지제도의 발달이다. 독일에는 세계 최고로 꼽히는 대학이 여럿 있었고, 교향악을 비롯하여 예술에 대한 정부의 지원이 활발했다. 철의 재상 비스마르크(Otto von Bismarck)조차 퇴직자들에게 정부연금을 지급하는 최초의 현대적 사회보장제도를 옹호하여 관대하다는 평가를 받았을 정도다. 다만 그는 연금개시 연령을 당시 기대 수명보다 높은 65세로 못 박기는 했다.

1919년 제1차 세계대전을 종식시킨 베르사유 조약(Versailles Peace Treaty)으로 패전국 독일은 극도로 어려운 상황에 처했으며, 1920년대에는 극심한 고통과 살인적 인플레이션을 견뎌야 했다. 영국의 저명한 경제학자 케인즈(John Maynard Keynes)는 이로 인한 파장을 예견하고 평화위원회에서 물러났다. 빵 한 덩어리를 사기 위해 수레 가득 돈을 싣고 가는 한 남성의 모습이 담긴 유명한 사진은 1920년대 붕괴된 독일경제의 단면을 잘 보여준다. 1930년대 대공황으로 상황은 더욱 악화되었다. 난립한 정당들이 권력투쟁에 나섰고 거리에는 정당관련 시가전이 매일 벌어졌다. 참으로 아이러니한 것은, 당시 독일인들은 국가사회주의당(National Socialist Party, 나치당 - 역자 주) 당수 히틀러를 사회불안과 폭력사태를 잠재우고 독일 사회에 안정을 되찾아줄 인물로 보았으며, 이에 힌덴부르크(Paul von Hindenburg) 대통령이 히틀러에게 소수내각의 구성을 청함으로써 히틀러가 권력을 잡을 수 있는 길을 열어주었다는 점이다. 히틀러의 권력 장악은 천년을 이어갈 것 이라던 제3제국(Third Reich)의 시작이기도 했다. 이 시기의 짧은 역사와 잔혹행위는 다른 책에서 충분히 다루고 있으므로 여기에서는 생략하도록 한다.

전후의 발전

현대적 의미의 독일은 연합군에게 점령된 1945년에 시작되었다. 영미주의(Anglo-American)의 영향으로 민주주의적 정부제도가 꽃을 피웠고, 소수의 정당들이 공개적이고 자유로운 선거를 통해 경쟁했다. 영미식 단체협상의 원칙에 따라 성립된 노조가 탄탄한 지지기반을 확보한 것도 영미주의의 영향이었다. 1947년 마셜플랜(Marshall Plan, 미국이 전후 유럽에서 실행한 경제재건 및 원조계획, 정식 명칭은 유럽부흥계획 – 역자 주)의 실행으로 활발한 기업 활동과 상업을 뒷받침할 재정 기반이 마련되면서, 비로소 독일의 미래를 논할 수 있게 되었다. 현대 역사상 최초로 패전국에게서 과도한 고통의 굴레를 벗겨냈을 뿐만 아니라 회복의 발판을 마련해준 것이었다. 서구 언론이 독일에 군국주의 이미지를 끊임없이 덧씌웠지만 1980년대 독일은 이미 반(反)군국주의 국가로 변모해 있었다. 당시 독일에서 유행했던 농담 중에 독일이 제3차 세계대전에서 승리했는데 알고 보니 경제전쟁이었다는 말이 있었을 정도다. 당시 독일의 일인당 수출액이 미국과 일본을 훨씬 앞질렀다는 점을 고려하면 이러한 자신감에는 근거가 있었던 셈이다.

현재 미국이 주도하고 있는 북대서양조약기구(NATO: North Atlantic Treaty Organization)는 독일이 군비에 무관심하고, 2011년 리비아 공습을 비롯한 NATO의 군사작전에 적극 참여하지 않는다고 비난한다. 독일정부는 2011년 리비아에 대한 군사작전을 승인하는 유엔투표에서 기권했다. 사실 독일은 정규군 15만 명과 예비군 35만 명을 보유한 군사대국이자 유럽 최대의 경제대국이기도 하다. 그래서 아프가니스탄 등지에 파병을 했을 거라고 오해를 받기도 한다. 그러나 과거 나치의 영향으로 독일 내에는 대체로 미국의 문제로 여겨지는 전쟁(이라크전, 아프가니스탄전 등)에 반대하는 목소리가 높고, 파병도 꺼리는 분위기가 있다 (Whitelock, 2008).

전후 독일은 상업과 기업 활동에 대한 광범위한 규제와 높은 노동비용을 특징으로 하는 사회주의 시장경제(Soziale Marktwirtschaft)를 채택했고 이로 인해 국외로 옮겨가는 기업도 생겨났다. 특히 전후 독일산업의 중추를 담당하고 있는 중소기업(Mittelstand)부문이 큰 타격을 입었다. 2008년『월스트리트저널(*Wall Street Journal*)』은 미국의 경제성장이 둔화될 것으로 예상되는 상황에서 유로존의 지속 성장을 담보할 수 있는 최선의 희망은 독일이며, 독일은 내수 진작을 통해 파탄에 빠진 유로존을 구해야 한다고 주장했다 (Emsden, 2008). 한편, 몇 년 전『이코노미스트(*Economist*)』지는 독일이 일본의 전철을 밟을 가능성이 있다고 주장한 바 있다. 실제로 2008년 말 독일은 높은 수출의존도와 내수침체로 다른 유로존 국가들과 함께 불황에 시달려야 했다. 그러나 17개 유로존 국가 중 가장 큰 독일경제를 재정위기의 여파 속에서 지탱해준 것은 바로 높은 수출의존도와 내수 성장이었다. 현재 독일은 GDP 규모 3조 6,490억 달러로 미국, 중국, 일본에 이어 세계 4위의 경제대국이다. 또한 2011년 경제자유지수 조사에서 179개국 가운데 23위를 차지했다 (T. Miller, 2011).

또한 호프스테드(Geert Hofstede)가 전 세계 53개국을 대상으로 실시한 조사(측정치가 높을수록 순위가 높음)에서 독일은 권력 거리 43위, 개인주의 15위, 호전성과 물질주의적 행동을 의미하는 남성성 9.5위, 위험감수도 29위에 올랐으며, 미래를 위해 현재의 즐거움을 포기하는 장기적 방향성에서 35개국 중 11.5위를 차지했다 (Hofstede, 2001). 또 다른 조사에서 스웨덴 국민의 2%, 미국 국민의 7%만이 높은 사회적 지위를 바라는 것으로 나타난 반면 독일은 국민의 25%가 높은 사회적 지위를 원하는 것으로 나타났다 (Triandis, 2002). 최근의 GLOBE 연구에서 독일은 권력 거리 중, 내집단 단체주의 및 제도적 단체주의 하, 양성평등 중, 위험감수도 하, 미래지향성 상을 기록했다 (House et al., 2004). 이러한 순위는 현대 독일을 탄생시킨 복잡한 역사적 맥락과도 일치한다고 할 수 있다.

교향악단

독일이 정치적, 경제적으로 국가의 체계를 갖추는 과정에서 주목한 것은 문화와 예술, 특히 교향악이었다. 독일 문화의 정수는 16세기 독일에서 시작된 교향곡의 소리와 교향악단의 모습을 통해 경험할 수 있다. 교향곡의 기원은 초기 이탈리아 오페라이다 (Copland, 1939/1957). 초기에는 실내악 또는 오페라의 반주로 연주자 몇 명이 비교적 단순한 곡을 연주하는 형태였으나, 이것이 점차 발전하여 목관악기, 금관악기, 현악기, 타악기 대편성에 가끔 피아노가 추가되고, 창의적인 음향효과가 이어지는 오늘날의 형태를 갖추게 되었다. 작곡가들이 쓴 작품 중에 가장 생명력이 긴 것이 교향곡이다. 이러한 생명력은 독일 사회와 문화에 나타나는 지구력에서도 확인된다. 독일인들을 보면 변화란 비록 느릴지라도 체계적이고 논리적으로 발생한다는 것을 알 수 있다.

하이든(Joseph Haydn)과 모차르트(Wolfgang Amadeus Mozart)는 교향곡의 여러 가지 특징들을 발전시켰다. 반면 베토벤(Ludwig van Beethoven)은 오직 그만이 통제할 수 있을 것 같은 위대한 작품 세계를 혼자의 힘으로 일구어 냈다 (Copland, 1939/1957). 이 단계에서 교향곡에 남아있던 오페라의 흔적은 완전히 지워졌다. 곡의 형식이 확대되었고, 감정의 범위는 넓어졌으며, 연주는 이전과는 전혀 다른 새로운 방식으로 힘 있게 발전했다. 베토벤 사후의 작곡가들도 지적 사색을 중시하거나 조성을 파괴하는 등의 혁신을 이어갔다. 오늘날 교향곡은 그 어느 때보다 탄탄한 기반을 가지고 있다. 그 형식은 새로운 혁신과 함께 끊임없이 변화해 왔고 앞으로도 그럴 것이다.

교향곡을 연주하는 데 필요한 악기들은 수세기 동안 단독으로 사용되어 왔었다. 연주자들이 합주 기술을 완전히 체득한 것은 16세기 들어서였다 (Schwartz, 1938). 그 이후로 100여대의 악기를 통해 인간의 가청범위의 5분의 4에 해당하는 소리를 뿜어내는 교향악단의 힘에 견줄 수 있는 것은 없었다 (Schwartz, 1938). 교향곡의 힘은 세계 각지에서 기원한 다양한 악기를 통해 전달된다. 슈워츠(Harry W. Schwartz)는 교향악단 악기의 역사적 의미에 대해 다음과 같이 말했다.

> 동방에서 온 뱀을 부리는 사람이 오보에의 탄생에 기여했다. 호메로스(Homer) 이전의 고대 그리스인들이 초기 클라리넷을 만들었다. 신을 두려워하는 이스라엘인들이 제식을 위해 아마도 처음으로 호른을 사용했을 것이다. 강력한 군대를 보유한 로마의 정복자들은 트럼펫을 유별나게 좋아했고, 약 1,500년 후 그 후손들은 바이올린의 명가로 자부한다. 유럽에서 튜바가 탄생한 것은 비교적 최근의 일이고 그로부터 더 시간이 흘러 색소폰과 사러소폰이 등장했다. 아프리카는 타악기의 발상지로, 그리스는 팬파이프로 유명하다 (Schwartz, 1938: 5).

음악과 연주자를 한데 모으는 것은 지휘자다. 솜씨 좋은 지휘자는 연주자들이 소리를 맞추어(*in concert*)라는 문자 그대로, 하나가 되어 연주하도록 그들이 지닌 전혀 다른 성향과 재능을 통합한다. 현악부와 금관악기부, 플룻 연주자와 타악기 연주자 개개인 간의 다양한 양식과 표현상의 구분은 지휘자에 의해 사라지고 통일된 소리를 내도록 새롭게 거듭난다.

사회처럼 교향악단도 호불호가 뚜렷한 개인으로 구성된다. 그러나 음악이라는 더 큰 선(善)을 위해 개인의 취향은 지휘자의 요구와 악단의 필요에 예속된다. 모든 연주자가 독주자일 수는 없으며, 모두가 그것을 바라지도 않는다. 독주 시간은 언제나 짧고, 짧은 독주가 끝나면 곧 합주가 이어진다. 이렇게 악단과 지휘, 음악의 공유된 의미를 위해 개인을 예속시키는 통제 또는 예속된 개인주의가 바로 교향악이 관객을 사로잡을 수 있는 이유다.

독일인들은 교향악을 사랑한다. 과거에 그랬듯, 오늘날에도 라인 강변을 따라 늘어선 고성에서는 은은한 촛불이 밝혀진 은밀한 방에서 귀족의 후손들이 후원하는 바로크 음악이나 실내악 연주회가 열리곤 한다. 관객들은 이러한 연주회를 통해 과거의 이상적인 독일을 경험한다. 또한 독일인들은 교향악 연주회를 정기적으로 즐겨 찾는데, 구서독에서는 인구 6,600만 명에 교향악단 수만 80개가 넘었다고 한다. 특히 부활절이나 성탄절 같은 종교적 휴일 즈음해서 독일의 소도시나 시골에 방문하면 일요일 오후나 주말 저녁 교회에서 열리는 연주회에 참석할 기회가 종종 있다. 이러한 연주회에는 해당 지역에 사는 연주자들이 주로 출연한다.

음악을 사랑하는 사회적, 문화적 분위기에 따라 베토벤, 브람스(Johannes Brahms)를 비롯하여 하이든, 모차르트, 슈베르트(Franz Schubert), 슈만(Robert Schumann), 바흐(Johann Sebastian Bach), 헨델(George Frideric Händel), 슈트라우스(Richard Strauss) 등 세계적인 작곡가가 독일에서 많이 배출되었다. 카라얀(Herbert von Karajan), 켐페(Rudolf Kempe) 등 세계정상급 지휘자 중에도 독일 출신이 많다.

독일인 중에는 취미로 악기를 연주하는 사람이 많고, 동호회 등에 가입하여 전통을 이어가는 사람도 많다. 알프스호른 연주에서 빅밴드, 바그너(Wilhelm Richard Wagner) 오페라에 이르기까지 음악은 독일인들의 생활에서 절대 빼놓을 수 없는 부분이다. 음악을 대하는 독일인들의 태도 역시 진지해서, 미국 등 다른 나라에서는 음악이 감정을 배출하는 통로로 기능하는 경우가 많지만 독일에서는 그렇지 않다. 음악은 독일인들의 삶의 이면을 장식하는 배경에 그치지 않고 그들의 삶의 전면에 등장한다. 독일인들에게 음악이란 삶을 풍요롭게 하는 집단적 경험인 것이다. 연주회장을 찾는 관객들이 미국 관객들과 비교할 때 좀 더 격식 있는 차림을 하는 데서도 이러한 진지함을 엿볼 수 있다. 독일 관객은 음악을 경청하고 음악이 연주되는 동안 침묵을 지키다가 주요 부분이 끝나면 그때서야 열광적으로, 그러나 격식을 갖추어 환호를 보낸다.

본 장에서는 독일 문화와 가치가 담겨 있는 교향곡의 특징인 다양한 악기, 연주자의 자리배치, 지휘자, 정확성과 동시성, 소리의 통일성, 형식의 끊임없는 변화에 대해 알아보기로 한다.

다양한 악기

19세기의 오스트리아 정치가 메테르니히(Prince Metternich)는 독일인의 특징은 통일성이 아닌 다양성이라고 말했다 (Cottrell, 1986). 이러한 주장은 오늘날에도 상당 부분 유효하다. 독일민족은 켈트족, 로마족, 슬라브족 등 다양한 게르만계 민족과 부족으로 구성되어 있다. 각 민족은 독자적인 역사와 문화를 발전시켜왔으며 오늘날에도 고유의 특성을 유지하고 있다. 1950년대 이후 수백만 명의 이민자가 일자리와 시민권을 얻기 위해, 또는 망명을 목적으로 독일로 이주해왔고, 그 결과 독일의 민족 다양성은 더욱 심화되었다.

독일민족의 다양성을 이해하려면 독일이 오랜 역사 동안 통일국가였던 기간이 짧았다는 점을 알아야 한다 (Solsten, 1996). 9세기 샤를마뉴 대제 재위기의 신성로마제국은 한 세대 동안 실재했던 국가라기보다 상징에 가까웠다. 1648년 베스트팔렌 조약(Peace of Westphalia, 30년 전쟁을 종결하기 위해 체결한 평화조약 – 역자 주)으로 30년 전쟁(1618~1648년까지 독일에서 일어난 신교[프로테스탄트]와 구교[가톨릭] 간의 종교전쟁 – 역자 주)이 끝나자 전쟁으로 폐허가 된 독일은 수백 개의 소국으로 분열되었다. 1990년 10월 3일 통일까지 독일의 통일국가로서의 역사는 불과 74년(1871~1945)에 지나지 않았다. 2천 년의 유럽역사를 통틀어 독일어를 쓰는 민족이 중부유럽에 거주했던 지역은 수백 개의 국가로 나뉘어 있었다. 교향악단의 악기처럼 현대 독일 민족의 혈연적 뿌리는 과거에 존재했던 오늘날 존재하는 다양한 국가와 문화에서 찾을 수 있는 것이다.

이민의 힘

역사적으로 볼 때, 독일의 인구변화 형태를 결정지은 주된 요인은 이민이었다 (McClave, 1996). 1871년 첫 번째 통일 이후 독일의 인구 증가를 주도한 것은 동유럽 출신 이민자들이었다. 농장, 광산, 공장으로 일자리를 찾아 독일에 온 이민자들로 인해 독일의 민족 다양성은 더욱 심화되었다. 그 이후로도 수십 년간 이민자들이 몇 차례 더 유입되었다.

베를린장벽이 세워진 후 1960년대에 외국인들이 대거 서독으로 이주했다. 그 이후 독일 내 외국인 수가 크게 늘었는데 여기에는 통일이 어느 정도 영향을 미쳤다. 냉전의 종식과 함께 동유럽, 특히 구소련 출신 독일계 주민 수백만 명이 독일로 이주하기 시작했다. 2010년 기준 등록 외국인 중 터키계가 3,500만 명 이상으로 가장 많았고, 이탈리아, 그리스, 포르투갈, 스페인 등 유럽연합(EU: European Union) 회원국이 그 뒤를 이었다. 외국인들은 출산율이 높아서 현재 독일에서 태어나는 신생아 10명 중 1명의 부모는 외국인이다. 또한 독일 법은 정치적 박해를 피해 온 사람들에게 망명을 관대하게 허용한다.

미국과 비교할 때 독일은 인종의 용광로라고는 할 수 없으며, 인구의 이동성도 높지 않다. 많은 독일국민들이 수 세대에 걸쳐 같은 지역, 심지어 같은 집에서 살아간다. 독일인들은 낯선 사람을 집으로 초대하는 데 익숙하지 않은데, 이는 대부분의 사람들이 아파트나 작은 집에 살고 있어서이기도 하다. 같은 맥락에서 독일인들은 외국인을 대할 때 약간의 경계심을 보이기도 한다 (Hall & Hall, 1990). 그러나 외국인들은 독일 경제에서 중추적인 역할을 담당하고 있으며, 외국인 없이는 지탱이 불가능한 분야도 있다. 또한 독일의 출산율은 인구 대체율 2.1보다 훨씬 낮은 1.38로 세계에서 아홉 번째로 낮다. 낮은 출산율은 현재 근로자가 내는 세금으로 높은 은퇴소득을 제공하는 사회민주주의 경제에서 문제가 된다. 독일연방통계청(Federal Statistics Office)에 따르면 20세에서 65세 사이의 생산가능인구 100명 당 부양 인구가 2009년 34명에서 2060년에는 63~67명 사이로 증가할 것이라고 한다.

2010년 10월 메르켈(Angela Merkel) 총리는 보수 기독민주연합(CDU: Christian Democratic Union) 청년부 연설에서 독일에서 다문화주의가 완전히 실패했다는 취지의 발언을 했다. 그녀는 독일이 독일어를 사용하지 않는 외국인에게 배타적으로 보이기를 바라지 않는다는 점을 분명히 했다. 무슬림 이민자를 둘러싼 논쟁은 2010년 명망있는 은행가이자 전 사회민주당(SDU: Social Democratic Party) 당원 사란진(Thilo Sarranzin)의 문제작 『스스로 몰락하는 독일(*Germany Does Away With Itself*)』이 베스트셀러가 되면서 격화되었다.

사란진은 독일이 안고 있는 문화적, 경제적 문제에 무슬림이 일부 책임이 있으며 출산율이 높은 무슬림이 언젠가는 독일을 지배할 것이라고 주장했다. 이러한 주장은 독일 사회에 상당한 반향을 일으켰다. 그러나 오늘날 독일의 인구 현실은 앞으로도 이민이 더욱 늘어날 수밖에 없음을 보여준다.

최근 독일은 이민법을 완화했다. 완화된 이민법에 따르면 부모 중 어느 한쪽이라도 독일에서 태어났거나 14세 이전에 독일로 이주하여 거주허가를 취득한 경우, 독일에서 태어난 모든 신생아는 자동으로 시민권을 얻게 된다.

지리적 다양성

독일은 지리적으로도 독특하다. 1990년 서독이 동독을 흡수하면서 국토면적이 30% 가량 늘어났으며, 구동독은 통일독일 면적의 거의 1/3을 차지한다. 현재 독일의 국토면적은 미국의 몬태나주(州)와 비슷하고 유럽에서는 여섯 번째로 크다. 그러나 도시화되지 않은 지역이 많았던 구동독의 주들이 통합되면서 평균 인구밀도는 오히려 낮아졌다.

통일비용을 지나치게 과소평가했던 독일은 통일 후 지역 통합에 어려움을 겪었다. 독일, 특히 구동독 지역의 실업률은 2008년 금융위기 발발 이전까지 계속 10%를 넘다가, 그 후 크게 감소하여 2011년 중반에는 6.9%까지 떨어졌다.

경제적 격차는 두 지역 간에 긴장을 조성했다. 최근 통일 20주년을 맞이한 독일은 구서독 지역이 구동독 지역보다 잘 살고 실업률도 절반에 불과하지만, 통일이 독일에 좋은 것이었다는 데에는 대부분의 독일인들이 동의한다. 통일로 다양성이 배가되면서 마치 교향악단에 새로운 악기가 추가될 때처럼 독일 사회의 복잡성도 자연스럽게 심화되었다. 구동독 지역은 지난 40년 동안 공산주의의 지배를 받았지만 질서정연함, 솔직함, 성실, 청렴 등 독일 사회의 핵심적인 가치들은 여전히 강력한 영향력을 발휘한다. 그래서 GLOBE 연구자들(House et al., 2004)이 구동서독, 오스트리아, 스위스, 네덜란드가 포함된 게르만 국가군을 별도로 분류한 것이다(Gupta & Hanges, 2004).

독일 내에서도 지역별로 특징이 다양하다. 햇살이 따뜻하고 구교의 전통이 강한 바이에른주(독일 남부지방 – 역자 주)는 온도가 낮고 신교가 많은 북부 주들과는 아예 다른 나라처럼 보일 정도다. 독일의 금융 수도로 불리는 프랑크푸르트는 독일이라기보다 차라리 미국 도시라고 해도 될 것이다. 그밖에도 많은 대도시들이 고유의 특징을 자랑한다. 그러나 이러한 다양성은 여러 가지 이유로 도드라지지 않는다. 그 이유 중 한 가지로 대부분의 독일인들이 **되르프**(*Dörfer*), 즉 도시 주변의 작은 마을에 살고 싶어 한다는 점을 들 수 있다.

민족, 지리, 종교 등의 다양성이 독일 사회의 복잡성을 더하듯, 다양한 악기의 사용으로 교향악이 더욱 복잡해진다는 점은 주지의 사실이다. 그러나 이러한 복잡성은 교향악의 다른 여러 가지 특성 덕분에 통제할 필요가 없어진다.

연주자의 자리배치

교향악단이 관중 앞에 서면 무대가 좁다. 그래서 지휘자는 현악부, 목관악기부, 금관악기부, 타악기부로 나누어 자리를 배치하여 연주자 전원이 한 무대에서 편안하게 악기를 연주할 수 있게 한다. 이 같은 구획나누기를 통해 연주와 소리의 질을 최상으로 끌어올릴 수 있다. 같은 파트 내에서의 자리배치도 연주의 질을 높이고 연주자가 각자 맡은 바 역할(제1 바이올린, 제2 바이올린 등)에 충실하게 임하는 데 중요한 역할을 한다.

붐비는 것이 독일사회의 특징이기도 하다. 독일의 국토면적은 서유럽에서 가장 큰 프랑스의 66%, 미국의 4%에 불과하고, 인구 밀도는 미국의 평방킬로미터당 32.9명 보다 훨씬 높은 230.5명에 달한다. 교향악단을 생각해보면 사생활 존중과 타인에 대한 배려로 대변되는 독일사회의 구획나누기 습성을 쉽게 이해할 수 있다. 아파트 주민들이 시끄러운 소리를 내는 이웃에게 조용히 해달라는 쪽지를 익명으로 보내는 것을 떠올리면 된다.

교향악단에서 자리배치를 통해 연주자들을 분리하듯, 교향악단 외부의 세계에서는 집이 개인들을 분리시켜 주는 역할을 한다. 독일인들은 성탄절은 물론이고 일 년 내내 집에서 누리는 개인생활과 안전을 감사하게 여긴다. 기독교 신자가 많은 지역(기독교 신자의 절반은 가톨릭 신자, 나머지 절반은 개신교 신자)에서 성탄절은 여전히 게뮈틀리히카이트(*Gemütlichkeit*), 즉 평온함이 깃든 엄격한 종교 휴일이다. 이 단어는 단순하게는 "'안락' 또는 '평온'을 의미하지만, 깊게는 가정과 깊은 만족, 집에서 만든 요리와 가족의 안전까지 내포하는 넓은 의미의 단어이다"(Cottrell, 1986: 123).

안식처로서의 집

집(*das Heim*)은 일터의 번잡함과 스트레스로부터 벗어날 수 있는 피난처이자, 외부의 위협을 피해 더욱 온전한 자신의 모습으로 있을 수 있는 공간이다. 외부세계로부터 나를 지켜주는 성이자 안식처인 것이다. 집은 외부인이 안을 들여다보거나, 소리가 새어 들어오지 않도록 담, 벽, 울타리, 견고한 문, 블라인드, 덧문, 방충망 같은 장애물로 겹겹이 둘러싸여 있다 (Hall & Hall, 1990). 정성들여 가꾼 앞마당은 잘 사용되지 않는다. 일광욕을 하거나 가족을 만나는 등 집 밖에서의 일들은 길가에서 멀찍이 떨어져 외부인의 시선을 피하기 유리한 뒷마당 몫이다. 독일인들에게 있어 집은 가장 귀중한 재산이며, 집에서 가족과 함께 하는 생활은 가장 소중한 일 중 하나이다.

독일인들은 집에 대한 자부심이 크다. 독일 가정주부는 집안을 티끌 하나 없이 반짝거리는 상태로 유지하기 위해 미국 주부들보다 훨씬 오랜 시간 일한다. 필라이(Raj Pillai)는 독일 사람들은 집에 들른 이웃이 무심코 선반에 손을 댔다가 먼지를 발견할지도 모른다는 극도의 두려움을 안고 산다는 얘기를 가까운 독일 친구에게 듣고, 그 얘기를 어머니에게 했다. 그 후로 그의 어머니는 독일 손님을 인도에 있는 집으로 초대할 때면 하인을 시켜 하루 종일 집안을 몇 번이고 쓸고 닦게 한다고 한다. 북해로 휴가를 간 독일인이 해변에서 고작 몇 시간을 보내려고 주변에 모래를 4피트(약 1.2미터 – 역자 주) 높이로 쌓아 올려 다른 사람들이 자기를 방해하지 못하게 하는 것도 그리 놀랄 일은 아니다.

집과 마찬가지로 문도 "개인과 외부세계 사이에서 방어벽 역할을 한다"(Hall & Hall, 1990: 40). 독일인들은 되도록 문을 닫아두는 편이다. 문은 대개 재질이 단단하고, 두껍고 무거우며, 문틀에 빈틈없이 꼭 들어맞는다. 닫힌 문은 방을 안전무결하게 지켜주고, 사람들 사이에 경계를 지어주며, 의식적, 무의식적으로 외부로부터 유입되는 방해요소를 최소로 줄여준다.

사람들이 마주보고 대화할 때 거리를 두는 것도 이와 유사한 기능을 한다. 독일인들은 프랑스, 이탈리아, 태국 등 다른 나라 사람들보다 멀리 떨어져서 대화한다. 이 거리 두기는 일종의 방어벽이자, 집과 같은 원리로 작동하는 심리적 상징이다. 독일인들은 물리적 거리 이외에 청각적 거리에도 민감하다. 실제로 독일 법은 주중 특정한 날과 시간에 공공장소에서 큰 소리를 내는 것을 금지하고 있다. 점심시간과 이른 저녁에 아이가 놀이터에서 뛰어놀게 두었다고 주민들이 부모를 고소한 사례도 있다. 앞서 말했듯, 독일인들이 물리적, 청각적 거리를 중요시하는 것에는 독일, 특히 서부지역의 인구밀도가 높다는 점이 반영되었을 것이다.

격식의 존중

독일 사회의 구획나누기는 격식을 중시하는 독일인들의 성향에도 나타난다. 독일인들은 가족구성원 간에 거리를 유지하고 사생활을 보호하기 위해 집에서도 일정한 규칙에 따라 행동한다 (Hall & Hall, 1990). 이러한 행동양식은 성인이 되면 친구관계와 직장동료와의 관계에까지 확장된다. 독일인들은 자신을 이름이 아닌 성으로 소개하는 경향이 있다. 독일어의 격식·비격식 대명사는 관계에서 격식을 중시하는 특성을 잘 보여준다. 당신(you)이라는 의미로 흔히 쓰이는 대명사 두(du)와 이름은 가까운 친구와 가족에게만 쓸 수 있다. '가까운' 친구와 지인의 차이는 명확하다. 보수적인 독일인들은 미국인이라면 '친구'라고 부를 법한, 학교나 직장에서 만난 사람들을 그저 '동료'라고 부른다. 이렇게 명확하게 관계를 구분하는 것은 아마도 사회화 과정과 관련 있을 것이다. 독일인들은 보통 어릴 때 사귄 친한 친구 두세 명과 평생토록 가깝게 지내고, 새로운 사람을 만나서 친구라 부르기까지 오랜 시간이 걸린다. 그러나 일단 친구가 되면 그 사람에게는 특별한 애정을 쏟는다.

다음 사례는 극단적이기는 하지만 독일인들이 관계에 대해 가지고 있는 개념을 이해하는 데 도움을 준다. 아일랜드인 교수와 독일인 교수가 브뤼셀의 한 국제기구에서 3년째 함께 일하고 있었다. 독일에서는 교수를 부를 때 격식을 갖추어 성을 붙여 '~교수 박사님(Herr Professor Doctor)'이라고 하지만, 아일랜드에서는 간단히 '교수님'이라고 하거나 호칭 없이 이름을 부른다. 어느 날 저녁 두 사람이 함께 맥주를 마셨다. 독일인 교수가 갑자기 이제 서로 격의 없이 가까워졌으므로 자신을 '~박사'라고 편하게 불러도 좋다고 말했다.

나치 치하에서 독일인들은 박사학위나 의학학위가 없으면 '박사(doctor)'라는 호칭을 사용할 수 없었다. 최근에도 독일에 사는 미국인 7명이 학위의 적법성과 연구 권리상 위법요소가 전혀 없었음에도 '박사(Dr.)' 호칭을 잘못 사용했다는 이유로 '호칭남용'으로 수사를 받은 사례도 있다. 정확한 형식은 이름 앞에 '교수'를 쓰고, 이름 뒤에 박사학위를 표기한 후, 소속 대학을 밝혀야 했던 것이다(Whitlock & Smiley, 2008).

지인과 모르는 사람을 대할 때 드러나는 정중함에서도 구획나누기를 엿볼 수 있다. 독일인들은 우연히라도 다른 사람의 신체를 건드리거나 친밀함을 강조하는 행동을 하지 않도록 조심한다(Hall & Hall, 1990). 몸짓을 하거나 미소를 짓는 것도 잘 하지 않는 편이어서, 독일인들이 손님이나 직장동료에게 미소를 건네는 것은 보기 어렵다. 그 대신 독일인들은 대화에 집중하고 있다는 표시로 상대와 눈을 맞춘다. 독일인들은 완고하고 다가가기 어렵고, 무뚝뚝해 보이기도 한다. 그러나 속을 잘 드러내지 않는다고 우정을 모르는 사람들이라고 오해해서는 안 된다. 독일인들은 상대에 대해 알고 나면 함께 어울리는 것을 좋아하기 때문이다.

사업관행

교향악단의 자리배치와 같은 구획나누기는 사업관행에도 영향을 미친다. 독일인들은 신속성을 강조하지만 일과 생활을 명확히 구분하는 성향 때문에 배송지연 같은 사고가 일어나기도 한다. 배송이 지연되어도 사과 한마디 듣지 못할 수도 있다. 이런 일은 주문을 접수한 직원이 동료에게 업무 인수인계를 하지 않고 휴가를 떠나서 생기는 일이다 (Hall & Hall, 1990). 기업의 선적담당 부서에 문제가 생겨서 배송이 늦어져도 소매업자와 소비자는 아무런 설명도 들을 수 없을 것이다.

전형적인 독일 기업은 미국 기업보다 더욱 세밀하게 공간을 구분 짓는데, 이는 독일인들이 위계질서 내에서의 지위와 권력의 적절한 표현을 중시하기 때문일 것이다. 프랑크푸르트에 위치한 한 보험회사의 사옥에는 이러한 가치관이 잘 반영되어 있다. 이 건물은 위층으로 갈수록 직원의 수가 줄어든다. 맨 위층에는 사주와 그의 핵심보좌진 서너 명이 일할 뿐이다. 그 건물 자체도 위에서부터 45도 각도로 밑으로 퍼지는 구조로 되어 있어서 '성공의 사다리'라고 불린다.

독일기업들은 최근 들어 부서 간의 기능적 협업을 강조한다. 그러나 사생활을 중시하는 독일인들의 특징에서 예상할 수 있듯, 기업 내에서의 수평적 정보 흐름은 미국기업에 비해 원활하지 않다. 그래서 신속한 의사결정이 힘들다. 불가피하게도, 빠르게 변화하는 시장의 최신 흐름도 의사결정에 잘 반영되지 않는다.

기업에서는 최고경영자의 집무실이 무엇보다 중요하다. 미국 등 다른 나라와 마찬가지로 집무실의 크기, 항상 대기 중인 개인비서 등이 경영자의 지위와 위계구조 내의 서열을 대변한다. 그러나 경영진들이 집무실을 자신의 개성이 반영된, 자신과 분리해서 생각할 수 없는 것으로 여긴다는 점은 독일만의 특징이다 (Hall & Hall, 1990). 그래서 문이 닫혀있는 것이 중요한데, 대부분의 경우 방문객들은 주인의 허락 없이 방문을 열면 안 된다. 노크를 한 다음, 들어오라는 신호가 있을 때까지 기다리는 것이 현명한 처사다.

방에 들어간 다음에는 의자를 관리자의 책상과 너무 가깝게 옮긴다던가 해서 물리적 공간규범을 어기는 일이 없도록 주의해야 한다. 의자를 옮기는 것 같이 방안의 가구를 재배열하는 행위는 상대방에게 심한 모욕감을 줄 수도 있다. 어느 독일인 매니저는 자신을 찾는 미국인 영업사원마다, 아마도 친근감을 형성하여 계약을 성사시키려는 생각에서였겠지만, 의자를 자신에게 가깝게 당겨 앉는데 크게 화가 났다. 그래서 손님용 의자를 아예 바닥에 고정시켜 버리는 극단적인 조치를 취해 의자를 옮기려는 시도를 사전에 차단해 버렸다는 일화도 있다.

호프스테드의 연구와 GLOBE 연구에서 확인되었듯, 독일인들은 다른 문화권 사람들에 비해 위험회피 성향이 강하고 낯선 상황과 사람에게서 불편함을 느낀다 (Hofstede, 2001; House et al., 2004). 또한 일반적으로 어떤 일을 제대로 하려면 시간이 걸리고, 치밀한 계획이 필요하다고 생각한다. 교향악단이 통일된 소리라는 목표를 달성하기 위해 고된 리허설 과정을 견뎌내야 하는 것처럼, 어떤 프로젝트를 깊게 분석한다는 것은 위험의 정도를 정확하게 파악한다는 것을 의미한다. 독일인 경영자들이 결정에 앞서 기회를 극도로 면밀하게 분석하는 것은 위험회피의 일종이라고 보아도 무방하다.

어느 나라나 그렇듯 격식의 강조와 물리적, 청각적 거리 두기 같은 특징은 젊은이들 사이에서는 크게 두드러지지 않기 때문에 이를 일반화하는 것은 피해야 한다. 예를 들어 독일 대학생들은 친구나 다른 사람들과 교류할 때 격식을 따지지 않고, 수업시간에 늦는 경우도 많다. 그러나 이들이 일단 정식으로 사회생활을 시작하면 행동할 때 독일문화의 상징이라고도 할 수 있는 격식을 갖추려고 하는 경향이 있다.

지휘자와 지도자

교향악단 지휘자가 힘이 넘치면서도 통일된 소리를 위해 전체적인 방향을 제시하듯, 독일의 지도자들은 분열된 조국이 나아갈 방향을 제시하고 길을 안내했다. 독일 내 22개 교향악단에 대한 한 조사에 따르면 변형 리더십 스타일의 지휘자가 있는 악단은 연주의 예술적 수준이 높고 단원들 간의 분위기가 협조적이다 (Boerner & Freiherr von Streit, 2005). 그러나 히틀러를 제외하면, 독일인들은 역사적으로 자신들을 새로운 세계질서로 이끌어 가려는 카리스마 넘치는 지도자에게 아무런 이의도 제기하지 않은 채 고분고분 따르기만 했던 적은 없다 (Hall & Hall, 1990). 독일인들이 선호하는 지도자는 유능한 아랫사람에게 권한과 의사결정을 위임할 수 있을 정도로 성숙하고 능력이 뛰어난 비전 제시형 지도자다.

39살의 젊은 나이에 부와 지위를 거머쥔, 카리스마 넘치는 독일 전 국방장관 구텐베르크(Karl-Theodor zu Guttenberg) 남작도 예외에 속한다. 메르켈 총리의 후계자로 꼽히던 그는 2011년, 2006년에 받은 박사학위 논문에 대해 표절 의혹이 불거지자 결국 사퇴했다. 직함이 중요한 나라에서 표절 의혹이 사실로 드러나자 학위를 포기할 수밖에 없었던 것이다. 신문들은 그를 '따다 붙이기 남작' 또는 '구텐베르크의 인쇄기'라고 부르며 신나게 비판했지만 국민들 사이에서 그는 여전히 인기가 높다. 그의 높은 인기는 카리스마 넘치는 지도자의 출현을 바라는 국민적 열망이 반영된 것이기도 하지만, 그밖에도 귀족이라는 출신 배경과 세련된 매너, 흠 잡을 데 없이 반듯한 옷차림도 한 몫 했다. 실제로 그는 외적인 면에서 메르켈 총리를 능가한다 (Habermas, 2010). 실용주의적 정치인이자, 어머니 같은 면모를 가진 메르켈 총리는 종종 세계에서 가장 힘 있는 여성으로 묘사되는 동시에 카리스마가 부족하다는 평가를 받기도 한다. 금융위기의 여파로 (그리스를 비롯한) 여러 EU 국가들이 유럽에서 가장 부유한 독일의 도움을 기다리는 현재의 상황에서, 특히 메르켈 총리는 성숙하고 강력한 지도자를 바라는 독일인들의 이상에 꼭 들어맞는 지도자일 것이다.

1740년에서 1780년까지 프로이센의 군주로서 독일의 국가 기반을 닦는데 크게 기여한 프리드리히 대왕은 고전적인 독일 군주의 전형을 보여준다. 그는 프로이센의 엄격한 군대식 교육을 통해 철인왕(philosopher-king)으로 성장했으며, 미술과 음악, 문학에도 조예가 깊었다. 시와 학술적인 글을 동시에 썼고, 플룻을 연주하는 것은 물론 협주곡과 소나타를 작곡했으며, 볼테르(본명 François-Marie Arouet, 필명 Voltaire – 역자 주)와도 꾸준히 서신을 주고받았다. 오늘날의 독일 사회가 바라는 이상적인 지도자상도 이와 다르지 않다. 그래서인지 몰라도 독일 CEO들은 미국 CEO들에 비해 다재다능한 경향이 있고, 과학, 문학, 철학을 진지하게 연구하는 북클럽 회원이 많으며, 박사학위 소지 비율도 높다.

프리드리히 대왕의 비전 제시형 리더십이 분열되었던 독일을 유럽의 강국으로 탈바꿈시킨 개혁의 원동력이 된 것은 분명하다. 마찬가지로 독일 기업의 경영자들은 프리드리히 대왕이 보여준 선구적이고 성숙한 리더십을 본받아 조직의 구성원들에게 방향을 제시하리라는 기대를 받는다. 독일 CEO들이 자사의 외국인 마케팅 이사들에게 그 방면에 의사결정권을 가진 독일인 마케팅 이사를 만나보라고 하는 데에는 이러한 배경이 있다. 독일인 매니저는 부하 직원들에게 큰 기대를 걸고, 성과를 내도록 강력하게 밀어 붙여서 그들의 능력을 시험하며, 결정을 내리지 못하고 망설이는 일은 없다 (Hall & Hall, 1990). 애들러(Nancy J. Adler)는 독일을 권력 거리가 짧고 불확실성에 대한 회피성향이 강한 '기름칠이 잘된 기계'라고 묘사한다 (Adler, 2007). 독일 기업들은 확실하게 역할을 정리함으로써 불확실성을 줄인다. 직원들이 지시사항이 분명하고 결단력을 갖춘 관리자를 선호하는 고-권력 거리 문화권과는 달리, 독일인들은 권한과 의사결정을 자신과 경쟁하는 아랫사람에게 위임할 수 있는 관리자를 바란다.

장단점

물론 이러한 리더십 스타일에는 단점이 있다. 개논(Martin Gannon)은 독일에서 열린 다임러 크라이슬러 합병(1998년 독일 다임러-벤츠사와 미국 크라이슬러사의 합병 – 역자 주) 관련 브리핑에 몇 번 참석한 적이 있다. 1998년 합병 후에도 두 기업 간의 문화적 차이는 눈에 보일 정도로 뚜렷했다. 짧은 권력 거리와 권한위임이라는 독일 기업의 특징에 걸맞게 다임러사의 권력구조는 4개 층으로 이루어진 반면 크라이슬러사의 권력구조는 9개 층으로 이루어져 있었다. 그러나 직원들이 의사결정에 참여할 권리, 또 때로는 결정을 거부할 권리를 요구했기 때문에 경영진이 어떤 행동을 취하기 더 어려운 것은 다임러 쪽이었다. 또한 중간급 관리자들이 남들의 반감을 살까봐 감히 상관에게 의견을 내지 못할 정도로 다임러사의 위계질서는 매우 경직되어 있었다. 반면 크라이슬러사의 미국인 관리자들은 상관에게 자신의 생각이나 제안을 자유롭게 말할 수 있었다. 설령 그 상대가 1980~90년대 크라이슬러사의 중흥기를 이끌었던 최고경영자 이튼(Robert Eaton)이라고 해도 결과가 두려워 말을 못하는 일은 없었다. 결국 다임러사가 크라이슬러를 사모펀드에 매각하기로 결정하면서 합병은 실패로 돌아갔다. 2009년 크라이슬러는 미국과 캐나다 정부, 대주주인 이탈리아의 피아트(Fiat)에 대규모 구제 금융을 받았다. 전문가들은 합병이 실패한 것은 시너지 효과의 부족과 아시아 기업의 공세 이외에 두 기업 간의 극복할 수 없는 문화적 차이도 원인이 되었다는 데 동의한다.

앞서 말했듯 제2차 세계대전 종전 후 독일사회에 연합군이 큰 영향을 미쳤으며, 리더십 분야에서도 그 영향을 찾아볼 수 있다. 독일 기업의 지배구조 상의 특징 중 하나는 공동결정(codetermination)이다. 미국기업은 이사회가 하나뿐이지만, 직원 2천명 이상인 독일 기업은 경영이사회(Vorstand)와 감독이사회(Aufsichtsrat)를 운영하도록 법으로 정하고 있으며, 감독이사회에는 종업원 대표와 노조대표가 반드시 포함되어야 한다. 그밖에 노동자 회의(Betriebsrat)는 모든 경영계획과 실행을 감시하고 의결할 권리가 있다. 경영이사회에서 인원감축 등의 사안을 발의하면 감독이사회와 노동자회의의 의결을 거쳐 전국노조에서 최종승인되는 순서다. 당연히 의사결정이 느리고 복잡할 수밖에 없다. 그러나 어떤 사안에 대해 일단 결정이 내려지면 그 실행은 매우 신속하게 이루어진다.

현재 독일의 의사결정 제도에 대한 논의가 활발히 벌어지고 있는데, 빠르게 변화하는 세계화된 시대에 발맞추어 신속한 의사결정이 가능한 단일이사회제로 가야 한다는 의견이 점점 힘을 얻고 있다. 변화의 분위기는 노조에서도 감지된다. 노조 가입률이 점점 낮아져 현재는 25%에도 미치지 못한다. 2006년 독일 소프트웨어 기업 SAP는 직원 대부분이 대학 졸업자인 신생 글로벌 하이테크 기업으로서의 문화를 지키기 위해 비노조원으로 구성된 노동자회의를 설립하는 절차에 들어갔다.

정확성과 동시성

교향악의 가장 핵심적인 특징은 아마도 정확성과 동시성일 것이다. 지휘자는 곡의 복잡성을 고려하여, 서로 연관된 이 두 가지 특징에 중점을 둔다. 모든 것이 완벽하게 실행되어야 하며, 모든 연주자는 기꺼이 악보에서 정해진 범위를 벗어나지 않는 선에서 연주를 마쳐야 한다. 독주자들에게는 기량과 솜씨를 뽐낼 수 있는 기회가 있지만, 악단 전체의 선을 위해 이들에게 허락되는 시간은 짧다. 짧은 독주가 끝나면 독주자들은 자신의 정체성과 성격을 감추고 다시 전체의 일부로 돌아간다. 오페라에서는 위대한 가수가 관객에게 잊지 못할 아리아 선율을 선사하여 합창부와 자신을 명확하게 구분하지만 교향악단 연주자들은 더 큰 선을 위해 개인으로서의 자신을 숨기기를 꺼려서는 안 된다. 독일인들은 개인주의적이지만, 그들의 종속적 개인주의는 미국의 경쟁적 개인주의와는 분명히 다르다.

사업규칙

독일인들이 일하는 방식에는 정확성과 동시성이 발휘되는 예가 수없이 많다. 대부분의 독일인들은 시간관념이 철저하고 시간을 효율적으로 할당한다. 독일인에게는 '남는 시간'이라는 개념이 없다. 개논이 실시한 조사에서 독일인들은 파트타임 일자리를 구하는 이유를 묻는 질문에 "시간이 남아서"라는 답변을 쉽게 이해하지 못했다. 독일인들은 일과 여가를 확실히 구분하는데, 두 경우 모두 시간을 합리적이고 효율적으로 쓰려고 애쓴다.

사회생활이든 친목모임이든 지각은 쉽게 용납되지 않는다. 회의가 있으면 늦어도 정시에, 가능한 5분 전에 도착하는 것이 예의다. 연주회에서 독주자가 사인에 맞추어 연주를 시작하지 못하면 악단에서 자리를 잃게 된다. 이와 마찬가지로 회의에 늦은 사업가는 고객을 잃거나 중요한 정보를 놓칠 것이다. 독일식 회의와 협상은 길고, 여러 단계가 있으며, 각 단계마다 뚜렷이 구분되는 특징이 있다. 회의가 있으면 가능한 본론부터 시작하기를 좋아하고 "간단히 끝내"라는 금언을 지키는 미국인들과는 달리, 독일인들은 역사적 배경 설명과 그래프를 즐겨 사용한다.

어린 시절을 독일에서 보낸 한 미국인은 미국인 이사들 앞에서 자기도 모르게 어린 시절의 습관대로 발표를 하다가 낭패를 본 적이 있다. 그는 애초에 프로젝트의 역사적 배경을 25분 분량으로 준비했으나, 발표 시작 5분 만에 사람들이 지루해 하는 얼굴로 딴 생각을 하는 것을 보고 역사적 배경 설명을 바로 중단해야 했다. 미국에서 몇 년 거주한 적이 있는 한 독일인 경영자는 코끼리에 관한 책을 예로 들어 미국인과 독일인이 어떻게 다른지 설명하곤 했다. 다음 중 어느 나라 사람이 어느 책을 썼는지 맞추어 보기 바란다.

- 코끼리: 코끼리 개론 — 총 24권
- 코끼리: 더 크고, 더 빠르게 20분 완성

정확성과 동시성은 의사소통에도 영향을 준다. 독일인들은 말이나 글로 하는 의사 표현이 직접적인 저맥락 의사소통을 한다. 미국인들은 자신의 생각을 간접적으로 모호하게 표현하는 고맥락 문화권 사람들보다 독일인들을 상대하는 것이 훨씬 편하다고 생각한다. 한편, 독일인들은 역사와 이론에 기대어 사고하는 연역법을 선호하는 반면 영미계 사람들은 사례와 예로 주장을 뒷받침하는 귀납법을 선호한다. 그래서 독일인들은 문제를 해결하기 위해 기본적으로 이론이나 원리에서 출발하지만, 미국인들은 가능한 빨리 해결책이 작동하도록 하는 데 집중한다.

미국인 사업가들은 자신이 내놓은 제안에 독일인 파트너가 공격적인 태도를 보여서 놀라는 경우가 종종 있는데, 이것은 오해다. 독일인들은 단지 자신의 생각이 틀렸다는 확신이 필요할 뿐이며, 그들은 이런 접근법을 폭넓게 수용한다. 다만 해결책에는 논리와 일관성, 그리고 뒷받침하는 자료가 반드시 있어야 한다. 사업 협상에서는 객관적인 사실만이 근거로 받아들여지며, 대부분의 경우 감정은 배제된다. 또한 독일인들과 협상을 하기 위해서는 준비를 철저히 해야 할 뿐만 아니라 얼핏 보기엔 중요하지 않은 세부사항까지도 논의할 마음의 준비를 해야 한다. 정확성과 동시성을 준수해야 하며, 일련의 행동을 뒷받침하는 단순한 하나 또는 여러 건의 사례만으로는 독일인들을 설득할 수 없다.

또한 단어들은 의도에 맞게 정확하게 사용되어야 한다. 미국인들은 별 뜻 없이 "점심이나 같이 먹지"라고 말하지만 정확성과 동시성을 중시하는 독일인들은 그 말을 지켜야 한다고 생각한다. 그렇지 않으면 미국인들은 진실하지 않고, 생각과 행동에 조심성이 없으며, 문화적으로도 둔한 민족이라고 생각할 것이다. 미국 앨라배마의 다임러 공장에서 벌어진 일은 의사소통 방식의 차이에서 빚어진 결과를 보여주는 극단적인 사례다. 공장을 가동한

첫날, 미국인 감독관이 독일인 근로자들에게 "저녁이나 같이 합시다"라고 말했고 그 말을 있는 그대로 받아들인 독일인 근로자들이 그 날 저녁 감독관의 집에 찾아간 것이다.

말을 있는 그대로 받아들이는 독일인들의 성향을 보여주는 더욱 극단적인 사례로 연주자가 4분 33초 동안 아무 소리도 내지 않고 무대에 가만히 앉아있는 "4′33″"등의 혁명적인 작품으로 유명한 미국의 전위음악가 케이지(John Cage)와 관련된 일화를 들 수 있다. 한 독일 연구자 그룹이 케이지가 원래 피아노곡으로 작곡했던 오르간곡 "Organ 2/ASLSP"의 '최대한 느리게(ASLSP: As Slow As Possible)'란 도대체 얼마나 느린 것인지 알아보기로 했다. 이들은 독일 할버슈타트의 한 교회에 오랫동안 버려져 있던 오르간을 수리하여 2003년 2월, 아주 아주 느리게 연주를 시작했다. 곡 전체를 연주하는 데 걸리는 시간은 639년이고, 쉬는 시간은 2319년에 있을 예정이며, 가장 짧은 음을 내는 데 걸리는 시간은 6~7개월, 가장 긴 음을 내는 데는 35년 걸릴 것이다 (Wakin, 2006). 이는 진지함의 발로이자 다른 한편으로는 지적 호기심의 충족을 위한 것이며, 베를린에서 2시간 30분 거리에 위치한 이 작은 도시로 관광객들이 모여드는 이유이기도 하다.

의사소통 방식

독일어의 큰 특징 중 하나는 동사가 문장 끝에 온다는 것이다. 이와 마찬가지로 대화나, 회의, 협상의 핵심도 끝에 나온다. 고전 교향곡처럼 회의는 느리게 시작해서 여러 시간 동안 지속된 후에야 핵심에 도달한다. 회의와 협상은 뚜렷이 구분되는 여러 단계를 거쳐 느리게 그러나 꾸준하게 진전되며 그 사이에는 타이밍, 어조, 목소리와 언어의 사용, 감정의 조절이 중요하다. 음악과 마찬가지로 소리, 어조, 억양, 타이밍의 조절이 사업의 성공을 좌우하는 열쇠다.

효율성은 향후 관계 설정 방식의 정확성을 반영하므로 의사소통의 효율성을 증명하는 것도 좋다. 예를 들어 독일인에게 인사할 때는 "안녕 토마스, 기분이 어때?"라고 하는 것보다 "안녕 토마스, 내가 오늘 뭐 도와줄까?"라고 하는 것이 나을 것이다.

끝으로 정확성과 동시성을 강조하는 것은 의복과 차림새에도 적용된다. 독일인들은 미국인들보다 보수적으로 옷을 입는 편으로, 독일인을 만날 때에는 전문성이 돋보이는 옷차림을 하고 그에 맞게 행동하는 것이 좋다. 앉을 때는 편하게 앉되, 등을 세우고, 옷은 유행에 뒤처지지 않아야 하지만 주의를 흐릴 수 있는 옷차림은 피해야 한다. 상대의 말을 경청하고 중간에 자신의 생각을 말할 때는 대화의 정확성과 동시성이 무너지지 않도록 주의한다. 이러한 기술들을 사용할 수 있다면 독일인과의 대화와 관계는 더욱 풍성해질 것이다.

교육제도

독일의 통일성은 **그룬트슐레**(*Grundschule*), 즉 초등학교에서 시작되는 교육제도에서도 드러난다. 초등학교 교사는 1학년에서 4학년, 일부 주의 경우 6학년까지 같은 학급을 맡는다. 초등학제의 기간에 관계없이 총 학업 년수는 동일하므로 이 책에서는 4년제 초등학교를 전제로 한다.

그룬트슐레를 졸업한 학생들이 진학할 수 있는 학교에는 세 가지 형태가 있다. 어떤 주에서는 교사가 학교를 배정하지만, 어떤 주에서는 일제고사 결과를 바탕으로 결정되기도 한다. 성공의 가능성을 높이기 위해 독일의 많은 초등학생들이 이르면 1학년 때부터 과외를 받는다. 어떤 학교에 배치되느냐에 따라 진로가 결정되는데, 이렇게 이른 나이에 진로를 결정하는 나라는 독일밖에 없다. 절차가 복잡하기는 하지만, 4학년 이후에도 학교의 종류를 바꿀 수 있는 방법은 있다.

세 종류의 학교 중에 첫 번째인 김나지움(*Gymnasium*)은 대입을 목표로 하는 인문계 학교다. 김나지움은 5학년에서 13학년까지 다니는데, 대학에 가지 않는 경우 10학년을 마치고 진로를 바꿀 수 있다. 10학년에서 김나지움을 마친 학생의 학력은 다음에 설명할 레알슐레(*Realschule*)를 마친 것과 동급으로 인정받는다. 김나지움에 다니는 학생들이 대학에 입학할 자격을 얻으려면 아비투어(*Abitur*)라는 대단히 어려운 시험을 통과해야 한다. 시험에 통과한다고 자동으로 입학이 허가되는 것은 아니고, 입학여부는 정원에 따라 결정된다. 또한 시험에 통과하고, 입학허가를 받았다 해도 어느 과에나 들어갈 수 있는 것은 아니며 학부 중에 하나에만 갈 수 있다. 미국 학생들과 비교하면 독일 학생들의 선택지가 훨씬 좁은 셈이다. 학제 역시 기수를 위주로 대단히 경직된 구조로 되어 있기 때문에 인적자원의 손실이 매우 클 것이다. 현재 독일 학생의 약 50%가 김나지움에 다닌다. 이들은 대부분 대학에서 정보기술, 비즈니스처럼 직장에서 곧바로 활용할 수 있는 분야의 공부를 하기를 원하지만 대학의 그런 과정들은 정원이 많지 않다.

그룬트슐레에서 4학년을 마치고 김나지움에 가지 않는 학생들은 실업학교인 레알슐레(*Realschule*)에 진학하여 10학년까지 다닌다. 그 중 일부는 일주일에 하루만 학교에 나오면서 2년 반에서 3년 동안 도제생활을 한다. 독일 기업들은 도제제도에 보조금을 후원하고 도제기간을 마친 학생들을 대부분 채용한다. 도제를 하지 않는 학생들은 10학년을 마친 후 **파호오버슐레**(*Fachoberschule*)에 2년 더 다니면 중학교 졸업장을 취득할 수 있다. **파호오버슐레**에 다니는 2년 중 6개월은 도제생활을 한다. 이들이 **아비투어**에 통과하거나 적어도 1년 동안 특수대학인 **파흐호흐슐레**(*Fachhochschule*)에 다니면 일반대학에 진학할 수 있다. 그러나 대부분 일반대학보다는, 기술, 사회과학, 과학, 비즈니스에 특화된 특수대학 과정을 지속한다.

그룬트슐레를 마친 후 **하웁트슐레**(*Hauptschule*)에 진학하는 학생들은 9학년을 마친 다음 졸업하지 않고 학업을 중단할 수 있다. 그러나 대부분은 졸업장을 받고, 2년 반에서 3년 동안 일주일에 하루씩 학교에 더 다니면서 도제 생활을 한다. 이들이 2년 동안 공부를 더 하고 **아비투어**에 통과하면 일반대학이나 특수대학(*Berufsoberschule*)에 갈 수 있다. 독일의 주에는 **김나지움**과 또 다른 한 가지 형태의 학교가 있는 경우가 많다. **김나지움**, **레알슐레**, **하웁트슐레** 세 가지 유형을 모두 합친 형태의 **게잠트슐레**(*Gesamtschule*)가 매우 드물게 있지만 전통적인 **김나지움**에 비해 교육의 질이 떨어진다는 평가를 받는다.

독일의 교육제도는 논리적 일관성과 통일성에도 불구하고 최근 들어 여러 가지 한계를 노출하고 있다. 자녀가 '영재교육'을 받기를 바라는 미국 부모들과 마찬가지로 독일 부모들은 자녀가 **김나지움**에 다니기를 바란다. 오늘날 **김나지움** 졸업생의 비율이 50%를 넘었지만 전통적으로 김나지움 졸업생들이 일했던 자리에 지원자가 몰리면서 합격하는 비율은 오히려 떨어졌다. 또한 일반대학에는 법학, 의학 같은 전공에 학생들이 몰리고 있고, 대학은 학생들로 넘쳐나고 있다.

이러한 교육제도는 분명 질서와 통합을 강조하는 독일인들의 성향을 보여준다. 일정한 순서로 이어지는 단계별 학교제도로 인해 학생들은 앞으로 어떤 직업을 택하든 그에 필요한 교육을 받기 위해 정해진 단계를 밟아야 한다. 어떻게 보면 독일인들은 교육제도에 맞추어 개인적인 성향을 어느 정도 포기함으로써 그 혜택이 사회전체로 돌아가게 한다고 할 수 있다. 교향악단 연주자들이 그렇듯, 독일인들은 교육제도의 질서 안에서 개인에게 주어진 역할을 수행함으로써 국가적인 노력이 결실을 맺는 데 기여한다.

미국식 교육과 비교하여 독일식 교육이 갖는 장점이 과연 무엇인지에 대한 논쟁이 현재 활발히 진행되고 있다. 2001년 독일은 이른바 '피사(PISA)쇼크'를 겪었다. 피사는 경제협력개발기구(OECD: Organization for Economic Cooperation and Development)가 시행하는 국제학생평가프로그램(Program for International Student Assessment)의 준말로 세계 각국 학생들의 학업성취도를 평가하는 비교조사이다. 독일은 조사대상 31개국 중 읽기 21위, 수학과 과학에서 20위를 차지하는 데 그쳤다 (Siegele, 2006). 성적이 낮은 주된 원인으로는 '이민자 출신' 학생들이 꼽혔다. 2009년 조사에서 독일은 순위가 약간 상승하기는 했으나, 일부 아시아 국가들과 여타 유럽국가에 비해서는 여전히 낮았다. 미국은 수학과 과학에서는 독일에 크게 뒤졌으나 읽기에서 독일을 앞질렀다. 이 같은 상황을 타개하기 위해 현재 개혁이 진행되고 있으며, 장기적으로는 인구구조의 변화와 산업계의 요구를 받아들여 현재의 3층위 교육제도를 포기할 수밖에 없을 것이라는 의견이 지배적이다. 독일과는 대조적으로 미국의 교육제도는 사회의 달라지는 요구를 훨씬 적극적으로 수용하는 편이며, 학생들이 중간에 진로를 바꾸기도 쉽다. 기독민주연합(CDU)은 낮은 단계의 두 학교를 합쳐 상급학교라는 의미의 오버슐레(*Oberschule*)라는 새로운 모델로 통합할 것을 제안했으며, 이미 실행에 들어간 주도 몇 있다. 그러나 다른 지역의 반발이 만만치 않다. 한편, 좌파 정부가 들어선 일부 주(州)에서는 대학 등록금이 폐지되었다.

질서의 양식

전체의 선을 위해 개인을 예속시키는 것은 독일의 병력확보 정책에서도 드러난다. 독일은 냉전 종식 후 지정학적 변화에도 불구하고 징병제 기반 군사편제를 유지해왔다. 그러다가 2011년 7월 1일 군대의 규모를 줄이고 전문성을 강화하기 위해 징병제를 폐지했다. 오래전부터 많은 젊은이들이 병역을 거부해왔지만 독일인들의 과반수는 국방과 평화유지의 수단으로 독일연방군, 분데스베르(*Bundeswehr*)를 지지했다 (Fleckenstein, 2000). 최근까지 독일의 젊은이들이 공공의 선을 위해 국가에 대해 일종의 봉사를 한 것은 교향악단에서 통일된 소리를 내기 위해 개별 악기의 소리를 예속시키는 것에 견줄 수 있다.

독일인들이 사랑하는 꽃과 정원에도 통일성이 드러난다. 독일인들의 집 창가는 줄지어 늘어선 꽃으로 장식되어 있다. 정원에는 다양한 채소와 과일나무가 질서정연하게 배열되어 있다. 독일을 전체적으로 보면 수천 개의 작은 마을과 외곽으로 확대되어 나가는 도심지가 여기저기에 흩어져 있고 그 사이에는 체계적이고 질서정연하게 관리되는 들판과 초지가 있는 모습이다 (Cottrell, 1986). 독일남부를 뒤덮고 있는 포도밭도 마찬가지다. 남부지방의 질서 잡힌 아름다움은 독일 전역에서 찬사를 받는다.

극도로 높은 효율성을 자랑하는 철도와 도로망에서도 통일성을 엿볼 수 있다. 철도와 도로망의 효율성과 통일성 그리고 교향악단의 예측가능성, 규칙성, 통일된 소리 사이에는 뚜렷한 유사점이 있다. 음악과 교통수단을 관통하는 유사점은 바로 정밀한 시계 같은 타이밍, 정확성, 정합성이다. 독일의 교통망은 총연장 4,500마일이 넘는 고속도로 **아우토반**(*Autobahn*)과 국립철도 **도이체반**(*Deutsche Bahn*), 그 위를 달리는 고속철 유럽횡단 열차와 빠르고 정확한 시외교통 수단으로 이루어져 있다. 이를 보노라면 수세기 동안 독일의 교통체계가 여타 서유럽 국가들보다 한참이나 뒤쳐져 있었다는 사실을 믿기 어렵다 (Cottrell, 1986). 여행자들은 독일에서 기차가 늦게 출발하거나 연착되는 경우를 거의 볼 수 없을 것이다.

축제와 기념일

연주자 개개인이 교향악단 속에서 하나가 되듯, 독일인들은 오랜 전통이 있는 축제를 통해 하나가 된다. 독일에는 매년 문자 그대로 수천 개의 축제가 열린다. 마을축제에서부터 '조직화된 혼돈을 정교하게 묘사하는 민간공연'에 이르기까지 종류도 다양하다 (Cottrell, 1986: 118). 축제에는 대개 맥주와 푸짐한 음식이 곁들여지고, 브라스밴드, 무용, 다채로운 거리행진이 등장한다. 얼핏 보면 근심걱정 없이 즐기는 모습이 독일인하면 생각나는 무뚝뚝한 모습과는 어울리지 않는다고 생각하겠지만, 이러한 단체 활동은 독일에서 가장 인기 있고 오래된 전통에 속하며, 집단 연대감을 강화하는 역할을 하기도 한다.

독일의 축제에는 대부분 종교적인 기원이 있다. 가톨릭 축제인 **카네발**(*Karneval*)은 라인강 주변의 대부분의 지역에서 사순절 금식이 시작되기 전에 열리는 행사로, 축제기간 동안 사람들은 일부러 더 경박하고 무절제하게 행동한다. 15세기경, 독일인들이 사순절을 앞두고 거칠고 무절제하게 즐기는 것을 수도사들이 비난하자 한 성직자가 "와인통에 마개를 달지 않으면 결국 통이 터지고 말 것"이라며 독일인들을 옹호하기도 했다 (Cottrell, 1986: 118). 이 말은 오늘날까지 수만 명의 독일인들이 일 년에 한번 금기와 매일의 격식을 내던지고 **카네발**(지역에 따라 **파싱**[*Fasching*] 또는 다른 이름으로 불림)의 난장판 속으로 뛰어드는 놀라운 광경을 설명하는데 유용하게 쓰인다.

그러나 그 어떤 것도 바이에른 지방의 전통축제인 **옥토버페스트**(*Oktoberfest*)의 무절제함에 견줄 수는 없다. 이를 비롯한 여러 와인축제들은 수확을 축하하는 자리다. 전국의 와인 생산지에서 연주회와, 댄스, 불꽃놀이가 대대적으로 열리고 사람들은 와인을 끝없이 마셔댄다. 독일인들은 가을에 마법과도 같은 정취를 선사하는 오랜 전통을 기쁜 마음으로 이어가고, 이를 통해 독일

국민으로서의 통일된 정체성을 확인한다. 오늘날 **옥토버페스트** 축제는 미국의 성패트릭데이 행사처럼 어느 곳에서나 즐길 수 있는 행사로 널리 퍼졌으며 또한 미국에 살고 있는 독일계 주민들과 비독일계 주민들을 모두가 함께 즐기는 축제의 장으로 모아준다.

운동에도 축제의 성격이 있어서 독일인들을 자주 하나로 모으는 역할을 한다. 미국과 달리 독일에는 스포츠에 대한 후원이나 학교에서 운영하는 스포츠 팀이 없다. 대신 운동경기를 즐기고 싶은 젊은 사람들은 클럽에 가입한다. 독일정부에 따르면 국민 세 명당 한 명 꼴로 클럽에 가입했을 정도로 스포츠의 인기가 높다. 축구와 테니스는 선수와 관중을 합해 참가자가 수백만 명에 이른다. 월드컵 경기가 열리면 애국심에 고취되어 국기를 흔드는 사람들과 이를 '거부'하는 사람들이 나타난다. 일부 좌파단체들은 여전히 국기 '수거'를 주된 활동으로 삼지만, 민족적 자부심의 표현과 관련된 몇 가지 금기(제2차 세계대전 후 독일에서는 애국심을 표현하는 것이 금기시 되어 왔음 - 역자 주)들에 변화가 나타나기 시작했다. 2010년 바셀(Ibrahim Bassel)이라는 레바논 출신 이민자는 자신의 상점 앞에 내건 너비 60피트, 높이 15피트(너비 약 18미터, 높이 약 4.5미터 - 역자 주) 크기의 대형 독일국기를 누군가 찢어버리자 새 국기를 내걸었고, 국기가 찢길 때마다 새 국기를 내걸기를 반복했다 (Angelos, 2010). 670만 명의 회원과 2만6천 개의 클럽을 보유한 독일축구협회는 단일스포츠협회로는 세계 최대 규모를 자랑한다. 그 외에도 독일에는 아름다운 하이킹 코스가 전국 곳곳에 흩어져 있다. 산꼭대기에는 레스토랑이 자리하고 있어서, 레스토랑에 들르는 것도 하이킹의 묘미 중 하나다. 미식축구와 농구 같이 전통적으로 미국인의 것으로 인식되던 스포츠를 즐기는 사람도 늘어나고 있으며, 특히 아이스하키 인구는 **빠른** 속도로 늘어나고 있다.

위에서 언급한 스포츠에는 두 가지 공통점이 있다. 첫째, 모든 스포츠는 사회계층과 관계없이 향유된다. 둘째, 참가는 팀 단위로 이루어지며, 그저 즐기는 정도로만 하려 해도 소속이 있어야 한다. 스포츠의 이러한 면은 독일인들이 좋아하는 집단 정체성을 제공하는 동시에 직장에서 받는 스트레스를 줄여주는 역할을 한다. 독일 근로자들은 미국 근로자들보다 평균 근무시간이 훨씬 짧고 각종 휴일이 많아서 스포츠 활동을 즐길 시간적 여유도 충분하다.

미완성 교향곡

베토벤과 브람스 같은 독일의 위대한 작곡가들은 후손에게 미완성 교향곡을 남겼고 학자들은 이 작곡가들의 의도가 무엇인지, 그 의도를 실현하는 방법은 무엇인지 논쟁하기를 즐긴다. 마찬가지로 독일사회 역시 현재진행형이다.

1990년 독일통일로 헌법에 명시된 주요목표 중 하나인 모든 독일국민을 위한 민족자결의 목표가 달성되었다. 그러나 확대된 독일연방공화국 국민들은 자신들이 물려받은 유산에 대해 적어도 단기적으로는 자산이라기보다 부채라고 느낀다. 통일은 전혀 다른 배경을 지닌 두 남녀가 결합하여 짧은 신혼기간을 거쳐 서로 비난하는 단계에 이르는 과정에 비유되기도 한다 (Kettenacker,

1997). 서독출신 주민들은 상대에게서 감사하는 태도를 기대하는 반면 동독출신 주민들은 자선과 배려하는 태도를 기대한다. 그러나 서로에 대한 이러한 기대는 둘 다 합리적이지 않다.

최근 구동독 지역이 구서독지역을 서서히 따라잡고 있으며, 독일인들은 자신들을 걱정과 불안으로부터 구제하고 상실했던 방향을 되찾아 줄 '새로운' 국가정체성을 찾는 일에 착수했다. 통일 후 20년이 지난 지금, 구동독 주민 중에 자신의 나라에서 이민자가 되어 버렸다는 느낌과 그동안 믿어온 가치가 부정당하는 느낌을 받는다고 말하는 이들이 많다. 젊은이들은 새로운 삶을 꾸릴 수 있고, 노인들은 연금을 받지만, 중간에 낀 세대는 공산주의 치하에서 성장하여 이제는 준비가 덜 된 채로 새로운 제도 하에서 성공하라는 압박을 받는다 (Slackman, 2010a). 또한 독일인들은 여전히 통합, 다문화주의, 라이컬투어(*Leikultur*), 즉 주된 민족문화의 역할이라는 개념과 씨름하고 있다 (Slackman, 2010a). 곤경에 처한 EU국가들을 구제하는 최후의 대부자 역할에 환멸감을 표시하는 독일인들도 점차 늘어나고 있다. 강력한 EU는 장기적으로 독일의 국익에 도움이 된다. 그러나 구제 금융을 받는 국가들은 경제적으로 조심성이 없어서 그렇게 된 것이라고 생각하는 독일인들에게 이를 설득하기란 쉽지 않다.

분명 지금은 독일인들이 즐겨 하는 자아성찰이 그 어느 때보다 필요한 시점이다. 1871년부터 민족국가로 존재해 온 독일의 짧은 역사를 이해하는 것이 독일의 정치문화를 이해하는 지름길이며, 이러한 정치문화로부터 새로운 정체성이 성립되어야 한다 (Kettenacker, 1997). 제2차 세계대전과 그로 인한 여파는 독일에 물질적 측면에서 매우 중대한 변화를 가져왔다. EU에서 독일의 지도적 역할, 경제적 번영, 정부와 기업 조직에 대한 새로운 접근법의 실행 등 이러한 변화는 대부분 긍정적인 것이었다. 그러나 현재 EU에 속한 많은 유럽 국가들과 마찬가지로 독일도 민족과 EU에 대해 이중맹세를 한다. 일부 조사에 따르면 독일인들은 자신의 주된 정체성이 EU시민이라고 답하는 비율이 다른 유럽 국가들에 비해 현저히 낮다. 2011년에 실시된 한 여론조사에서 독일인의 과반수는 EU와 유로화를 거의 신뢰하지 않는다고 답했다 ("어느 금요일 오후의 여론조사[Some Friday Afternoon Polls]" 참고). 독일이 EU와 NATO 내에서의 지도자적 역할을 계속 수행하기만 한다면 독일인들이 가지는 그러한 감정은 전혀 나무랄 것이 아니다. 그렇지 않다면 세계 평화와 번영이 위험에 처할 것이다.

교향곡의 특성에 비추어 독일을 들여다보면 독일 문화의 특징과 앞으로 몇 년 동안 일어날 변화들을 예측해볼 수 있다. 인구의 다양성이 커지고 그 밖에 다른 요소에도 중요한 변화가 일어날 것이다. 인구고령화를 겪고 있는 다른 유럽 국가들과 마찬가지로 독일사회도 심각한 세대 간 충돌을 경험할 것이다. 60세 이상 인구 비율은 현재의 26%에서 2040년에는 34%로 늘어날 것이다. 또한 인구의 중위연령이 44.3세에 달하여 일본(44.7세)다음으로 중위연령이 높은 국가가 될 것이다. 이민자 중 55세 이상 인구 비율이 현재 약 18%이다. 독일이 고향으로 돌아가지 못하고 예기치 않게 독일 땅에 머물게 된 터키 이민자 출신 연금 수령자를 부양할 준비를 하느라 고생하고 있다는 사실은 흥미로운 반전이다 (Kresge, 2008).

독일은 대부분의 서유럽국가들보다 세계금융위기에 잘 대처해

왔다. 독일은 제조업 기반이 탄탄하고 수출 주도의 경제성장을 해왔으며 미국보다 실업률이 낮다. 독일은 EU 내에서 금융부문에 막강한 영향력을 행사한다. 태양에너지 부문에서는 세계적으로 경쟁자가 없고 기반시설 역시 세계최고 수준이다. 맥킨지의 『2020년 독일(*Germany 2020*)』 보고서에 따르면, 독일은 BRIC으로 불리는 브라질, 러시아, 인도, 중국의 성장으로부터 가장 많은 혜택을 받는 나라일 것이며 성장의 원동력은 제조업과 가공업일 것이다 (McKinsey & Company, 2008).

독일은 자리배치, 구획화, 종속된 개인주의, 정확성과 동시성, 통합 또는 통일된 소리와 같은 교향곡의 특징들을 꾸준히 강조할 것이라고 예측해도 무리는 없을 것이다. 독일의 일부에서는 변화가 일어나고 다른 일부에서는 전통을 이어가가더라도, 교향곡의 조화로움은 언제나 존재할 것이다. 베토벤의 "환희의 송가(*Ode to Joy*)"를 전 세계에 선사한 독일은 오늘날의 어려움을 능히 극복할 수 있을 것이다.

03

프랑스의 와인

프랑스

가장 순수하고 가장 최상급의 와인이
특별한 토양에서 자라야 한다는 것은 사실이다.
이러한 의미에서 프랑스인들은
프랑스를 순수하고
자부심 있는 나라라고 생각한다.

GLOBAL CULTURE

와인 제조는 정말로 꽤 간단한 사업이다. 단지 첫 200년이 어려울 뿐이다.

– 필리핀 드 로쉴드 여남작 (Rachman, 1999: 91에서 재인용)

부산한 테라스 카페와 봄날이 한창인 밝은 도시 이면의 프랑스는 행복한 곳이 아니다. 긴장, 공포와 자기 회의로, 프랑스인들은 그들의 대통령, 정당, 이슬람교, 이주민, 유로, 세계화, 기업 총수와 다른 많은 것에 공개적으로 저항하며 적의를 보이는 상태에 있는 것으로 보인다.

– "우울한 프랑스를 개조하기(Reforming Gloomy France)," 2011, p. 27

프랑스 문화를 묘사하기 위해서는, 그 최상품이 전 세계에 걸쳐 탁월하다고 여겨지는 프랑스의 와인을 고려해야만 한다. 프랑스의 와인용 포도 재배는 수세기에 걸쳐 다수의 일류 와인 기업을 배출했으며 카베르네 쇼비뇽, 샤도네이, 피노 느와르, 쉬라, 쇼비뇽 블랑 등을 포함한 가장 잘 알려진 포도 품종의 다수를 개발했다. 와인은 프랑스에서 경제, 전통, 태도를 결정하는 데 매우 중요한 역할을 해 왔다. 그것은 프랑스 사회 각계각층을 공통의 실로 이으면서 이 나라의 기질을 형성해 왔다. 프랑스 와인이 5,000여 종이 넘는 것처럼, 프랑스인 역시 외부인들에게는 당혹스러울 만큼 다양한 독특함과 개성을 갖고 있다. 그러나 이러한 차이 아래에는 국민과 그들의 제도를 하나로 통합하는 문화가 자리잡고 있다. 따라서 와인은 프랑스 문화를 묘사하고 분석하는 데 적합한 은유이다.

그러나 서두의 두 번째 인용문에서 지적되었듯이, 오늘날의 프랑스 분위기는 우울하다. 그 이유 중 일부는 미국과 다른 많은 유럽 국가 등 다른 나라에도 똑같이 적용될 수 있다. 예를 들면, 만연해 있는 규제가 불가능한 세계화가 직장을 파괴할 것이라는 두려움, 유럽연합(EU: European Union)의 공동 통화인 유로가 파괴될 것이라는 두려움, 이민자들에 대한 반발 등이 있다. 그러나 2011년 프랑스는 다른 국가들보다 더 암울했다. 여러 나라를 대상으로 한 설문조사에서, 20% 미만의 프랑스인만이 "2011년이 2010년보다 더 좋아질 거라고 생각하십니까, 더 나빠질 것이라고 생각하십니까?"라는 질문에 "더 좋아질 것이다"라고 답변했다. 반면 다른 나라에서는, 나이지리아 80%, 중국 약 62%, 스웨덴 약 46%, 미국 약 41%의 응답자가 "더 좋아질 것"이라고 답변했다. 조사 대상 12개국 가운데, 프랑스는 긍정적 응답에서 가장 낮은 순위를 기록했다("우울한 프랑스를 개조하기[Reforming Gloomy France]," 2011).

그러나 서두의 인용문이 시사하듯, 프랑스는 와인처럼 이해하기 쉬운 것 같지만 실제로는 그렇지 않은 복합적인 문화를 가지고 있다. 프랑스인들이 생명과 자유의 개념을 강조하면서 수많은 나라에 모범이 되는 국가를 발전시키기까지는 수세기가 걸렸다. 프랑스 헌법에 행복 추구를 더한 유일한 나라가 미국이다.

여러 면에서 프랑스의 와인 산업은 세계화와 문화적 정체성 사이의 고전적 트레이드오프(어느 것을 잃으려면 반드시 다른 어떤 것을 희생해야 하는 경제 관계 – 역자 주)이다. 프랑스는 수세기 동안 여러 나라 사이에서 와인 생산을 주도했고 여전히 세계 최고의 와인 시장에서 최상의 와인 생산자로 간주된다. 그러나 프랑스 와인 산업에 대한 정부의 규제는 심각한 폐해가 되고 있다. 다른 와인 재배 국가에서도 나타나는 규모의 경제를 이용하지 못하는 많은 소규모 재배자로의 시장분열, 혼란스러울 정도로 많은 와인 종류, 자금을 얻지 못하는 빈약하고 적절한 마케팅 캠페인 등의 형태로 그 폐해는 커지고 있다. 프랑스 보르도 지역만 해도 2만 개의 서로 다른 생산자가 있는데, 캘리포니아에 본사를 둔 세계 최대의 와인 회사 갈로(Gallo)는 보르도 와인 회사들 전부의 광고비를 다 합친 것의 두 배 이상을 광고에 쓰고 있다. 와인 산업은 또한 지난 수십 년간 호주와 칠레 같은 나라에서도 성장했다. 그러나 프랑스 와인의 탁월함은 특히 최상의 빈티지(특정 연도에 생산된 포도주 - 역자 주)에서는 보편적으로 인정받고 있다. 더 나아가, 프랑스 회사들은 중국이나 인도 등의 나라들과 합작하여 우수한 와인을 합리적인 가격으로 생산하고 있으며, 와인 병에 프랑스어 이름의 라벨이 붙는 것은 특별함의 표시이다.

프랑스 문화를 프랑스 와인이라는 은유로 토의하는 데 초점을 맞추기 위하여, 와인의 다섯 가지 주요한 요소인 순도, 분류, 성분, 어울림, 성숙도를 지침으로 삼도록 한다.

순도

은유를 좀 더 완전히 이해하기 위해, 우리는 와인이란 무엇이고 그 기원은 무엇이며 어떻게 만들어지는지를 알아야만 한다. 일정한 환경에서 과거에 일어난 모든 변화가 합쳐져 한 가지 와인의 특징을 이룬다. 와인용 포도 재배는 더 나아가 포도가 와인으로 변하는 것을 결정하는 정확하고 끈기 있는 과정이다. 훌륭한 와인은 2,000년 문명의 정수로 여겨진다. 당연히 그것은 큰 자부심의 대상, 자연의 변덕과 불확실성으로부터의 생존자, 인내와 겸손의 산물, 그리고 가장 중요하게, 우정, 환대, 주아 드 비브르(*joie de vivre*, 삶의 환희 – 역자 주)의 상징으로 볼 수 있다.

와인의 품질에 가장 중요한 것은 토양, 기후, 포도 품종과 와인 제조 과정을 책임지는 포도 재배자이다. 이러한 요인들의 복잡한 상호작용이 일단 와인이 병으로 봉인된 자궁 안에서 흘러나왔을 때 자부심이 될 것인지 실망이 될 것인지를 결정한다. 토양과 기후는 화학적 분석이 불가능한 신비스러운 방식으로 성장에 양분을 공급한다. 흔히 예상되는 것과는 다르게, 포도는 다른 어떤 것도 자라기 힘든 토양에서 번성한다. 건강한 포도를 생산하기 위해서 기후와 포도 품종은 서로 보완되어야 하고, 포도 재배자는 수확과 성숙의 시기를 세심하고 정확하게 맞추어야 한다. 포도는 상호교배되는데, 교배된 품종이 모 품종을 닮을 수도 있고 전혀 다른 특징을 나타낼 수도 있기 때문에 그로부터 생산된 와인을 분류하는 것이 어려워진다. 프랑스의 선택된 난시 몇 곳의 포도원에서 자란 포도로 만든 와인들은 세계 최고로 인정받는다 ― 한 병에 100달러 이상 하는 것도 있다.

와인용 포도 재배의 예술과 과학도 와인의 개성에 영향을 미친다. 다양한 양성 과정을 통하여 와인을 진화시키는 데는 경험, 근면한 끈기 그리고 노력이 요구된다. 바다즈(*vendange*), 또는 포도 수확기에는 시급성이 요구된다. 수확과 발효 준비 사이에 단 12시간만 지연되더라도 맛과 향 모두가 망가질 수 있다. 와인을 통에서 병으로 옮기고 난 후에도, 숙성 과정은 계속된다. 그 뒤로는 와인의 수명이 개성의 발전에 영향을 미쳐서, 위대한 와인은 완전히 숙성되는 데 50년 이상이 걸린다.

완벽한 땅

프랑스인들은 미국인들과 매우 비슷하게, 그들의 나라가 특별하고 독특하다는 로맨틱한 관점을 가지고 있다. 흠 한 점 없는 한 병의 빈티지 와인처럼, 프랑스의 땅과 국민은 완벽함을 보여준다. 프랑스인들은 정신적으로 그들의 국경을 적도와 북극의 한가운데에 존재하여 토양과 기후가 균형이 맞는 6각형의 이미지로 만들었다. 대칭, 균형, 조화 — 이 모두가 하나의 위대한 땅으로 합쳐지는데, 이것은 프랑스인들이 의도적으로 그렇게 했기 때문이다. 지리학적으로 다양한 땅을 물리적 차원의 대칭과 통합으로 보는 이 관점은 실제라기보다는 부질없는 기대에 가깝다.

북부와 남부는 프랑스인의 기원에 대해 의견이 일치하지 않는다. 프랑스의 다양한 지역의 사람들은 서로 다른 정체성을 갖고 있는데, 북동부 사람들은 자신을 독일인이나 스위스인과 동일시하고, 북서부 사람들은 영국인과, 남서부 사람들은 카탈로니아인 혹은 바스크인과 남동부 사람들은 이탈리아인과 동일시한다. 따라서 통합에 대한 열망은 아마도 프랑스인들이 스스로를 하나의 실재로 융합하기 위해 애쓰는 개인들의 총합이었던 과거에서부터 깊고 고집스러운 뿌리를 갖고 있는 것 같다.

긴장의 원인 중 하나는 현재 프랑스 인구 6,190만 명 중 500만 명에 달하는 무슬림인들이다. 이는 유럽에서 가장 큰 무슬림 공동체이다. 비-무슬림 공동체에서보다 무슬림 공동체나 집시 남자 공동체와 같은 다른 이민 공동체에서 빈곤과 실업률이 높다. 이 긴장은 주로 프랑스의 식민 시대 유산으로부터 비롯되었는데, 특히 1950년대 알제리 전쟁에서 알제리인들을 프랑스인으로 받아들이고 다른 이전의 프랑스 식민지 구성원들을 수용한 데에서 비롯되었다. 현재 무슬림 인구가 많은 프랑스 도시에서는 얼굴을 가리는 베일(니캅), 헤드 스카프, 몸의 나머지 부분을 가리는 헐렁한 로브와 함께 부르카를 걸친 무슬림 여인을 흔히 볼 수 있다. 2010년 프랑스는 종교적 장소와 공공장소를 엄격히 분리한다는 원칙에 따라 공공장소에서 니캅 또는 얼굴 베일을 착용하는 것을 금지했다. 프랑스는 이전에 공립학교에서 헤드 스카프, 야물커(유태인 남자들이 머리 정수리에 쓰는 작고 둥글납작한 모자 – 역자 주), 기타 모든 눈에 보이는 종교적 상징을 착용하는 것을 금지했었다.

그럼에도 불구하고, 일부 긴장은 분명히 생산적이다. 무슬림 법에 의해 만들어진 햄버거인 할랄(무슬림이 먹고 쓸 수 있는 제품의 총칭. 아랍어로 '허용된 것'을 의미 – 역자 주) 햄버거를 먹으려는 무슬림들의 바람을 예로 들어보자. 할랄 햄버거("믿는 자들이여, 하나님께서 너희에게 부여한 양식 중 좋은 것을 먹되 하나님께 감사하고 그분만을 경배하되 죽은 고기와 피와 돼지고기를 먹지 말라." –쿠란 2장 172절, 역자 주)와 비-할랄 햄버거 사이에 맛의 차이는 없다. 그러나 시장 점유율이 맥도널드의 1/3에 불과하던 맥도널드의 프랑스계 경쟁업체 퀵(Quick)이 할랄 햄버거를 도입하기로 결정했고, 이는 인기를 끌었다. 이와 유사하게, 알제리 전쟁에 대해 알제리인들의 관점이나 프랑스인들의 관점 중 하나만을 강조하던 영화들은 양측이 상대방의 관점에서 공동의 문제에 대해 생각해 보는 데 도움을 준다. 그에 더해, 프랑스 유권자들이 헝가리인 아버지와 그리스계 유대인 조상을 가진 어머니를 둔 사르코지(Nicholas Sarkozy)를 대통령으로 뽑았다는 사실은 다른 많은 나라에서는 볼 수 없는 수준의 개방성을 시사한다.

역사적으로 프랑스인들은 나머지 세상이 그들을 중심으로 회전할 뿐이며, 프랑스가 우주의 중심이라는 인상을 풍기는 경향이 있었다. (많은 다른 나라들도 자국의 우월성에 대하여 비슷한 믿음을 표현했다. 예를 들어 중국은 중화[中華]라고 불렸으며, 수세기 동안 중국인들은 세계지도를 중국을 중앙에 두고 그렸다.) 사람들은 문화적 우월성에 대한 프랑스인들의 믿음과 그들의 직접적인 친밀감 결핍에 쉽게 분개하게 될 수도 있다. 그러나 그들은 제1차 세계대전 이후로 국제 비즈니스와 외교가 프랑스어로 수행되어 왔다는 점과 프랑스의 예술, 문학, 사상이 교육과 사회에 여전히 스며들어 있다는 점을 들어 즉시 스스로를 방어할 것이다.

프랑스인들은 자신들이 상정하는 우월성을 지키기 위해 특별한 노력을 한다. 외국 단어가 공식 언어가 되려면 위원회의 결정이 있어야 하며, 회의의 공식 기록은 영어만으로 충분할 경우라 하더라도 프랑스어로 출판할 것이 요구되고, 프랑스가 이전에 통치하기는 했지만 인구의 단 1% 가량만이 프랑스어를 사용하는 베트남에서 1997년에 열린 제7차 정상회담은 프랑스어로 이루어졌다. 헝가리의 부카레스트에서 2005년에 열린 제11차 정상회담에서, 이전 총리인 시라크(Jacques Chirac)는 영어의 우세로 인한 단일 언어 세계가 문화적 창의력과 다양성을 제한할 것이라고 경고하기도 했다.

역사적 뿌리

프랑스인의 최초 조상은 후에 골족(현재 이탈리아 북부, 프랑스, 벨기에 동부, 스위스, 라인강 동부의 독일지방에 해당하는 갈리아 원주민에 대한 로마식 명칭 – 역자 주)으로 알려진 게르만 민족의 일파인 켈트족이다. 그들은 넓은 제국을 세웠는데, 이는 기원전 52년 시저가 이끄는 로마의 침입으로 정벌된다. 향후 500년간, 골족은 계속하여 다른 게르만 민족의 침입에 시달렸으며, 마지막으로 라인 강의 서부를 건너 이주한 프랑스인에게 정복당한다. 중세와 그 봉건 제도를 거쳐, 프랑스의 부와 권력이 증가하는 시대이자 계속되는 격동의 시기였던 르네상스(재생)가 출현했다.

황금시대는 "*L'état, c'est moi*" 혹은 "짐이 곧 국가다"라고 주장한 태양왕 루이14세(Louis XIV)에 이르러 불쑥 나타났다. 그는 엄청나게 화려한 베르사유 궁에서 그의 통치를 조정했으며, 그의 통치 기간 중 프랑스는 인상적인 해군을 확대 양성했다. 전 유럽에 걸쳐 프랑스어가 통용되고 그 문화가 모방되었다.

그러나 태양왕이 빈부 격차가 벌어지도록 방치하고, 경제적으로 재정적 압박을 지속하자 1789년 프랑스 혁명이 발발했다. **자유**(*liberté*), **평등**(*égalité*), **박애**(*fraternité*)에 대한 탐색은 먼저 나폴레옹 3세의 짧은 통치로 귀결되었다. 그는 무질서하게 흩어진 구법과 신법을 포함한 방대한 법체계를 한데 모아 개정하고 성문화하여 나폴레옹 법전을 집행함으로써 프랑스 사회를 조직화했다. 불행하게도 나폴레옹 3세가 노동자, 소작농, 여성에게 가한 가혹한 규제의 잔재가 오늘날에도 여전히 남아 있다.

20세기에 프랑스는 제1차 세계대전과 제2차 세계대전으로 심각한 피해를 입었다. 제1차 세계대전에서는 승리했지만, 프랑스는 거의 200만 명에 달하는 남성을 잃었다. 제2차 세계대전은 독일이 지배하던 절망과 불명예의 시간으로 많은 프랑스인들의 기억 속에 아직도 살아 있다.

고통의 세월

프랑스 와인의 역사 역시 주목할 만한 어려움들을 겪었다. 1865년부터 1895년, **포도나무 뿌리진딧물**(*Phylloxera vastatrix*)이라고 불리는 질병이 프랑스의 거의 모든 포도원을 파괴했다 (Vedel, 1986). 이것은 수천 명의 와인 생산자들에게 악영향을 미친 큰 비극이었다. 그러나 이러한 끔찍한 상황에서도, 프랑스인들은 의지를 잃지 않았다. 몇 달을 노력한 결과, 그들은 시행착오를 통하여 프랑스 포도 덩굴을 그 병에 항체가 있는 미국 포도 줄기에 이식하면 된다는 해결책을 발견했다. 궁지에 몰린 프랑스인들은 와인 산업을 살리기 위해 하나로 뭉쳤다. 뒤이은 몇 년 동안 포도원들은 건강을 회복했고, 와인 산업은 다시금 번성했다.

이 짧은 개요만을 통해서도, 프랑스인들의 삶이 역사 속에서 그 자리를 잡고, 뿌리 뽑히고, 다시 자리를 잡아왔음이 명백해진다. 정복자인 로마인들은 프랑스에 통제와 관료제 조직에 대한 친밀감과 함께 화려한 행사와 장엄함의 느낌을 남겼다. 로마인들은 프랑스인들의 머리와 가슴에 뿌리박혀 있는 중앙집권화의 개념과 복잡한 관료제를 도입했다. 현재 프랑스인들의 장엄에 대한 개념은 루이 14세 때 프랑스인들에게 처음 주입되었다. 이 서사시적 시대로부터 프랑스인은 소중한 보편적 가치의 수호자이고 그들의 국가는 세계의 등대라는 생각이 생겨났다. 프랑스인들은 자신들이 나머지 인류가 부러워하고 아끼는 사상과 가치의 소유자로서 호의를 사고 있다고 생각했다. 프랑스 시인 페기(Charles Péguy)는 "신이 말씀하시기를, 프랑스인이 더 이상 남아 있지 않다면 세상은 얼마나 미쳐갈 것인가"라고 썼다고 전해진다.

가장 순수하고 가장 최상급인 와인이 특별한 토양에서 자라야 한다는 것은 사실이다. 이러한 의미에서 프랑스인들은 프랑스를 순수하고 자부심 있는 나라라고 생각한다. 따라서 프랑스에서 나고 자라지 않은 사람들은 프랑스 문화의 형성과 연관되는 과거의 시련과 고난을 이해하지 못한 채 쉽게 부정적 첫인상을 갖지 않도록 경계할 필요가 있다.

분류

앞에서 말했듯이, 프랑스는 사기꾼이 최고의 와인이라고 속일 수 없도록 5,000종의 정확하게 분류된 와인을 생산한다. 명명법에 대한 이러한 고집스러움으로 인해 와인에는 각 라벨에 표시된 혈통서가 제공된다. 발효와 병 속에서의 숙성 과정을 거쳐, 와인은 그 최종적 개성, 블렌드, 균형을 발전시킨다.

와인이 엄청나게 자세히 분류되기는 하지만, 감정가가 아닌 사람들은 감히 그것을 네 가지 주요 분류로 나눌 수 있는데, *AOC*(*Appellation d'Origine Contrôlée*, 통제원산지명칭) 와인은 최상급의 가장 유명한 와인이며, *VDQS*(*Vins Délimités de Qualité Supérieur*)로 알려진 괜찮은 지역 품종은 일상적인 사용에 충분할 만큼 좋고, 더 어리고 신선한 와인인 *VdP*(*Vins de Pays*)는 바로 마시기 좋고, *VdT*(*Vins de Table*)는 맛과 혈통이 떨어진다.

이와 유사하게 프랑스 사회도 네 가지 주요하고 겹치지 않는 계급으로 계층화되고 분류되는데, 이제는 거의 남아 있지 않은 귀족과 기업 및 정부 고위인사를 포함하는 **상층 부르주아지**(*haute bourgeoisie*), 소규모 기업 소유자나 최고 경영자인 **쁘띠 부르주아지**(petite bourgeoisie), 교사, 상점주인, 장인 등 **중산층**(*classes moyennes*), 그리고 노동자인 **서민층**(*classes populaires*)이 그것이다.

사람들은 사회에서 그들의 위치를 알고 있지만, 그것이 그들이 다른 사람에게 열등감을 갖는다는 뜻은 아니다. 프랑스인들은 계층 구조의 경계에 저항하기보다는 그것을 편안하게 받아들이고 살아간다. 서민층의 노동자들은 **상층 부르주아지** 계급의 관료들처럼 사회에 똑같이 기여하고 있다고 받아들여진다. 이러한 기준은 외부인을 대하는 프랑스인의 태도에서도 마찬가지다. 프랑스를 방문한 사람들은 때때로 자기중심적일 뿐인 프랑스인과 관계를 맺는 데 어려움을 겪는데, 그 이유는 사람들은 그들에게 암묵적 협력을 기대하지만 프랑스인들은 타인에게 독립적으로 행동하는 경향이 있기 때문이다. 이러한 태도의 이유는 정말 간단하다. 프랑스인은 프랑스와 개인 자신의 특정 사회적 계층을 먼저 떠올리는 경향이 있다. 프랑스인들은 **뚜 르 몽드**(*tout le monde*, 문자 그대로는 전 세계)라는 어구가 모든 프랑스인, 또는 좀 더 구체적으로 자신의 사회적 계층에 속한 모든 사람을 의미한다고 해석한다. 외부인들은 지지받을 수는 있지만 대놓고 환영받지는 못한다.

질서의 창조

법칙, 법규, 형식은 프랑스인의 삶에 확실성, 정의, 질서를 부여하고 어느 정도 삶의 질의 보존을 보장한다. 그러나 **사부아 비브르**(*savoir-vivre*, 인생의 맛을 안다, 삶을 살 줄 안다 – 역자 주)는 삶을 용이하게 하고, 이는 어떤 상황이건 그것이 아무리 사소해 보이건 간에 어떤 일을 하는 데는 특정한 방법이 있음을 의미한다. 법칙은 위협이 예상되는 곳에서는 안전을, 두려움과 의심이 있는 곳에서는 확실성의 길을 제공한다. 결과적으로 어떤 것도 우연에 맡겨지지 않는다. 나폴레옹이 대륙법을 성문화한 것처럼, 카렘(Antonin Carême)은 그의 다섯 권짜리 『19세기 프랑스 요리의 예술(*L'Art de la Cuisine Français au Dix-Neuvième Siècle*)』(1833)에서 미식(美食)을 성문화했다. 어떤 것도 생략되거나 잊혀지지 않으며, 심지어 노예 제도까지 성문화되었고, 그것은 프랑스와 그 식민지 내에서 영국, 스페인이나 그 식민지보다 노예를 인간적으로 취급하는 결과를 낳았다.

다른 한편, **사부아 비브르**는 삶의 모든 양상을 의식으로 바꿈으로써, 실질보다 형식에 사로잡히게 할 수 있다. 형식에 대한 집착은 스타일과 패션에 대한 프랑스인의 감각과 우아함에 대한 그들의 솜씨에 분명히 나타난다. 일부 일류 프랑스 호텔은 가구가 낡았어도 객실에는 그 모든 것이 용서되고 간과되는 그런 매력이 있다. 기업 광고에서도 역시 이미지와 감각적인 것에 대한 강조가 사실보다 더 중요하다. 프랑스의 광고들은 주의를 잡아끄는 경향이 있다. 그것은 정보를 주는 대신에 분위기나 반응을 만들어내는 데 집중한다(Hall & Hall, 1990). 프랑스의 광고 캠페인은 효과적이려고 애쓰기 전에 먼저 예술품을 만들어 내야 한다. 이것이 많은 프랑스인들이 미국 광고가 별로라고 느끼는 이유이다 — 미국 광고의 메시지들은 프랑스인들의 기호에는 지나치게 직선적인 것이다. 적어도 많은 프랑스 논평가들에게는 미국의 광고는 프랑스 광고와 비교했을 때 지루하고 예상이 가능하다 (Haley, 1996). 이와 유사하게 프랑스의 지하철에 주요 역마다 고전 회화의 복제품이 걸려 있는 것도 우연이 아니다.

프랑스인들이 사물을 분류하기를 좋아한다는 사실은 와인뿐만 아니라 사람을 직함으로 분류하는 것과 사회적 형식에 따른 예의와 주의에 대한 그들의 까다로움과 고집에도 명백히 드러난다. 와인 병에 붙은 라벨처럼, 사람에 적용되는 라벨도 붙어 있다. 프랑스 사회에서 사기꾼이 설 자리는 거의 없고 계층의 장벽을 가로지르는 유동성도 거의 없다. 프랑스인들은 지위와 직함에 주의를 기울이고 사람들이 그에 따라 행동할 것을 기대한다. 정확한 형식이 그에 수반되어야만 한다. 예를 들어, 소개가 필요할 때, 소개를 하는 사람은 소개되는 사람과 같은 지위에 있어야만 한다. 비즈니스 미팅에서는, 지위가 가장 높은 사람이 중앙의 좌석에 앉는 것이 필수적이다. 사회적 지위에 매겨지는 중요성이 너무나 높기 때문에 급료도 둘째로 여겨질 정도이다. 그와 유사하게, 명예가 문제가 될 때는 약속을 지키는 것이 이윤보다는 더 가치있다 (Hall & Hall, 1990). 이러한 상황에서, 최근 사회적 이동성을 구하는 많은 사람들이 캐나다나 미국 등의 나라로 이주하는 것은 놀랍지 않다.

2011년 혁신지수(Innovation Index)에서, 미국이 1위를 차지한 가운데 프랑스는 세계 18위를 차지했다. 빈곤한 가정의 어린이에게 부유한 가정의 어린이와 동등한 기회가 주어질 수 있도록 교육

제도를 개혁하려는 움직임이 있는 가운데, 프랑스 학생의 상위 절반은 경제협력개발기구(OECD: Organisation of Economic Cooperation and Development) 소속 20개 선진국의 최상급 학생들과 쓰기, 수학, 과학에서 동등한 수준을 보였다 (OECD; "학교와 바칼로레아(*Bac* to School)," 2007). 그러나 2011년 경제자유지수(Index of Economic Freedom)에서, 프랑스는 179개국 중 69위에 그쳤는데, 이는 프랑스가 사업을 하기에 약간 어려운 나라임을 시사한다 (T. Miller, 2011).

데카르트의 유산

포도 재배자처럼 일반적으로 프랑스인들은 삶을 통제하고 세련되게 하며 우주에 질서를 부여하고자 하는 욕구가 있다. 이러한 욕망의 중요한 부분은 인간성을 자연의 주인으로 만들려는 욕망을 가지고 우주의 합리적인 의미를 탐구했던 데카르트(René Descartes)의 사상에 돌릴 수 있다. 그가 "나는 생각한다, 고로 나는 존재한다"라는 믿음에 기초하여 서재를 떠나지 않고 이러한 의미를 발견하고자 했기 때문에, 그의 발견이 항상 정확한 것은 아니었다. 그러나 그가 확신하는 이상 정확성은 그에게 중요하지 않았다. 그는 '프랑스인의 형식 집착의 사상적 아버지'로 묘사되어 왔다 (de Gramont, 1969: 318). 예를 들어, 적의 힘과 능력을 완전히 알지 못한 채 완벽한 전투 계획을 세웠다가 패한 — 그러나 스타일과 우아함을 지킨 장군에게서 데카르트 사상의 예를 찾아볼 수 있다.

데카르트적 회의론의 유산은 삶에서 가장 흔히 일어나는 사건들에서도 찾아볼 수 있다. 원료를 예술품처럼 모양을 내고, 조직하고, 마술적으로 변형하는 데 대한 집착은 음식점 쇼윈도에서도 분명히 나타나는데, 화려하고 정교하게 만들어진 캐서롤(오븐에 넣어 천천히 익혀 만드는, 한국의 찌개나 찜과 비슷한 요리 - 역자 주)과 디저트는 장인이 만들어낸 창조물이라는 점에서 루브르 박물관의 회화와도 겨룰 수 있다. 요약하자면, 현대 철학의 창시자로 자주 일컬어지는 데카르트는 어떤 것도 설명하지 않은 상태로 남겨둔 것이 없고, 오늘날의 프랑스인들도 그러하다.

프랑스의 기업인들도 똑같이 형식에 민감하다. 프레젠테이션은 마음으로부터 나오며, 프랑스인들은 미국인들보다 훨씬 유창한 화술을 보여준다. 형식에 대한 이러한 강박관념은 말하는 내용만큼 말하는 방식도 인상을 남긴다는 그들의 믿음을 보여준다. 프랑스인들은 추상적이고 복잡한 사상을 자연스럽고, 자세하고, 길게 토론하는 것을 사랑해서 아젠다, 시간의 효율적 사용, 결론은 중요성이 덜해 보인다.

게다가 프랑스 기업은 로마인들의 지속된 영향 때문에 고도로 중앙집권화된 경향이 있다. 위계질서의 최상위에 있는 사람이 가장 중요하고, 많은 결정에서 그가 권력을 휘두른다. 따라서 프랑스인들은 관료제의 많은 중간층은 우회하고 권력의 정점에 직접 호소하려는 경향이 있다. 물리적으로도, 권위가 있는 프랑스 관리자의 책상은 사무실 중앙에 있다. 영향이 가장 적은 사람들의 책상은 사무실 귀퉁이로 밀쳐져 있다. 프랑스 조직의 변화가 아래부터 위로가 아니라 위로부터 아래로 내려가는 경향이 있다는 사실은 놀랍지 않다 (Crozier, 1964). 오늘날의 프랑스에서의 행동은 적어도 일차적으로는 크로지어(Michel Crozier)의 연구 결과를 반영한다.

관리 스타일

이렇게 중앙집권화된 사회 구조는 독재적 행동을 용인한다. 따라서 관리자는 그 부하에게 거의 전제적인 통제를 행사한다. 사실, 프랑스의 관리자들은 권한을 위임하지 않고 대신 중요한 정보를 자신들의 엘리트 네트워크 안에서만 공유한다는 비난에 종종 직면한다. 그 결과로 하급 관리자들은 회사의 승진 사다리를 올라가는 데 굉장한 어려움을 겪을 수 있다.

상부 관리의 이 단단한 이너 서클(권력 중추의 측근자 그룹 - 역자 주)은 매년 수상을 거듭하는 최고 품질 와인들의 단단한 이너 서클에 비유할 수 있다. 최고의 지역에서 생산된 최고의 색깔, 광채, 맛을 가진 와인만이 최상 등급인 AOC 등급을 얻을 수 있다. 이와 마찬가지로, 최고 경영자의 자리는 빈번히 최고 학교에서의 교육과 가장 부유한 지역에서의 양육을 필요로 한다.

이러한 높은 수준의 중앙집권은 통합 유지에 기여한다는 측면에서 긍정적으로 조명될 수도 있다. 프랑스인들은 그들 개개의 출신지를 자랑스러워하고 그에 충실한 다양한 민족으로 남아 있다. 역사를 통해 프랑스인들은 통합을 위해 애썼지만, 그들은 일반적으로 서로 다른 것을 사랑하는 민족이기 때문에 획일성을 혐오하는 경향이 있다. 예를 들어, 미국이 이라크와 전쟁을 일으켰을 때, 일부 유럽 국가들은 그 지지에 미온적이었다. 이러한 국가들 중에서 프랑스는 가장 두드러졌고, 심지어 일부 미국인들이 프랑스 와인을 보이콧해서 매출이 상당히 감소할 정도였다. 의견의 다양성과 행동의 통일성을 통합하는 이 딜레마에 대한 답은 아마도 중앙집권화라는 현대적 독재일 것이다. 틈새의 위계질서에 존재하는 사람들은 같은 사회 계층 구성원 사이에서 스스로의 편한 자리, 안전, 소속감을 찾을 수 있다.

프랑스의 위계적 기업 구조를 이해하는 것은 미국 기업 관리자들에게 유용할 것이다. 가장 좋은 와인은 가장 특별한 손님에게 제공하기 위하여 따로 빼놓는 것처럼, 가장 정성들인 제안서는 프랑스 기업의 최고 경영자에게 프레젠테이션할 수 있도록 아껴놓아야 한다. 상부의 승인 없이 최종 결정이 내려지는 경우는 거의 없기 때문에 하급 또는 중간 관리자를 설득하려는 노력은 헛수고가 될 수 있다.

그 외에도 전형적인 사업상의 오찬 자리에서 프랑스인들이 모르는 동료를 만날 때의 방식도 알아야 한다. 불확실성에는 제거되어야 할 위협이 수반되므로 불안감이 표출되고, 통제력이 떨어지는 상황이 나타날 수 있다. 따라서 오찬은 프랑스인에게 외부인이 어떤 사람이고 그들이 다양한 상황에서 어떻게 행동할지 예상할 수 있도록 숙고하고 연구하고 배울 시간과 기회를 제공하는 시간이다. 프랑스인이 대화와 이해를 시작하는 데 있어 음식과 와인을 곁들인 한가한 식사만한 것은 없기 때문에 즐거움과 사업은 서로 뒤섞인다 (Hall & Hall, 1990).

그러나 재미있게도, 바쁜 하루 중 점심식사에 할당되는 평균 시간이 90분에서 40분으로 줄었으며, 이것은 기업의 세계화가 심지어 보수적인 프랑스인들에게도 영향을 미쳤음을 시사한다. 이와 유사하게, 프랑스의 브래서리 카페(별로 비싸지 않은 프랑스풍 식당 - 역자 주)의 수는 인구가 4,600만 명이었던 1960년의 20만 개에서 인구가 6,910만 명인 오늘날에는 5만 개 정도로 줄었다. 심지어 프랑스인들이 1인당 1년에 소비하는 와인의 평균 양도 줄어들고 있다. 프랑스에서 이제는 매 점심과 저녁식사마다가 아니라 외식이나 주말과 같은 특별한 경우에만 와인을 마시는 것이 흔해지고 있다.

행동의 분류

아마도 프랑스인들의 서로 다른 행동 유형을 범주화하고 분류하려는 최선의 시도는 인류학자 홀(Edward T. Hall)에 의해 완수되었다고 볼 수 있을 것이다 (Hall, 1966). 홀에 의하면, 프랑스는 그가 분류한 맥락 관점에서 중간을 차지하는데, 일본과 아랍 국가들이 고맥락 행동을 보여주며 반면 독일과 미국은 저맥락 행동을 보여준다. 프랑스인들은 서로를 이해하는 데 명시적이거나 문서화된 대화를 별로 필요로 하지 않는다는 점에서 고맥락이다. 그러나 그들은 과도한 관료제적 법칙과 법규의 형식에서는 저맥락 행동을 강조한다. 메시지가 분명해질 수 있도록 모든 것을 문서 형식으로 명백히 적어야 하며 보통 이것은 말로도 되풀이된다. 이 겉보기에 모순적인 행동은 중앙집권화와 관료제에 대한 로마인의 강조와, 동시에 사업적 거래를 시작하기 전에 서로를 깊이 알기를 바라는 많은 프랑스인의 선천적 욕구를 반영한다.

홀의 체계는 프랑스인들이 프랑스를 방문하는 많은 장, 단기 방문객들에게 강한 감정적 반응을 보이는 경향을 설명하는 데 도움을 줄 수 있다. 흔히 방문객들은 프랑스에서 그들이 경험하는 무례함에 대해 불평하는데, 그것은 미국을 방문한 사람들의 불평과는 또 다르다. 프랑스인 사이의 이러한 무례함 또는 노골적인 언행은 맞든 그르든 무례함으로 해석될 수 있는 저맥락과 감정적 행동 모두를 반영하는 것으로 보인다. 역으로, 다른 방문객들은 환대와 우정을 극단적으로 보여주며 그들의 감정과 복지를 염려해 주는, 프랑스인들의 정반대의 그림을 그려 보인다. 이것은 좀 더 고맥락인 감정적 행동을 보여준다.

두 경우 모두 판단을 유보하는 것이 최선인데, 최초로 밖으로 내보이는 행동은 오해를 부를 수 있기 때문이다. 예를 들어, 프랑스인들은 어떤 사람을 일정 기간 알고 지낸 후에야 그에게 미소를 짓는데, 이러한 문화적 풍습은 수세기도 더 된 것이다. 이것은 어떤 상황에서나 중요한 문제가 될 수 있지만 특히 서비스 관련 산업에서는 더하다. 최근 프랑스에서는 '무뚝뚝한' 웨이터나 점원을 심지어 새로운 손님에게까지도 미소 지으며 말하도록 교육시키는 것이 흔한 일이다 (Swardson, 1996).

성분

많은 와인 전문가들은 한 해에서 이듬해로 넘어갈 때 기후, 이상적 향기와 맛을 잡기 위한 적기 수확, 경쟁력 있는 가격, 마케팅 등 많은 요인과 성분이 관련되기 때문에 와인의 품질이 엄청나게 얽히고 복잡하며 심지어 불안정하다고 강조한다. 같은 말을 프랑스인에 대해서도 할 수 있다. 그들이 어떤 사람인지는 그들의 조상, 그들이 양육된 지방, 그들에게 영향을 주는 사회 제도와 교육 제도에 의해 결정되어 왔다. 그들의 사회는 변화하고 있고, 그들도 변화하고 있다. 아마도 그들의 적응성은 이러한 복잡성의 결과일 것이다. 프랑스인들은 많은 일을 한 번에 하는 경향이 있고, 모든 것을 민첩하게 해 낸다 — 특히 속도가 빠른 파리와 같은 도시에서 더 그렇다. 이러한 면에서 프랑스인들은 다중시간적(polychronic)이다. 이러한 속도는 빠른 의사결정을 장려하며 충동적 성급함에 기여한다. 예를 들어, 고도로 중앙집권화된 구조에서 많은 기업인들은 그것이 경력에 위기가 될지라도 목표 달성을 위해서라면 번잡한 위계질서의 중간층을 피하려고 한다.

프랑스에서 사업을 하려는 미국인들은 실망하겠지만, 프랑스인들은 사람 사이의 상호작용을 위해 분열을 용인하는 경향이 있는데, 이는 이 모든 것이 하나의 서로 연관된 과정에 속한다고 생각하기 때문이다. 이것은 심지어 프랑스인에게도 계획을 어렵게 만든다. 결국 삶의 불확실성을 생각할 때, 약속을 지키는 데 어떤 장애물이 등장할지는 누구도 절대 알 수 없다.

그러나 홀은 프랑스인들이 일단 성취하고자 하는 목표를 결정하면 한 번에 한 가지 활동만 하는 단일시간적(monochronic)인 성향이 있음을 지적한다 (Hall & Hall, 1990). 다중시간과 단일시간에 대한 이러한 동시 강조는, 프랑스가 고맥락과 저맥락 연속체의 한중간에 있다는 사실을 다시금 반영한다. 이러한 중간 위치를 생각할 때, 외국인들이 프랑스인의 행동을 해석하는 데 어려움을 겪는 이유를 쉽게 알 수 있다.

일과 놀이

프랑스인들은 열심히 일하며 자영업을 선호하지만, 프랑스의 상대적으로 엄격한 사회 구조와 정부의 규제 때문에 그럴 기회를 갖는 사람은 거의 없다. 그러나 적어도, 프랑스인들은 조직에서 가장 작은 단위를 이끄는 한이 있어도 지도자로 인식되고 싶어 한다.

법에 의해 프랑스인들은 8월 전체를 포함하여 5주간의 휴가를 가져야 한다. 40% 정도의 프랑스인들은 이 기간을 코트다쥐르(Côte d'Azur) 같은 휴양지에서 보낸다. 휴일은 음식이나 와인처럼 중요하게 받아들여지고, 프랑스인들은 휴가를 주의 깊고 꼼꼼하게 대비하는 경향이 있다.

주말은 가정의 일을 위해 쓰인다. 가톨릭교인이라고 밝힌 85% 중 15% 미만이 보통 토요일 저녁이나 일요일 아침에 미사에 참석한다. 토요일 오후는 종종 쇼핑을 위해 남겨 둔다. 프랑스의 종교에 관해서, 일부는 프랑스에 반-교회 감정이 있다고 주장하고, 다른 사람들은 이에 동의하지 않고 대신 프랑스인들이 종교적 문제에 특별한 신념이 없으며 반종교적이라기보다는 무종교적이라고 주장한다. 프랑스 전체에서 찾을 수 있는 샤르트르 대성당(파리 외곽을 둘러싸고 있는 일드 프랑스 지역에 있는 성당. 고딕 양식의 대표 건축물로 최초로 실내 장식을 건축 일부로 도입. 유럽 종교 건축물에 영향을 끼침 – 역자 주)과 같은 장엄한 성당에 대해 프랑스인들이 표시하는 정당한 자부심을 고려할 때, 이것은 사실일 수도 있다.

호프스테드(Geert Hofstede)의 53개국 문화차원 분석은 프랑스인들의 이러한 특성과 와인의 은유가 채택되었을 때 발생하는 분명한 모순을 확인시켜주기도 한다 (Hofstede, 2001). 놀라울 것 없이, 프랑스인들은 사회에서 개인과 집단 간에 높은 정도의 권력 거리를 용인하고 불확실성을 싫어하는 경향이 있으며, 친숙한 상황에서 오래된 동료와 일하는 것을 선호한다. 그러나 프랑스인들은 또한 개인주의적이고 심지어 인습 타파주의적이며, 개인주의에 높은 정도의 가치를 두는 다른 국가들과 군집을 이룬다.

그러나 호프스테드는 프랑스가 공격성, 자기주장, 물질적 소유에 대한 욕망이 삶의 질이나 속도에 대한 중요성에 비해 훨씬 덜한 여성적 사회임을 보여준다 (Hofstede, 2001). 프랑스인들에게는 안전 그리고 내부자, 동료, 가족 구성원들과 잘 지내려는 욕구가 깊숙이 내재되어 있다. 간단히 말해, 프랑스인들은 조직의 형식이 개인주의를 허용하고 높은 수준의 삶의 질을 유지할 수 있도록 삶의 불확실성에 완충이 되어주는 한에서는 중앙집권화와 관료제를 용인한다. GLOBE 연구는 이러한 연구 결과의 측면에서 호프스테드의 연구를 역시 뒷받침한다 (House et al., 2004).

대화 방식

프랑스에서 높은 삶의 질을 유지하는 데 빼놓을 수 없는 부분은 대화이다. 그러나 프랑스의 기업처럼, 대화에도 분류, 법칙과 위계구조가 없지 않다. 오히려 자유로운 흐름의 아일랜드 대화 방식과는 꽤 다르다. 와인 제조 과정이 복잡하고, 뒤얽히고, 의미 있는 것처럼, 프랑스 대화의 기술도 그러하다. 프랑스인들은 타고난 초조함을 느끼는 것 같고, 모든 생각할 수 있는 쟁점이나 주제를 장황하고 생동감 있는 대회로 탐구하기를 원한다. 주제가 정치나 날씨, 역사, 새로 나온 영화든 간에, 대조와 논쟁이 프랑스인의 지성에 도전하고 그들의 정신을 고양시킨다.

많은 사람들은 프랑스인들이 따지기 좋아한다고 본다 ― 프랑스인 스스로가 가장 그렇게 생각한다. 그들은 비판을 잘하는데,

이것은 다만 토론을 시작하기 위한 것인 경우가 많다. 단순한 피상적 대화만으로 만족하는 프랑스인은 거의 없다. 맛있는 부르고뉴 산 포도주의 생산처럼 대화에 시작할 만한 가치가 있다면, 그것은 의미 있는 토의로 발전시킬 가치 또한 있다.

예를 들어, 늦은 저녁 디종의 한 작은 마을에서 한 미국인이 25분을 걷는 대신 택시를 탔다. 그가 앉자마자 택시 운전수는 "아, 미국인이십니까?!(*Ah, vous êtes Américain?!*)"라고 프랑스어로 불쑥 물었다. 이렇게 빠른 질문을 예상하지 못했기 때문에, 그 미국인은 경계하며 프랑스어로 "네, 미국인입니다 … 왜 그러시죠?(*Oui, je suis Américain … pourquoi?*)"라고 대답했다. 택시 운전수는 흥분해서 자신은 미국에 한 번도 가보지 않았고 미국에 대해 더 알고 싶다고 했다. 대화는 활발히 이어졌고 때로는 꽤 철학적이었다. 택시 운전수는 미국인과 프랑스인 각각의 스타일과 매너리즘을 비교하는 데 특히 흥미를 가졌다. 그러는 동안 시간이 지나고 — 그리고 요금 미터가 올라갔다. 승객은 집으로 가는 여러 다른 길들을 잘 알고 있었고, 택시 운전수가 가는 길은 그 길이 아니었다. 마침내, 30분 정도가 지나서야, 택시가 목적지에 도착했다. 미국인은 시간이 그렇게 오래 걸린 것에 약간 화가 났고 돈이 충분한지 걱정도 되었다. 그가 지갑을 막 꺼내려 할 때, 택시 운전수는 갑자기 말을 꺼내기를 "*S'arrête! Je ne veux pas d'argent. Merci pour la conversation,*" 그리고 잠시 후 "*Bonne nuit*"했다. 이것이 무슨 뜻이었을까? "잠깐! 돈은 필요 없어요. 대화 고맙습니다. 좋은 밤 되세요." 다른 미국인들도 비슷한 경험을 겪었다.

최상의 와인은 자세하고 꼼꼼한 규칙들을 주의 깊게 따른 결과로 나온다 (H. Johnson, 1985). 이들 규칙 중 하나라도 잊거나 무시되면, 와인의 질은 크게 떨어진다. 프랑스의 말과 대화도 이와 같다. 심지어 작은 발음의 잘못도 칠판을 긁는 손톱소리처럼 불안한 느낌을 준다. 대화는 지극히 발전된 예술이고 매우 특정한 규칙을 따른다.

놀라운 일도 아니지만, 프랑스어는 마치 끝이 없어 보이는(그리고 대다수가 보기에 성가신) 규칙의 지배를 받는다. 예를 들어, 프랑스의 모든 명사는 남성명사 또는 여성명사이고, 관사와 형용사도 이에 맞추어야 한다. 동사는 수많은 다른 어미와 분사를 가지고 있어서 원어민이 아닌 많은 프랑스어 사용자들은 이를 따라가기가 거의 불가능하다. 옳은 문장구조에서 가끔 동사를 문장의 처음이나 중간이 아닌 끝에 두는데, 영어 사용자들은 때때로 이 관습을 이해하기 힘들다.

프랑스어에는 사람을 부르는 두 가지 형식이 있다. 2인칭 단수인 *tu/toi*는 아주 친한 친구 사이나 동갑 또는 어린 가족 구성원을 부를 때만 쓰인다. 2인칭 복수형인 동시에 단수형인 *vous*는 좀 더 공식적인 수준에서 쓰인다. *tu*와 *vous*는 조심해서 사용해야 하는데, 잘못 사용하면 대화를 망치거나 초기 단계의 관계를 위험에 빠뜨릴 수도 있다. 누군가를 잘 알게 될 때까지는 *vous* 형태를 써야 한다. 당신이 좀 더 가까운 사이가 된다면, 가끔씩 *tu*를 써도 불쾌감을 사지는 않는다. 그러나 정기적으로 *tu/toi* 형식을 사용하려면 한참 후에 우정이 완전히 발전된 뒤라야 하고 손위 사람이나 상사에게는 쓰지 않는다. 비록 정규직 인력에 속하게 되면 젊은이들 역시 더 공식화된 스타일로 돌아가기는 하지만, 더 어린 세대 사이에서는 훨씬 비공식적인 대화 방식이 이 형식적인 규칙을 빠르게 대체하고 있다.

관계

암묵적인 대화의 규칙이 있는데, 당신이 모르는 누군가에게 미소를 짓고 인사를 하면 우호적이 아니라 자극적이라고 간주되는 일이 잦다는 것이다. 반면, 길에서 친구를 그냥 지나치거나 대화를 나누지 않은 채 가족의 지인과 부딪히면 무례하다고 간주될 수 있다 (S. A. Taylor, 1990). 친구의 서로 다른 수준에 따라 다른 프랑스의 이러한 상호작용 스타일은 친근한 인사와 짧은 대화가 규범인 미국에서는 흔하지 않은 것이다.

빈티지 보르도 와인 한 잔이 그러하듯, 가족은 프랑스인들에게 중요하다. 가족은 삶의 우여곡절 한가운데에서 그들을 풍요롭게 해주는 받아들임의 근원이 되기 때문이다. 프랑스인들은 감정적 그리고 경제적 지원을 위해 자주 가족에게 의존한다. 이와 유사하게, 1800년대 후반 끔찍한 질병이 와인 산업을 강타했던 어려운 시기에 와인 양조업자들은 서로에게 의존했다. 비슷하게, 보통의 프랑스 국민들도 와인 양조업자들의 저항을 도왔는데 이는 결국 2001년 대규모 미국 회사 로버트 몬다비(Robert Mondavi)가 남프랑스에서 와인용 포도를 수확하려고 했던 땅을 팔게 만들었다. 가족 구성원 사이의 관계는 가깝다. 가족의 유대는 주말에 식사를 함께 하고 긴 휴가를 함께 보내면서 돈독해진다. 이것은 가족의 일을 서로 알고, 계획하고, 그리고 단순히 서로 함께 있는 것을 즐기는 시간이다.

역설적으로, 프랑스인들은 사랑에 대해서는 매우 로맨틱할 수 있지만, 결혼과 아이들에 대해서는 사무적이고 실용적인 방식으로 접근하는 경향이 있다. 아이들은 어른들의 의무로 간주되며, 아이들의 행동은 직접적으로 바른 (또는 바르지 못한) 양육을 반영한다. 프랑스의 부모는 아이들과 놀아주는 것보다는 아이들의 버릇을 잘 들이는 것에 신경을 쓴다 (R. Carroll, 1987). 부모의 지도는 청소년기 내내 그리고 많은 경우 대학 생활 내내 지속된다. 사실, 부모가 결혼 후에까지 자식의 주거 혹은 기타 비용을 상당 부분 도와주는 일도 드물지 않다. 때때로 프랑스인들은 자녀들이 나이가 들어서까지 자식들을 경제적으로 지원하기도 한다.

프랑스인들은 그들의 집에 관하여 사생활을 매우 중시하고, 따라서 저녁 초대는 높은 수준의 친밀감을 나타낸다. 집은 가족이나 아주 가까운 친구에게만 개방된다. 지인이나 최초의 만남을 위해서는 식당이 이용된다. 초대받지 않았다면 프랑스의 가정 방문을 요청해서는 절대 안 되고, 어떤 이유 때문에 들르기를 원한다면 먼저 전화를 하라.

여성의 역할

게다가 비록 많은 여성들이 현재 사업, 정치, 직장에서 뛰어난 능력을 발휘하고 있지만, 좋은 빈티지 셀렉션을 열고 즐기기 위해서는 적합한 시간을 끈기 있게 기다리듯이, 프랑스의 여성 운동은 완전한 평등을 성취하기 위해 결코 서두르지 않았다. 프랑스 여성들은 그들 자신을 남성과 동등한, 동등하지만 서로 다른 존재로 보았고 그렇게 여겨졌다. 남자들과 같은 역할을 할 기회가 주어지면, 여성들은 그렇게 하는 것을 피해 왔다. 그에 따라, 여성의 권리의 많은 이정표는 다른 나라들보다 훨씬 늦게 세워졌다. 1980년이 되어서야 아카데미프랑세즈(Académie Française)는 최초의 여성 회원을 받아들였다. 1964년까지 아내는 은행 계좌를 열거나 가게를 운영하거나 여권을 발급받기 위해 여전히 남편의 허락을 얻어야 했고, 1975년과 1979년에서야 이혼, 재산권, 고용 권리의 불평등을 해소하는 법이 추가로 제정되었다. 미국 대통령 빌 클린턴(Bill Clinton)과 르윈스키(Monica Lewinsky)의 관계에 대한 미국인들의 부정적 반응은 프랑스인들에게는 당황스러운 것이었고, 한 저명한 프랑스 정치인은 클린턴을 지지하는 단체를 만들었다. 프랑스인들은 전 대통령 미테랑(François Mitterand)과 같은 많은 정치인들이 두 번째의 비공식적 가족을 갖는다는 사실을 지지한다. 따라서 여권 신장론보다 여성성을 선호하는 프랑스 여성들의 성향을 고려할 때, 여성 해방 운동의 성장이 프랑스에서 상대적으로 더뎠던 것은 놀랍지 않다. 이러한 운동은 미국에서처럼 프랑스에서도 똑같이 성공적일 수는 있지만, 프랑스의 최상의 와인처럼, 그 성장은 인내심 있고 조직적일 것이다.

어울림

프랑스 개인의 삶에서 가장 의미 있는 순간은 종종 음식과 와인에 초점을 둔다. 특정 와인은 특정 음식과 '결혼'하고, 더 나아가 접대되는 와인의 종류가 잔의 모양을 좌우한다. 와인은 액체가 따뜻해지지 않도록 잔 손잡이를 제대로 잡고 마셔야만 한다. 좋은 와인은 손님에게 내놓기 전에 반드시 부드럽게 빙빙 돌려서 감식안으로 투명성을 확인하고, 향미를 감지하기 위해 냄새를 맡고, 비평적으로 맛을 보아야 한다. 몇 개의 코스 요리가 알맞은 순서로 나오고 각 코스마다 적합한 와인이 따라 나오는 식사는 몇 시간 동안 계속될 수도 있다.

와인을 알맞은 음식과 결합하는 이 도전적이고 논쟁이 자주 따르는 일은 많은 결합과 조합, 대조와 보충을 요한다 (H. Johnson, 1985). 이와 같이, 프랑스인들은 계속해서 그 나라에 가장 잘 맞는 정치 체계를 찾기 위해 애쓰고 있다. 1872년부터 1940년 사이인 제3공화국에서만 프랑스에는 102개의 정부가 있었는데, 같은 시기 미국에는 단지 14개의 정부만이 존재했다. 1946년부터 1958년 사이의 제4공화국 12년간에는 22개의 정부가 있었다.

국민과 정치

1981년 이래로 세 번, 프랑스에는 주로 국방과 외교 정책에 책임이 있는 대통령이 한 정당에서 나오고, 다른 한 정당에서 총리가 나오는, 프랑스어로 '코아비타시옹(cohabitation, 동거정부를 뜻함 – 역자 주)'이라는 통치 형태가 존재했다. 세 경우 모두, 대통령과 총리는 많은 쟁점에서 서로 직접적으로 불화를 겪었는데, 특히 민영 사업의 국영화 대 많은 국영 조직의 민영화 문제에서 그러했다.

그러한 정치적 불안정의 원인 중 하나는 위기 상황을 제외하고는 언제든 대통령이 총리의 동의를 얻어 국회를 해산시킬 수 있는 권력을 갖는다는 사실이다. 이것은 미국 대통령이 535명의 상, 하원의원에게 "당신들의 일은 끝났다"고 말하는 것과 같다. 국회의 해산은 또한 다른 식으로도 운영될 수 있는데, 대통령이나 총리가 자발적으로 사임하면 새로 총선거가 시작된다. 이러한 격변과 끊임없는 변화는 정부(와인)를 국민(음식)과 조합하는 것을 극도로 어렵게 만든다.

국제적으로 프랑스는 자국의 개별 주권을 지키는 데 민감했었다. 예를 들어, 1966년 드골(Charles de Gaulle) 대통령은 북대서양 조약기구(NATO: North Atlantic Treaty Organization)에 프랑스는 자국 영토에 대한 주권을 유지하기 위하여 육군과 공군을 NATO로부터 철수하겠다고 알렸다. 또, 1982년 레이건(Ronald Reagan) 미국 대통령이 리비아 공습을 계획하고 있었을 때, 미테랑 대통령은 미국 비행기가 프랑스 상공을 통과하는 것을 불허한 바 있다. 이와 유사하게 프랑스는 이라크전이 유엔으로부터 승인을 얻지 않은 것으로 보인다는 표면상의 이유를 내세워 2003년 미국이 이끈 이라크 전쟁에 격하게 반대했다. 앞에서 지적했듯이, 이것은 미국 내에서는 반-프랑스 감정을, 그리고 프랑스에서는 반미 감정을 조성하여 심지어 어떤 미국 식당들은 프렌치프라이라는 이름을 바꾸기도 했다. 그러나 2007년 총리로 당선된 사르코지가 두 나라 사이의 관계를 완화하는 몇 가지 조치를 취했다. 예를 들어, 프랑스는 2011년 봄 리비아의 통치자 카다피(Muammar Gaddafi)를 축출하려는 미국의 노력을 적극 지원했다.

역설적이지만, 프랑스인들은 정부의 불안정성을 환영한다. 그들은 전부 6개나 되는 활동 중인 정당의 넓은 범위를 자랑스러워하는 경향이 있다. 풍부한 정치적 선택은 개인의 자유에 대한 프랑스인의 헌신이라는 개념과 일치한다. 더 나아가, 정치 과정은 정치적 토론에 대한 사랑과 자유 언론에 의해 도움을 받는다. 프랑스에서 매년 모든 형태로 이루어지는 공개 항의가 평균 1만 건에 달한다는 사실은 놀랍지 않다 (Fleming & Lavin, 1997).

이주와 인종차별주의에 관련된 문제가 정치적 스포트라이트를 받고 있다. 프랑스의 이민자 비율은 지난 25년간 비교적 꾸준하게 7% 정도에 머무르고 있지만, 이민자들의 경제적 빈곤과 실업률은 지나치게 높다. 인구의 다수를 차지하는 가톨릭교도와 일부 프랑스 문화에 동화되기를 원하지 않는 무슬림 및 유태인 사이에도 긴장이 존재한다. 2002년 공공연한 인종차별주의 정치인으로 국민 전선(National Front)의 당수였던 장마리 르펜(Jean-Marie Le Pen)은 비록 결국은 실패했지만 1차 대선에서는 승리했었다. 르펜의 딸 마린 르펜(Marine Le Pen)은 아버지의 뒤를 이어 재건된 정당의 대표가 되었고 다가오는 1차 대선에서 쉽게 이길 수 있을 것으로 보인다.

프랑스인들은 그들의 정부 체계가 낳는 빈번한 논쟁에도 불구하고 그것을 유지하려고 결심한 듯하다. 많은 관측자들은 그곳이 프랑스 땅이기만 하다면 어디든 당신이 발을 들여놓자마자 정치적 토론에 참여하게 될 것임을 지적한다. 그렇기 때문에, 비록 프랑스 정치의 와인과 음식이 항상 서로 어울리지는 않을지라도, 그 부조화 자체가 정치적 장에서의 갈등과 시민들의 열띤 참여를 자극한다.

숙성 과정

와인용 포도 재배자는 자신의 의지대로 하기 위하여 끊임없는 가지 자르기와 가지 고르기를 하며 포도덩굴의 잘 통솔된 성장을 위해 애쓴다 (R. Carroll, 1987). 이러한 통솔된 성장은 프랑스의 교육 제도에도 나타나는데, 그것은 국가에 의하여 엄격히 통제된다. 아이들은 6세 때 교육을 받기 시작하는데, 많은 아이들이 2세 때 유치원에 등록하기도 한다. 한 학년에서 다음 학년으로의 진급이 거의 자동적인 일본 등의 다른 나라와 달리, 프랑스 학생들은 특정 기술을 습득해야만 진급할 수 있다. 그 결과 서로 나이차가 많이 나는 아이들이 한 학급에 있게 된다. 프랑스의 교육은 매 학년에서 30일마다 시험을 보는 등 엄격한 것으로 알려져 있다. 그러나 바다즈(Vendage)또는 포도 수확기와 12시간 내에 임무를 완수해야 한다는 그 긴박한 집념과는 달리, 어린 학생들은 그들의 발달하는 사고 능력을 매주 35시간의 빡빡한 강의에 집중시켜야만 한다. 다행히도, 프랑스의 한 학년은 짧다.

학교 체계 안에 계속 있는 어린이의 교육적 성장은 특정 졸업장을 따기 위해 통제된다. 어린 학생들을 돌보는 교사들이 그들의 학문적 길, 그리고 궁극적으로는 그들의 직업을 결정한다. 수학 영역에 능숙한 것이 성공의 열쇠로 여겨지고 엘리트 구성원으로서의 대접을 보장하기 때문에 수학이 강조되는 경향이 있다. 오늘날 가장 능력 있는 어린이들은 국제적으로 활동할 수 있는 과학자, 최신 과학기술 분야 전문가, 기업가로 훈련받고 있다. 일부 비평가들은 수학에 대한 이러한 몰두가 음악 수업 같이 수학적 능숙을 필요로 하는 또 다른 분야에까지 이르고 있다고 느낀다. 위에서 지적했듯이, 최고의 프랑스 학생들은 다른 OECD 국가 학생들에 비해 수학, 언어, 과학을 잘 한다. 이것은 혁신지수에서 프랑스가 계속 상위를 차지하는 데 좋은 징후가 된다.

결정된 운명

능력이 덜하거나 특권이 없는 어린이들의 운명은 남겨진 찌꺼기 중에서 어렵게 직업을 구하는 것이다. 이러한 아이들의 부모는 자기 자식을 위해 빛나는 미래를 만들어줄 교육을 받지 못했고 그럴 영향력이 없다. 사실, 그 무엇보다도 사회적 지위가 아이들이 교육을 받을 기회나 운명을 결정한다. 교육의 중요성을 이해하는 엘리트는 아이들에게 어릴 때부터 **그랑제꼴**(*grandes école*, 미국의 아이비리그 대학교와 비슷한 엘리트 대학교들), 위니베르지테(*université*) 또는 **파퀼테**(*faculté*, 전문 단과대학 또는 종합대학, 예를 들어 저널리즘 전문) 입학 준비를 시키며, 이러한 관행은 현존하는 심한 사회 계급의 격차를 강화하는 경향이 있다.

교육적 선택은 다른 방식으로도 제한을 받는다. 상위 사회 집단에 속하지 않는 사람들이 직업 선택에 어떤 자유를 갖기란 어렵다. 그보다는, 제도가 일찍부터 그들을 분류하고 그들의 운명을 형성하고 정의한다. 길에서 꽃을 팔아 사업을 일군 성공한 꽃집 소유주의 아들인 한 젊은 프랑스인은 가업을 잇기를 원하지 않았다. 프랑스에서의 극심한 경쟁 때문에, 그는 자신이 보통 최고 특권층만 다니는 **리세**(*lycée*, 엘리트 중등학교)나 위니베르지테, **그랑제꼴, 파퀼테**에 들어갈 가망성은 없다고 확신했다. 그 결과, 그는 미국에서 교육 기회를 잡았고 그것은 프랑스에서의 선택보다 훨씬 나았다. 알제리 출신들과 같은 프랑스의 이민자들 역시 빈번히 같은 결론을 내리는데, 즉 그들의 교육과 직업 기회가 매우 제약이 많다는 것이다. 많은 사람들은 더 빈곤한 구역에 살고, 이들 이민자의 일부는 제도에 항의하기 위해 최근 폭동에도 참여했다.

교육에 대한 이러한 엘리트적 접근은 기업과 정부 모두에서 문제를 보는 시각을 좁히기 때문에 널리 비판되어 왔다. 예를 들어, 엘리트 학교인 프랑스국립행정학교(ENA: École Nationale d'Administraion)의 5천 명의 졸업생이 정부 관료 사회를 지배하는 경향이 있으며, 나이든 후에는 한때 그들이 규제하던 회사의 중역이 되는 경우가 잦다.

지인과 친구

프랑스인들은 많은 것들, 심지어 삶의 기쁨까지도 심각하게 받아들이는 경향이 있다. 프랑스인들 사이에서, 삶의 가장 큰 즐거움 중 하나는 친구이고, 따라서 고맥락 행동을 강조하는 사회에서 기대할 수 있듯이 우정은 진지하게 받아들여진다. 우정은 주의 깊게 발전시켜서 몇 년에 걸쳐 돌보아야 한다. 우정의 성장은 느리고 의도적인 것이다. 프랑스인들은 미국인들이 우정을 맺었다 버리는 빠르고 겉보기에 격의 없는 방식에 비판적이다. 그러한 행동은 상스럽다 — 조금씩 맛보아야 맞는 와인 한 잔을 꿀꺽 삼켜버리는 것과 다름없다. 그래서 우정은 가볍게 여겨지지 않고, 주의 깊게 고른 와인처럼 최대한 음미하고 즐겨야 한다. 좋은 와인과 좋은 친구 — 그것은 삶의 환희이다.

프랑스에서 의미 있는 우정을 맺는 데는 이 과정을 와인 재배와의 평행선으로 인식하는 것이 도움이 되는데, 그 과정을 서두르지 말고 그 품질이 시간에 걸쳐 향상될 수 있도록 하라는 것이다. 즉, 관계에 고맥락으로 접근하는 것이다. 프랑스에 처음 온 미국인이라면, 미국인의 대화 방식이 프랑스인의 대화 방식과 상당히 다름을 인식하는 것이 중요하다. 미국인이 많은 사람과 짧은 대화를 많이 나누는 경향이 있다면, 프랑스인들은 더 적은 사람과 훨씬 깊은 수준으로 대화를 나누는 것을 선호한다.

예를 들어, 1년짜리 프로젝트를 위해 일하는 한 미국 기업인이 프랑스에 3주 머물렀는데, 그는 그 프로젝트의 성공에 비판적인 한 프랑스 동료를 알게 되었다. 그 둘은 자연스럽게 많은 시간을 함께 보내야만 했다. 그의 동료가 아마도 영어를 말할 수 없는 전형적 프랑스인이라고 생각되자, 그 미국인은 이 시간을 그의 프랑스어 능력을 되살릴 기회로 여겼다. 그 미국인은 효과적으로 의사소통하기 위해 최선을 다했지만 분명한 자기표현을 할 수 없어서 자주 좌절감을 느꼈고 잘못된 메시지를 전하지 않았나 두려워했다. 그리고 그런 노력이 4, 5주 계속된 후 갑자기, 그 둘이 사업 회의를 준비하고 있을 때 그 프랑스인이 "영어를 쓰는 게 더 편하면 영어를 써도 됩니다"라고 영어로 말했다. 그 미국인은 경악했다. 그러고 나서 그 프랑스인이 설명하기를, 프랑스인들은 외국인 사업 동료를 다룰 때 경계를 하고 더 진지하고 존중할 수 있는 관계를 맺기 전까지는 스스로를 과다 노출하지 않도록 주의한다고 말했다. 최근의 많은 정치인과 기업인들은 단일 언어만을 쓰는 미국인 동료에게 영어로 이야기하는 것이 더 편안해졌다.

건강과 피트니스

프랑스에서 적응성과 숙성이 나타나는 또 하나의 영역은 미국을 휩쓸고 유럽 국가들로 퍼진 헬스와 피트니스 열풍에 대한 점차적 반응이다. 전통적으로 프랑스인들은 그러한 풍조를 경멸했고, 좋은 와인과 요리와 같은 국가적 취미를 계속 고수했다. 그러나 시대가 바뀌고 있다. 지금은 리옹의 떼뜨 도르 공원, 브르타뉴의 해안가, 에펠탑의 발치 등 어디에나 조깅하는 사람들이 넘친다. 전통적으로 프랑스에서 인기가 있었던 흡연은 지금 명백히 시대에 뒤진 것이 되었고, 담배 소비는 급감했다. 정부는 이러한 사회적 변화를 공공장소에서의 흡연을 어렵게 하는 법통과에 이용했다.

대부분의 면에서 봤을 때 이러한 건강 풍조는 1990년경부터 시작되었다. 많은 도시에는 살을 빼거나 좋은 몸매를 유지하기 위해 열심인 사람들로 꽉 찬 짐나스 클럽(Gymnase Club, 헬스클럽 체인 - 역자 주)이 있다. 마치 이것만으로는 충분치 않다는 듯, 오늘날의 프랑스인들은 실제로 먹거리에도 신경을 쓰고 있다. 기록적 수의 사람들이 영양사의 서비스를 받고 있고, 『날씬하게 먹는 법(*Eat Yourself Slim*[*Je mange, donc je maigris!*])』(Montignac, 1987)은 1년 이상 베스트셀러였다. 최근 프랑스의 한 의사가 뒤캉 다이어트를 개발했는데, 이는 프랑스뿐 아니라 다른 유럽 국가와 미국에서도 인기를 끌었다. 따라서 전반적 와인 소비가 줄어든 것은 놀랍지 않다. 아이러니컬하게도, 프랑스인들의 체중이 최근 늘어나기는 했지만, 다른 선진국과 비교할 때 프랑스에서 체중 증가는 별 문제가 되지 않는다. 예를 들어, 2007년 프랑스와 전 세계에서 베스트셀러가 된 『프랑스 여자는 살이 찌지 않는다(*French Women Don't Get Fat*)』(Guiliano, 2005)가 있다.

변화하는 초상

우리의 토의가 함축하듯이, 프랑스인은 위대함이라는 관점에서 생각하기를 매우 좋아한다. 이것은 음악, 미술, 철학, 혁신 등의 영역에서 그들의 과거의 영광을 생각할 때 이해할 수 있다. 위대함은 또한 프랑스가 와인 산업에서 발전시키고 유지해 온 평판에도 적용될 수 있다. 프랑스 와인은 최상인데 이것은 전 세계가 인정하는 사실이고, 프랑스인들로 말하자면 이러한 인정은 그들의 다른 성취와 그들 자신에게까지 미친다. 위대함을 상정하는 것은 비록 가장 촌스러운 시골 마을 사람이라 할지라도 태어날 때부터 프랑스인들에게 주입되는 경향이 있다.

의심의 여지없이 프랑스인들은 위대함을 그들의 미래의 일부로 상상한다. 기술적 대격변의 시대에 그들은 하이테크 영역에서 뛰어나다. 드골은 미국과 독립해 스스로의 운명을 개척하고, 태양 아래에서 그들 자신의 자리를 찾고, 남에게 의지하지 않고 핵보유국이 되도록 그의 동포들을 독려했다. 그들은 수많은 중요한 영역에서 **빠른 진보**를 이루며 이것을 번개 같은 속도로 성취했다. 그들은 인상적인 고속도로망을 누리며, 프랑스 에너지의 75% 이상은 원자력에서 나온다.

경제적 제약

그러나 때때로 혼자 힘으로 하기를 좋아하는 프랑스인의 기호가 경제에 피해를 준다. 예를 들어, 프랑스는 파리와 다른 몇몇 도시에서 생각할 수 있는 모든 서비스를 컴퓨터로 연결하는, 몇 년 전까지만 해도 세계 최대의 데이터베이스였던 미니텔(Minitel)을 개발했다. 그러나 프랑스인들은 월드와이드웹(WWW: World Wide Web)을 대안으로 사용하는 데 소극적이었다. 오늘날은 웹 사용이 광범위하게 받아들여지고 채택된다.

콩코드(Concorde)를 만들면서, 프랑스인들은 하이테크의 우아함과 뛰어남을 결합시켰는데, 이 초음속 제트기는 실제로 날개가 있는 예술품이었다. 콩코드는 영국인들과의 합작품이었지만 사람들은 보통 그 성취를 영국이 아닌 프랑스에 돌린다. 특권과 장엄이 전형적으로 프랑스적인 것으로 보이기 때문일까? 그러나 시장 수요가 적었기 때문에, 콩코드는 2003년 시장에서 퇴출되었다.

유명한 초고속열차 테제베(TGV: Train à Grande Vitesse)는 총알 모양의 오렌지색 열차로 포도밭과 마을들을 시속 170마일(약 273.6km - 역자 주)의 속도로 운행한다. 밤에 어두워진 창문의 테제베를 타면 움직임의 완벽한 부재를 경험할 수 있다. 이 기차에 이동성과 정지성 모두를 결합한 것이 자연을 정복하고, 완벽을 추구하고, 있음직하지 않은 다양한 요소를 혼합하는 프랑스인의 창의력이다.

그 다양한 주름살에도 불구하고, 프랑스의 사회 제도는 잘 기능하고, 시민들을 날 때부터 담요처럼 안아주고 노령의 삶이 가져올 수 있는 불쾌한 삐걱거림을 완화할 수 있는 안전망을 시민들에게 제공한다. 그것은 국민 98%에게 미국인이나 다른 많은 국가 국민들이 짐작하기 어려운 수준의 의료와 혜택을 제공한다. 65세 이상의 인구에게는 일을 한 번도 하지 않았더라도 수입이 보장되며, 그것이 법적 권리이기 때문에 부유한 사람 역시 돈을 받는다.

이러한 제도가 없어진다면 프랑스인들은 저항을 하겠지만, 그것은 비용이 많이 든다. 막대한 연방 정부의 적자를 줄이기 위하여 혜택을 주의 깊게 줄이고는 있지만 — 예를 들어, 정부 고용인의 정년이 최근 60세에서 62세로 바뀌었다 — 연금 혜택은 평균 임금과 거의 동등하다. 게다가, 줄어드는 출산율을 진작하고 삶의 질을 높이려는 목표로 어머니와 영아 모두 무료 보살핌을 받는다.

진화하는 문화

심지어 와인조차도 그 개성을 변화시키는 숙성 또는 노화 과정을 겪는 것처럼 프랑스인들 역시 그러하다. 또한, 와인의 맛이 성분의 다른 조합에 따라 변하는 것처럼, 프랑스의 문화적 구성도 진화한다. 프랑스인들은 역사상 많은 변화를 경험했으며, 더 많은 변화가 따를 것이다. 프랑스는 자국 땅에서 태어난 모든 사람들에게 시민권을 부여하여 동화를 격려하는 유럽에 몇 개 없는 나라 중 하나이다. 최근, 많은 사람들이 프랑스의 이전 식민지로부터 이주해 왔다. 10만 명 이상의 정치적 난민이 프랑스에 받아들여졌다. 앞에서 말했듯이, 이들 새로 온 사람들에 대한 분노, 편견, 차별은 존재한다. 그러나 프랑스는 여전히 그렇게 많은 국외자와 난민을 환영하는 몇 개 안 되는 국가 중 하나이다.

그러나 프랑스의 얼굴은 천천히 많은 다양한 방식으로 바뀌고 있으며, 이 나라의 장, 단기 방문객들은 프랑스인들에게 강렬한 감정적 반응을 계속해서 얻게 될 것이다. 프랑스인들은 관계를 맺고, 국외자를 경계하고, 사회 계층의 차이에 민감해 하고, 중앙집권화된 관료제에 자신을 맞추고, 개인주의적이고 인습 타파주의적이 되는 데 계속 엄청나게 많은 시간을 투자할 것이다. 그러한 활동이 표면적으로는 모순으로 보일지 몰라도, 그것은 많은 다른 대비되는 이상을 환영하고 심지어 그 위에서 번영하는 삶에 대한 접근을 반영한다. 이러한 다양함을 수용할 수 있는 비밀은 온건함이고, 와인은 온건함을 실행하는 데 좋은 훈련을 제공한다. 와인은 그 자체로는 건강하면서, 과용이 심각한 문제를 일으킬 수 있는 만큼 통제해서 마셔야 한다.

2,000년 이상 와인을 재배하면서, 프랑스 와인 양조업자들은 성공적 기술과 과정을 배워온 풍부한 경험을 축적했다. 프랑스의 와인용 포도 재배와 문화적 발전의 역사를 통틀어, 품질에 대한 탐구는 프랑스 사람들의 집단적 에너지를 동원했다. 자연이 매 빈티지가 다를 것임을 보증하는 한편, 각 단계에서 사람이 가하는 요소가 궁극적 결과를 결정한다. 최상의 와인은 엄청난 자부심의 대상이고, 동시에 끈기와 겸손이라는 교훈을 제공한다. 이러한 면에서 법칙, 법규, 형식에 대한 프랑스인의 강박관념은 세계적으로 유명한 생산물, 그리고 문화의 발전을 돕는다. 이렇게, 프랑스인들이 어떤 길을 선택하든 간에, 최상의 와인을 만든다는 은유는 그들의 근본적 동기와 가치 체계에 대한 통찰을 계속 제공할 것이다.

04

영국의 전통가옥

독특하게 영국적이고, 과거에
영국인들에게 큰 도움이 되었고,
빠르게 변화하는 세계에 영국인들이
성공적으로 적응하는 데 도움이 될
일련의 문화적 가치에 대해
영국인들은 강하게 뭉쳐 있다.

GLOBAL CULTURE

영국인의 가정은 그의 성이다.

―옛 영국 속담

우리는 우리가 사는 곳을 만들고, 그 후에는 우리가 사는 곳이 우리를 만든다.

―처칠(Winston Churchill), 1944년 10월 28일(Keyes, 2006, p.19에서 재인용)

19 90년대 초반, 비교문화적 관리와 행위에 대한 MBA 수업에서 영국에 대한 가능한 문화적 은유가 무엇이냐에 관해 장기간의 논의가 있었다. 최선을 다해 노력했지만, 두 학생 ― 한 학생은 영국에서 10년 거주한 미국인이고 또 한 학생은 미국인과 결혼한 영국인이었다 ― 은 그 주제를 한 학기 동안 연구했음에도 하나의 가능한 은유를 발견하지 못했다. 마침내, 미국인 학생은 자신의 미국에서의 경험과 영국에서의 경험을 비교하기 시작했다. 그녀는 미국인들을 특정한 목표를 달성하기 위하여 간헐적으로 함께 뭉치는 독립된 원자에 비유했고, 영국인들은 일종의 '보이지 않는 접착제'로 연결되어 있는 개개인들에 비유했다. 그 미국인 학생에 따르면, 영국인들은 그들의 운명이 불가분하게 연결되어 있는 방식을 이해하고 있는 것처럼 보이며, 그들의 근본 가치와 행동 방식의 이유에 대해 명료하게 밝혀야 할 필요성은 거의 없다. 영국 학생은 이 보이지 않는 접착제가 전통적인 영국 가옥과 긴밀하게 연관되어 있다는 사실을 즉시 알아차렸으며, 뒤이어

이 문화적 은유에 대한 진지한 작업이 시작되었다.

영국의 길고 빛나는 역사는 이 문화적 은유에 신뢰를 더해주며, 영국이 폭격당하고 심하게 파괴되었던 제2차 세계대전 동안 영국인들이 얼마나 영웅적으로 싸웠는가는 이 은유를 더욱 강화한다. 영국은 주요 산업국 중 유일하게 영구적 성문헌법이 없는 나라이며, 심지어 공식 국기도 없다. 아마도 모든 사람이 무엇을 해야 할지 알고 있으며, 그들은 그것을 한다. 그러나 중요한 변화가 있었다. 한때 유럽국가 중 가장 중앙집권적이었던 영국은 1999년 스코틀랜드 의회와 웨일즈 의회의 창설이 보여주듯 지방분권화를 겪고 있다. 2011년 5월, 스코틀랜드 국민당(Scottish National Party)은 스코틀랜드 의회에서 다수 의석을 차지한 최초의 단일 정당이 되었고, 향후 수년 안에 스코틀랜드의 독립을 위한 국민투표를 계획 중이다. 또한 상원의원 자격은 더 이상 세습되지 않는다.

캐너다인(David Cannadine)은 영국의 세 가지 모델을 제시했는데, 그 중 첫 번째는 보이지 않는 접착제 개념을 지지한다. 영국은 공유된 가치와 기대로 국민들이 긴밀하게 연결된 나라이다(Cannadine, 1999). 그러나 두 번째 모델은 상류층, 계속 분투하는 중산층, 하류층, 이 세 계층으로 나누어진 나라라는 점에 초점을 맞추고 있다. 캐너다인의 세 번째 모델은 가장 어둡다. 영국은 엄청난 특권을 누리는 국가와 사회적으로 혜택받지 못한 국가의 두 국가로 실제로 분리된다. 이 장에서 우리는 이 모델들이 현대 영국에도 적용 가능한지 살펴볼 것이다.

전통가옥

먼저 세월의 시험에 버티도록 지어진 전통적 영국 가옥에 대한 이해가 필요하다. 그것은 돌, 벽돌, 수석이나 조합물로 이루어진 그 지역의 재료로 지어진다. 수백 년 된 집들과 수천 년 된 몇 개의 건물이 여전히 남아서 본래 기능을 다하고 있다. 이 집들은 하룻밤 사이 지어진 것이 아니며, 단기간 버틸 목적으로 지어진 것도 아니다. 일부 부동산들에는 그것이 정복왕 윌리엄(William the Conqueror, 윌리엄 1세, 헤이스팅즈에서 영국군을 격파하고 영국왕이 되었음 — 역자 주)이 1066년 영국을 침공한 뒤 1085년 명령을 내려 만든 대규모 토지 조사 둠스데이 북(중세 영국의 토지 대장 -역자 주)에 언급되었다는 표지판이 자랑스럽게 달려 있다.

대부분의 영국과 그 국민의 정수는 그 건물의 견고함과 오래 지속되는 스타일에서 감지할 수 있다. 영국 주택의 설계는 전통적이고 그 주위의 다른 것들과 잘 섞이며, 기초는 견고하며 강하고, 평면도는 보통 다른 집들과 비슷하다. 영국 국민들처럼, 전통적 주택에는 놀라움이란 거의 없다. 영국인들은 나라 어디에서나 침실 세 개짜리 '세미'(두 채 연립주택 또는 두 세대용 아파트)를 구할 수 있다. 이런 주택은 보통 믿을 만한 시험을 거친 똑같은 설계도에 기초하고 있다. 영국인의 삶의 방식은 이 전통 가옥에 반영되어 있다. 그것은 점진적으로 조금씩 무너져 내리거나 긴 세월에 걸쳐 결국 풍화되는 것을 제외하고는 매우 느리게 변화한다. 어떤 행동을 하는 데는 대부분 '알맞은' 방식이 있으며 전부는 아니라도 대부분의 국민이 그 방식을 알고 있다 — 누구도 가르침을 받을 필요가 없다.

개방적이고 독특한 평면도를 가진 현대 캘리포니아 양식의 목조주택을 짓는 것은 당연히 이러한 필요성에 어긋난다. 아마도 유명한 영국의 날씨 때문에 목조주택은 어떤 종류라도 승인을 얻기가 어렵고 자금을 대거나 보험을 들기가 어려울 것이다. 사실, 인구가 희박하고 숲이 울창했던 시절에도, 집들은 나무가 아닌 돌로 지어졌다. 집은 생활 방식이 그런 것처럼 튼튼한 기초를 가져야 하고, 친숙하고, 변화하지 않으며, 믿을 만하고 시험을 거친 방법으로 지어져야 한다고 영국인들은 믿는다.

가까운 관계

대처(Margaret Thatcher) 전 총리는 미국인들을 친사촌이라고 즐겨 표현했으며, 미국인들도 이 표현과 또 이와 유사한 진술에 긍정적으로 반응했다. 사실, 이러한 강한 동질감은 여러 국가를 대상으로 한 조사들에서 영국인들과 미국인들이 기본 가치와 태도에서 같은 군을 형성하는 경향이 있다는 점에서 정당화된다. 한때 처칠은 하버드대 학생들과 함께 하는 자리에서, 여러 국가를 통일 독일에 병합했던 위대한 비스마르크(Otto von Bismarck)가 생을 마칠 무렵에 19세기 말 인류 사회에 있어 가장 잠재적 힘을 지닌 요인은 영국인들과 미국인들이 같은 언어를 쓴다는 사실이라는 말을 했다는 점을 피력했다.

이러한 가치는 구체적 행동으로 나타난다. 예를 들어, 미국의 법, 정부, 더 많은 사회적 제도들은 영국의 전례에 그 뿌리를 두고 있다. 영국과 미국은 100년 이상 든든한 동맹이었으며, 이 '특별한 관계'는 제2차 세계대전 중 처칠 총리와 루즈벨트(Franklin D. Roosevelt) 대통령 사이의 각별한 협력으로 더욱 굳어졌다. 그러나 미국인들이 '사촌'으로 여기는 영국인들에게는 미국인들을 놀라고 당황하게 하는 큰 문화적 차이가 있다.

영국의 문화를 영국 가옥의 은유를 통해 알아보는 것은 도움이 될 것이다. 우리는 그들의 역사에 분명히 드러나는 '주택의 기초 놓기'를 알아보고, 오늘날의 정치적, 경제적 풍토를 알아볼 것이다. 다음으로, 우리는 영국인으로 성장하는 것의 다양한 요소를 자연스럽게 담고 있는 '벽돌집 짓기'를 살펴볼 것이다. 마지막으로, 사업과 사회적 상황에서의 문화적 양식을 포함하는 '전통적 벽돌집에서 살기'를 설명할 것이다.

역사, 정치, 경제: 기초 놓기

우선 영국을 지리학적으로 정의해 보자. 이 지역에 대한 논의를 할 때면 영국 제도, 대영제국, 영국, 연합 왕국 등 여러 용어가 쓰인다. 우리는 대영제국과 동의어인, 잉글랜드, 스코틀랜드, 웨일즈로 구성된 영국에 대하여 논의할 것이다. 이들은 유럽 북서부 해안에서 약간 떨어진 두 섬 중 큰 섬을 구성하고 있다. 그 중 작은 섬은 아일랜드 공화국(영국과는 별개의 나라)과 영국의 일부인 북아일랜드로 구성되어 있다. 영국은 1970년대 초반에 어쩔 수 없이 북아일랜드에 대한 통치를 강화했으며, 1972년에는 직접 통치를 시작했는데 이는 개신교와 로마가톨릭교의 다양한 종파들 간의 폭력이 지난 30여 년간 증가했기 때문이었다. 하지만 최근 북아일랜드에는 가톨릭교도와 개신교도가 세력을 공유하는 정부가 들어섰다. 1922년부터 연합 왕국(United Kingdom)이라는 용어가 북아일랜드를 포함하지만, 대영제국이라는 용어는 그렇지 않다.

영국의 초기 역사는 전사, 야만인, 해적 등이 많았던 여러 부족들, 즉 켈트족(B. C. 2000년부터 B. C. 1세기까지 유럽 대부분의 지역에서 살던 인도유럽어를 사용하던 민족의 일파 – 역자 주), 로마인, 앵글족(5세기에 색슨족 및 주트족과 더불어 브리튼 섬을 침공한 게르만족의 일파 – 역자 주), 색슨족(고대에 지금의 슐레스비히 지역과 발트해 연안에 살던 게르만족의 일원 – 역자 주), 주트족(5세기에 앵글족 및 색슨족과 더불어 브리튼 섬을 침공한 게르만족의 일파 – 역자 주) 등에 의한 침공과 이주의 연속이었다. 영국에 최초로 사람이 살기 시작한 때가 언제인지는 알려져 있지 않으나, 켄트의 스완즈컴(Swanscombe)에서 발견된 여성의 두개골 중 일부(스완즈컴인 두개골: 1930, 1935, 1955년에 영국 켄트 주 스완즈컴의 템스 강 사력층에서 발견된 인간의 화석 역자 주)는 그 역사가 30만 년 전으로 거슬러 올라간다.

제국 시대

1500년대 중반에서 1950년대까지의 영국의 역사는 다른 나라들이 모방하려고 애썼지만 모방하지 못한 제국 건설과 지배의 이야기였다. 오랫동안 그 영토는 너무나 광대해서 '해가 지지 않는 대영제국'으로 불렸다. 역사가 퍼거슨(Niall Ferguson)에 의하면, 대영제국은 스페인과 같은 다른 유럽 제국에 대한 견제세력으로 시작해서 전 세계에 걸쳐 자유자본주의와 의회민주주의를 전파시킨 역사상의 거대한 현대화 세력이었다 (Ferguson, 2002).

영국인들은 많은 외국 땅에 자신들의 표시를 남겨놓았다. 가장 분명한 표시 중 하나는 오늘날 전 세계적으로 받아들여지는 국제 공용어(*lingua franca*)가 영어라는 점이다. 3억 5천만 명 이상의 인구가 제1 언어로 영어를 사용하고 있으며 또 다른 4억 5천만 명은 영어를 제2 언어로 사용하고 있다. 또한, 영어를 제1 또는 제2 언어로 사용하지 않는다고 해도, 글로벌 비즈니스가 영어에 많이 의존하고 있기 때문에, 토착어를 사용하면서 최소한의 정도로 영어를 섞어 쓰는 창의적인 기본 커뮤니케이션 양식이 탄생했다 (예: 중국식 영어인 칭글리시와 스페인식 영어인 스팽글리시). 이전의 영국의 많은 식민지가 언론의 자유 및 의회와 법률 제도에서 영국의 체계를 모방하였으며, 여전히 자신들의 문제에 관한 조언과 동의를 영국인에게서 구하고 있다. 사실, 1215년 (현대 민주주의의 탄생지로 여겨지는) 잉글랜드의 러니미드(Runnymede)에서 서명된 대헌장(영국 귀족들이 국왕 존의 그릇된 정치를 비판하며 왕의 권한을 제한하고 국민의 자유와 권리를 보장하기 위해 왕에게 강요하여 받은 법률 문서 - 역자 주)은 세계 역사에서 가장 중요한 문서 중 하나인 미국 헌법에도 영향을 주었다.

이전 식민지와 영연방 국가에서 본국인 영국으로의 이민율은 계속 증가하고 있으며 전문가들은 향후 20년에서 25년 사이 영국의 인구가 7천만 명 이상으로 증가할 것으로 예측하고 있다. 이들 이민자의 대다수는 영구적으로 영국에 정착하며, 런던 중심부 인구의 1/4 이상은 아프리카, 아시아, 또는 카리브해 출신이다. 영국은 기회균등법 통과와 소수 민족의 취업 기회 개방이 미국보다 뒤져 있었다. 그러나 많은 영국인들은 다른 사회 계층 및 민족과 가까이 사는 것을 꺼리지 않으며 종종 그들과 결혼도 하는데, 이것은 보이지 않는 접착제 관점을 지탱하는 결과이며, 공영 주택(저가 주택)은 도시의 부유한 지역에서도 자주 찾아볼 수 있다.

대다수의 19세기 영국인들은 대다수의 다른 유럽인들보다 교육을 더 잘 받고, 훨씬 부유했다. 유럽 전역에 걸쳐 사람들은 영국인처럼 옷을 입고, 영국인처럼 말하고, 영국인들의 예의범절을 흉내냈다. 심지어 오늘날 현대의 이브닝웨어에 남아 있는 검은색 옷을 입는 유행도 1830년대 영국 스타일에서 나온 것이다. 헉슬리(Aldous Huxley)는 『어릿광대 춤(Antic Hay)』에서 영국인들이 존경받는 모범이 된 원인에 대해 이렇게 말한다. "영국인들의 자신감, 여유, 세계에서 영국이 차지하는 위치, 영국인들의 특권은 다른 민족이 부정하고 싶어도 할 수 없는 것이다"(Huxley, 1951: 38). 영국인의 방식을 채택하는 것은 너무나 보편적이어서 어떤 의문도 따르지 않았다. 사람들은 자동으로 최선을 택하게 마련이고, 그 최선은 영국식이었다 (Barzini, 1983).

수백 년 동안, 거의 모든 면에서 영국의 패권은 암묵적으로 받아들여져 왔다. 더 나아가, 그들의 부, 권력, 현명함, 필요할 경우에는 그들의 잔인한 냉혹함까지도 보편적인 찬탄과 부러움의 대상이 되었다. 영국은 최선을 알고 있고, 세계의 군사적, 정치적, 경제적 문제의 대부분을 보살피는 것은 영국의 압도적인 권력과 부이며, 사적인 문제는 영국식 윤리 강령과 예의범절 규칙으로 통제할 수 있고, 영국이 현상을 언제까지나 유지해 줄 것이며, 걱정할 것은 아무것도 없다는 확신이 있었다 (Barzini, 1983). 이것은 영국 국민들의 유산이었다 — 이러한 기초 위에 전통가옥의 나머지가 지어졌다.

문화는 시간 또는 어떤 사회가 과거 지향적이냐, 현재 지향적이냐 미래 지향적이냐를 포함한 몇 가지 차원에 따라 다양할 수 있다. 영국인들이 미국인들보다 과거를 강조하는 이유는 쉽게 알 수 있다 (Trompenaars & Hampden-Turner, 1998). 영국 정치 구조의 전통적인 화려함과 의식은 그 가옥의 벽과 외형 안에 맞추어 지어졌다 — 그것이 없다면, 가옥은 그렇게 드높고 당당하게 서 있지 않을 것이다.

정부와 정치

세계에서 가장 효율적인 정부의 하나로 여겨지는 영국 정부는 의회법에 기초하고 있다. (비록 가끔 영국에는 불문법 또는 성문화되지 않은 헌법이 있다고 말을 하지만) 성문헌법이 있으며, 그것은 시대를 막론하고 존재했던 여러 가지 의회법, 법정 판결문, 유럽의 조약들로 구성되어 있다는 점에서 영구적인 미국 헌법과는 매우 다르다. 의회 내에서는, 영국 상원은 기본적으로 재검토 집단이며 영국 하원이 통과시킨 법안을 연기할 수는 있지만 거부권을 행사할 수는 없다. 따라서 진정한 권력은 영국 하원에 있다. 판례(유사한 사건이나 법률상의 논점을 동일한 방식으로 결정하는 것을 정당화하기 위하여 하나의 예 또는 유추로서 인용되는 법원의 판결이나 결정 – 역자 주) 또는 관습법(보통법 또는 대륙법과 구분하는 뜻으로 영미법이라고도 함. 법원의 판결에 기초한 관습법 체계 - 역자 주)은 주요 쟁점에 관련된 법률이 없거나 분명한 입법 취지가 없을 경우에만 사용된다. 그러나 관습법은 광범위하게 사용된다. 영국인들은 보통 모두가 규칙을 '알고' 있다고 가정하며, 따라서 관습법의 적용은 많은 국민들이 긍정적으로 받아들인다. 권위가 한 기구에만 집중되어서는 절대 안 된다는 미국의 근본적 가정과 달리, 영국 의회는 명목상의 대표인 왕실과 법원 모두에 절대 권력을 행사한다. 마치 내력벽(구조물의 하중을 견디어 내기 위해 만든 벽 - 역자 주)처럼, 의회는 영국을 통치하는 것에 모든 책임을 지고 있다. 더 최근에는, 유럽연합(EU)과의 조약으로 EU 법이 생겨 어떤 경우에는 영국 법보다 EU 법이 우선한다. 영국은 유로를 공식 통화로 사용하지 않는데, 이것은 2008년부터 시작된 세계 경제의 침체에서 영국에 경제적인 도움이 되었다.

다른 방식으로 왕실은 정치적 시나리오의 중요한 일부이며, 성대한 의식과 장관은 왕실 행렬의 모든 의식 단계를 특별하게 만든다. 이 장관의 영속적인 전시가 국민의 통합을 보여주고 그것을 강화한다. 의회의 공식적 개회는 여왕이 주재하는 의식을 동반하고, 여왕은 매주 총리를 만나 최근의 나라 문제를 의논한다. 과거, 현재, 미래가 왕관과 왕실 안에 통합된다. 왕실은 영국을 독특하게 만드는 것 중 하나이며, 심지어 이전의 식민지 중 다수도 왕족을 팔 벌려 환영하며 존경을 보낸다. 왕족의 존재가 없었다면, 영국의 전통가옥을 함께 접합시킨 모르타르(시멘트나 석회를 모래와 섞어 물로 반죽하는 것 - 역자 주)의 일부는 분명 부패했을 것이다. 2012년 여왕(엘리자베스 2세를 말함 - 역자 주)은 즉위 60주년을 맞았다. 2011년 여왕은 63년간 영국을 통치했던 빅토리아 여왕의 뒤를 이어 두 번째로 통치기간이 긴 영국 군주가 되었다.

간헐적으로 왕실은 현대에 어울리지 않는 봉건적 제도라는 점에서 특히 비판을 받지만, 대중은 강력히 왕실을 지지한다. 예를 들어, 1백만 명 이상의 국민이 2011년 4월 윌리엄 왕세손(Prince William)과 케이트 미들턴(Kate Middleton)의 결혼을 보러 왔으며, 2,600만 명 정도가 텔레비전으로 결혼식을 지켜보았다. 왕실 결혼식이 있던 날 BBC 웹사이트는 접속을 시도하는 수많은 사람들 때문에 다운이 되었고 평소보다 속도도 느렸다. 이 결혼식은 '대서양 너머' 아메리카에서도 거의 똑같은 관심을 불러일으켰으며, 거의 같은 수의 미국인들이 텔레비전으로 행사를 지켜보았고, 일부는 심지어 왕실 결혼식 시청자들을 위한 다과회를 열기도 했다.

영국에는 두 개의 주요 정당, 노동당과 보수당(토리)이 있다. 제3 정당인 자유당(1859년 창립)은 현재 자유민주당으로 알려져 사회 정의를 위해 일하며, 최근에는 2050년까지 영국을 탄소중립국으로 만든다는 계획을 지지하고 있다. 영국정부는 대의제도 형태이다. 전국 선거에서 국민은 그들의 의회에서의 선거권자(MP: member of Parliament)를 선출하고, 그 사람이 국민을 대표한다. 정당 소속의 MP 수에 따라 당선이 결정되기 때문에, 다수의 표가 의회의 소수 정당에게 돌아가 그 정당이 당선되지 못하는 경우가 일어날 수 있고 일어난 적도 있다. 마지막 선거가 있은 지 5년 이내에는 언제든 정부가 선거를 소집할 수 있다. 이 정책은 집권당에게 정치적으로 유리한데, 어느 정도의 한계 안에서 정부에 대한 지지가 극대화되었을 때 선거를 치를 수 있기 때문이다. 이것을 상쇄하기 위하여, 총리와 그 정당에 대한 '불신임' 투표가 언제든 재선거를 치를 수 있도록 강제할 수 있다. 역사적인 2010년 5월 총선은 절대다수당이 없는 의회(하원에서 어떤 정당도 다수를 차지하지 못한 의회)를 낳았고, 캐머런(David Cameron)이 이끄는 보수당(토리)과 클레그(Nick Clegg)가 이끄는 자유당 사이에 권력 공유 협상이 이루어져 그들은 각각 총리와 부총리가 되었다.

투표는 거의 정당의 정책 노선에 따라 이루어지고, 그렇기 때문에 미국의 선거에서보다 인물의 중요성이 덜한 경우가 많다. 투표는 또한 사회 계층에 따라 이루어지며, 따라서 시민들은 흔히 자신의 부모의 투표 방식과 이웃의 투표 방식을 따른다. 게다가, 정당들은 일반적으로 미국 정당들보다 사상적 성향 차이가 크며, 정권의 변화는 눈에 띄는 정책적 변화를 가져온다. 예를 들어, 대처 총리가 이끄는 보수당 정부의 당선은 국영 기업들의 민영화, 소득세 감면, 노동조합법 개정을 가져왔다. 그러나 노동당이 1979년부터 1997년까지 네 번의 선거에서 패한 이후 집권한 블레어(Tony Blair) 총리 정부는 '제3의 길'을 채택하고 그들 자신을 신노동당이라 칭하며 일부 자유시장과 대처 총리와 비슷한 정책을 채택했다. 캐머런 총리와 클레그 부총리의 연립정권은 세계 경제 위기의 영향으로부터 영국을 재건하려는 시도를 시작했다. 그들의 주된 목표는 2015년까지 구조적인 재정 적자를 해소하고 공공 서비스에 대한 국가 권력을 이양하는 것이다 ("무례한 협력[The Uncivil Partnership]," 2011).

선거로 뽑히는 공직자 외에도, '기성사회'라 불리며 권력을 행사하는 공직자와 사회적 관계의 기반이 존재한다. 이 엘리트 집단은 옥스퍼드와 케임브리지대학교(옥스브리지), 영국방송협회(BBC), '위대한 선인(善人)들'로 알려진 부유한 상류 사회의 개인들과 같은 다양한 이해관계를 포함한다. 이 네트워크는 다양한 상황 하에서 다양한 형태를 취할 수 있기 때문에 깨뜨리기 어렵다. 어떤 이들은 이 네트워크가 그 영향력을 일부 잃었다고 말하는 반면, 다른 이들은 그것이 다만 형태를 계속 바꿀 뿐이라고 생각한다. BBC 시리즈 〈예, 총리님(*Yes Minister*)〉에 아주 효과적으로 묘사된, 자꾸 바뀌는 정부에서 총리의 변덕에 맞서느라 오랫동안 고생하는 영국 공무원들의 초상이 미국인들에게는 친숙할는지도 모르겠다.

경제적 분리

사회 최고층의 구조가 변화되었다는 믿음을 일부에서 지지한다. 『이코노미스트(*Economist*)』지는 영국에서 세 시기, 1972년, 1992년과 2002년에 최상위 100개 직업을 차지한 사람들의 학력을 비교했다. 1972년과 1992년에 엘리트 공립학교를 다닌 사람들의 비율(67%와 66%)과 옥스퍼드 또는 케임브리지대학교를 나온 사람들의 비율(52%와 54%)은 매우 비슷했지만, 2002년에 해당 비율은 46%와 35%였다 ("영국 남성의 신분 상승(The Ascent of British Man)," 2002, "영국의 엘리트는 어떠한가(How Britain's Elite)," 2002 참조). 2006년 『이코노미스트(*Economist*)』지의 의뢰로 수행된 유고브(YouGov, 인터넷을 기반으로 한 국제시장연구소 – 역자 주)의 여론조사는 계층을 식별하는 핵심 표지가 직업, 주소, 악센트, 소득의 순서라는 것을 밝혔다. 조사 대상의 단지 28%만이 원래 태어난 계층과 다른 계층에서 삶을 끝마칠 수 있었다 ("그러나 그들은 구매했나?[But Did They Buy]," 2006 참조). 2010년 12월 수행된 영국 계층에 대한 종합적 연구에서 리서치 회사 브리튼띵쓰(BritainThinks)는 중산층과 노동 계급의 사회적 태도를 조사했다. 이 연구는 단지 24%만이 (1980년대 후반에는 67%) 자신을 노동 계급으로 분류했고, 재정적으로 어려움을 겪고 있는 사람들은 자신들을 노동 계급보다도 더 아래로 분류한다는 사실을 보여주었다. 노동 계급의 사람들은 고립되고 소외되었다는 느낌을 갖기 쉬운 반면, 중산층 사람들은 자신들을 더 큰 공동체의 일부로 느끼는 경향이 있었다 (Rentoul, 2011).

경제적으로 영국은 두 부분으로 분리할 수 있다. 남부(런던에서 차로 몇 시간 거리의 지역) 사람들은 남부가 교양, 부, 사회적 지위에 있어 우월하다고 간주한다 (다른 사람들은 이 사실에 매우 분해한다). 남부는 서비스, 하이테크, 다른 성장 산업이 우세하기 때문에 이것은 어느 정도 정확하다. 비록 맨체스터나 2008년 유럽 문화도시로 지정된 리버풀 등의 경기 부양으로 많은 것이 변화되기는 했지만, 북부는 중공업, 엔지니어링, 광업, 실업과 연관되어 있다. 제철, 석탄 광업, 섬유 등 전통 산업의 규모가 줄어든 북부 일부는 여전히 높은 실업률에 시달린다. 북부와 남부의 차이는 1855년 출판되고 1975년과 2004년 텔레비전 프로그램으로 각색된, 개스켈(Elizabeth Gaskell)의 높은 평가를 받기노 한 사회 소설『남과 북(*North and South*)』(1855/1995)으로 유명하다.

대영제국이 해체된 한참 후에도, 영국인들은 유럽의 도덕적 지도자로 간주되었다. 제2차 세계대전 이후, 영국인들은 영국이 인명과 재산의 물리적 파괴로 큰 대가를 치렀고, 영국인들이 엄청난 용기를 보여주었기 때문에 세계 제3의 강대국이 될 권리가 충분하다고 생각했다. 그러나 1955년 영국은 유럽을 통합하려는 시도에 거리를 두거나 노골적으로 그것을 거부했다. 최근 영국의 반대는 좀 약해졌지만, 영국은 여전히 통합된 유럽이라는 발상에 저항하고 있다. 영국은 EU의 회원국이기는 해도, 공통 통화인 유로의 사용을 채택하지 않고 있다.

다른 유럽 국가들이 통합된 유럽을 형성하려던 여러 경우에 영국인들이 자국의 이해관계로 협력할 수도 있었지만, 많은 영국의 지도자들은 다른 국가와 합병해서 자신들의 완전한 정체성을 잃을 위험에 빠지는 것을 생각할 수도 없는 일로 여겼다. 영국은 자신의 고독을 자랑스러워하는, 자신의 자유를 지키려고 애쓰는 수호자인 경향이 있다. 영국인들은 다른 사람의 판단에 의지하느니 자신이 자신의 실수의 피해자가 되는 것이 더 낫다고 본다 (Barzini, 1983). 사실, 영국의 제4 정당인 독립당(UKIP: UK Independence Party)은 영국의 유럽연합 참여가 영국 경제와 번영에 해롭다고 믿고 영국의 유럽연합 탈퇴를 당의 목표로 한다. UKIP는 영국의 EU 참여 대신에 무역협정과 기업조약으로 대체하는 것을 선호한다 (UKIP, 2010). 그리스에 대한 원조가 필요하게 된 누적 채무 위기의 영향 하에서, 캐머런 총리는 영국 납세자들은 원조라는 짐을 질 필요가 없을 것이라고 맹세했는데, "신께 감사하게도," 영국은 유로존(Eurozone, 유럽연합의 단일 화폐인 유로화를 국가통화로 도입하여 사용하는 국가나 지역 - 역자 주)에 가입하지 않았기 때문이라는 것이었다.

우리는 영국의 전통적이고 단단하고 오래 가는 가옥으로 표상되는 영국인의 특징을 살펴보았고, 강한 역사적 의식이 오늘날 영국 사회가 존재하는 기초임을 시사했다. 공유된 전통과 믿음은 모르타르처럼 영국 국민들을 국가적 정체성으로 결합해 준다. 국가적 열정은 현재 스코틀랜드, 웨일즈, 아일랜드 혈통에 자주 나타난다. 잉글랜드인들은 국적을 표현하는 것을 좀 더 자제하는데, 애국주의를 공공연히 드러내면 종종 다른 사람들 사이에 불쾌한 반응을 유발하기 때문이다. 반면, 웨일즈의 용과 스코틀랜드의 성 앤드루스 십자가는 자부심에 차서 날아다닌다. 이제 이 감정을 지지하는 사회적 메커니즘 — 사회화 과정과 교육 제도 — 을 살펴보겠다.

영국인으로의 성장: 집짓기

영국 역사의 훌륭한 기초 때문에, 외국인들은 여전히 영국인들이 그 고대로부터의 굳은 결의, 비상한 수완, 외교력, 리더십 그리고 그들의 훌륭한 예의범절을 보여줄 것을 기대한다. 어떻게 영국인들은 이 존경받는 가치들을 그들의 사회에 계속 불어넣을 수 있을까? 그들은 어떻게 그 기초 위에 아이들을 영국인으로 키우기 위한 벽돌을 쌓았을까?

모든 영국인들은 어떻게 하면 완전한 영국인이 될까에 대한 정확하고 보편적인 답을 주는 몇 가지 생각을 그 머릿속에 굳게 가지고 있다는 말이 있다. 역사를 통해, 영국인들은 그들의 동포가 그들이 무슨 행동을 하고 어떻게 행동해야 하는지에 대해 어떤 예상을 하고 있는지 정확히 알 수 있다. 손님을 맞는 일부터 전쟁을 수행하는 것까지 — 대부분의 경우 어떤 일을 정당하게 하기 위해서는 올바른 방법은 단 하나뿐이다.

아이들은 행동을 조심해라

무엇보다도 먼저, 대개 영국 가정은 아이들이 행동을 조심하도록 양육한다. 아이들에게 하는 질문은 대부분 아이들이 행복한가가 아니라 아이들이 처신을 잘했는가 이다. 그것은 아이들이 버릇을 망치지 않고 통제되어야 할 필요가 있음을 가정한다. 알맞은 예의범절을 배우는 것은 몹시 중요하게 강조된다. 헝가리에서 태어난 영국 유머 작가 마이크스(George Mikes)는 이렇게 말한 것으로 전해진다. "대륙 사람들은 훌륭한 음식을 먹지만, 영국 사람들은 식사 예절이 훌륭하다."

영국인들은 어릴 때부터 충동성을 억제하도록 배우는데, 아이들이란 당황스러울 정도로 충동적일 수 있기 때문에 아이들이 어른들을 방해하지 않도록 조용히 시켜야 한다. 예를 들어, 저녁에 식당에 가면 아이들은 거의 눈에 띄지 않는다. 자기 분수를 모르는 아이는 교육을 잘 받지 못한 것으로 간주된다. 자랑이나 과시로 보이는 행동은 받아들여지지 않는다. 결국, 아이들은 보이는 곳에 있을 뿐 말은 하지 못한다. 예의범절에 대한 강조와 책임을 인식하는 것의 중요성은 나이가 들면서 더 강화된다.

이러한 규제의 결과로 성인들의 자제는 잘 알려져 있다. 사실, 2006년 조사에 따르면, 영국심장재단은 그 유명한 영국인의 자제 때문에 조사 대상의 42%가 가슴 통증을 호소하기 전에 '기다려보자'라는 태도를 취한다고 밝혔다. 이 때문에 꽉 조이는 벨트를 가슴에 두른 남자와 "가슴 통증은 당신의 몸이 보내는 응급 신호입니다"라는 설명문이 있는 대규모 광고판 캠페인이 시행되었다 ("영국인의 굳은 윗입술[British Stiff-Upper Lip]," 2006). 영국인들은 많은 공통점을 가지고 있으며, 사생활 존중과 사생활에 대한 강한 열망은 그 중에서도 기본적인 것이다. 이러한 기질은 매우 강해서 영국인들은 다른 사람들에게 거리감이 있고 초연해 보이며, 마치 벽돌집 안에서 그들만의 공간을 형성하기 위해 그들과 다른 사람들 사이에 벽을 쌓는 것 같다.

이러한 사생활의 필요는 문화를 정의하는 요소이자 문화가 달라지는 차원 중 하나이다. "우리는 남과 어울리고 싶지 않다"라는 어구는 특히 영국적이다 (Glyn, 1970: 176). 글린(Alan Glyn)은 심지어 아이들의 양육에 있어서도, 비록 높아지는 비용과 변화하는 현대 생활이 사회 관습을 변화시키고 있음에도, 일반적으로 친척들은 도와주거나 관여하지 않기 때문에, 베이비시터를 채용해야만 한다는 점을 지적한다. 그는 또한 심지어 기차에서도, 영국인들은 더 한적한 자리가 있을 때에는 다른 사람 가까이에 앉지 않는다는 사실을 관찰했다. 붐비는 패스트푸드 식당에서 어쩔 수 없이 한 테이블에 합석했다 하더라도, 그들은 합석한 상대방이 존재하지 않는 것처럼 행동한다. 영국 남부 사람들의 경향이 좀 더 그렇지만, 같이 앉은 사람과 대화를 시작하는 것은 일반적으로 개인 공간을 침범한 것으로 간주되곤 한다.

영국인들이 사적이고 개인적인 공간을 고집하는 데는 실질적 이유가 있다. 영국은 인구밀도가 높은 나라로 공간이 효율적으로 쓰여야만 한다. 영국의 평균 인구밀도는 1평방킬로미터당 251.5명으로, 대부분의 서구 국가에 비해 상당히 높은 편이다 (예를 들어 미국의 인구밀도는 1평방킬로미터당 32.9명, 프랑스의 인구밀도는 1평방킬로미터당 113.8명이다).

다른 유럽인들과는 달리, 영국인들은 단독주택을 좋아하고 큰 아파트에 사는 경우가 적지만, 그들의 집은 미국 기준으로 보자면 작고 미국의 집들보다 더 가까이 붙어 있다. 벽을 이용해서 집 안을 방으로 구분해 놓은 것처럼, 영국인들은 정원에 덤불을 자라게 해서 이웃과의 공간을 분리하고 지나가는 사람이 집안을 들여다보지 못하게 한다. 전통적 이층집이 위층과 아래층으로 거주 공간과 침실을 구분하고 있는 것처럼, 영국인들은 일과 여가도 완전히 분리하는 경향이 있다.

좋은 이웃이란 약간의 거리를 두고 친근하지만 참견하지 않는 이웃이다. 물리적 거리를 두는 것은 가능하지 않은 경우가 보통이기 때문에, 개인 공간을 보호하는 유일한 방법은 심리적 거리를 두는 것이다. 영국 가정을 방문하기 전에는 반드시 먼저 전화를 해야 한다 — 예고 없이 갑자기 들르면 환영받지 못하기 일쑤이다. 또한, 잦은 사교적 전화도 간섭으로 받아들여지는 경향이 있다.

감정적 폭발은 진정한 위기의 순간만을 제외하고 '나약하거나' 불안정한 인격의 증거로 여겨진다. 아이 때부터 영국인들은 '윗입술을 굳게'라는 훈계를 받는데, 이것은 감정적 폭발을 막기 위해 입술을 꽉 오므리라는 뜻이다. 심지어 좋은 친구라 해도 많은 다른 문화권에서만큼 친밀하지는 않다. 그러나 이것은 서로 다른 계층에서 다르게 적용될 수 있는데, 점잖은 자제력은 하층 계급의 영국인들보다 더 상층 계급의 영국인에서 많이 보인다. 클리즈(John Cleese, 몬티 파이튼[*Monty Python*, 영국 BBC 희극 프로그램 몬티 파이튼즈 플라잉 서커스의 제작자들을 통칭하는 말 - 역자 주]으로 유명한)는 영화 〈완다라는 이름의 물고기(*A Fish*

Called Wanda〉(Shamberg, Crichton, 1988)에서 제이미 리 커티스(Jamie Lee Curtis)가 분한 자신의 미국 여자친구에게 이 점을 재미있게 표현하고 있다

> 완다, 당신은 내 마음을 자유롭게 해 줘. 영국인으로 사는 게 어떤 건지 생각해 본 적 있소? 잘못된 일을 하지나 않을까, 어떤 사람에게 "결혼하셨습니까?"라고 물었다가 "오늘 아침에 아내가 저를 떠났지요."라는 대답을 듣거나, "아이가 있으십니까?" 했다가 수요일에 아이들이 모두 불에 타서 죽었다는 대답을 듣지나 않을까 하는 이 공포에 숨이 막힌 채 살아가는.

영국인들은 자신들의 고상한 유산에서 나오는 엄청난 무게를 견뎌야 한다. 비록 기초가 단단하고 깊지만, 영국인들의 가옥과 인격의 벽, 특히 외부는 아무런 노력도 소용없을 만큼 파괴가 불가능하고 냉정하게 보이기가 쉽다.

사생활과 영국식 선술집

집 안에서도 개인적 공간은 또한 소중하게 여겨진다. 영국인들은 일반적으로 오픈 플랜(다양한 용도를 위해 칸막이를 최소한으로 줄인 건축 평면 – 역자 주) 주거지를 좋아하지 않는다. 대신에, 방들은 벽과 여닫는 문으로 분리되고 구분된다. 집들이 상대적으로 작기는 하지만 가족 구성원들은 이렇게 해서 개인 공간을 보장받는다. 그러나 홀(Edward T. Hall)은 집이 작은 탓에 미국처럼 아이들이 개인 방을 갖는 것이 당연시되지는 않는다는 사실을 지적했다 (Hall, 1966). 그는 성인이 되어서도 영국인들은 다른 문화권의 구성원들과는 달리 독립된 사무실에 대한 욕구가 크지 않다고 주

장했다. 심지어 국회의원들도 독립된 사무실을 갖고 있지 않다.

이러한 사생활과 자제에 대한 이야기가 영국인들이 불친절하다는 뜻으로 받아들여져서는 안 된다. 그들은 대체로 친절한 민족이고 대단히 상냥한 집주인이다. 그들에게 도움을 요청하면, 심지어 길거리에서라도, 대부분은 기분 좋게 도와줄 것이다. 반면에 미국인들은 영국인의 입장에서 보면 너무 노골적이고 감정을 과장해서 접근하며, 불성실하고, 너무 빨리 개인적 일에 개입한다. 영국인들이 자신들의 작은 집에서 사생활을 즐기기는 하지만, 그들은 또한 그 지방의 선술집에서 동지애를 나누기도 한다. 영국 전체에 걸쳐 거의 모든 중소도시에 적어도 선술집이 하나는 있으며, 그 중 다수는 수백 년의 역사를 갖고 있다. 이 선술집들은 많은 영국인들이 동료나 친구들과 함께 어울리는 곳이다. 비록 맛있는 요리를 내놓는 고급 술집들이 생기면서 와인이 맥주의 자리를 서서히 그리고 확실히 대체하고 있지만, 일과 후에 부하와 상사가 함께 모여 몇 잔의 맥주를 나누는 것은 영국인들이 가장 좋아하는 오락이다. 사실, 미국인들처럼 집에서 손님을 맞는 일이 잦지 않은 영국에서 선술집은 거실을 대신하는 개념으로 생각될 수 있다.

일반적으로 선술집은 다양한 종류의 맥주, 즉 에일(맥주의 일종, 라거보다 독하고 포터보다 약함 – 역자 주), 흑맥주, 라거(에일을 대신해서 영국에서 가장 많이 팔리는 맥주가 됨), 또는 더 독한 맥주를 파인트(568.41ml – 역자 주) 또는 반 파인트 단위로 판다. 맥주는 실온으로 제공되는데, 냉각하면 풍미가 없어지기 때문에 절대로 차갑게 제공되지 않는 것이다. 다른 음료도 대부분 얼음 없이 나오며, 얼음을 달라고 하면 한두 개 줄 뿐이다. 사회적 변화와 불경기는 선술집에도 타격이 되고 있다. 영국 맥주 및 선술집협회 (BBPA: British Beer and Pub Association)에 따르면, 2005년에는 5만 8,600개의 선술집이 있었던 반면 현재는 5만 2,500여 개다. 2004년 이후로 세금 증가와 공중 보건 메시지의 결과로 주류 소비는 13% 감소했다. 일부 선술집들은 보통 오전 11시에 문을 열던 대신에 이제는 오전 7시에 문을 열고 젊은 가족, 연금생활자, 직장인들에게 커피와 아침식사를 제공하는 것으로 변화에 대응하려 애쓰고 있다 ("맥주 2파인트[*Two Pints of Lager*]," 2010).

최근 맥주를 과음한 축구 팬 무리가 정기적으로 다른 나라를 침범하여 광적 국수주의를 보이는 사례 때문에 영국인들의 전통적 특성이 크게 위협받고 있긴 하지만, 질서정연, 끈기, 쉽게 흥분하지 않는 것은 영국인들 행동의 특징이다. 영국인들은 독특하게도 대부분의 문제는 좋은 차 한 잔을 마시면서 저절로 풀린다는 생각을 가지고 차를 사랑한다. 영국인들은 주어진 우선순위에 상관없이 각각의 일들을 그것이 완성될 때까지 지켜보는 것을 좋아한다. 예를 들어, 당신이 직원 혼자 무언가 서류 작업을 하고 있는 호텔 데스크에 다가가면, 직원은 서두르지 않고 하던 일을 다 마치고서야 당신의 용무를 들어줄 것이다. 대부분의 영국인들에게는 일상사와 진짜 응급상황에 대한 구분이 전혀 없다.

계급 구조

영국에는 유럽 최악의 빈민가부터 장대한 사유지까지 생활수준의 격차가 매우 크다. 역할과 지위는 일반적으로 잘 정의되어 있다. 이 계층화된 사회에는 여전히 노동 계급, 중산층, 엘리트 상류층의 구분이 팽배해 있다. 오랜 세월에 걸친 수많은 조사들에서 영국인들은 90% 이상이 아무 유인 없이 이 세 계급 중 하나에 자신을 포함시키며 이런 계층구조를 강화시켰다. 앞에 언급된 최근의 연구에서 볼 수 있듯이, 세계 금융위기의 여파와 영국의 경기 침체 속에서, 수지를 맞추려고 애쓰고 있는 많은 사람들은 점점 더 자신들을 '빈곤'층에 할당하고 있다. 이에 반해, 대부분의 미국인들은, 영국인 같으면 노동 계급에 속한다고 생각할 많은 사람들이라도, 자신들을 중산층이라고 표현한다.

영국에서 사람은 어떤 계급에 속하도록 태어나며, 계급의 이동은 어렵다. 여기서도 주택 평면도이든 사회 계층이든 간에, 전통이 지배한다. 가족 배경, 특히 악센트와 언어의 사용이 한 사람이 받을 교육의 종류와 그에 따른 직업을 결정한다. 과거에는 공립학교(미국의 사립학교에 해당) 교육을 명시적으로 요구하는 구인 광고를 보는 것이 어렵지 않았다. 실제로 이튼의 운동장은 제1차 세계대전의 영국군 장교 군단 대부분을 배출했다 (이튼스쿨은 영국 버크셔주 이튼에 있는 최대 규모의 공립학교로 워털루 전투에서 승리한 웰링턴 장군이 "워털루 전투에서의 승리는 이튼의 운동장에서 이긴 것이다"라고 연설한 바 있다 – 역자 주). 위에서 말했다시피, 비록 영국의 상위 100개 지위의 사회적 구조가 최근 변했지만 사회적 이동성은 인구 전체에 걸쳐 줄어들고 있다. 윌리엄 왕세손이 케이트 미들턴과 약혼했을 때, 한 신문이 그녀의 석탄 광부 출신 조상과 언젠가 그녀가 왕비가 된다는 것의 적합성에 대해 또 다른 의문을 제기하며 그녀가 '탄광에서 궁전으로' 상승했다고 언급하면서 그녀가 '평민'이라는 사실은 영국의 계급 차별을 전면으로 나타나게 했다. 일부 관측자들은 이것을, 브랜슨(Richard Branson, 버진그룹의 회장)과 롤링(J. K. Rowling, 해리포터 시리즈 저자) 등의 평민이 엄청난 부를 쌓았고 지위가 높아진 경우도 있긴 하지만, 영국은 여전히 태어날 때부터 갖는 권리와 양육으로 지위가 판별되는 사회라는 증거로 보았다 (Faiola, 2010).

비록 실질가처분소득이 최근 전반적으로 증가했지만, 소득 불평등 역시 증가했다. 이같은 양상은 세계 시장에 중요하게 연관된 나라일수록 더욱 그러하다. 1979년 영국 상위 20% 가구가 총 소득의 43%를 차지했고 반면 하위 20% 가구는 단지 2.4%의 소득을 차지했다. 1996년 이 수치는 각각 50%와 2.6%로 증가했다. 2006/2007년, 영국 통계청에 따르면, 상위 20%에 해당하는 가구의 본원적 소득(생산 활동으로 얻는 임금, 지대, 이자, 이윤 등의 소득 - 역자 주)은 하위 20%의 세전 소득보다 15배 많았으며 (가구당 7만 2,900파운드 대 4,900파운드), 세금과 사회보장 소득을 계산한 후에는 4배 많았다 (각각 5만 2,400파운드와 1만 4,400파운드). 이러한 사실은 영국은 가진 자와 가지지 못한 자로 분리된 국가라는 캐너다인의 세 번째 모델을 뒷받침한다 (Cannadine, 1999). 심지어 세 가지 계급의 나라에 초점을 맞춘 캐너다인의 두 번째 모델도 강력한 지지를 얻게 된다. 말하자면, 상위 20%와 나머지 모두의 간격이 점점 벌어지는 것이다. 그러나 런던정경대(London School of Economics)의 힐스(John Hills)에 의한 최근 연구에 따르면, 사회집단 간의 가장 큰 격차(예를 들어, 다양한 민족적 소수집단, 남성과 여성)는 시간이 지남에 따라 줄어들고 있다 ("불평등 전복[Reversing Inequality]," 2010).

영국인들은 서로를 말투, 예절, 의복 등의 작은 차이를 통해 계층화하는 데 전문가이다. 쇼(George Bernard Shaw)는 『피그말리온(*Pygmalion*)』(1912/1916)의 서문에서 "한 영국인이 입을 떼는 순간, 어떤 다른 영국인은 필연적으로 그를 미워하거나 경멸하게 된다"라고 썼다. 이제껏 가장 인기 있는 뮤지컬 코미디의 하나이자 『피그말리온(*Pygmalion*)』을 각색한 작품인 〈마이 페어 레이디(*My Fair Lady*)〉는 유머러스하면서도 정확하게 언어와 악센트의 중요성을 강조한다. 영국인들은 여전히 지역적 악센트를 구별할 수 있고 그에 따라 말하는 사람의 출신지와 계급을 알 수 있다. 그러나 한때 상류 계급에만 한정되었던 직종과 지위에서도 지금은 지역 방언의 악센트를 들을 수 있음에 따라 한때 이것이 낳았던 차별은 조금씩 사라지고 있다. 예를 들어, 한때는 '적절한' 상류 계급 영어만이 방송 전파를 탈 수 있었고, 특히 BBC에서는 더욱 그러했지만, 방언 악센트는 점점 용인이 가능해졌고 모든 영역의 방송에서 허용되게 되었다. 이것은 사회에서 중산층의 범위가 넓어지고 깊어졌으며 노동 계급의 수준이 향상되었다는 것을 가리킨다.

언어가 말해준다

비록 그렇다 하더라도, 언어의 사용은 계층을 드러낼 수 있다. 로스(Alan Ross)는 그의 논문 "현대 일상 영어에서의 언어적 계급 지표(Linguistic Class-Indicators in Present Day English)"를 좀 더 대중적 버전으로 "U와 비-U(U and Non-U)"라는 제목 아래 출판했는데, U는 상류층 영어를, 비-U는 비-상류층 영어를 가리킨다(Ross, 1956; Ross, 1969도 참조). 대부분의 구분은 세월이 흐르면서 사라졌지만, 몇 가지는 오늘날에도 전처럼 유효하다. 예를 들어, "I worked very hard"는 U이고, "I worked ever so hard"는 비-U이다. 'half past ten'은 U이고, 'half ten'은 비-U이다. 스타일의 측면을 보자면, 깔개나 민무늬 카펫은 U이고, 바닥 전체를 덮은 무늬 있는 카펫은 비-U이며, 찻잔에 우유를 먼저 부으면 비-U이고, 차를 따른 다음 우유를 함께 내놓는 것은 U이다. 외국인들을 당황하게 하는 또 다른 비-U 표현으로는 "그는 화가 머리끝까지 났다"를 의미하는 "he wasn't half angry" 또는 "그는 아주 잘생겼다"를 의미하는 "he isn't half handsome"이 있다 (Braganti & Devine 1992). 심지어 식사를 지칭하는 어휘도 사회 계층에 따라 다른데, 비-U는 때때로 점심을 가리킬 때 *dinner*라는 용어를 사용하고 저녁 정찬을 가리킬 때 *tea*라는 용어를 사용한다.

리드(T. R. Reid)는 영국인들이 미국인의 말만 듣고는 그들의 계층을 알 수 없고 따라서 계층에 따른 차별이 어렵다는 점에서, 미국인들이 뚜렷한 이점을 지니고 있다고 지적했다 (Reid, 2000). 그가 언급했듯이, "영국에서는 당신이 말하는 방식이 당신에 대한 많은 정보 — 당신의 경제적 지위, 당신의 학교, 당신의 조상, 당신의 직업 전망 — 를 말해준다." 최근의 흥미 있는 발전은 사회 계층을 이처럼 뚜렷이 구분하는 표준 영어에 대한 부정적 반응이다. 주로 옥스퍼드와 케임브리지대학교와 관련된, 어구를 생략한 말투를 쓰는 사람들의 비율이 5%에서 3%로 줄어든 것으로 조사되었다. 특히 사업적 배경이나 프레젠테이션에서 지역 방언 양식을 감추거나 줄일 수 있는 '더 나은' 말투에 대한 수요는 상당히 증가했다 ("악센트: 우리는 올바르게 말하고 싶다[Accent: We

Want to Talk Proper]," 2002 참조).

물론, 영국인들은 미국인들이 영어를 쓴다고 믿는 것 같지 않으며 미국 영어를 영국 영어의 조잡한 번안으로 생각한다. 세계 최고 영어 전문가 중 한 명인 크리스털(David Crystal) 교수에 따르면, 미래에는 사람들이 두 가지 형태의 영어, 즉 자국에서 사용되는 영어(예를 들어 인도나 중국)와 국제 표준 영어를 따로 배워야 하는 상황에 처할 것이라고 한다(Crystal, 2011). 문법과 발음의 엄격한 적용은 논외로 하더라도, 영국인과 미국인은 서로 다른 어휘를 사용하는 점에서도 서로를 오해할 수 있다. 예를 들어 영국에서는 아파트를 플랫이라고 하며, 약국(*drug store*)을 케미스트라고 쓰고, 엘리베이터 대신 리프트를 쓰고, 변호사(*attorney*)를 사무 변호사(*solicitor*)라고 하며, 전화한다는 말로 *call*(영국에서는 직접 찾아간다는 뜻이다)이나 *phone* 대신 *ring up*을 쓰며, 차의 트렁크를 부트(*boot*)라고 부른다. 나의 동료 한 사람은 미국인 아버지와 잉글랜드 시골을 드라이브하던 도중 'boot sale'이라는 광고판을 보았는데, 이것을 보고 그의 아버지는 즉시 싼 구두를 팔고 있다는 결론을 내렸다. 동료는 아버지에게 미국인들이 차고 세일(yard/garage sale)을 하는 것처럼 영국인들은 차의 boot(트렁크)에서 나온 오래된 물건을 판다고 알려드렸다!

영국 인구의 일부는 다른 영국인들(또는 다른 영어 사용자들)이 쉽게 이해하기 어려운 완전히 다른 언어 방식을 발전시켜 왔다. 가장 잘 알려진 것은 노동 계급인 코크니(Cockney, 런던 토박이 - 역자 주) 인구로, 공식적으로는 런던 동쪽 끝 세인트 메리 르 보 성당에서 울리는 보 벨(Bow Bells) 소리가 들리는 거리에서 태어난 사람을 가리킨다. 이 사람들은 코크니 '압운 속어'를 발전시켰는데, 이 중 일부는 일반적으로도 쓰인다. 만약 어떤 사람이 '문제와 싸움(trouble and strife)' 이야기를 한다면, 그는 자기 아내(wife) 이야기를 하는 것이다. "I didn't say a dicky bird"는 "나는 한 마디도 하지 않았다(I didn't say a word)"를 의미한다. 코크니 압운 속어를 이해하는 것은 대화가 한 단계 더 생략되면 더 어려워진다. 예를 들어, '빵 한 덩이(loaf of bread)'는 머리(head)를 의미하지만, 전체 어구가 다 쓰이는 것이 아니라 단지 '덩이(loaf)'만 쓰인다. 그래서 만약 어떤 사람이 당신에게 "덩이를 쓰라"고 말했다면, 그것은 똑똑히 생각하라거나 머리를 쓰라는 뜻이다. 또 하나의 대중적 표현은 "아뿔싸(Blimey)!"로 번역하자면 "신이시여, 제가 거짓말을 했다면 제 눈을 멀게 하소서(God, blind me if I tell a lie)"라는 뜻인데, 이것은 영국 전체에서 공통적인 감탄사로 사용되고 있다.

교육 정책

영국의 교육 정책은 지난 25년간 상당히 많이 변화했지만, 옛 체계와 그 영향은 아직도 뚜렷하다. 미래의 자금 제공을 결정하는 일련의 기준으로 자리 잡았던 대학교수의 종신 재직권(교수 임용 후 일정기간의 연구 실적 등을 심사하여 교수의 평생고용을 보장하는 제도 - 역자 주)은 폐지되었다. 대졸자의 수는 늘어나고 있지만, 여전히 일류 대학에 가는 것은 지극히 어렵고 많은 대졸자들은 직업에 만족하지 못하고 있다. 2010년 12월, 일부 미국 사립대학의 연간 5만 달러에 비하면 엄청나게 싸지만, 세 배로 오른 1만 5,000달러의 대학등록금 법안이 의회를 통과하자 학생들은 런던에서 폭동을 일으켰다. 50여 명의 시위대는 이전의 평화로운 시위에서 벗어나서 런던 중심가에서 찰스 왕세자와 그의 부인 콘월 공작부인을 태운 차를 공격했고, 이들은 공포에 차서 영국인의 특징과는 어울리지 않는 이 행동을 지켜보았다. 등록금은 1996년까지 무료였다가 그 이후 계속 오르고 있지만, 2012년 시행된 200% 인상은 많은 학생에게 배신감을 주었고 그들이 대학교육과 더 좋은 직업을 가질 기회를 차단했다 (Jones, 2010).

오늘날 많은 아이들은 미국식의 '종합' 고등학교에 들어가거나 모든 아이들을 위한 중등학교에 들어간다. 그러나 중등학교의 성격은 여전히 매우 중요하다. 미국인들은 한 사람의 사회적 위치를 판단할 때 출신 대학의 명성만을 생각하고 중등학교는 거의 생각하지 않는 반면, 영국인들은 대학과 중등학교에 거의 같은 무게를 둔다. (미국에서는 사립학교라고 불리는) 공립중등학교가 존재했었고 부유한 부모를 두었거나 장학금을 탈 수 있는 아이들을 위해 여전히 존재한다. 이러한 학교들은 종종 무역 기구에 의해 설립되는데, 예를 들면, 런던에는 머천트 테일러즈(Merchant Taylors) 남자 학교가 있고 헤이버대셔즈(Haberdashers)의 워십풀 컴퍼니(Worshipful Company)에서는 남녀학교 모두를 설립했다. 해로우와 이튼을 포함한 다른 학교들은 일류 대학인 옥스퍼드와 케임브리지에 그들이 보낼 수 있는 몫보다 더 많은 숫자의 입학생들을 들여보내고 있다. 이들 대학에 국립학교 졸업자들이 더 많이 입학할 수 있도록 조항을 제정해야 한다는 강력한 요구가 계속되고 있다. 2009~2010년의 이에 대한 최근 자료를 보면, 옥스퍼드와 케임브리지의 국립학교 출신 학생 비율은 각각 54.3%

와 59.3%로 대학들 중 가장 적었다. 셔튼트러스트채리티(Sutton Trust Charity)에 따르면, 학생의 성적이 비슷할 경우 국립학교보다 사립학교가 더 유리한 상황에서, 다섯 개의 학교가 2,000개의 다른 학교를 합친 것보다 더 많은 수의 학생을 '옥스브리지'에 진학시킨다 (Berg, 2011). 출신 학교의 평판은 한 사람의 일생 동안 따라다니며, 출신 학교가 일류일수록 더 많은 문이 열려 있다. 이들 일류 학교에는 학교와 관련 있는 특정 색깔이나 무늬가 있는 넥타이나 스카프가 있는 경우가 많다. 이러한 넥타이나 스카프를 매는 것은 노력해서 얻은 명예로 여겨지며, 자격 없는 사람이 이것을 매는 것은 큰 잘못이 된다. 롤링의 인기 있는 해리 포터(Harry Potter) 시리즈와 영화는 긍정적 관점에서 영국의 칭찬받는 학교 제도를 과시하고 있다.

튼튼한 영국 주택을 접합하고 있는 모르타르처럼, 위에 묘사된 사회화 과정, 계층 구분, 교육 제도는 전통적 영국 가옥의 평면도를 상징한다. 바로 이러한 토대 안에서 영국인은 살고, 일하고, 논다. 그러나 일단 어떠한 집이 지어지고 나면, 사람들은 그 안에서 그들 각자의 방법으로 살아간다. 우리는 이제 노동 습관, 에티켓, 유머, 사회적 관습, 여가 활동 등 영국 일상생활의 몇 가지 차원을 살펴볼 것이다.

영국인 되기: 집 안에서 살기

대부분의 여행객들은 영국인이 거만하고 딱딱할 것이라고 생각한다. 사실, 그것이 동전의 한 면인데, 신사들은 핀 스트라이프

(가는 세로줄무늬 - 역자 주)를 입고 중산모를 쓰고, 접은 우산을 들고 다니며 '이봐, 자네' 등의 인사를 한다. 또 너무나 정숙한 숙녀들은 해롯 백화점(런던의 나이츠브리지에 있는 영국 제1의 백화점 - 역자 주)에서 쇼핑을 하고 섬세한 작은 컵에 맛좋은 페스추리를 곁들여 애프터눈 티를 마신다. 그러나 동전을 튕겨 다른 면을 보면, 고스(기타, 베이스, 드럼으로 연주하는 강렬한 록 음악의 연주자. 주로 검은 복장에 짙은 검은 화장을 함 - 역자 주), 펑크, 이모('이모셔널'의 줄임말. 기타를 중심으로 한 음과 멜로디, 감정적 선율을 특징으로 하는 음악 장르 - 역자 주)들을 만나볼 수 있고, 이들은 다른 덜 눈에 띄는 기묘한 부류들처럼 음악, 의복, 생활방식의 선호도에 기반을 둔 각각의 범주에 들어맞는다. 실제로 현대의 젊은 세대들은 의복에 관한 기호에서는 확실히 좀 더 모험적이다.

더 나아가, 비록 영국이 잉글랜드와 스코틀랜드, 웨일즈를 모두 포함하기는 하지만, 당신이 스코틀랜드인이나 웨일즈인의 차이를 존중하지 않는다면 당신은 그들의 기분을 상하게 할 것이다. 음식에 대한 기호라든가 특산품과 같은 차이점의 대다수는 피상적으로 보이지만, 다른 몇 가지는 좀 더 실질적이다. 예를 들어, 스코틀랜드는 독일의 체계를 본뜬 독자적인 법률 및 교육 제도를 갖고 있고 (2장 참조), 웨일즈는 고유 언어를 쓰는 것으로 정체성을 찾으며 공문서와 웹사이트에서 두 가지 언어를 사용한다.

영국은 오랫동안 교회와 국가 사이에 강력한 유대가 있었지만, 북아일랜드를 제외하고는 종교는 영국인의 일상생활과 거의 관계가 없다. 헨리 8세는 영국 성공회를 만들면서 그를 교황과 동등한 자로 선포했지만, 영국 인구의 약 38%는 종교가 없다고 말한다. 나머지 기독교 인구는 압력을 받으면 그들이 '영국 성공회'를 믿는다고 말할 것이다. 로마가톨릭교는 주로 이민자들 덕분에 종교개혁 이후 처음으로 지배적 종교가 되어가고 있다 (Gledhill, 2007). 소수민족 사이에서는 3% 정도의 인구가 자신들을 무슬림으로 정의하는 가운데 이슬람교가 가장 숭배 받는 종교가 될 태세이다. 이러한 넓은 스펙트럼에도 불구하고, 영국인들은 상대적으로 동질적인 민족으로 간주된다. 우리는 여기서 그들의 차이가 아닌 유사성에 초점을 맞출 것이다. 예를 들어, 그들 모두는 똑같이 길게 지속되는 비 오는 날씨를 공유하는데, 이는 종종 대화를 시작하는 좋은 기회로 사용된다. 계속 비가 오는 날씨의 혜택은 세계에서 가장 풀이 싱싱하고 푸르게 돋아난 땅을 만들어 준다는 것이다. 아마도 생활의 이러한 면을 즐기기 위해서 스코틀랜드인들은 14세기에 골프 경기를 고안해 냈고 스코틀랜드에는 여전히 세계에서 가장 좋은 골프 코스 중 몇 개가 있다. 한때 국민들이 골프에만 지나치게 시간을 쏟고 궁술과 전투 준비를 게을리 하자 스코틀랜드 왕은 골프를 금지하기도 했다.

아마도 이러한 끊임없이 비가 오는 날씨가 영국인들이 '불운을 최대로 이용하기'라고 부르는 것에서 의미하는 바일 것이다. 만약 일이 잘못되면 (또는 하필 날씨가 나쁘다면), 해야 할 올바른 일은 그것을 최대로 이용하는 것이다. 그렇게 하는 것은 존경받아야 한다. 영국인들은 좌절을 겪고도 그것을 견뎌낸 사람을 높이 평가하는 경향이 있으며, 성공 여부는 그리 중요하지 않다.

"승부가 중요한 것이 아니라, 어떻게 경기를 했는가가 중요하다." 영국인들은 실제로 이렇게 생각하고 크리켓 경기에서 멋진 플레이를 선보이면 상대 팀에게도 갈채를 보낸다. 실제로 회화에서 사용되는 많은 관용구가 크리켓 경기에서 나왔다. 예를 들어, 영국에서 "그것은 크리켓답지 못하다(It's Just not Crieket)"라는 말은 어떤 일이 불공정하게 처리되었다는 것을 의미한다. 무승부(타이)는 영국 크리켓 경기에서 얼마든지 있을 수 있다. 반면 미국에서는 무승부에서 벗어나기 위한 규칙이 종종 필수적이다. 또한, 영국인의 마음은 패배자, 즉 경기가 끝날 때까지 그 자리를 지켜야만 하는, 경기에 지고 희망 없는 상황에 처한 선수에게 쏠리는 경향이 있다.

스포츠와 여가

그러나 이러한 일반화 또한 조절되어야 한다. 최근 영국인들은 국제 경기에서 이긴 적이 많지 않으며, 윔블던(런던 교외의 지명. 국제 테니스 대회 개최지 - 역자 주) 남자 단식에서 영국인 페리(Fred perry)가 우승한 지 70년이 넘었다. 또 일부 영국 축구 팬들의 지저분한 행동 때문에 『이코노미스트(*Economist*)』지는 그들을 '잉글랜드의 수치'("England' Shame")라고 명명하기도 했으며(1998), 최근 이 현상은 '영국병'이라고 불리고 있다. 축구 훌리건 현상의 전문가인 더닝(Eric Dunning) 교수에 의하면, 이러한 행동은 제국의 유물로 공격적인 민족주의적 태도의 예이다. 그러나 대부분의 영국인들은 페어플레이에 관한 한 그들의 조상이 세워 놓은 방식을 따른다.

크리켓이 공립학교에서 유행한 중산층과 상류층의 스포츠인 반면, 축구는 노동 계급의 스포츠였다. 또 엘리트 공립학교, 클럽, 대학에 그들이 노력해서 얻고 자랑스럽게 매고 다니는 스카프가 있는 것처럼, 축구팀의 색깔로 만든 스카프도 있다. 이런 스카프는 노력으로 얻어지는 것은 아니지만, 열광적 축구팬들이 '원정' 경기를 보러 토요일에 여행을 나설 때 이 스카프가 차창에 나부끼는 것을 볼 수 있다.

스포츠를 여가 활동으로 간주할 때, 영국인들은 적극적으로 스포츠에 참여하기보다는 예리한 관중으로 남는 경향이 있다. 그들은 오늘날 전 세계적으로 행해지는 많은 스포츠들인 축구, 골프, 테니스, 배드민턴, 럭비를 발명했다. 사실, 모든 미국인이 즐기는 스포츠인 야구 역시 오래된 영국 도시의 놀이인 '라운더스(야구와 비슷한 구기 – 역자 주)'에 기초하고 있다. 영국인들은 충성스러운 팬이며 미국인들만큼이나 스포츠에 미쳐 있다. 그들은 스포츠 이야기를 하고, 스포츠 이야기를 읽고, 스포츠를 걸고 내기를 하고, 자기 지방 팀을 보기 위해 악천후에도 경기장을 찾는다.

재정적 여력이 되는 사람들은 대부분의 여가를 '시골에서' 보낸다. 시골에 집을 갖는 것은 지극히 호화로운 것으로 간주되며, 많은 영국인들은 이를 갈망한다. 영국 전체에 걸쳐 소도시와 마을에는 번지 대신 이름으로 주소를 삼는 집을 찾아볼 수 있다. 이러한 집의 이름들은 보통 묘사적이며 원 소유자의 이름을 포함할 수도 있다. 예를 들자면 호손즈 엔느(Hawthorn's End), 캐드베리즈 코티지(Cadbury's Cottage), 던로아민(Dunroamine, 여행 경험이 풍부한 이 사람이 마침내 정착한 곳) 등이다. 이것은 사람들이 이런 방식으로 모든 주소를 가리키고, 거리는 아직 포장되어 이름이 붙기 전이던 시절의 예스러운 산물이다.

영국인들의 여가에서 중요한 우선순위는 자연에 대한 존중이다. 영국인들은 일반적으로 산책을 즐기는데, 때로는 건물 주위를 걷지만 정원이나 시골을 배경으로 한다면 더 좋다. 자연에 가까워지는 또 하나의 방법은 자신만의 정원을 꾸미는 것이다. 벽돌집 앞이나 뒤의 아무리 작은 땅에도, 또 하나의 전통적 요소인 잉글랜드식 정원이 있다. 그 땅은 학교 운동장 같은 먼지나는 콘크리트 땅을 의미하는 '마당'이라고 불리는 대신에, 꽃과 잔디가 있을 것 같은 '정원'이라 불린다. 영국인들은 아름다운 정원으로 유명한데, 이것은 정교하고 작을 수도 있지만 보통 다채로운 꽃과 관목으로 대칭적으로 둘러싸인 잔디밭으로 구성된다. 물론, 이 정원은 비가 오지 않아 물 부족에 시달리는 일 없이 경이로울 정도로 푸르다.

축하연과 의식

의식과 휴일은 과거지향적인 영국인들이 어떻게 옛날부터 내려온 태도와 전통을 고수하는지에 대해 흥미로운 예를 제공한다. 영국에서 가장 오래도록 살아남은 관습의 대부분은 소도시와 도시들에서 나왔고 이러한 관습에는 길고 복잡한 역사가 있다 (Kightly, 1986). 지역적 축하연은 널리 퍼져 있는데, 매년 7,000개 이상의 정기시(축제일 겸 장날 - 역자 주)가 열리고, 많은 마을이 그 교구 교회가 헌정된 수호성인의 날을 기념하는 연례 축제를 연다. 학교, 병원, 구빈원 등의 기구가 매년 그 후원자를 예우하는 설립자의 날 행사를 갖는 일도 흔하다. 이러한 축하연은 영국 가옥이 구현하는 것과 같은 보수적 전통을 강화한다.

사람들이 좋아하는 전통의 하나는 가이 포크스 데이(Guy Fawkes

Day)로, 이것은 매년 11월 5일에 기념되며, 국회의사당을 폭파하려던 한 반역자를 기억하는 날이다. 축하를 위한 큰 화톳불이 지펴지고, 가이 포크스를 상징하는 허수아비가 꼭대기에 세워지면, 구경꾼들은 허수아비가 타서 재로 변하는 동안 박수를 치며 응원한다. 가이 포크스 화톳불에서 사람들은 다소 무시무시한 시를 읊조린다. "그놈에게 1페니를, 그놈의 눈을 찔러라, 그놈을 벽난로에 묶어라, 그놈이 죽는 것을 지켜보아라."

영국의 유머는 광범위한 가능성을 갖고 있는 것으로 보인다. 그들의 잘 알려진 자제에도 불구하고, 영국인들은 기본적으로 진지함을 피하고 대부분의 사건을 유머로 가볍게 넘기는 것을 선호한다. 다른 한편으로는, 코워드(Noel Coward, 영국의 배우, 극작가, 대중음악 작곡가 - 역자 주)와 연관시킬 수 있는 건조하고 풍자적인 유머도 있다. 이 스펙트럼의 다른 한 끝으로, 영국인들은 무례한 농담과 모욕적인 행동으로 가득한 저속하기 짝이 없는 익살극을 즐기는데, 〈베니 힐 쇼(The Benny Hill Show)〉나 〈몬티 파이튼(Monty Python)〉 등이 그것이다. 심지어 의사당과 같은 품위 있는 배경에서도, 기운찬 농담이 그것이 없었다면 지루했을 협상에서 제 역할을 한다. 한 유명한 예를 들면, 한 의원은 "의원 중 반은 고집쟁이 바보다"라는 그의 발언을 철회하라는 투표가 통과된 후 의회에 대하여 사과해야만 하는 상황에 처했다. 그는 "의원 중 반은 고집쟁이 바보가 아니다"라는 말로 사과를 마친 후 자리에 앉았다. 이 톡 쏘는 듯 한 재치 있는 유머로 인해 그의 정적들의 노여움은 가셨다.

아마도 유머에 대한 이러한 사랑은 직접적인 감정 표현이 억제되는 그들의 문화에서 나왔을 것이다. 유머는 그것 없이는 영국인들이 다루기 어려웠을 난감하거나 긴장된 상황을 전환시킨다. 전통가옥의 창문이 빛과 신선한 공기를 들어오게 하듯이, 유머는 분위기를 바꾸고 긴장을 완화한다.

인기 있는 영국 시트콤 중 하나로 영국과 미국의 공영 방송에서 방영된 〈체면 차리기(*Keeping Up Appearances*)〉가 있다. 이 시트콤은 사회 계층의 차이라는 단 한 가지 주제와 거기서 나온 변형들로 구성된다. 영국과 미국에서 모두, 일부 논평자들은 이 프로그램에 절대적인 찬사를 보냈으며, 독자들은 이 프로그램을 볼 때 엄청난 재미는 물론 사회 계층 차이에 대한 그 신랄한 묘사도 유의하도록 장려되었다. 영국인들은 그들의 비꼬는 듯한 재치에 자부심을 가지고 있으며, 2011년 잉글랜드에 본사를 둔 Badoo.com이 행한 전 세계를 대상으로 한 세계에서 가장 재미있는 민족을 뽑는 설문조사에서 그들이 7위를 한 것을 안다면 깜짝 놀랄 것이 분명하다. 미국인이 1위였고, 독일인이 꼴찌였다 (Casciato, 2011).

멋지게 늦기

사회적 상황에서나 업무적 상황에서나 똑같이, 영국인들은 제 시간에 도착하거나 몇 분 늦게 도착할지언정, 절대 일찍 와서는 안 된다. 영국인들은 '멋지게 늦기'라는 생각을 제도화했는데, 이것은 보통 10분에서 20분 늦는 것을 가리킨다. 만약 영국인이 약속 시간보다 일찍 도착하면, 보통 약속된 시간까지 차 안이나 밖에서 기다릴 것이다. 휴대전화가 생기면서 (그리고 사과 전화를 하거나 문자메시지를 보내는 것이 가능해지면서), 거의 2/3 이상의 영국인들은 약속에 적당히 늦어야 한다는 것을 받아들이고 있다. 맨체스터메트로폴리탄대학교의 사회심리학자 홈즈(David Holmes)에 따르면, 현대 세대는 지각을 피해야 할 사회적 위반이라기보다는 마땅한 규칙으로 여기고 있다 (Rose, 2006).

제3자에 의해 정식으로 소개받지 않은 이상 영국인은 당신에게 말을 걸지 않는다는 오래된 관념은 이제 구식이 되었다. 이 영역에서는 비공식성이 점점 흔해지고 있지만, 영국인의 자제는 여전히 드러나서 냉정하거나 무관심하다는 인상을 준다. 그럼에도 불구하고, 동등한 수준에 있는 사람들 사이에서는 업무 상황이나 사회적 상황에서 거의 즉시 이름을 부른다. 업무 관계나 사회적으로 한참 낮은 지위에 있는 사람이 그들의 윗사람을 부를 경우에는 적절한 호칭과 성을 함께 부른다. 어떤 경우 남자들이 서로를 성만으로 호칭하는 것을 듣게 되는데, 이것은 공립학교 시절에 생겨난 습관으로 따라할 필요가 없다.

"처음 뵙겠습니다(How do you do?)"는 영국에서 흔한 인사이다. 이것은 질문이 아니며 "처음 뵙겠습니다"라고 똑같은 대답만 하면 된다. 또, 영국인들은 누군가와 작별할 때 "좋은 하루 보내세요(Have a nice day)"라고 말하는 것을 이상하다고 생각하고 이 말을 일종의 명령으로 본다 — 비록 많은 미국 패스트푸드 체인의 침공으로 이 말을 좀 더 자주 듣게 되었지만 말이다. 영국인들은 다른 나라 사람들보다 대화에서 더 신중한 경향이 있다. 그들은 타인의 기분을 상하게 할까봐 직접적 언급을 꺼린다. 사실 그들은 직접적 진술을 의문문 형태로 자주 바꾸어 표현한다. 예를 들어, 그들은 "저녁이라 어두워지나 봐요, 그렇지 않아요?"라고 말할 수 있다. 누구도 이 질문에 대답을 기대하지는 않는다. 이러한 예는 영국과 미국은 공통된 문화를 공유하지만 언어로써 분리된다는 금언을 확인시켜 준다.

사회적 대화에서 예의와 겸손은 영국인의 증표이다. 만약 당신이 처음 만난 사람에게 폴란드의 역사에 대해 장황하게 늘어놓은 다음, 한참 후에야 그 사람이 그 분야의 전문가임을 알게 되었다 하더라도 놀라지 마라. 그 사람으로서는 그 당시에 그 사실을 당신에게 밝히는 것이 무례하고 오만한 일이었을 것이다. 물론 당신이 이러한 사실을 알게 되는 것 역시 두 사람 모두를 알고 있는 다른 지인을 통해서였을 가능성이 크다.

구두든 서면이든 모든 의사소통 형태에서 난해함, 부정확함, 모호함은 전형적이다. 정확한 사실과 숫자는 기피된다. 지역 신문에서 이러한 사실의 분명한 예를 찾을 수 있는데, 여기서 어떤 추세는 '더' 아니면 '덜'로는 표현되지만, '얼마나 더', 혹은 '얼마나 덜'로는 표시되지 않는다. 반대로 미국인들은 정확한 숫자와 순위를 선호한다 (16장 참조).

노동 습관

영국인들의 노동관은 실용적인 경향이 있지만, 미국인의 노동관만큼은 아니다. 영국인들은 '그럭저럭 해내는' 것을 선호하는데, 이는 보통 가장 혁신적인 해결책보다는 가장 쓸모 있는 해결책을 찾는 결과로 나타난다. 순수이론(pure theory)의 강조를 선호하는 프랑스인들은 때때로 더 경험적인 성향이 있는 영국 상대방이 내세우는 이 '그럭저럭 해내기' 관점을 이해하는 데 어려움을 겪는다. 이와 유사하게, 연역적 사고를 선호하는 독일인들도 귀납적인 영국인들과 뚜렷하게 대조된다.

역설적으로, 평균적인 영국인은 자세히 설명되거나 정확한 세부사항으로 진술된 법이라면 어떤 법이든 복종한다. 그들의 강한 질서 의식과 전통은 옳은 행동을 하도록 지시하며, 서면 지침과 법적 표지는 무엇이 옳은지를 가리킨다. 규칙이나 법에 복종해야 하는지 그렇지 않은지가 상황에 따라 정해지는 많은 다른 나라들과는 달리, 더 급하고 조바심 내는 문화의 구성원이라면 진력을 낼 길에서 사람들과 차들이 긴 줄을 서서 끈기 있게 기다리는 것은 영국에서는 흔한 풍경이다. 그러니 영국인들이 지나치게 많은 규칙과 성문법을 만드는 것을 피하는 것도 이해할 만한데, 그들은 그것을 엄격히 지키기 마련이기 때문이다.

대부분의 영국인들은 자영업보다 고용인으로 일하는 것을 선호한다. 단지 10% 가량만이 자영업자이다. 대체로, 기업 환경에서는 위계상 다른 수준에 있는 사람들 사이의 격식이 미국보다 엄격하며, 고용인과 상사 사이의 관계는 더 공식적이다. 아들러(Adler)는 회사의 영국 지부를 경영하기 위해 런던에 간 미국 중역의 예를 들었다 (Adler, 2007). 이 중역은 방문객들이 자신을 만나기 전에 여러 사람 — 접수계원, 비서, 사무실 관리자 — 을 거쳐야 하는 것을 짜증스럽게 느꼈다. 영국인들은 이것이 통상적인 절차로서 그것이 없으면 중역의 지위가 손상된다고 설명했다.

이와 유사하게, 로랑(Laurent)은 고전이 된 그의 연구에서, 서구 12개국의 중역들 사이에서 경영 개념의 다양성을 조사했다 (Laurent, 1983). 미국 관리자보다 두 배 많은 영국 관리자들이 모든 사람이 누구의 권위가 더 높은지 알게 하기 위해 위계 구조가 존재한다고 생각했고, 역시 미국보다 두 배 많은 영국 관리자들이 권위가 위기에 처해 있다고 생각했다. 영국인들은 또한 잘 정의된 직업 설명, 역할, 기능을 더 선호했다. 이것은 각각 지정된 목적이 있는 많은 작은 방으로 나눠진 평면도를 가진 전통적 영국 가옥에서 사는 모습과 일치한다.

최근 노동조합 가입이 줄어들기는 했지만, 약 26%의 영국 노동자들이 노동조합에 가입되어 있다. 노사관계는 서로 적대적인 경향이 있지만, 최근 노동조합은 파업이라는 무기를 사용하는 것을 덜 강조하고 있다.

영국인은 관리자의 가장 중요한 능력이 효율적인 회의 주재와 부하들과의 좋은 관계 유지라고 본다. 지시는 예의바른 요청의 형태로 내리는 것이 관례이다. 영국인의 자제와 결합되어, 이것은 양쪽 모두가 끊임없이 경계하는 먼 관계를 만들고 있다. 공정함은 관리 스타일에서 가장 중요한 중재자이다.

일반적으로 영국에서 회의는 일과의 중요한 부분이다. 업무 결정은 전형적으로 함께 내려지며 보통 회의를 해서 토론되고, 승인되고, 이행된다. 이들 회의는 일반적으로 비공식적이고, 사교적인 대화로 시작되고 끝나며, 개인들은 단지 질문의 형태만으로 라도 기여를 할 것으로 기대된다. 생각과 견해는 보통 독려되지만, 단체에 대한 그것의 가치는 그 말을 한 사람의 지위나 연배에 크게 의존한다.

평등주의자이자 개인주의자

호프스테드의 연구는 영국인들이 개인 사이에 단지 작은 권력 거리만을 용인하며 모든 사람이 평등한 권리를 가져야 한다고 믿는다는 사실을 지적했다 (Hofstede, 2001). GLOBE 연구는 영국이 전통 사회에서 1970년대 이후 개인이 장점을 기반으로 성공할 수 있는 자유로운 문화의 도전을 받는 사회로 이동함으로써, 상당한 문화적 변화를 거쳤음을 확인했다 (House et al., 2004). GLOBE 연구자들은 미래의 기업 리더들이 권위주의적 접근법을 사용해서가 아니라 에너지, 비전, 영감을 제공하는 방법으로써 성공할 것이라고 시사했다.

비록 호프스테드의 연구에서는 영국이 집단주의적이라기보다는 개인주의적인 것으로 나타나지만, 영국적 의미의 개인주의는 그 형태를 독창성과 경쟁에서 찾기보다는 별남과 불순응에서 찾는 경향이 있다. 또한, 영국인들은 집단적 합의에 의한 지지를 받을 수 있다는 사실을 알기 전까지는 어떤 태도를 취하는 것을 불편해 하고 꺼리는 경우가 많다. 집단 구성원 사이의 불화를 피하려는 노력은 가장 근본적인 의견 차이만 제외하고는 모두 얼버무려 넘긴다. 이런 이유로, 영국인들은 심지어 소비자로서도 거의 불평도 하지 않고 기업으로부터의 무관심한 취급을 받아들인다. 이러한 용인은 사회 계층의 차이를 반영하기도 한다. 만약 어떤 소비자가 실제로 불만을 제기했다면, 기업은 왜 소비자가 틀렸고 기업의 행위가 어떻게 정당화될 수 있는지에 대해 끈기 있게 설명을 늘어놓았을 것이다.

또한 영국인들은 보통 그들이 식별할 수 있는 단체로의 안정감 안에서 일하는 것을 선호한다. 자신의 일이 스스로에게 유용하고 다른 사람도 같은 목적을 성취하려고 노력한다는 것을 알 때 그들은 동기를 부여받는다. 영국에서 사회적 통제의 기반은 다른 대부분의 서구 국가처럼 사회적 규칙과 법을 위반하는 데 대한 개인의 감정에 호소함으로써 그들을 설득하는 것이다. 사실, 영국에서 이것이 특히 더 잘 통하는데 그 이유는 옳은 일을 하고 '자기편을 실망시키지 말기'라는 믿음의 강한 전통 때문이다.

대부분의 영국인들은 열심히 일하기, 교육, 야망, 능력, 인맥을 출세를 위한 수단으로 생각한다. 그러나 이런 요인들은 성공을 성취하기 위해 정기적 이직을 반드시 수반한다. 이것은 많은 조직에서 승진할 자리가 생기려면 상사가 승진하거나 이동하거나 사망할 때까지 기다려야 한다는 사실 때문이다.

여성은 영국 노동인구의 거의 50%를 차지하는데, 영국의 출산수당이 낮고 육아 지원이 거의 없음에도 불구하고 이 비율은 다른 유럽 국가들에 비해 매우 높다. 경제적 필요성이 여성을 노동 현장으로 내몰고 있다. 여성은 남성보다 급료가 낮고 많은 여성들이 기꺼이 임시직으로 일하기 때문에, 기업들은 흔쾌히 여성을 채용하고 있다. 이들의 상당수가 고위 관리직이나 기술직에 종사하고 있을 것이라고 기대하지 마라. 예를 들어, 정보기술 노동인구의 단지 20%만이 여성이다. 현대의 영국에서 여성들은 여전히 막강한 유리 천장의 존재를 느끼며 남성의 승진 가능성이 훨씬 높다. 그러나 현대 역사에서 영국의 가장 강한 지도자 중 한 명인 대처 전 총리는 전 세계에 '철의 여인'으로 알려진 여성이었다. 권위 있는 지위에 오른 여성은 존경받을 수 있고 실제로 존경을 요구한다. 사실, 영국에서 박사가 되기 위해 교육을 받는 사람은 여성이 남성보다 훨씬 많으며, 여성은 재정 이윤을 내는 데 있어서도 남성보다 나은 것으로 밝혀졌다. ("성별의 중요성[The Importance of Sex]," 2006). 그러나 영국통계청의 최근 정보는 2008년 이후 시작된 대침체(Great Recession) 동안 회사들이 규모를 줄이면서 여성들이 남성들보다 훨씬 더 빠른 속도로 정규직에서 실직하고 있다는 것을 시사한다. 주로 여성들이 차지했던 수천 개의 국가직도 없어지면서, 이러한 상황은 악화되고 있다.

왕실

존경에 대해 말하자면, 여왕만큼 존경을 받는 사람은 없다. 왕실, 특히 여왕 주위에는 마술적이고 신비한 자질이 있다. 전통에 얽매인 사회에서 기대되는 바와 같이, 가장 매혹적이거나 음울한 사건에는 왕실의 행차가 수반된다. 여왕의 대관식은 장식적인 화려함과 장관, 도유식(머리에 성유를 바르는 의식 - 역자 주)과 왕관 수여로 완성된다.

그러나 좀 더 최근에는, 스캔들 기사와 가십을 다룬 신문들이 여러 왕실 가족들의 점잖지 못한 행동으로 채워지고 있다. 이는 새로울 것도 없으며, 왕실의 전 역사에 걸쳐 (또는 어떤 가족이라도 그처럼 꾸준히 가차 없이 조사한다면), 완벽하지 못한 몇 가지 사례가 있어 왔다. 그러나 민주사회에서는 군주제의 필요성과 미래에 대해 끊임없는 의문 — 왕위가 계속 존속해야 하는가, 왕실이 세금을 납부해야 하는가 등의 의문이 제기되는 것도 이상할 것이 없다. 이러한 비난에 대한 답으로서 여왕은 역사, 전통, 문화, 국가적 자부심의 개념을 체화하고 있으며, 영국 인구의 1/3은 아직도 여왕을 알현하는 꿈을 꾸고 있다는 사실을 기억해야 할 것이다 (Michon, 1992). 그러나 왕족은 1992년부터 드디어 매년 세금을 납부하기 시작했으며, 이는 왕족과 일반 시민의 격차가 줄어들었음을 의미한다.

왕족과 군주제의 전통은 영국인들의 마음과 정신에 매우 소중하게 남아 있으며, 여왕과 그 존귀함은 대영제국이라는 빛나는 과거, 전 세계로부터 여왕과 그 국가에 바쳐지는 존경과 경외심, 미래에 대한 희망과 존엄을 끊임없이 되새겨준다. 1997년 다이애나 왕세자비(Princess Diana)의 너무 이른 죽음은 군주제의 인기를 강화했다. 그녀의 죽음 앞에 많은 영국인들은 평소보다 훨씬 더 감정을 표현했으며, 논평가들은 왜 영국인들이 '굳은 윗입술'을 기꺼이 누그러뜨렸는지 알아내려고 아직도 애쓰고 있다. 이러한 감정 표현은 아마도 이례적인 것이었다. 최근 찰스 왕세자의 결혼과 고 다이애나 왕세자비의 아들 윌리엄 왕세손과 케이트 미들턴의 결혼이 몰고 온 흥분, 그리고 이 젊은 커플이 해외 순방 때 받은 열렬한 환영은 아마도 군주제가 활력을 되찾고 있음을 시사할 것이다. 영국은 지구상의 다른 어떤 나라보다 장엄한 의식을 행한다. 영국 왕권이 21세기 식으로 재편되면서, 전 세계는 계속해서 모든 영국적인 것과 새로운 영국 왕위에 매혹당하고 있다.

결론적으로, 영국인들에 대한 우리의 논의는 그들의 지향이 확고부동하고 전통적인 경향이 있으며, 영국의 전통 가옥이 영국과 영국 국민을 이해하는 데 적절한 은유가 된다는 것을 말해준다. 2008년 브라운(Gordon Brown) 총리의 특별 지시로 작성된 앞으로 영국이 맞이할 전략적 도전을 평가하는 한 보고서는, 영국이 국민들의 기술과 재능을 잘 이용하고 국민에게 아동기부터 성인이 되기까지 세계화의 도전에 대면할 수 있는 기회를 제공한다면 영국은 성공 가능성이 매우 높다고 결론지었다. 세계 금융 위기의 여파, 즉 정부가 발의한 엄격한 지출 삭감, 특히 EU와 다른 경제권의 안정성을 위협하는 여러 유럽 국가의 채무 위기가 영국의 성공에 어느 정도의 영향을 미칠지는 두고 보아야 한다. 그러나 영국의 변화는 빠르게 오지 않으며, 그 변화는 아마도 전통적으로 선호되던 과거의 방식을 해치지 않을 것이다. 독특하게 영국적이고, 과거에 영국인들에게 큰 도움이 되었고, ― 수정을 통해서 ― 빠르게 변화하는 세계에 영국인들이 성공적으로 적응하는 데 도움이 될 일련의 문화적 가치들에 영국인들은 강하게 뭉쳐 있다.

05

미국의 미식축구

미국

경기가 끝나면 모든 선수들이
자신의 세계로 돌아가 자기만의
방식으로 자신의 삶을 산다.
이것이 **공통외 목표**를 달성하기 위해
차이를 일시적으로 잊은
다양한 사람들이 모인
멜팅팟(melting pot)의 핵심이다.

GLOBAL CULTURE

실로 경영이 점점 복잡해짐에 따라 기업 관리자들은 야구에 빗댄 표현을 쓰지 않게 되었다. 야구는 다른 어떤 스포츠보다 의외의 영웅이 탄생하기 쉬운 구조다. … 많은 기업 경영자들이 자신들의 게임을 미식축구에 더욱 가깝게 인식한다. 미식축구에 대한 이미지는 다양한 기술을 구사하는 선수들이 서로 의지하고 협력하여 한번에 10야드(약 9.1미터 - 역자주)씩 전진하여 넓은 구장을 가로질러 볼을 상대방 진영에 찍는 것이다.

— 카우프먼 (Jonathan Kaufman, 1999)

미식축구는 그야말로 폭발적이다. 볼이 센터의 다리사이로 쿼터백에게 전달되는 순간부터 22명의 선수들이 끊임없이 뛰어다니며 경기진행방식과 밀접하게 연관된 복잡한 지시를 수행한다. 어떤 말로도 그 미묘함을 정확하게 포착할 수 없다. 실제로 봐야 알 수 있다.

—『미식축구(*American Football*)』(2006: 95)

인생의 게임.

—『LA타임즈(Los Angeles Times)』 1면 머리기사 제목 (Goldstein, 2004)

규칙을 모르면 그저 덩치 큰 남자들이 뒤엉키며 달려가는 것만 보일 뿐이다.

— 폴 (Alan Paul, 2007)

야구는 우리의 과거. 미식축구는 우리의 현재.

— 맥그로리(Mary McGrory), 기자,
『십억불 게임(*The Billion Dollar Game*)』(Allen St. John,
2009, 서문)에 인용

기업 전문 작가와 석학은 미식축구(football, 미국식 축구, 대부분의 나라에서는 풋볼이 미식축구가 아닌 축구[soccer]

를 가리킨다)가 미국인과 기업의 행동을 이해하는 데 적절한 문화적 은유라는 것에 이견이 없을 것이다. 『포춘(*Fotrune*)』지 칼럼니스트 콜빈(Geoffrey Colvin)은 미식축구의 복잡한 규칙을 미국 경영자들과 시민들이 피하고 싶어 하는 복잡한 회계규칙과 법에 비유하여 2000년 이후 미국에서 일어난 수많은 기업 비리사건들을 분석했다 (Geoffrey Colvin, 2002). 이에 비하여 유럽축구 팬들은 규칙이 미식축구의 절반 밖에 안 되는 훨씬 단순한 경기를 즐기는데, 이 규칙들은 대부분 원칙 차원의 것으로 심판은 마치 유럽 기업에 일반 회계 준칙을 적용하듯 규칙을 적용한다. 따라서 콜빈이 기사에 "비리사건이 지겹다면? 미식축구를 탓하시오!(*Sick of Scandal? Blame Football!*)"라고 제목을 붙인 것은 적절하다 할 것이다. 콜빈은 2003년 "터치다운에 관해서는 제3규칙, 38항을 보시오(For Touchdown, See Rule 3, Sec. 38)"라는 제목의 후속기사를 통해 자신의 생각을 밝혔다.

> 우리 미국인들은 국민 오락이라는 개념을 좋아하므로, 국민 오락의 지위에 있던 야구를 위해 은퇴파티를 열자. … 미국의 진정한 오락이 NFL(National Football League, 미국 프로 미식축구 연맹 - 역자 주) 미식축구라는 것을 우리 모두 알고 있다. … 그 이유는 NFL 미식축구는 전 지구에서 가장 율법주의적이고, 규칙에 집착하며, 논쟁적이고, 분쟁이 끊이지 않는 오락이며, 이는 미국인들이 미식축구를 너무나 사랑한다는 뜻이다 (Colvin, 2003: 34).

본 장에서는 미식축구를 이해하지 못하면 미국문화와 미국인들의 기업경영 방식을 이해하기 어려울 것이라는 점을 증명할 것이다. 이와 유사한 주장을 한 사회 비평가 파글리아(Camille Paglia)

는 여성들에게 여성주의자 모임에 참석하느니 미식축구를 공부하라고 권했다 (Paglia, 1997). 시플렛(Dave Shiflett)은 미식축구가 "많은 부모들이 자식에게 바라는 바로 그 가치들을 구현하고 고취시키므로" 대통령 후보가 미국 젊은이들의 미식축구 관람을 의무화해야 한다고 주장함으로써 이러한 의견에 동의했다 (Shiflett, 2000).

미식축구가 미국에서 가장 인기 있는 스포츠라는 점에 대해서는 미국인 남녀 모두 동의하는 것으로 보인다. 미국 스포츠팬의 최소 68%, 여성 스포츠팬의 57%가 미식축구를 사랑한다 (Conty, M., 1999). 『이코노미스트(The Economist)』지는 "미식축구는 여론조사에서 TV시청률까지 어느 모로 보나 미국의 4대 스포츠 가운데 가장 인기 있는 종목이다"라고 말했다 ("리그에서[In a League]," 2006: 63). 슈퍼볼 선데이(Super Bowl Sunday 미식축구 결승전, 보통 2월 첫 주 일요일에 경기가 열리는 데서 유래 – 역자 주)는 크리스마스를 제치고 미국의 국민적 공휴일이 되었으며, 경기 당일에는 가족과 친구들이 모여 파티를 열고 양대 리그 NFC(National Football Conference, AFC와 함께 NFL의 두 협회 중 하나 – 역자 주)와 AFC(American Football Conference) 우승팀이 NFL 우승컵을 두고 벌이는 단판승부를 관람한다. 존(Allen St. John)은 인기를 모은 『십억불 게임: 슈퍼볼 선데이, 미국 스포츠 최고의 날의 뒷이야기(The Billion Dollar Game: Behind the Scenes of the Greatest Day in American Sport-Super Bowl Sunday)』에서 슈퍼볼 선데이의 중요성을 강조했다(St. John, 2009). 아내와 그 친구를 살해한 혐의로 법정에 선 O. J. 심슨(Orenthal James Simpson) 재판이 '세기의 재판'이라고 불린 데에는 그가 미식축구 영웅이었던 점이 크게 작용했다.

그러나 모든 미국인이 미식축구를 좋아하는 것은 아니다. 컬럼니스트 윌(George Will)은 미식축구가 미국인들의 삶에서 최악의 두 가지 단면인 폭력과 위원회 회의를 결합한 것이라고 선언했다 (Will, 2006). 또한 기자 쿡(Alistair Cooke)은 미식축구가 중세 전쟁과 체스의 교차점이라고 묘사했다 (Alistair Cooke, "결함 있는 미식축구[Punctured Football]," 1993).

이번 장에서는 다음 주제들을 통해 미식축구를 설명할 것이다. 테일게이트 파티(tailgate party, 미식축구 등 스포츠 경기장 주차장에서 왜건 등의 뒤판을 이용해서 하는 작은 파티 - 역자 주), 사전공연과 중간공연, 전략과 전쟁, 선발, 훈련캠프, 복잡한 플레이북(팀의 공수 포메이션을 수록한 책 - 역자 주), 집단 내에서 개인의 특별한 성취, 공격, 고위험, 예상치 못한 결과, 허들링, 미식축구 교회와 완벽에 대한 예찬이 그 주제들이다.

테일게이트 파티

프로 미식축구 게임은 미국만의 독특한 현상인 테일게이트 파티로 시작된다. 모든 팬들은 야외 파티 준비를 완벽히 해서 주차장에 모이고 어떤 팬들은 경기를 보려고 수백 마일을 달려오기도 한다. 이들은 바비큐 그릴, 음식, 맥주, 소다음료를 재빨리 펼친다. 친구들끼리 모이기는 하지만 근처의 다른 팬들과도 기꺼이 음식을 나눠 먹고 홈팀과 상대팀에 대한 생각을 나눈다. 파티가 끝나면 거의 대부분의 사람들이 경기장으로 들어갈 준비를 한다. 그러나 모두 그런 것은 아니다. 날씨가 추우면 종종 일부 팬들은 집에서 경기를 볼 수도 있는데도, 주차장에 세워둔 난방이 잘 되는 밴에서 텔레비전으로 경기를 본다. 이는 아마 경기를 더 잘 볼 수 있기 때문일 것이다.

텍사스 등의 주에서 고교 미식축구는 말 그대로 인생의 게임이다. 작은 마을이나 소도시 시민들은 끊임없이, 때때로 뭔가에 홀린 것처럼 경기가 열리기 몇 날, 몇 주 전부터 경기에 대해 얘기한다. 2005년 텍사스주 캔톤시의 한 남성은 아들이 다니는 학교의 미식축구팀 코치 킨네(Gary Joe Kinne)가 아들을 팀에서 제명했다는 이유로 그에게 심각한 외상을 입혔다. 몇 년 전에는 텍사스의 한 여성이 딸이 속한 치어리딩팀의 중요 자리를 놓고 딸과 경쟁하는 소녀를 살해할 계획을 세운 일도 있었다. 그러나 이런 일은 드물게 일어난다. 대부분의 시민들은 아들이 경기에서 전진하기를 바라고, 또 정성들여 준비한 테일게이트 파티에 참석하기를 고대한다.

대학에서는 테일게이트 파티에 사회적 기능이 더해진다. 예를 들어 미시간 대학교 테일게이트 파티에는 그 대학교에 다니지는 않았지만 동질감을 가진 팬들이 미시간 대학교 미식축구팀의 "푸르게 파이팅"라는 구호에 걸맞는 푸른색 옷을 입고 참석한다. 할아버지, 할머니부터 다섯 살배기 손자, 손녀까지 온 가족이 푸른색 옷을 입고 테일게이트 파티에 참석하기도 하고, 온통 푸른색으로 칠한 차를 볼 수도 있다. 주차장 한 쪽에 '1980년 졸업생' 등 동문전용 공간이 마련되는 경우도 종종 있는데, 이러한 모임에서는 우정을 다질 뿐만 아니라 학교 기부금을 독려하기도 한다.

경기가 끝나면 모든 팬들이 서둘러 주차장을 빠져나간다. 이들은 조심해서 운전한다. 하지만 테일게이트 파티에서 처음 만나 친해진 다른 운전자 앞으로 끼어들지 않을 정도는 아니다. 특히 응원하던 팀이 패하면 머릿속에서 모든 즐거움이 사라진다. 팬들은 다른 운전자를 가로 막고서라도 앞서 가는 것이 강력한 문화적 가치인 미국인들의 정상적 삶의 속도로 되돌아간다.

식전공연과 중간공연

경기장에서는 식전공연과 중간공연이 펼쳐진다. 식전공연에서는 300명이 넘는 참가자 모두가 손에 깃발을 들고 환한 미소를 지으며 작은 동작까지도 일사불란하게 움직인다. 춤추는 댄서들의 반짝거리는 옷 위로 태양이 비추고 바람이 불면 북소리에 맞춰 깃발이 춤을 춘다. 프로 미식축구 역사상 가장 성공적인 팀 가운데 하나인 뉴잉글랜드 패트리어츠(New England Patriots)가 홈경기를 하는 실외경기장 위로는 맑은 하늘이 펼쳐지고 저 멀리 신년 축하 비행선이 떠있다. 날씨가 춥고 눈도 오기 시작했지만 팬들은 모든 것에 거의 자동적으로 반응할 만큼 열광적이다. 팬들이 치어리더를 응원한다! 팬들이 아나운서와 다른 팬들을 응원한다! 심지어 맥주장사까지 응원한다! 이들은 전념을 다해 이 일요일 오후의 즐거운 시간을 만끽한다.

관중은 모두 똑같아 보인다. 팬들은 같은 색 옷을 입고 같은 팀을 응원하며 같은 결과를 바란다. 그러나 팬들은 흥청망청한 주말오락에 자신만의 방식으로 색깔을 덧입힌다. 어떤 남성은 자신이 응원하는 팀의 색깔로 얼굴을 모두 칠했다. 앞자리의 젊은 남성은 코치에게 불만을 표시하는 재치 있는 문구가 쓰인 큰 현수막을 들고 있다. 모두들 뭔가를 먹고 있지만 그렇다고 딱히 먹는 데 집중하는 사람은 아무도 없다. 이들은 다른 무언가에 신경을 모은 채 그냥 뭔가를 계속 집어 먹는 것이다.

운동장 한쪽에 모인 치어리더들은 안무에 맞춰 더욱 힘차게 춤을 추기 시작한다. 갑자기 몸이 흔들릴 정도로 음악소리가 커진다. 경기장에서 폭탄, 말 그대로 폭탄이 터지면 관중들은 우레와 같은 함성을 지른다. 경기장을 가득 메운 연기 때문에 가운데가 보이지 않는다. 연기가 걷히자 50야드 지점 연단 위에 자동차 한 대가 보인다. 경기장 한복판에 자동차가 서있는 것이다. 연기가 걷히면 댄서와 모델로 둘러싸인 넓은 연단 위, 화려하게 꾸며진 혼다 자동차가 눈에 들어온다. 혼다 광고음악이 경기장 스피커를 통해 흘러나오면 관중들이 노래를 따라 부르고 아나운서는 혼다가 이번 주 경기의 주요 스폰서라고 자랑스럽게 선언한다. 아나운서의 소개와 함께 단단하게 생긴 혼다 시빅이 경기장을 가로질러 나가면 경쾌한 스텝을 밟으며 신나게 춤을 추고 있던 댄서들이 그 뒤를 따라 나간다.

그리고 나면 분위기가 엄숙해진다. 국방색 옷을 입은 주(州) 방위군이 미국 국기를 들고 경기장 가운데로 행진하여 그 중 한 명이 국가를 부르면 다른 방위군들이 연주를 하고, 경의의 표시로 자리에서 일어난 많은 관중들이 국가를 따라 부른다. 전쟁시에는 이 조용한 경외의 시간을 통해 에너지를 재충전했다. 팬들은 이 분위기가 흐트러지는 것을 좋아하지 않는다. 예를 들어 슈퍼볼에서는 인기가수들이 자신만의 해석으로 국가를 부르는데, 이들이 경외, 존경, 명예 등 국가를 통해 드러내야 마땅한 가치들을 존중하지 않았다며 노골적인 비판을 공공연하게 받는 경우가 종종 있다.

경기 중의 휴식 시간에는 패트리어츠의 악단이 경기장에서 지휘자의 지휘에 맞춰 힘차고 복잡한 일련의 동작들을 선보이며 주제곡을 연주한다. 팀 깃발을 흔드는 사람, 치어리더, 지팡이 묘기자 등이 밴드와 함께 한다. 후반전이 시작되면 홈팀 관중들은 다시 그들의 팀을 응원할 준비를 한다.

커피타임이나 뛰어난 성과 또는 오랜 근속에 대한 축하와 포상 등, 일터에서의 짧은 휴식과도 같은 중간 공연이 끝난다. 이제 다시 한 번 진지하게 경기장으로 뛰어나갈 시간이다.

전략과 전쟁

스폰서가 소개되고 나서야(절대 그 전에는 아님) 실제 미식축구 경기용 무대가 마련된다. 미국사회의 많은 중심적 가치를 반영하는 미식축구는 공동체의 중요한 요소로 서서히 자리잡았다. 미국에서 미식축구는 스포츠일 뿐만 아니라 공통된 믿음과 이상의 집합체이다. 실로 미식축구는 하나의 역동적인 사회가 공유하는 집단적 의식과 가치의 조합이라 할 것이다. 빠른 속도와 끊임없는 움직임, 고도의 전문화, 일관된 공격성, 특히 프로 미식축구에서의 강도 높은 경쟁은 모두 미국 문화의 전형을 보여준다.

미식축구와 전쟁, 미국 기업의 근본 요소는 전략이다. 폴란드

태생으로 미국에 귀화하여 카터(Jimmy Carter) 전 대통령의 국가안보좌관까지 역임한 브레진스키(Zbigniew Brzezinski)는 미식축구에서 선수들의 역할을 전쟁과 전략 차원에서 정의한 후에야 미식축구에 대해 이해할 수 있었다 (Brzezinski, 2000). 미식축구에는 우선 정교하게 지은 특별 관람석에 특별 손님들을 초대하는 구단주가 있다. 구단주는 악랄한 독재자일 수도 있고, 다른 세상 사람 같은 군주일 수도 있으며, 또 다른 유형일 수도 있다. 최고지휘자인 코치는 팀의 전략을 책임지고 모든 활동을 감독하는 CEO나 장군에 해당한다. 수석코치는 방어, 패스 등 전문 분야를 가진 9~10명의 부코치의 도움을 받는다. 그 밖에 다른 코치들은 경기장 높은 곳에 앉아서 경기를 관찰하며 눈에 띄는 내용을 전자 장비를 통해 수석코치에게 전달한다. 수석코치는 쿼터백(quarterback, 공격팀의 리더로 센터로부터 볼을 받아 플레이를 시작함 – 역자 주)과 공격팀이 수행할 공격내용의 대부분을 지시한다. 다음으로 쿼터백은 전술차원의 최종결정을 하는 야전사령관이다. 마지막으로 홈팀 관중은 상대팀의 사기를 꺾고 자신이 응원하는 팀에 기운을 불어넣는 핵심역할을 한다.

미식축구는 바둑보다 체스에 가깝다. 체스와 마찬가지로 미식축구의 목표는 적 또는 상대팀을 완전히 무너뜨리는 것이다. 체스가 판에 있는 상대편의 말을 모조리 제거하는 것으로 끝나듯, 미식축구에서도 승자가 축하세례를 받는 사이 패자는 빠른 속도로 기억에서 지워진다. 반면 바둑의 목표는 상대를 무력화하여 영역을 조금이라도 더 차지하는 것이다. 그러나 승자가 언젠가 패자의 도움을 필요로 할 수도 있고, 패자가 폐허에서 일어나 승자에게 다시 맞설 수도 있는 만큼 영원한 적을 만들지 않는 것이 최상으로 간주되기 때문에 패자의 체면과 존엄성을 지키는 것도 중요하다. 그래서 무력화된 상대편도 바둑판의 일부 영역을 차지한다. 그러나 미식축구에서는 패자의 체면은 거의 고려되지 않는다.

기업은 다른 기업이 대응하기 어려운 새로운 비즈니스 모델을 만들기까지 몇 년씩 걸릴 때가 종종 있다. 효율적인 공급망을 통해 3~5%의 비용을 절감한 월마트(War Mart)나 1970년대 원자재·저이익 상품에서 차별화된 고마진 상품으로 주력상품을 바꾼 제너럴일렉트릭(General Electric)이 그 예다. 미식축구에도 버팔로 빌스(Buffalo Bills, AFC동부지구 소속 미식축구 팀 - 역자 주)가 개척한 노허들 오펜스(no-huddle offense, 작전회의인 허들을 생략하고 곧바로 공격하는 것 - 역자 주), 워싱턴 레드스킨스(Washington Redskins, NFC동부지구 소속 미식축구 팀 - 역자 주)가 개척한 원-백 오펜스(one-back offense, 다른 러닝백은 리시버 역할을 수행)(볼을 들고 뛰는 것이 주 임무인 러닝백을 한 명만 두고 하는 공격 - 역자 주) 등 여러 비즈니스 모델이 있다.

10년간 샌프란시스코 포티나이너스(San Francisco 49ers, NFC 서부지구 소속 - 역자 주)의 수석코치를 역임한 월시(Bill Walsh)는 가장 성공적인 전략 중 하나로 쿼터백이 짧은 패스를 여러 번 하는 전략을 만들어 냈는데, 이때 쿼터백이 잡힐 가능성은 높지만 공을 뺏길 가능성은 낮다. 또한 월시와 다른 코치들은 쿼터백의 부상율이 심각하게 높은 데 반해 쿼터백 포지션에 적합한 선수를 찾기가 어렵다는 데에서 쿼터백을 더욱 강력하게 보호해야 할 필요성을 느꼈다. 곧 쿼터백의 사각지대를 보호하는 레프트태클(left tackle)의 위상과 연봉이 인상되었고, 일반적으로 팀에서 연봉이 가장 높은 쿼터백보다 연봉이 더 높은 경우까지 생겼다 (M. Lewis, 2006 참고). 이러한 접근은 성과가 보상과 직결되는 미국의 기업문화와 일맥상통한다.

선발, 훈련캠프, 플레이북

자리에 적합한 사람을 선발해서 회사의 기대에 부응하도록 훈련시키는 것이 기업의 성공을 담보하는 최고의 방법이라는 말이 있다. 기업은 직원 선발과 훈련에 막대한 자원을 투입한다. 예를 들어 미국 기업은 미국의 모든 경영대학원(business school)을 합한 것보다 많은 금액을 직원 훈련과 교육에 쓴다. 선발과 훈련을 강조하는 것은 프로미식축구팀에도 나타난다. 선수 선발팀은 전국, 전 세계를 돌며 대학선수, 준(準)프로선수, 심지어 고등학교선수까지 평가한다. NFL드래프트(신입선수 선발제도 – 역자 주)를 통해 이전 시즌의 기록이 가장 낮은 팀부터 순서대로 선수를 뽑는다. 각 팀의 코칭스태프는 드래프트에서 팀의 필요와 전략을 고려하여 모든 선수를 충분히 평가하고 그에 따라 신입선수를 선발한다.

선발된 선수들은 각 팀의 하계캠프에 참가하여 플레이북에 나오는 수없이 많은 복잡한 플레이들을 연마한다. 각 11명으로 구성된 공격팀, 수비팀 이외에 스페셜팀에는 매우 특화된 역할을 담당하는 선수들이 선발된다. 예를 들어 필드골(field goal, 골포스트에 볼을 차서 넣는 것 – 역자 주)만을 담당하는 선수가 스페셜

팀에 속하게 된다. 경기장 길이는 총 100야드(약 91.4미터 - 역자 주)이고, 첫 번째 킥오프(kickoff, 수비팀이 볼을 차는 것 - 역자 주) 후 공격팀은 네 번의 공격기회를 가지며, 네 번 안에 10야드를 전진함으로써 첫 공격을 성공하면 다시 네 번의 공격기회를 얻을 수 있다. 필드골에는 3점이 주어지며, 필드골은 공격팀이 네 번째 공격 기회에서 6점을 얻을 수 있는 터치다운(touchdown, 상대편의 엔드존에 볼을 가져다 놓는 것 - 역자 주) 가능성이 낮을 때가 아니면 시도되지 않는다. 터치다운 후에 킥을 성공하면 1점, 다시 터치다운을 하면 2점을 얻을 수 있다.

모든 선수가 전문가이며, 특정한 플레이를 하는 동안 특정한 동작을 책임지고 수행한다. 이러한 플레이는 복잡하기도 하거니와 200가지가 넘기도 한다. 코치마다 각각의 플레이가 상세히 설명된 플레이북을 가지고 있으며, 선수들은 하계캠프 동안 이 플레이들을 완벽하게 익혀야 한다. 간혹 플레이가 너무 복잡하고 종류가 많아서 헷갈리고 기억하기 힘들다고 불평하는 선수도 있다. 그러나 팀의 성공을 위해서는 모든 선수가 게임의 복잡한 규칙은 물론, 소속팀의 복잡한 플레이를 반드시 알아야만 한다.

팀 구조 내 개인의 특화된 성취

호프스테드(Geert Hofstede)를 비롯한 일부 연구자들에 따르면, 개인의 필요와 흥미를 파악하고 그에 따라 결정을 내리는 개인주의의 차원에서 미국은 다른 모든 나라를 능가한다. 동일한 기준으로 정반대에 위치하는 것은 집단 혹은 집단의 욕구와 개인을 동일시하는 집단주의이다. 그러나 미국이 개인주의적이라는 인식은 부분적으로만 옳다. 미국인들 역시 집단 지향적이며, 집단이나 네트워크에 소속되고 동일시하는 것이 거의 모든 삶의 영역에서 성공에 필수적이다. 그러나 집단 구조 내에서는 특화가 높이 평가되며, 모든 이들이 최종 제품이나 서비스에 가치를 더하라는 기대를 받는다 (Hofstede, 2001).

경영학부 및 경영학 석사(MBA) 학위가 미국에서 시작된 것도 우연이 아니다. 미국의 경영대학원은 1990년대 초 인문학, 종교 같은 과목을 강조하던 당시의 지배적인 비경영지향 모델을 버리고 재무, 회계, 마케팅 같은 기능적 분야를 특화했다.

집단에의 소속을 강조한다는 것이 모든 사람이 동일한 보상을 받는다는 것을 의미하지는 않는다. 특별한 기능을 수행하는 쿼터백과 쿼터백을 보호하는 레프트태클 같은 선수들은 다른 선수들보다 상당히 큰 보상을 받는다. 마찬가지로 다른 나라 기업들과 비교할 때 미국 기업들의 보상은 더욱 불균등하며, 일부 CEO의 연봉은 자신이 일하는 기업의 평균 연봉의 500배에서 600배에 이르기도 한다. 이러한 격차는 연봉 차이가 30배 정도였던 1960년대 이후 빠르게 벌어졌다. 미국인들은 결과의 평등이 아니라 기회의 평등을 믿는다. 미국, 독일, 프랑스, 영국, 이탈리아를 비교한 연구에 따르면 미국은 정부의 역할은 아무도 굶주리지 않게 보장하는 것이라는 데 동의하는 비율이 낮고, 정부의 역할은 목표 추구를 위한 자유를(두 곳 모두) 보장하는 것이라고 생각하는 비율이 높았다 (Parker, 2003). 미국의 이상은 삶, 자유, 행복의 추구이다. 기업이나 팀이 성공을 거두면 모든 이가 금전적 보상을 받긴 받지만, 미식축구에서와 마찬가지로 모든 선수에 대한 보상 수준이 동일하지는 않다.

그러나 각국의 소득 상위 25% 집단 중 대졸자를 대상으로 최근 실시된 조사에서, 최소한 이 소집단 내에서는 미묘한 변화가 나타났다. 프리드먼(Milton Friedman)의 "기업의 사회적 책임은 이윤을 늘리는 것이다"라는 유명한 주장에 동의하는지 여부를 묻는 조사에서 미국은 22개국 중 9위에 머물렀다 ("프리드먼 여행하다[Milton Friedman Goes on Tour]," 2011: 63). 동의율이 가장 높은 나라는 사우디아라비아(84%)였으며, 인도, 한국, 스웨덴, 인도네시아, 멕시코가 그 뒤를 이었다. 전형적인 시장가격문화(market-pricing culture)에 속하는 미국과 영국에서는 겨우 각각 56%, 43%의 응답자만이 프리드먼의 주장에 동의했다.

미국에는 호레이셔 앨저 신화(Horatio Alger myth, 19세기 미국작가 호레이셔 앨저의 작품에 나타나는 보잘것없는 인물의 자수성가 이야기 – 역자 주)에 대한 믿음, 즉 개인은 스스로의 노력을 통해 가난에서 벗어나 CEO나 대통령이 될 수 있다는 믿음이 여전히 존재한다. 많은 미식축구 선수들이 믿기 어려운 수준의 뛰어난 기술과 능력을 통해 성공을 일구는 미식축구는 이러한 믿음을 더욱 공고히 해준다. 그러나 역설적이게도 『이코노미스트』 특별 보고서는 1970년 이후 미국에서 사회적 하위계층에서 상위계층으로의 이동이 유럽보다 어려워졌다는 많은 증거를 제시했다("가장 높은 사회[Ever Higher Society]," 2004). 경제협력개발기구(OECD: Organisation of Economic Co-operation and Development)가 2008년 발간한 선진 20개국의 경제 불평등도

조사에서 미국은 가장 불평등한 국가로 나타났다.

미식축구는 집단 스포츠지만 영광과 축하는 개인에게 돌아간다. 미식축구의 개인주의는 다른 어떤 스포츠에서보다 강할 것이다. 중요한 미식축구 트로피는 모두 미식축구에 기여한 인물의 이름을 딴 것이다. 하이즈먼(Heisman) 트로피, 빈스 롬바르디(Vince Lombardi) 슈퍼볼 트로피 등이 그것이다. 앞서 말했듯 모든 선수에게는 각자의 역할이 있다. 플레이의 성공 여부는 선수들 모두의 기량에 달려 있지만, 그 모두를 뛰어넘는 비상한 노력을 기울이는 선수가 종종 있다. 이 걸출한 선수로 인해 플레이가 가능해진다고 여겨지며, 그에 따른 포상은 대부분 그 선수에게 돌아간다. 그러나 분명 성공에는 팀의 조정능력과 노력도 필요하므로 그 선수가 모든 포상을 독차지하는 일은 거의 없다. 다른 선수들, 때때로 전체 팀이 후한 칭찬을 받기도 한다. 이는 실제로 팀의 구조 내에서 개인주의가 드러나는 것이라 할 것이다.

뉴잉글랜드 패트리어츠는 팀 구조 내에 융화된 개인주의가 다른 팀보다 잘 드러나는 팀이다. 패트리어츠 선수들은 개인적인 사진 촬영에는 응하지 않지만 단체사진 촬영에는 응한다. 기업에서 비슷한 예는 버크셔 해서웨이(Berkshire-Hathaway) 계열사로서 큰 성공을 거두고 있는 가이코 보험(GEICO Insurance Company)의 CEO 니슬리(Tony Nicely)로, 그의 행동 방식도 이와 비슷하다. 그가 받는 존경은 버크셔 해서웨이의 전설적인 창업자 워렌 버핏(Warren Buffett)이 공개적으로 그를 주주의 희망이라고 칭찬한 데서 알 수 있다 ("후계자 후보[Potential Heirs]," 2011).

극단적인 특화

프로 미식축구팀은 고도로 특화된 대규모 인력을 거느린 부서들로 이루어진 수백 만 달러짜리 기업과도 같다. 미식축구 '조직'의 각 구성원에게는 매우 전문적인 과제가 부여된다. 각 선수단(squad)에는 코치가 한 명 또는 여러 명 있고, 정해진 임무를 수행하는 의료진, 훈련지도자, 심리치료사, 통계전문가, 기술지도자, 의상전문가, 마케팅전문가, 복지담당자가 있다. 심지어 경기 내내 코치 대신 코치의 헤드폰 줄을 들고 다니는 직원까지 있다! 프로 미식축구는 특화의 전형적인 예이다. 미식축구의 플레이는 복잡하고 정밀하게 수행되는 경기규칙이고, 선수들의 동작과 작은 움직임은 높은 수준의 신체적 완성에 도달하는 것을 목표로 하며, 전반적으로 NFL은 미국인들이 마음속에 품은 완전무결한 최적의 것으로 이익, 명성, 영광 이 모든 것을 구현한다.

심지어 장비마저도 세계의 어떤 다른 운동보다 매우 전문화되어 있다. 이와 비슷하게 마치 모든 미국인들은 무언가를 위한 도구를 적어도 하나쯤은 가지고 있는 것 같기도 하다. 미식축구 선수를 보라! 선수들은 몸을 보호하기 위해 헬멧을 쓰고, 어깨와 목 덮개, 정강이 보호대, 발목 덮개, 허벅지 보호대를 착용한다. 또 비접착식 정전기 방지 테이프를 손목과 손가락에 감아 힘을 보강한다. 그리고 인조잔디에서는 최신식 우주비행용 고무소재 신발을 신고 풀밭에서는 징이 고르게 박힌 섬유충전 신발을 착용한다. 포지션에 따라 장비도 다르다. 리시버(receiver, 패스를 받는 것이 주 임무인 수비팀 포지션 – 역자 주)는 볼을 잡기 위해 손잡이가 달린 합성장갑을 사용하고, 라인배커(linebacker, 쿼터백과 러닝백에 대한 태클이 주 임무인 수비팀 포지션 – 역자 주)는 안전색유리로 만든 얼굴 보호대를 사용해서 눈부심을 방지하며, 코너백(cornerback, 리시버를 마크하여 패스를 차단하는 것이 주 임무인 수비팀 포지션 – 역자 주)은 속도를 최대로 내기 위해 초경량 강화 플라스틱 등 보호대를 사용한다. 심지어 코치들도 특수장비를 사용한다. 코치들은 통계전문가 및 높은 곳에서 경기를 관찰하는 부코치들과 의사소통을 위해 민감도가 높은 셀방식 장비를 사용한다.

하나의 미식축구팀 내에서 '가족'이란 하나의 '선수단'을 구성하는 여러 선수집단을 말한다. 각 선수단은 비슷한 태도와 특성을 가진 선수들의 집단을 포함하는 하나의 가족이다. 각각의 선수는 주로 그가 속한 선수단과 연관성을 가진다. 앞서 말했듯 각 팀마다 세 개의 선수단이 있으며, 각 선수단은 고유의 특징과 가치를 지닌다. 수비단이 대개 가장 공격적이고 거칠며, 공격단에는 이목이 집중되는 고액연봉의 선수들이 포함되고, 특수단은 특출한 플레이와 격렬함이 특징이다. 선수들은 자신이 속한 선수단의 문화에 동화되기 위해 선수단을 '돼지들'이라는 별명으로 부를 정도로 애쓴다.

미식축구의 규칙과 규정은 시즌마다 끊임없이 바뀌지만 기본 가치와 이상은 오랜 기간에 걸쳐 매우 느리게 변화되었다. 미국 사회는 혁신과 수정을 장려하고 추구하지만 가치와 이상에 대해서는 이야기가 다르다. 미식축구의 가치처럼 미국의 가치도 서서히 발전해 왔으며 지난 200년 동안 급격한 변화는 거의 일어나지 않았다. 작고한 월시를 비롯해 혁신적 전략을 만들어낸 코치들은 마이크로소프트 창업자 빌 게이츠(Bill Gates)나 투자가인 워렌 버핏 같은 기업가나 CEO처럼 존경받는다. 기회의 평등, 독립, 진취성, 자존과 같은 가치들은 미국 역사를 통해 전해 내려오는 미국의 기본적인 이상들이다. 이 모든 가치에 팀 구조 내에서 발현되는 특화된 개인주의가 드러난다.

목표로서의 경쟁

본 논의에서 암시되듯 미국사회에서 경쟁이란 목적 달성을 위한 수단 그 이상의 것인 듯하며, 명백하게 그 자체로 주요 목표가 되었다. 프로 미식축구의 규칙과 규정의 절반 이상이 리그에서의 경쟁 보호와 촉진에 관한 것인데, 이와 마찬가지로 미국의 반독점법과 규제는 기본적으로 개인과 집단의 경쟁과 기회의 평등을 보호하기 위해 제정된 것이다. 미국의 이상과 가치의 기원은 유럽으로부터의 이민행렬로 거슬러 올라간다. 다양한 배경을 가진 이민자들은 때때로 격렬한 갈등을 겪어야 했다. 이민 초기에는 서로 간에 적개심이 강했지만, 이민사들은 진쟁과 학살에 지친 사람들이었으므로 이러한 감정이 폭력을 통해 표출되지는 않았다. 그보다는 이러한 감정이 경쟁과 특화, 분업을 통해 발현되었다.

미국의 지리적 공간도 북동부는 제조업, 중서부는 농업, 서부는 목축업 등으로 생산특화가 이루어져 있다. 같은 농업지역 내에서도 심화된 특화가 나타난다. 아이다호 같이 매우 비옥한 지역은 덜 비옥한 (하지만 인구는 더 많은) 남부지역에서 생산되지 않는 곡물들을 생산한다. 고도로 특화된 독특한 이민자 정착지역들은 여전히 경제적으로 서로 경쟁하기도 했지만, 비교우위의 법칙에 따라 생산력을 높일 수 있는 특정 분야로 노력을 집중하게 되었다.

이에 따라 이민공동체들은 신교와 구교, 폴란드인과 유대인, 영국인과 아일랜드인, 독일인과 덴마크인 간에 해묵은 갈등을 해소하기 위한 새로운 종류의 전쟁에 돌입했다. 곳곳에서 경쟁이 일어났으며, 중세의 전쟁은 새로운 무기를 들고 새로운 전리품을 향해 미국에서 새로이 치러졌다. 공동체마다 더 큰 댐, 더 큰 조각상, 더 많은 곡물생산량, 더 큰 부를 통해 자신들의 우월함을 증명해야 할 의무가 있다고 믿곤 했다. 그 경쟁의 유산은 미국사회에서 오늘날에도 큰 영향력을 발휘하지만, 자제력도 함께 커졌다.

유럽계 이민자들은 각자가 독특하고 서로 닮은 점도 없지만 공통적으로 권위에 대한 깊은 회의감을 가지고 있다. 이들은 개인과 집단 모두에 있어 권위란 경쟁을 방해하고 특화를 가로막는 것이라고 생각한다. 이들이 애초에 유럽을 떠난 주요한 이유가 부패한 압제권력 또는 압제정부인 것이다. 미국에서 견제와 균형 제도가 발전하게 된 것은 경제를 통제하거나, 종교를 강요하거나, 정치를 지배할 수도 있는 통치자로부터 국민을 보호하기 위해서였다.

마찬가지로 NFL도 경기 진행 중에 견제와 균형의 원리를 따른다. 심판진은 둘로 나뉘는데, 한 심판진은 운동장에서 호루라기와 깃발을 들고 심판을 보고 또 다른 심판진은 녹화장비와 컬러 TV를 갖춘 별도의 부스에서 경기를 검토한다. 심판 결정에 불만을 가진 팀이 항소를 하면, 검토심판은 녹화된 비디오를 검토하여 최종 판정을 내린다.

기술과 도구

기술발전은 경쟁적 특화의 촉매제 역할을 한다. 미국처럼 자본주의가 발달한 나라에서 요구되는 효율적인 경쟁적 특화에서 기술은 필수요소다. 기술발전은 NFL에서도 핵심역할을 수행한다. 프로 미식축구 선수가 사용하는 운동기구, 이들의 움직임을 쫓는 카메라와 위성, 이들이 착용하는 특수 장비는 경기결과에 큰 영향을 미치며, 도구와 기계에 매료되는 미국인들의 성향을 보여준다고도 할 수 있다.

미국인들이 도구에 끌리는 이유는 간단하다. 미국은 역사적으로 노동력이 부족하고 천연자원이 풍부했다. 미국인들은 풍부한 천연자원을 활용하기 위해 비숙련 노동력을 기계와 장비로 대체해야 했다. 1800년대 후반 고도로 기계화된 산업의 성공은 미국인들이 기술개발을 계속하도록 하는 데 영향을 미쳤다. 미국인들에게 기술이 성장과 성공을 촉진한다는 것은 경험적으로 검증된 사실이며, 기계에 대한 의존은 특허발명이 늘어남에 따라 더욱 강해졌다. 실리콘밸리의 지속적인 성공과 첨단기술 산업의 발전은 기술에 대한 집중을 잘 보여주는 예이다.

미국인들은 일반적으로 넓은 범위의 친척이나 가족으로부터 크게 영향받지 않으며, 활동과 동질감의 단위는 핵가족이다. 여러 가지 측면에서 미국가족은 앞서 언급된 세 가지 미식축구 선수단과 같다고 할 수 있다. 미식축구 선수는 주로 자신이 속한 선수단과 유대감을 가지며 팀에 대한 소속감은 부차적일 뿐이다. 마찬가지로 미국인들과 사회를 연결하는 통로는 핵가족이지 친족집단이 아니다. 미국인들은 일반적으로 어릴 때부터 주로 자신과 부모로 이루어진 가족 간에 유대감을 가지도록 교육받는데, 이러한 가르침은 핵가족을 삶의 기본요소라고 여기는 부모를 통해 습득된다. 일반적으로 미국인들은 자녀에게 독립성과 자주성, 진취성을 장려한다. 아이들은 자라면서 일정한 단계와 절차를 따르면 누구나 부유하고, 건강하고, 행복하고, 충만한 삶을 살 수 있다는 믿음을 가지게 된다. 자식들의 성공을 위해 기꺼이 도움을 주고자 하는 부모들은 아이들의 정신과 마음에 미국의 평등주의를 심어주고 강조한다. 그 결과 성인이 된 아이들은 성공(부, 건강, 행복)은 개인의 책임과 의무라고 믿게 된다. 미국 사회는 종종 가난하거나, 건강하지 않거나, 행복하지 않은 사람들은 주어진 기회를 활용하지 못한 것으로 간주한다.

앞서 언급했듯, 미국인들은 평등을 믿지만 기회의 평등만을 믿고, 개인의 성공과 실패는 고스란히 개인의 몫이라고 믿는다(Stewart & Bennett 참고, 1991). 많은 미국인들이 빈곤과 불운은 스스로 초래하는 것이라고 생각한다. 그래서 미국은 실직자에 대한 보장범위가 다른 선진국들에 비해 훨씬 좁다. 『비즈니스 위크(*Business Week*)』지에 따르면 미국은 실업 첫 해에 기존의 보수를 실업급여와 국가수당으로 대체해주는 비율이 다른 나라에 비해 현저히 낮다 ("실업급여[Jobless Pay]," 2010). 각국의 임금 대체율은 노르웨이 72%, 스페인 69%, 프랑스 67%, 캐나다 52%, 터키 46%, 일본 45%, 한국 31%, 영국 28%, 미국 28%로 나타났다. 스튜어트(Edward C. Stewart)와 베네트(Milton J. Bennett)는 본인 능력 밖의 일을 포함하여 모든 행동을 개인의 책임으로 돌리는 것은 일반 미국인들의 삶을 고달프게 하며, 이에 따라 미국인들은 끊임없이 자족을 위해 신경을 곤두세워야 한다고 지적했다 (Stewart, Bennett, 1991).

미국인들은 과거가 아닌 현재의 성취를 존중하며, 이렇게 볼 때 미국인들의 성격은 끊임없이 변화하고 진화하는 경향이 있다고 할 수 있다. 접전이 벌어지는 미식축구 경기에서 텔레비전 해설자는 먼저 큰 점수 차로 상대를 따돌리는 팀을 칭찬하다가도 다른 팀이 점수 차를 따라잡고 역전을 하면 언제 그랬냐는 듯 곧바로 태도를 바꾼다. 이를 보면 해설자들은 마치 최종 점수를 예측하고, 승리한 팀을 무조건적으로 칭찬하고 패한 팀에는 무시하거나 심지어 비난을 퍼부어서 승리한 팀을 공개적으로 지지하려고 하는 것만 같다.

변화에 대한 개방성

성과지향주의의 중요한 결과 중 하나로 미국인 관리자들이 일반적으로 변화에 매우 개방적이며, 자신들과 동일시할 수 있고 또 자신들이 공로를 많이 차지할 수 있는 새로운 제도를 끊임없이 도입하는 것을 들 수 있다. 게다가 이들은 전임자가 남긴 제도를 바탕으로 출발하는 데 만족하지 않는다 (Kanter, 1979). 그러나 이들은 제도를 포기하는 것도 빨라서, 미국은 일시적으로 유행하는 기법의 도입과 관리자들의 단기 지향성으로 유명하다.

다시 말해 개인과 집단 모두에게 있어 경쟁적 특화란 미국의 가장 두드러진 특징인 것 같다. 일반적으로는 '경쟁을 위한 특화' 개념은 미국이 전 세계적으로 지지, 실행, 보호, 추구하는 주된 이데올로기적 이상이다. 미국인들에게는 경쟁적 특화를 도구로 삼아 삶의 주요 도전들을 해결하는 경향이 있다. 종종 이 도구는 격렬한 감정과 공격성을 통해 실행, 유지된다. 이러한 맥락에서, 일본인들은 무슨 일을 하느냐는 질문에 다니는 회사 이름을 대는 경향이 있는 반면, 대부분의 미국인들은 자신의 직업이나 직종을 댄다 (8장 참고).

공격성, 고위험, 예측불가능한 결과

미국인들의 실생활과 프로 미식축구 사이의 유사성은 특히 프로 미식축구를 지배하는 전쟁 같은 분위기를 고려하면 놀라울 따름이다. 미식축구는 외향적이고 때때로 호전적이기까지 한 미국사회와 유사한 점이 있다. 미국에서 성격유형을 측정하기 위해 가장 널리 사용되는 마이어스·브릭스 유형 지표(Myers-Briggs Type Indicator, 흔히 MBTI검사라고 불림 – 역자 주)에 따르면 미국 남녀의 75%가 대인관계에서 외향적이고 공격적이다 (Keirsey, 1998). 그러한 외향성이 미국인들의 삶에서 대체로 긍정적인 특성으로 분류되기는 하지만 미국은 외향성과 공격성의 부정적 측면을 가리키는 지표에서도 선두권에 있다 (Barnlund, 1989). 예를 들면, 3억 880만 명의 미국 시민들이 약 2억 4,000만대의 총기를 보유한 것으로 추정된다. 저명한 정치학자 윌슨(James Q. Wilson)이 지적했듯 이 사실이 그 자체로 폭력적 공격성을 입증하는 것은 아니다. 그러나 그는 미국의 비총기류를 이용한 살해율이 영국의 세 배에 이른다는 점도 함께 지적했다 (Wilson, 2007). 이와 관련하여, 미국은 인구 100명당 재소자가 1명으로 다른 나라들보다 높은 편이다. 『이코노미스트』는 선진국 중에서 미국만큼 징벌이 강한 나라가 없다는데 주목했다 ("너무 많은 법[Too Many Laws]," 2010). 영국의 수감률은 미국의 5분의 1, 독일은 9분의 1, 일본은 12분의 1에 불과하다. 가석방과 보호관찰까지 포함하면 미국 성인 31명 가운데 1명 꼴로 '교정' 감독을 받고 있는 셈이다.

미국인들은 미국에서의 삶과 미식축구 경기 사이의 연관성을 본능적으로 인지한다. 폭력성과 공격성은 미식축구가 미국사회에 호소력을 가지는 부분이며, 두 성향 모두 실생활에서 대응된다. 미국에서는 활기와 강렬한 동기로 해석되곤 하는 공격성이 권장된다. 미식축구에서도 공격성은 찬사의 대상이다. 팀들은 서로 경쟁하고, 같은 팀 내에서는 선수들이 선발 포지션을 두고 경쟁하며, 팬들조차 더 좋은 자리를 두고 경쟁한다.

20세기 초반 높은 영구 부상률과 사망률로 인해 미식축구를 대학스포츠에서 퇴출시키려는 움직임이 있었다. 후일 미국 대통령이 된 당시 프린스턴대학교 총장 우드로 윌슨(Woodrow Wilson)이 규칙개정을 통해 경기의 안전성을 강화하여 대학에서 미식축구를 지켜낸 집단의 선봉에 있었다. 또한 몇몇 주가 거의 규칙 없이 케이지 안에서 잔혹하게 싸우는 인기 이종격투기를 불법화하려는 움직임을 보이자 규정 이종격투기 옹호론자들은 1993년에서 2006년 사이 미식축구 경기의 사망자 수가 63명인 반면 이종격투기 사망자 수는 2명에 불과하며, 또 이 경우도 한국과 러시아에서 열린 비규정 시합에서 일어난 것임을 지적했다 (Schrotenboer, 2006).

최근 미식축구가 선수들의 건강에 미치는 장기적 영향에 대한 우려가 증가하고 있다. 뇌손상에 대해서는 특별조사가 이루어지고 있다. 이에 따라 이러한 심각한 건강 문제를 완화시키기 위한 조치가 마련되고는 있으나 미식축구가 위험한 운동이라는 사실에는 변함이 없다. 연골손실, 중증 관절염 및 그 밖의 영구적 부상도 흔히 발생한다.

적자생존

이러한 유형의 개인적 경쟁과 공격성은 특히 미국에 잘 들어맞는 것 같다. 호프스태터(Richard Hofstadter)는 20세기 벽두에 사회적 다윈주의(social Darwinism), 즉 적자생존의 법칙이 미국인들에게 설득력을 가지게 된 이유를 다음과 같이 생생하게 묘사한다.

> 급속한 팽창, 착취적 방법, 필사적 경쟁, 실패에 대한 단호한 거부를 특징으로 하는 전후 미국은 실존과 적자생존을 위한 다윈주의적 투쟁의 거대한 인간 캐리커처와 같았다. 성공한 기업가들은 자신의 실존의 조건들을 설명해주는 듯한 다윈주의 용어를 거의 본능적으로 명백히 받아들였다 (Hofstadter, 1955: 44).

미식축구의 폭력성과 공격성을 고려할 때 미국사회에서 도대체 왜 미식축구가 그토록 폭넓은 인기를 누리는지 의문이 생길 수 있다. 미식축구에 뿌리 깊은 미국적 가치가 표현되는 등 미국사회와 미식축구는 서로 보완되는 특성이 있다. 또한 미식축구의 복잡성은 미식축구 애호가들이 모든 플레이에 직접 관여할 수 있는 여지를 제공하며, 또한 이들은 일상적 삶과 직장에서 미식축구와 유사한 부분을 쉽게 발견한다. 팬들과 전문가들은 수없이 다양한 차원에서 선수들과 팀들의 통계를 비교하고, 여기에 쓰이는 고도로 전문화된 용어들을 만들어냈다. 주요 경기가 열리기 일주일 전에는 명확한 의견과 폭넓은 지식을 보유한 팬들과 전화

연결을 하는 라디오 스포츠 프로그램이 인기를 끌고 경기가 끝나면 똑같은 형식의 후속 프로그램이 방송된다. 이 대화에 참여할 수 있을 정도의 지식을 지닌 사람은 내집단 연대감을 가지게 되며, 관련 지식이 전혀 없는 사람들은 이로부터 소외된다.

이와 똑같이 중요한 것으로 경기를 예측하기 매우 어렵다는 점을 들 수 있다. 전반에는 경기를 완벽히 지배하던 팀이 후반 들어 아무런 이유도 없이 경기력이 후퇴하면서 나가떨어지기도 하고 상대편의 공격 및 공·수 플레이가 되살아나면서 맥을 못추기도 한다. 미식축구는 세상에서 예상이 가장 어려운 경기 중 하나이다. 예를 들어 경기 종료 전 2분 경고가 선언되고, 그 사이 경기가 잠시 중단된다. 그러다가 시합이 재개되면 패색이 짙던 팀이 두 번의 터치다운 득점을 하며 동점을 이루어 연장전으로 끌고 가거나 곧바로 승리해버리는 경우도 드물지 않게 일어난다. 또 전반에서 35-0으로 지던 팀이 후반에 부활하여 경기에서 승리할 수도 있다. 2008년 패트리어츠와 뉴욕 자이언츠(New York Giants, AFC 동부지구 소속 – 역자 주)의 슈퍼볼에서 패트리어츠는 역사적인 19연승 시즌 마무리가 눈앞에 보이는 듯 했으나 경기 막판에 시간을 아끼기 위해 변형된 노허들 오펜스를 시도한 뉴욕 자이언츠에게 패하고 말았다.

예상치 못한 일을 기대하라

또한 각각의 선수가 플레이를 하는 동안 정해진 움직임을 하도록 되어 있지만 예상치 못한 일이 자주 일어나므로 창의성을 발휘해야만 한다. 최고의 선수는 위험에도 불구하고 그때그때 창의적인 전술을 통해 플레이를 성공시키고 관객들이 자리에서 일어날 수밖에 없게 만드는 선수이다. 예를 들어 러너가 수비에게 둘러싸여 있으면, 공을 들고 뛰기로 되어 있던 플레이를 패스 플레이로 바꿀 수 있다. 그러면 공격과 수비 모두 새로운 상황에 맞게 적응해야 한다.

지금까지 보았듯, 미식축구를 공부하고 경기를 봐야 할 이유에는 여러 가지가 있다. 그 중에서도 복잡성, 위험 감수, 비예측성은 중요한 이유에 속한다.

허들링

미식축구가 다른 스포츠들과 구분되는 또 다른 특성인 허들은 매번 공격이 시작되기 전에 공격팀이 모여 어떤 플레이를 펼칠지 전달받는 것을 말한다. 공격할 때마다 허들을 하는 스포츠는 미식축구가 유일하다. 허들에는 다양한 배경과 교육수준을 가진 선수들이 모이게 된다. 이때 모든 선수가 특정 임무를 완수하기 위해서는 각자의 차이를 뒤로 하고 정해진 목표를 위해 편견 없이 협력해야 한다는 데 동의한다. 경기가 끝나면 모든 선수들이 자신의 세계로 돌아가 자기만의 방식으로 자신의 삶을 산다. 이것이 공통의 목표를 달성하기 위해 일시적으로 차이를 잊은 다양한 사람들이 모인 멜팅팟(melting pot)의 핵심이다. 이미 1832년 토크빌(Alexis de Tocqueville)은 미국적 관점의 다음과 같은 측면에 주목했다.

미국인은 세계에서 가장 독특한 국민이다. 내가 미국인들의 행동방식을 얘기하면 아마 내 말을 믿지 않을 것이다. 미국의 어느 지방도시의 한 시민이 해결해야 할 어떤 문제가 생각이 났다. 그는 과연 어떻게 할까? 그는 곧장 길 건너편 이웃에게 가서 그 문제에 대해 상의한다. 과연 어떤 일이 벌어질까? 위원회가 설립되고 위원회는 문제를 해결하기 위한 행동에 착수한다. 믿기지 않겠지만 이는 사실이다. 이 모든 것이 관료조직에 전혀 기대지 않고 진행된다. 이 모든 것을 행하는 주체는 자주적으로 행동하는 민간인들이다 (L. C. Miller, Hustedde 인용, 1987: 91).

미식축구팀이 과연 허들을 생략할 여유가 있을까? 대부분의 경우 답은 아니오다. 그러나 사상 최고의 대회 중 하나로 손꼽히는 1991년 슈퍼볼에서 버팔로 빌스는 매 플레이마다 허들을 하지 않았고 뉴욕 자이언츠는 허들을 했다. 시합은 거의 막판이 돼서야 승패가 결정된 접전이었다. 빌스가 허들을 하지 않을 수 있었던 것은 켈리(Jim Kelly)라는 전문성을 갖춘 걸출한 쿼터백 덕분이었다. 또 한 번 개인이 집단 환경에서 빛을 발하는 순간이었다. 그러나 경기는 허들을 한 자이언츠의 승리로 끝났다. 그 후로 다른 NFL팀들이 노허들 오펜스를 통해 승기를 잡은 적이 있기는 하지만 그 비율이 매우 낮았던 만큼, 최종판결은 노허들 오펜스의 편이 아니었던 셈이다. 마찬가지로 미국의 집단과 조직은 전부는 아닐지라도 대부분 자신들만의 허들링을 통해 문제를 해결하고 목표를 달성한다. 예를 들어 월마트(Wal-Mart)가 도입한 아침 10분 조회에서는 회의가 끝나면 빨리 업무에 착수하기 위해, 또 회의 시간을 단축하고 각자 계획을 실행하기 위해 모두 선 채로 회의를 진행한다. 월마트는 토요일 아침 동기부여를 위한 조찬회의도 도입했는데, 이 회의에서는 임직원 개인에게 포상을 하고, 월마트 창업주 월튼(Sam Walton)을 기리며 모든 직원들이 "우리는 샘을 신뢰한다" 같은 회사 구호를 외친다. 이는 미식축구팀이 리그에서 승리하거나 슈퍼볼 우승컵을 거머쥐면 연고지에서 우승을 기리는 전통적인 퍼레이드를 하는 것과 유사하다.

사내집단

활동 조정을 위한 미국의 허들링 개념은 일본의 사내 공동체에 관한 생각과 많이 다르다. 일본인들은 대개 일과를 마친 후에 동료들과 친목을 도모하며, 중대한 문제가 생기면 때때로 회사 밖에서 술을 마시고 저녁을 먹으면서 비공식적 동지애를 나눈다. 그리고 마지막에 가서야 문제에 대해 얘기하며 해결방안을 모색한다. 그들은 문제가 해결될 때까지 이런 일을 주기적으로 반복한다. 중국이나 한국 등 다른 나라에도 일과 후 집단 활동을 자주하는 비슷한 관행이 있다. 반면 미국인들은 해당 문제를 해결하기 위한 업무회의에서 모이며, 회의 후에는 각자 흩어져 업무와 관련된 다른 활동들을 마무리한다. 추가로 열리는 회의도 같은 방식으로 진행된다.

부어스틴(Daniel Boorstin)이 설득력 있게 보여 주었듯, 외로운 카우보이나 개척자의 이미지는 미국을 잘 표현하는 은유가 아니다 (Boorstin, 1965). 오히려 모험심 강한 미국인들이 더 나은 삶을 찾아 서부로 이동했듯, 이들은 특정한 문제를 해결하기 위해 종종 임시 조합이나 단체를 결성했다. 그러나 오늘날에도 마찬가지이듯이, 미국사회의 빠른 이동성으로 인해 집단 구성원 사이의 관계는 협력적이기는 하지만, 피상적으로만 우호적인 경향이 있다. 이는 관계를 깊게 발전시킬 시간이 없기 때문이다. 미국은 구성원의 주된 관심이 목표를 세우고 성취하는 데에 있는 전형적인 '행위(doing)' 사회다. 안전한 미래를 위해 현재의 목표를 달성하는 데 초점을 맞추며 지난 활동과 역사에 주목하는 사람은 거의 없다. 유럽인들과 아시아인들이 미국인들과 깊은 개인적 관계를 형성하기가 매우 어렵다고 불평하는 경우를 흔히 볼 수 있다. 일반적으로 미국인들도 집단적 노력에 혼신의 힘을 다하기는 하지만 이는 대개 짧은, 정해진 시간 동안에만 그렇다. 태어난 곳에서 30마일(약 38.2킬로미터 – 역자 주) 이내에서 살고, 일하고, 생을 마치는 유럽인들과는 달리 미국인들은 평생에 걸쳐 직업, 직종, 지리적 지역, 심지어는 배우자를 바꾸면서 임시 집단을 형성하는 경우가 종종 있는 것이다.

미식축구에서는 허들링을 통해 경기가 작은 단위의 임무로 쪼개지며, 이 임무를 완수하면 승리를 만끽할 수 있다. 하나의 팀은 상호 의존하는 작업단위로 나뉘며, 각각의 작업은 포지션을 재평가하는 짧은 시간 안에 재정렬 되고 꾸준한 전술 평가에 의해 강화된다. 대규모 작업을 소규모 작업으로 나누어 한 번에 하나씩 달성해 나가는 허들링 현상은 미국인들이 문제를 해결하는 방식으로 설명될 수 있다. 아무리 복잡한 현상이라도 소규모 과제로 쪼개면 한 번에 하나씩 해결할 수 있다. 미국인들은 해결과정을 일정한 수의 수행단계와 답할 수 있는 질문으로 구성할 수 있다면, 어떤 문제라도 해결할 수 있다고 믿는 경향이 있다. 미식축구에서처럼, 상황이 아무리 어려울지라도 각 팀은 표준화된 계획과정을 통해 문제를 해결할 수 있다고 확신한다.

제조업 체계

19세기 말 시간과 운동에 관한 테일러(Frederick Taylor)의 연구를 기반으로 발전한 미국제조업체계(ASM)는 미국 경제사의 허들이라고 할 수 있다. ASM에는 미국인들의 사고방식이 반영되어 있다. 미식축구의 허들이 특정 상황에 대한 표준적인 계획과정을 촉진하듯 ASM은 각기 다른 상품에 대한 표준제조과정을 촉진한다.

ASM은 간결한 디자인, 표준부품, 대규모 생산을 강조한다. 미국인들의 적극적인 기계사용의 직접적인 결과는 대량생산 개념의 도입과 활용으로 나타났다. 1800년대 한 무리의 독일인 기술자들이 열 정의 고성능 산탄총을 완벽히 제조하는 데 1주일이 걸린 반면, 같은 수의 미국 기술자들은 표준부품과 반조립 부속품을 사용하여 하루 만에 더 적은 비용으로 더 많은 산탄총을 제조했다. 일반적으로 오랜 기간 동안 미국제품은 우아함이 아니라 효용과 실용성, 저렴한 가격으로 이름을 떨쳤다. 미국문화에서는 기계가 중요시되며 기계가 문명에 필수적이라고 여겨진다. 사실 미국이 사회의 발전에 중대하게 기여한 것 중 하나는 개인용 컴퓨터, 전화기, 복사기, 아이패드 등 기발한 도구와 기술에 주안점을 둔 것이었다.

미국사회는 표준화를 개인의 순위와 곧바로 연결시킨다. 미국에서는 많은 결정들이 (종종 통계분석에 기반한) 표준과정을 통해 순위에 따라 내려진다. 대개의 경우 사람에 대한 판단은 매우 짧은 시간 안에 이루어진다. 스튜어트와 베네트에 따르면 많은

'존재(being)' 또는 고맥락 사회에서 성과는 직원의 체면을 위해 절대적 기준에서 순위화되거나 평가된다(Stewart, Bennett, 1991). 예를 들어 '존스는 성과가 뛰어남' 또는 '우수함' 이런 식이다. 그러나 '행위(doing)' 사회인 미국에서 개인의 성과는 비교를 통해 평가된다. 기준은 절대적인 것이 아니라 상대적이며, 순위가 낮은 직원은 순위가 높은 직원에 의해 대체될 수 있다.

예를 들어 제너럴일렉트릭(General Electric)은 최초로 강제평가 제도를 도입했으며 다른 미국 대기업들이 그 뒤를 쫓았다. 이 제도 하에서 직원의 20%는 평균 이상의 보상을 받고, 70%는 평균 보상을 받으며 나머지 10%는 보상이 없거나 있어도 매우 적다. 하위집단에 속한 직원 중 조기에 경고를 받았음에도 실적이 개선되지 않은 일부는 퇴사를 권고 받는다. 제너럴일렉트릭은 CEO가 65세가 되면 퇴직을 하고 후임을 정하기 위한 공개경쟁을 실시하는 세계 유일의 다국적 기업이기도 하다. 현 CEO가 퇴임하기 2년 전에 근속기간이 긴 임원들 중 네댓 명을 선발하여 이들의 실적을 면밀히 검토한다. 신임 CEO가 결정되면 밀려난 후보들은 대부분 회사를 떠난다. 그러나 이러한 다원주의적 제도 하에서 제너럴일렉트릭이 이들에게 공개경쟁에 참가하도록 요청했다는 것은 이들을 높게 평가했다는 뜻이므로, CEO경쟁에서 밀려난 임원들은 다른 대기업에 채용된다.

학문적 경쟁력

학문적 환경에서도 미국 학생들은 상대평가를 받을 때가 많다. 학생들의 성적은 상대적 성과곡선(일반적으로 종 모양 곡선[1994

년 하버드대 심리학자 헌슈타인과 정치학자 머레이가 집필한 책 제목으로 인종간의 지능 차이가 유전적 요인에 기인한다는 주장을 펼쳐 논란을 일으킴 - 역자 주])에 분포된다. 이 곡선에 따라 성적 등급이 결정된다.

예상할 수 있겠지만, 미국인들은 일반적으로 핵심을 파악하여 객관적인 결정을 내리라고 한다. 이러한 관점은 특히 많은 학생들이 오직 기말고사에 나올 내용에만 관심을 가지는 당황스러운 상황으로 나타나기도 한다. 빠른 삶의 속도와 더불어 미국의 평등주의적 성격은 어떠한 상황을 평가할 때 어떤 형태로든 표준화된 순위가 필수적이다. 그리고 조직 구조 내에서 여전히 의논하고 협력하는 개인들은 이러한 순위를 받아들인다.

비록 많은 미국인들이 수학이 지루하고 하찮은 것이라고 여기기는 하지만, 모든 형태의 표준순위에는 수치와 숫자가 포함된다. 예를 들어 NFL은 쿼터백의 서열을 매길 때 해당 포지션의 모든 면을 포괄하는 산술적 범주를 정의함으로써 순위화 과정을 표준화한다. 각각의 쿼터백은 '패스 성공률'에서 '터치다운 가로채기', '시합 당 전진거리'까지 일정한 기록을 가지게 된다. 쿼터백의 생계가 그 수치들에 달려있다. 연봉을 높이기 위해서는 기록을 개선해야 하며, 쿼터백이 경기에 나가기 못한다면 그것은 기록이 시원치 않아서이다. 참가자가 각 프로팀에서 선수를 선발하는 가상 미식축구 리그는 참여자가 최소 1,300만 명에 이르며, 시즌이 끝나면 리그별 집계방식에 따라 가장 높은 점수를 획득한 가상팀 구성자가 거액의 상금을 받는다. 이러한 리그는 심지어 시즌 초반에 드래프트도 실시한다.

금융시장 분석이든, 대학입학 제도이든 또는 정치적 결단이든 미국사회에서 수치가 의사결정과정에 미치는 영향은 어마어마하다. 미국 정치인들은 정무보좌진에 반드시 통계전문가를 포함시킬 정도로 여론조사 결과에 매우 민감하게 반응한다. 또 교육제도에서는 적성검사가 중요한 역할을 한다. 학문기관들은 일반적으로 학생들에게 한 가지 이상의 표준화 시험을 치를 것을 요구한다. 입학을 허가하는 기준에는 여러 가지가 있지만 적성검사 점수가 지극히 큰 영향을 미친다. 대학 미식축구 선수의 '기록'이 프로팀 입단 여부를 판단하는 기준이 되듯, 학생의 적성검사 점수가 대학 입학 여부와 입학하는 대학의 수준을 결정하는 요소일 때가 종종 있다.

시간절약

표준 순위화라는 개념은 모두 시간에 대한 미국인들의 인식에서 출발한 것이다. 시간은 지속적이고 풍부한 자원으로 간주되지 않는다. 구직자를 판단할 때 수많은 전문시험 또는 개별화된 시험을 실시할 시간이 없을 때가 많다. 시간이란 제한된 것이므로 언제나 오직 하나의 표준시험만을 실시할 뿐이다. 미식축구도 제한된 시간개념에 기반하며, 팀들은 특히 2분 경고 선언 후 시합 종료에 임박하여 정해진 시간 안에 주어진 임무를 완수하려고 끝없이 노력한다.

미국에는 언제나 시간제한이 있으며 미시축구의 허들 현상에는 이러한 시간부족 개념이 반영된다. 매 플레이 시작 전에 하는 허들에는 시간제한이 있다. 그래서 선수들은 시간을 아끼기 위해 서둘러 허들을 하고 재빨리 흩어진다. 이와 같이 시간은 늘 흐르는 것이기 때문에 미국인들도 빨리 말하고, 빨리 걷고, 빨리 먹고,

심지어 '쉬는' 것도 빨리해야 한다는 스트레스에 시달린다.

미국에서 시작된 스피드 데이팅(speed dating)은 시간제한을 강조하는 것이 명확하게 드러나는 현상이다. 젊은, 또는 약간 나이가 있는 미혼 남녀에게는 전통적인 방식으로 데이트를 할 시간이 없으므로 스피드 데이팅에 참석하여 한 명당 3분씩 30~40명의 이성과 이어서 대화를 한다. 3분이 지나면 직원이 벨을 울려서 상대를 바꿀 시간이라는 것을 알려준다. 대화가 끝난 후 더 만나자는 요청을 받으면 각자 알아서 승낙하거나 거절할 수 있다. 『이코노미스트』지는 이러한 현상을 소개하는 기사에 맥도날드가 최초의 전국적 패스트푸드 체인이라는 점에 착안하여 "맥데이팅"이라는 꼭 맞는 제목을 붙였다("맥데이팅[McDating]," 2002). 스피드 데이팅은 미국에서의 높은 인기를 바탕으로 다른 나라로도 퍼져나갔다.

미국인들은 예를 들어 **경제학**(*economics*)처럼 발음할 때 시간이 걸리는 단어들을 줄임말(*econ*)로 부르는데 전문가들이다. 박사 교수님(Herr Professor Doctor)같은 긴 공식 명칭은 평등주의적인 미국인들의 취향에 맞지 않을 뿐더러 시간을 아끼려는 노력과도 상충된다. 이름이나 직위에 들어가는 단어는 무엇이든 짧게 줄여서 부를 때 걸리는 시간을 아낀다. 내셔널 풋볼 콘퍼런스(National Football Conference)와 아메리칸 풋볼 콘퍼런스(American Football Conference)를 그대로 부르는 경우는 절대로 없으며 효율적으로 NFC, AFC라고 부른다. 그랜드올드파티(The Grand Old Party 미국 공화당의 다른 이름 - 역자 주)는 GOP로, 마담(*madam*)은 매앰(*ma'am*), 케네디(John F. Kennedy) 대통령은 JFK, 연방은행은 페드(the Fed), 확성기(*amplifier*)는 앰프(*amp*)로 부르고, 그 중에서도 압권은 "어떻게 지내?(How do you do?)"를 줄여서 하우디(*howdy*)로 부르는 것이다.

시간이 희소하다는 넓은 공감대로 인해 O. J. 심슨 재판이나 클린턴(Bill Clinton) 전 미국대통령의 스캔들 같은 경솔한 사건과 관련된 뉴스가 터져도 미국 사회에서 활발한 토론과 열띤 논쟁이 오래 지속되지는 않는다. 미국인들은 한 가지 사건에 전념할 만큼 시간이 많지 않은 것이다. 홀(Edward T. Hall)과 홀(Mildred Reed Hall)이 말했듯, 미국인들의 시간관념은 한 번에 한 가지 일을 하는 단일시간적 접근이다. 미국인들은 짧은 기간에 하나의 주요 사건을 강도 높게 분석하고, 주의를 돌려 그 다음 새로운 사건에 집중하기 시작한다(Hall & Hall, 1990). 그러나 최근 들어 컴퓨터와 소셜미디어의 사용으로 인한 영향이 광범위하게 나타나면서 미국인들도 다른 나라 국민들과 마찬가지로 한 번에 여러 가지 일을 처리하는 다중시간적 접근을 하게 된 것 같다.

미국에서 시간제한이 강조되는 또 다른 이유는 삶에는 해야 할 것이 많기 때문이다. 사회에서 기술은 무서운 속도로 발전하고 이를 쫓아가는 것은 버겁다. 우리는 끊임없이 움직여야만 한다. 무언가를 깊이 생각하거나 명상할 시간은 별로 없다. 이것이 바로 미국이다. 젊은 나이에 출세하는 것이 이상적이며, 미국에서 성공이란 대개 비인간적이고 외로운 것이다. 게다가 이러한 추세에 가속도가 붙었다. 1985년 여론조사 결과 미국인들은 한 명당 개인적 친구가 평균 세 명에 불과한 것으로 나타나 큰 충격을 주었다. 2006년 조사에서는 숫자가 더 줄어서 개인적 친구가 두 명에 불과했다 (McPherson, Smith-Lovin, Brashears, 2006). 무지

(Marieke De Mooij)는 일본 광고에 모델이 한 명씩 등장하는 것은 아마도 개인주의에 대한 열망 때문이며, 미국의 상황은 정반대라는 점을 지적했다 (de Mooij, 2011). 즉, 미국 광고 속의 이상적 세계에서 파티나 바에 모여 있는 사람들이 강조되는 것은 실생활에서 개인주의와 외로움이 너무나 크기 때문인 것이다.

미식축구는 성공에 결핍되어 있는 소속감과 형제애적 분위기를 자아내며, 허들은 미식축구이든 일에서이든 문제에 대처하는 이상적이고 시간 효율적인 접근이다. 그러나 최고의 자리는 외롭기 마련이라는 넓은 공감대도 미국인들이 높은 수준의 성취를 추구하는 것을 막지는 못한다. 왜냐하면 그들은 삶이란 자립과 독립의 시험대라고 생각하기 때문이다.

미식축구 교회와 완벽에 대한 예찬

저명한 언론인 립사이트(Robert Lipsyte)는 2007년에 쓴 한 기사에 "미식축구 교회(The Church of Football)"라는 제목을 붙였다. 이 재미있는 제목은 대부분의 미국인들이 종교와 미식축구에 바치는 존경과 경외감을 잘 담아내고 있다. 미국인들은 유럽인들에 비해 교회에 꼬박꼬박 다니는 편이다. 그러나 퓨 재단(Pew Foundation) 연구에 따르면 최근 몇 년 사이 성인의 44%가 특정 종교와의 유대를 단념하거나 종교적 소속을 바꾸었다. 퓨 재단 연구에 따르면 미국의 주요 교단은 복음주의 기독교(Evangelical Protestant) 26.3%, 가톨릭 23.9%, 주류 기독교(mainline Protestant)

18.1%, 흑인 기독교(black Protestant) 6.9%, 기타 또는 무교가 24.8%라고 한다 (Kang, 2008).

1960년 그린베이 패커스(Green Bay Packers, NFC 북부지구 소속 - 역자 주)가 1승 12패를 기록한 다음에 취임한 전설적인 코치 롬바르디(Vince Lombardi)는 근면, 종교적 믿음과 성공을 밀접하게 연계시킨 대표적인 지도자다. 선수들을 처음 만난 자리에서 그는 자신을 코치로 허락해 주어 감사하다고 말했다. 그리고 "제군들, 우리는 완벽할 수는 없다는 것을 너무나도 잘 알지만, 그럼에도 불구하고 물러서지 않고 완벽을 추구할 것이다. 왜냐하면 그 과정에서 탁월한 성과를 낼 수 있기 때문이다"라고 말했다 (Schaap, 2008: 8 인용). "승리는 모든 것이 아니라 유일한 것이다"라는 격언도 롬바르디가 남긴 것이다. 완벽과 승리에 대한 양보할 수 없는 추구는 패커스가 1961년부터 1967년까지 다섯 번의 NFL 우승컵을 거머쥐고 1967년과 1968년 1, 2회 슈퍼볼에서 2년 연속 우승하는 결과로 이어졌다. 오늘날 오랜 미식축구 팬들과 코치들은 자신이 응원하는 팀이나 소속팀에 관계없이 롬바르디를 존경한다.

마찬가지로 과거의 새로운 이민자들은 미국에 대해 유토피아적 시각을 가졌다. 미국이 상징하는 이상은 그때에도 오늘날에도 신성하고 완벽한 것으로 간주된다. 다른 주요 국가들과 달리 미국의 가치들은 불가침의 완벽한 문서, 즉 헌법과 독립선언서에 기반하고 있다. 미국 역사는 이 문서에 새겨진 완벽한 가치와 유토피아적 이상을 지키기 위한 끝없는 전투의 역사라 할 수 있다.

이를 고려하면 이민자들의 마음속에 그려진 미국의 초상이 왜 유토피아적 이미지가 되었는지 이해할 수 있다. 샌포드(Charles Sanford)는 이러한 이미지의 핵심을 다음과 같이 묘사했다.

> 내가 정의하는 에덴적 이미지는 경작된 자연의 정적인 농경사회의 것도 그 반대의 야생의 이미지도 아니며, 두 이미지를 포함하여, 이들을 다른 가치들과의 역동적 관계 속에 배치하는 상상적 복합체다. 진정한 신화나 이야기처럼 이 복합체는 동시에 많은 층위에서 기능하며 정반대의 것으로 구성된 틀 안에서 한 민족의 집단경험을 극화한다. 내가 보기에 이 에덴적 신화는 미국 문화에서 가장 강력하고 포괄적인 조직력을 발휘해 왔다 (Sanford. 1961: vi).

수 세기 동안 미국은 박해와 종속, 압제자, 폭정과 억압을 피해 탈출한 사람들에 의해 '유토피아화' 되었다. 미국이라는 개념은 유토피아를 실제로 만들려는 시도였다. 미국이라는 가치는 힘과 부, 박애, 가족, 아동, 영광이라는 완벽한 모든 것을 포괄했다. 이것이 유토피아다. 마찬가지로 미식축구는 그러한 완전무결한 초상을 상징한다. 프로 미식축구는 미국이라는 유토피아가 실현된 상징이다.

건국관련 문서

미국적 가치의 토대를 제공하는 문서인 독립선언서와 미국헌법을 쓴 이들이 신이나 예지자, 신성한 사도나 황제가 아니라 인간이라는 점을 알아야 한다. 이러한 사실로부터 왜 미국에서는 개인에게 의식적인 영광을 돌리는지 알 수 있다. 개개인은 자신이 성취하고자 하는 모든 것을 해낼 수 있다는 것이 미국인의 공통된 믿음이다. 학위를 따든, 한 시합에서 가장 많은 필드골을 기록하든 개인의 성취는 귀중하며 어떤 식으로든 의식을 통해 기념할 가치가 있는 것이다. 따라서 주요 정당의 대통령 후보가 되거나 슈퍼볼에서 우승하는 등의 큰 성취를 의식을 통해 기념하는 것은 자동적으로 미국의 완벽과 유토피아에 대한 추구를 보여주는 셈이다.

은퇴한 NFL선수가 프로 미식축구에서 최고의 영예에 해당하는 미식축구 명예의 전당에 입회할 때, 입회식에서는 선수 개인과 그러한 완벽을 선사한 국가 모두를 기념한다. 앞서 확인했듯, 프로 미식축구를 둘러싼 강력한 국가주의는 경기 시작 전 의식을 통해 표출된다. 국가가 연주되면 때때로 유명인사가 노래를 부르고 관중들이 자랑스럽게 노래를 따라 부르며, 매 경기 시작 전에 국기행사가 거행되며, 육해공군 대표가 미국 국기를 들고 경기장에 정렬한다. 미국보다 더 기념할 만한 가치가 있거나 더 완벽한 것은 분명 없다. 미국에서 일반적으로 스포츠 행사, 특히 프로 미식축구 경기의 본질은 팀이 도달할 수 있는 완벽의 수준과 미국의 경이로움, 제도의 우수함을 찬양하는 것이다.

미국에서만 1억 명이 시청하고 세계적으로 수백만 명의 팬들이 구경하는 슈퍼볼이 미국의 주요한 가족휴일이 된 것도 전혀 이상할 것이 없다. 1967년 초대 슈퍼볼 대회에는 관중석에 빈자리가 있었다. 그러나 지금은 치밀한 마케팅과 광고 덕분에 일반인들은 불가능한 것까지는 아니지만, 돈이 있어도 표를 사기가 극히 어렵다. 슈퍼볼 TV 광고료는 가장 짧은 광고가 한 번 선사를 탈 때마다 100만 달러가 넘고 중간공연은 그야말로 장관이다. 슈퍼볼이 열리는 도시에는 시합 일주일 전부터 파티가 열리고 이런 파티의 초대장을 얻기란 하늘의 별따기다. 그러나 파티에 참석한 유명인사들과 PR전문가, 기업인들 중에 정작 시합은 보지 않는 경우가 많아서 『월스트리트저널(*Wall Street Journal*)』은 최근 "무슨 경기(What Game)?"라는 제목의 기사를 내보내기도 했다 (Karp, 2008). 즉, 슈퍼볼은 기본적인 문화적 가치와 물질적 성공의 관계를 간략하게 보여준다고 할 수 있다.

템플대학교 초대총장이자 감리교 목사, 유명 연설가이기도 했던 콘웰(Russell H. Conwell)은 19세기 말 미국 전역을 다니며 1만 회 이상 설교한 "다이아몬드의 땅(Acres of Diamonds)" 강연을 통해 종교와 물질적 성공의 관계를 다음과 같이 적절하게 표현했다.

> 제가 말하고 싶은 것은 당신이 부자가 되어야만 하며 가난해도 좋을 권리는 없다는 것입니다. … 당신이 부자가 되기까지는 어느 정도 시간이 걸릴 것이라고 말씀 드릴 수밖에 없습니다. 세상에는 돈보다 귀중한 것이 있다는 것을 당신도 알고 저도 압니다, 우리는 물론 알고 있습니다. 그렇습니다. … 고통을 겪은 인간은 금보다 달콤하고, 신성하고, 성스러운 것이 있음을 잘 알고 있습니다. 그러나 상식이 있는 인간이라면 돈을 써서 가치가 크게 높아지지 않는, 그런 것은 없다는 것도 알고 있습니다. 돈은 힘입니다. 돈에는 힘이 있습니다. "나는 돈을 원하지 않는다"고 말하는 사람은 "나는 내 주변 사람들에게 좋은 일을 조금도 하고 싶지 않다"고 말하는 것입니다. 따라서 그렇게 말하는 것은 어리석은 짓입니다. 그들을 분리시키는 것은 어리석은 짓입니다. 우리의 삶은 놀라울 정도로 위대하며, 돈에는 힘이 있으므로 당신은 돈을 버는데 시간을 써야만 합니다.
>
> 위대함이란 사무실을 소유하는 데 있지 않으며, 진실로 위대함이란 보잘 것 없는 방법으로 위대함을 행하고, 삶의 가장 사적인 층위로부터 웅대한 목표를 달성하는 데 있습니다 (Burr, 1917: 414~415 인용).

오늘날에도 조엘 오스틴(Joel Osteen) 같은 미국의 대형 교회 지도자들은 신은 우리 각자가 물질적으로 성공하기를 원한다고 분명히 말함으로써 종교와 세속적 성공을 연계시킨다.

국가주의 의식은 미식축구에서뿐만 아니라 미국인들의 사교생활 전반에 걸쳐 나타난다. 미국인들이 남들과 어울릴 때 보는 텔레비전에 나오는 많은 광고들에 국가주의의 영향이 직접적으로 나타나며, 헤아릴 수 없이 많은 광고 상품이나 서비스가 애국심에 호소한다. 일반적으로 미국인들이 생각하는 미국은 젊고, 성공적이며, 명성을 떨치는 나라이다. 마케팅 담당자들은 자신들이 판매하는 상품에 미국의 젊음과 아름다움, 성적 매력을 입힘으로써 해당 상품을 미국과 연계시킨다. 다음의 밀러 맥주광고를 예로 들 수 있다.

밀러는 미국의 길을 만듭니다.
미국에서 자라고 미국에서 양조된,
오늘날 밀러를 마시는
그 국민만큼이나 자랑스러운…
밀러는 미국의 길을 만듭니다.

완벽한 나라에서 제조된 완벽한 맥주를 즐기는 사람들 속에서 환하게 웃는 미국인들의 모습과 행복한 미국 어린이들의 모습이 광고노래와 함께 흘러나온다. 광고 전반에 걸쳐 배경에는 완벽함을 상징하는 미국 국기가 우아하게 펄럭인다. 광고에는 순 미국산이라는 사실 외에는 맥주에 관한 어떤 설명도 나오지 않는다. 그러나 많은 미국 소비자들에게는 이것으로 충분하다. 미국의 유토피아적 특징은 성공과, 인기, 명망의 한부분이다.

국가주의적 신념

미국에서 국가주의는 자민족중심적 행동을 낳는다. 예를 들어, 슈퍼볼에는 미국팀만 참가함에도 불구하고 슈퍼볼을 "세계챔피언십"이라고 부른다. 많은 미국인들에게 미국은 곧 세계이거나 적어도 세계의 최고 부분인 것이다. 세계는 미국을 중심으로 회전하며, 미군의 지속적인 아프가니스탄 주둔에서 확인되듯 국제사회의 가난한 일원은 미국의 경제력, 군사력의 보호를 받는다.

그러나 최근 몇 년 사이 미국과 다른 지역에서 그러한 자신감에 의문이 제기되고 있다. 세계화의 진전으로 브라질, 중국, 인도 같은 국가의 영향력이 확대되고 있다. 미국에서 출원되는 특허의 약 50%는 외국계 기업과 외국 출신 발명가들의 것이라는 점에서 미국의 기술적 우위에 대해서도 의문이 제기된다.

미국의 경제적 성공과 군사적 우위로 인해 미국 시민들은 국제적 사건에 대해 자기중심적인 반응을 보인다. 이러한 자기도취적 감정은 종종 미디어가 전 세계에서 일어나는 천재지변과 재난에 흘려 그것을 끈질기게 보도함으로써 일어난다. 미국 언론에게는 '무소식이 희소식'이며, 따라서 외부 세계는 종종 위험하고, 폭력적이며, 끔찍한 곳으로 보도된다. 언론은 타국의 긍정적인 특징들에 거의 주목하지 않는다. 외부 세계의 기근과 전쟁, 폭력, 정치적 소요에 대한 뉴스가 끊임없이 쏟아지기 때문에 보통 미국사람들은 다른 나라의 유쾌하고 매력적인 면을 인식하지 못하는 경우가 많다. 이러한 자민족중심주의로 인해 많은 미국인들은, 사실이 결론을 뒷받침하지 못함에도 불구하고, 미국이 세계에서 가장 안전하고 부유한 나라라고 믿고 있다.

종교활동

앞서 말했듯 미국에서는 종교를 중요하게 여기며, 미국이라는 유토피아는 종교적 실천 없이는 완성되지 않는다. 미국인의 절반 이상이 정기적으로 교회에 다닌다. 이 기준에서 미국을 뛰어넘는 나라는 아일랜드와 폴란드를 비롯해 단 몇 나라에 불과하다. 미국에는 온갖 유형의 종교적 신념에 호소하는 교회들이 40만 개가 넘게 존재한다. 주로 기독교 신자가 많지만 그 밖에도 수없이 많은 종파들이 존재한다. 또한 교회 관련 활동에 들어가는 돈이 수십억 달러에 이른다. 미국 기독교 신자들이 바티칸에 대한 재정 지원을 줄이면 바티칸이 심각한 재정적 어려움을 겪을 것이라는 얘기에는 어느 정도 신빙성이 있다.

교리와 교의의 충돌로 합병 가능성이 낮을 때조차 미식축구 교회는 여러 가지 면에서 모든 미국 교회의 가치들을 수용한다고 할 수 있다. 경기 중이나 인터뷰 시 코치와 선수들은 성공할 수 있게 해달라고 신에게 빈다. 코치들은 근면, 팀 통합과 노력, 종교적 영감, 완벽, 세속적 성공에 대한 미식축구 복음을 신봉함으로써 고인이 된 롬바르디의 지도를 따른다. 그러나 여러 건의 중범죄로 복역 중인 전직 미식축구선수 O. J. 심슨이나 아동학대 혐의로 부코치가 체포되면서 경질된 펜 스테이트(Penn State, 펜실베이아 주립대학 미식축구팀 - 역자 주)의 전설적 코치 패터노(Joe Paterno)의 사례에서처럼 코치나 선수가 그러한 이상을 위반하면 미식축구교회 구성원들은 이들과의 관계를 단절했다.

팀 관리자들이 종교 의식을 통해 사회와 관계를 맺고 동질감을 가지려고 시도하는 것처럼 미국인들도 사회 집단에 소속되기 위해 종교 활동에 참여한다. 가족과 재산을 고국에 두고 미국에 도착한 초기 이민자들은 종교를 통해 미국에서의 사회적 삶의 기틀을 닦았다. 이들에게 다른 사회로 이동한다는 것은 민족적 동질성의 약화와 뿌리 뽑힘을 수반하는 것이었다. 따라서 종교는 미국인으로서의 동질성과 소속감을 체화하는 도구가 되었다. 교회와 종교조직은 구성원들을 도울 수 있고, 또 종교 신념과 일치하는 목표를 달성하기 위해 종종 정치압력단체를 결성하기도 했다.

미국문화에 대한 논의를 요약하는 방법으로 미식축구 은유를 호프스테드의 문화의 다섯 가지 차원에 대입해 볼 수 있다 (Geert Hofstede, 2001). 앞서 언급했듯, 호프스테드의 원래 연구 대상인 53개국 중 미국은 개인주의에 대한 믿음의 중요성 부문에서 1위에 올랐다. 그러나 본 장에서 보았듯, 이 개인주의는 팀이나 집단의 규칙과 구조 내에서 실현되는 적극적인 개인주의이다. 미국은 일상생활에서 높은 수준의 위험을 수용하거나 심지어 즐기고, 높은 수준의 남성성 또는 삶에 대한 호전적이고 물질적인 방향성을 보이는 국가들과 함께 분류되기도 했다. 또한 비격식에 대한 선호, 개인과 집단 간의 낮은 권력 거리, 약한 위계적 권위를 보여주었다. 본 장에서 논의된 바를 고려하면 놀랍지 않은 결과이다.

미국 경제를 침체에 빠트리고 많은 미국인들의 일자리를 앗아간 2008년 금융위기에도 불구하고 전 세계 많은 사람들이 자신의 나라보다 미국이 훨씬 좋은 곳이라고 생각한다. 미국은 불법 이민자를 포함하여 여전히 많은 이민자들을 끌어들이며, 이들은 열심히 일하며 성공을 위해 노력하는 사람에게 주어지는 기회를 위해 미국생활의 고난을 기꺼이 견뎌낼 준비가 되어 있다. 미국 땅을 밟은 이민자들은 본 장에서 설명한 요소들의 상호작용에서 비롯된 독특한 문화충격을 경험하는 경향이 있다. 미국에서 흔히 하는 말과 금언들에 이 문화적 충격의 많은 부분이 요약되어 있으며, 그 중 일부를 짚어 보는 것으로 본 장을 마무리 한다.

- 삶이란 한 바구니의 체리와도 같다.
- 함께 모여 이 문제를 풀어보자.
- 이봐! 그건 폭력적인 것이 아니라 기운이 넘치는 거야.
- 최고의 자리는 외로운 법.
- 날 그냥 좀 내버려둬!
- 나 가야돼. 다음에 얘기하자.
- 미국… 사랑하거나 떠나거나!
- 뜻이 있는 곳에 길이 있다.
- 한 번에 한 걸음씩.
- 너무 늦은 것이란 없다.
- 나이지리아에서 왔다고? 독일에 있는 도시인가?
- 안녕! 기분이 어때? (딱히 대답을 바라거나 기대하시지 않고 길어가면서)

06

중국의 만리장성

역설적 사고란 둘 중 하나(either-or)가 아닌
둘 다(both-and)를 가리키는 것으로,
흑백의 이분법적 시각이 아닌
미묘한 차이를 인정하는 회색의 시각이다.

중국

GLOBAL CULTURE

그녀가 살던 호숫가 마을을 구불구불 돌아 산기슭에 위치한 묘지로 가는 길, 나는 거친 면으로 짠 울긋불긋한 모자를 쓴 채 그녀의 자손들 사이에 자리를 잡고 관에 머리를 조아리며 장례식 행렬을 따라 터벅터벅 걸었다. 그 사이 중국인들의 삶에 미치는 조상의 영향력을 깨닫고 크게 놀랐다. 무릇 영성과 권위는 교회나 사원에서 비롯되게 마련이지만 중국에서는 조상과 가계도에서 비롯된다. 사람들은 신이 아니라 조상들 앞에서 수치심을 느낀다.

-폼프렛(John Pomfret), 중국인 여성과 결혼한 워싱턴 포스트 기자,
부인의 조모 장례식 장면을 묘사한 글 (2003)

중국에 깊은 상처를 남긴 마오쩌둥(毛澤東) 정부에 이어, 1970년대 후반 공산주의와 자유시장경제의 조화를 강조하는 새로운 공산당 지도부가 들어선 중국에서는 큰 변화가 일어났다. 마오와 주변 인물들은 중산층을 조롱하고, 많은 사람을 희생시켰으며, 전통과 관계, 교육을 강조하는 유교(儒敎)를 송두리째 없애려 했다. 그러나 새로운 공산당 지도부는 자유시장경제와 사회기반시설의 건설에 힘썼다. 그 결과 경제가 빠르게 성장했으며, 2025년까지 중국의 국민총생산(GNP)이 미국을 뛰어넘을 것이라는 예측까지 나오고 있다. 현 중국정부가 공자(孔子)의 가르침을 떠받들고 자유시장경제 발전의 가치를 강조한다는 점은 아이러니다. 천안문 광장에 거대한 동상이 서 있기도 한 공자는 중국에서 마오쩌둥보다 더 높이 추앙받는 유일한 인물이다. 중국정부는 국내는 물론 해외에서도 공자학원의 설립을 추진하여 현재 전 세계적으로 340개의 공자학원이 운영되고 있다. 공자평화상도 제정되었는데,

이 상의 지지자들은 권위와 상금 면에서 이 상이 노벨평화상에 견줄 수 있게 되기를 바라고 있다.

중국인들의 삶의 질은 향상되었지만 경제 불평등은 심화되었다. 토지를 소유한 지방정부가 토지에서 농부들을 몰아낸 결과, 도시 인구 규모가 농촌 인구 규모를 추월하는 역사적인 변화가 일어나고 있다. 세계은행(World Bank)에 따르면 중국의 소득 불평등은 라틴아메리카 및 일부 아프리카 국가와 같은 수준이다. 생산 가능 인구의 41%가 농업에 종사하지만 농업의 GNP 기여도는 11%에 불과하다. 평방킬로미터당 인구는 139.7명으로 미국의 32.9명을 훌쩍 뛰어넘지만 일인당 국내총생산(GDP)은 3,270달러로 미국의 4만6,350달러에 훨씬 못 미친다. 2011년 경제자유지수(Index of Economic Freedom) 조사에서는 전체 179개국 중 135위를 기록했다 (T. Miller, 2011). 중국은 미국과 함께 세계 최대의 온실가스 배출국이다. 중국은 그 어떤 나라보다 오존층 파괴가 심각하고, 전국에 있는 강과 호수의 70%가 오염되었으며, 인구의 절반은 깨끗한 식수를 마시지 못한다.

한 자녀 정책은 인구구조에 문제를 가져왔다. 중국 여성 1인당 평균 출생아 수는 1.8명으로 인구규모를 안정적으로 유지할 수 있는 인구대체율(replacement rate) 2.1에 미치지 못한다. 이와 동시에 기대수명은 1949년 35세에서 현재 73세로 급격하게 증가했다. 이는 인구가 노령화되고 있으며, 인구의 대부분이 공적연금이나 개인연금의 혜택을 누리지 못하게 된다는 뜻이다 (Pomfret 참고, 2008). 또한 남아선호사상으로 인해 앞으로 남성들이 결혼 상대자를 찾기 어려워질 것이다.

자전거가 주된 이동수단이던 1978년 이래 중국에 가보지 못한 사람이 오늘날의 중국을 보면 깜짝 놀랄 것이다. 당시에는 인구의 대부분이 농촌에 살았고 가난했지만 역설적이게도 오늘날보다 평등했다. 마오는 모든 인민을 먹여 살릴 수 있는 '쇠 밥 그릇(鐵飯碗, 국영기업이 제공하는 종신고용제도 - 역자 주)'을 강조했지만 준비가 덜 된 채 정책을 시행한 결과 무려 5,000만 명이 넘는 아사자가 발생하고 말았다. 일례로 대도시에서 전 인민이 솥을 시끄럽게 두드리며 새들이 땅에 내려앉지 못하게 해서 새들을 박멸해버린 일이 있었다. 이는 마오쩌둥이 '더러운' 새들을 없애서 도시를 깨끗이 하고자 했기 때문이라고 한다. 그러나 기대와는 달리 새가 사라진 도시에서는 기생충과 해충이 창궐하고 질병이 확산되었다. 또한 현대적 철강 산업의 발전을 원한 그는 농부들에게서 웍(wok, 중국 음식을 요리할 때 쓰는 냄비 - 역자 주)을 빼앗아, 그 쇠를 녹여 현대적 장비를 생산하려고 했다. 그러나 요리 도구라고는 낡은 웍 밖에 가진 것이 없었던 농부들이 굶어 죽게 되자 마오가 원했던 현대적 철강 산업의 꿈도 허공으로 사라지고 말았다.

오늘날의 중국은 도로에는 자동차가 가득하고, 모든 것이 빠른 속도로 진행되며, 철과 석유 같은 천연자원을 무서운 속도로 소비하는 나라이다. 인구 13억 4,000만 명으로 세계최대의 인구대국이기도 하다. 소비만능주의(consumerism)와 함께, 유교문화에서 존경의 대상이던 늙은 부모를 저버리고서라도 개인의 욕망과 필요를 충족하는 것을 매우 중요하게 생각한다. 성인이 된 자식들이 부모를 버리고 사회적으로 지탄을 받는 일이 흔하고, 부모를 모시는 전통적 유교관습을 어긴 죄로 감옥에 가는 일도 드물지 않게 볼 수 있다.

그러나 서두의 인용을 통해 알 수 있듯 중국인들은 여전히 과거와 전통의 가치를 소중하게 여긴다. 무명이던 커뮤니케이션학 교수 유단(Yu Dan)은 자신이 집필한 공자에 관한 책이 베스트셀러가 되면서 유명세를 탔고, 공자의 사상을 강조하는 학교도 생기고 있다 (Fan, 2007, Ni, 2007). 유교전통을 따르는 성인들은 주말이나 주중에 유교에 대해 공부하고 이를 실천한다.

어떤 문화집단을 설명하거나 묘사한다는 것은 언제나 매우 어려운 일이지만 중국인의 경우는 더욱 그렇다. 중국인들은 교활한 눈빛을 가진 민족, 이해불가한 민족과 같은 여러 가지 외피가 덧입혀져 정형화되었다. 아이러니하게도 중국인들조차 중국인을 설명하기 어려워하는데, 중국인들이 고맥락 의사소통을 하는 경향이 있는 것이 그 이유 중 하나이다. 게다가 세계 여러 나라에서 배척과 차별을 당하면서 중국인들에게는 위험을 최대한 회피하려는 경향도 생겼다. 중국에 관한 수많은 저작이 있지만 대부분 '할 것과 하지 말아야 할 것' 또는 중국이 권위서열, 고맥락 문화에 속하며 붉은색은 행운의 상징이라는 등의 지극히 당연한 측면에만 주목한다. 그러나 고맥락 의사소통에 관한 이러한 일반화도 역시 수정되어야 할 것이다.

1999년 팡(Tony Fang)이 쓴 중국인의 사업협상 방식에 관한 책은 그와 비슷한 이전의 저작에는 결여되어 있던 통찰력 있는 분석을 제시했다. 중국에서 태어난 팡은 중국 기업의 협상대표를 20년간 지내고 스웨덴의 린쉐핑 대학(Linköping University)에서 박사학위를 받았다. 이러한 경험은 그가 중국인과 서양인의 시각을 모두 이해할 수 있는 배경이 되었다. 그의 책은 중국협상가들은 진실된 동시에 기만적인, 역설적 측면이 있다는 서양협상가들의 끈질긴 주장을 중심으로 진행된다. 이것이 어떻게 가능할까?

중국인들을 이해하기 위해서는 1999년에 팡이 밝힌 역설과 중국만의 문화적 은유의 대상인 만리장성에 집중하는 것이 도움이 된다. 눈에 보이는 만리장성을 문화적 은유의 대상으로 활용함으로써 눈에 보이지 않는 중국인들의 가치, 태도, 행동의 만리장성을 이해하고자 한다.

역설은 중국식 사고의 핵심이다. 역설이란 기본적으로 상호의존적인 정-반 또는 서로 대립하는 현실의 상태가 동시에 존재하는 것을 뜻한다. 예를 들어 중국어의 **얼마입니까**(多少)라는 말은 **많음**(多)과 적음(少)을 뜻하는 단어가 합쳐진 단어이다. 또한 안(內)과 밖(外)을 뜻하는 단어를 합치면 어디나(各处)라는 의미가 된다. 역설적 사고란 '둘 중 하나(either-or)'가 아닌 '둘 다(both-and)'를 가리키는 것으로, 흑백의 이분법적 시각이 아닌 미묘한 차이를 인정하는 회색의 시각이다.

이번 장에서도 각각의 소제목은 문화적 은유의 각 단면을 나타낸다. 팡은 중국의 문화적 은유의 특성 가운데 하나로서 역설을 설명하기 위해 중국의 복잡하고 굴곡진 긴 역사, 유교가 중국인들의 행동에 미친 영향, 손자병법에 소개되는 손자(孫子)의 여섯 개 원칙으로 시장에 적용되는 전쟁과 시장에 대한 중국인들의 시각, 이 세 가지의 연관된 설명을 제안했다 (McNeilly, 2012). 우리는 이 세 가지 설명에 대해 알아본다.

만리장성: 복잡하고 굴곡진 긴 역사

만리장성을 여행한 사람은 7,200킬로미터에 달하는 엄청난 길이와 크기, 웅장함에 압도당하고 만다. 중국 최초의 황제인 진시황이 기원전 221년부터 폐허가 된 장성을 복구하고 이를 새로 쌓은 부분과 연결하여 길이 4,828킬로미터에 달하는 만리장성을 건설했다고 한다. 건설 의도는 이민족의 침입을 막기 위한 것이었다. 공격에 실패한 침입자들은 그 주변에 정착하여 중국과 교역을 하는 일이 흔했고 혼인을 통해 중국으로 들어가는 일도 많았다. 그러나 불행하게도 진시황은 유교를 법으로 금지할 만큼 폭압을 일삼는 잔인한 전제군주였다. 많은 전제군주들이 자신의 우월성을 증명하고자 했던 것과 마찬가지로 시황제도 자신을 위한 거대한 무덤을 건설했고, 이를 위해 70만 명의 인력이 34년간 동원되었다. 그의 무덤에서 발견된 7,000기의 병마용은 오늘날 관광명소인 동시에 그 같은 노력이 얼마나 덧없는지를 알려주고 있다. 시황제 사후 불과 1년 만인 기원전 209년 진나라는 농민봉기로 멸망하고 말았기 때문이다.

같은 해에 한(漢)나라가 세워졌다. 오늘날 중국은 소수민족이 400개(일부 민족은 인구가 수천 명에 불과하다)에 이르고 56개의 언어가 사용되지만, 전체 인구의 약 85%가 한족으로 분류된다. 덕분에 중국은 다른 나라보다 문화적 통합성이 높은데 이는 중국의 성(姓)이 400개에 불과하다는 것에서도 알 수 있다. 이러한 단일성 덕분에 중국인들은 서로의 출신배경을 쉽게 파악할 수 있다.

한나라는 중앙아시아를 정복하고 만리장성을 고비사막 안으로 482킬로미터 연장하였으며, 멀리 떨어져있는 상인들을 이어주는 전설적인 실크로드를 수호했다. 상인들은 만리장성을 통과하지 않고서는 목적지에 이를 수 없었다. 한나라는 만리장성에 봉화대를 설치하고 연기로 신호를 보내는 정교한 체계를 이용하여 적의 침입사실과 그 수를 알렸다.

1368년에 건국된 명(明)나라는 만리장성을 현재의 길이로 연장하고, 기존의 토대를 활용하여 오늘날 우리가 보는 만리장성의 구조를 완성했다. 명시대의 만리장성은 규모가 더욱 크고 화려해서 보는 이에게 깊은 인상을 남긴다. 이 시기 중국의 국력은 절정에 이르렀고 중국은 점차 세계의 중심, '중화(中華)'라고 불리게 되었다. 지도는 중국을 중심으로 그려졌다. 이 같은 인식에는 이유가 있었는데, 이 시기의 중국 문명은 서양문명보다 훨씬 앞서 있었고, 이는 서양에서 산업혁명이 일어나기 전까지 지속되었기 때문이다.

이러한 논의에서 알 수 있듯 중국은 수천 년에 걸쳐 굴곡지고 복잡한 역사를 겪어왔다. 그 사이 길게는 수백 년간 지속된 평화의 시기도 있었고, 극심한 사회적 혼란기도 있었다. 만리장성은 이 모든 시기에 중국인과 중국문화를 지켜왔다.

유럽인들은 미국인들의 역사적 시간 개념을 훌쩍 뛰어넘는 시간 개념을 가졌다. 예를 들면, 유럽인들은 존 3세, 존 4세 같은 10세기의 왕과 여왕들을 아무렇지도 않게 얘기한다. 그런데 중국인들의 시간 개념은 이보다도 더 길다. 미국의 전략가들이 3년 또는 5년을 내다본다면 중국의 전략가들은 100년 또는 그 이상을 내다보고 계획을 세운다. 중국의 많은 기업들이 일가족 지배

혹은 가부장적 지배구조를 가지고 있다는 점에서 이러한 장기적인 시각은 전통 및 조상숭배와 관련 있다. 세계은행에 따르면 미국은 단일주주 지배구조를 가진 상장기업의 비율이 3%에 불과하지만 가족과 과거를 강조하는 아시아에서는 이 비율이 2/3에 달한다 (McBride, 2003). 중국도 마찬가지다.

여러 차례 문화적 뿌리가 뽑히는 경험을 한 중국은 해체된 국가문화의 전형적인 예가 되었다. 1900년 이후 중국은 정부의 형태가 현기증이 날 정도로 많이 바뀌었다. 그 중 1949년 출범한 마오쩌둥 정부는 중국이 세계시장에 참여하는 것을 실질적으로 가로막았다. 1970년대 후반에는 진보된 의식을 가진 공산당 지도부가 집권하여 중국의 세계시장 편입을 촉진했다. 앞서 말했듯 이들은 한정된 재화를 효과적으로 사용하기 위해 특정 지역을 먼저 개발하는 단계적 경제개발 정책을 추진했다. 러시아와 극적으로 대비되는(11장 참고) 이러한 접근이 성공함에 따라 개발경제학자들은 이를 이구동성으로 칭찬한다 (Stiglitz 참고, 2002).

미국과 아시아, 유럽 건축의 장점만을 모아놓은 것 같은 도시인 상하이에 방문하면 가장 먼저 고층건물들이 만들어 내는 스카이라인에 깊은 인상을 받는다. 의도적으로 문화적 단일성을 드러내는 정부 관료 및 기업인들과 몇 마디 나눠보면 이러한 긍정적 인상이 더욱 강화된다. 종종 '미래도시'라 일컬어지는 상하이와 중국의 다른 도시들은 만리장성을 건설했던 것과 같은 인내, 고된 노동, 장기적 시각, 대도시와 지방을 통합하는 체계적 접근 방식을 통해 건설되고 있다.

유교와 도교

유교사상을 이해하지 않고서는 중국문화를 이해할 수 없다. 공자는 지방정부의 통치자에게 조언할 수 있는 주요 직책을 맡지 못한 아쉬움을 뒤로하고 기원전 479년 세상을 떠났다. 그러나 통치자들끼리의 치열한 다툼으로 인해 공자의 사상이 상당 부분 수용될 수 있었으며, 대동(大同)사상이 구현되던 과거의 이상향과 일치하는 전통의 확립과, 이의 영원하고 의도적인 보존을 주장하는 그의 사상에 많은 이들이 동조했다.

유교 사상은 다섯 가지 원칙에 집약되어 있다. 첫 번째는 인간다운 성품 또는 타인에 대한 박애와 자신에 대한 존중을 말하는 인(仁)이다 (H. Smith, 1991 참고). 두 번째 군자(君子)는 가능한 모든 것을 이기적으로 취하지 않고, 타인을 최대한 포용할 수 있는 적절함을 갖춘 인간이다. 군자는 언제나 타인에게 진실해야 하며, 이는 팡이 강조한 중국 협상가들의 진실성을 잘 설명해준다 (Fang, 1999). 세 번째 예(禮)란 적절함, 즉 일이 마땅히 되어져야 하는 방식이다. 예를 들어, 마땅히 지켜야 할 다섯 가지 도리인 오륜(五倫)은 부자, 형제, 부부, 어른과 아이, 그리고 임금과 신하 사이에 지켜야 할 적절한 행동을 말한다. 오륜은 유교체계의 핵심이며 권위서열 문화의 형성을 뒷받침한다.

더 나아가 예는 공자가 가족을 중시했음을 보여준다. 예 사상은 초기 조상숭배 시기부터 발전하여 효도와 노인에 대한 공경의 개념까지 포함하게 되었다. 중국인들이 보기에 인간은 오직 타인과의 관계에서만 존재하며, 특히 가족과의 관계 속에서 존재한다. 예의 두 번째 의미는 의식(ritual)이다. 한 사람의 일생에 걸쳐 일어나는 모든 활동에는 의식으로서의 예가 깃드는 것으로 설명된다.

네 번째는 덕(德)이다. 덕이란 무력이 아닌 도덕적 모범을 통해 사람을 지배하는 힘을 말한다. 다섯 번째는 평화를 달성하는 수단이자 도덕 교육의 도구로서 예술에 중요성을 부여하는 문(文)이다.

의도적으로 전통을 발전시키는 방법은 극단적인 사회적 민감성을 갖추는 것으로, 이는 여전히 중국인들의 체면 개념에서 나타난다. 8장 일본의 정원에서 논의되듯, 체면이란 사람들이 사회에서 서로의 위신과 자존감에 불필요한 흠집을 내지 않기 위해 지키는 암묵적인 규칙이다. 예를 들어 협상의 승자는 특히 협상을 지켜본 사람들이 패자가 누구인지 잘 알 수 있을 경우 패자를 위해 전술차원에서의 보상을 일부 남겨야 한다. 급작스럽게 돌아가신 아버지가 남긴 사업 빚을 아들이 몇 년간 열심히 일해서 갚는 것이 가족의 체면을 지키는 길이다. 체면을 잃은 사람은 마치 아무 일도 없었다는 듯 무뚝뚝한 표정을 짓는데, 이는 자제심을 잃거나 좌절과 분노를 드러내면 체면을 잃게 되기 때문이다 (Bonavia, 1989).

물론 어느 문화권에서나 사람들은 체면이나 명예를 지키려고 한다. 실패하거나, 모욕당하는 것, 이와 비슷한 어떤 일도 반기지 않는 것이 일반적이다. 그러나 협상 당사자는 자신의 체면을 지키는 것뿐만 아니라 상대의 체면도 살려줌으로써 어느 누구도 난처하지 않게 할 의무가 있다는 점에서 중국인들은 체면에 또 다른 차원을 더했다고 할 수 있다. 그리고 이것이 바로 군자가 해야 할 행동이다.

유교에는 인격화된 신 개념이 없고, 천국에 대한 결정적 개념이나 살아있는 자를 돕는 조상들이 사는 저승에 대한 구체적인 설명도 없기 때문에 일부 전문가들은 유교가 전통적 의미의 종교가 아니라고 말한다. 그래서 중국인들은 사후세계가 아니라 현세에 더욱 집중하는 경향이 있다. 비록 주로 현대의 중국을 다루었지만, 보나비아(David Bonavia)는 다음의 묘사를 통해 중국인들의 특징을 잘 설명했다.

자신을 둘러싼 세계에 대한 중국인들의 태도를 가장 결정적으로 보여주는 특징은 그들이 현세의 삶에 온전히 헌신한다는 것이다. … 이러한 세계관에서 보면 종교, 섹스, 전쟁을 비롯한 모든 인간 활동이 무언가를 쟁취하기 위한 기능적 행위에 속한다. 오로지 예술만이 내재된 가치가 있으며, 예술은 추상적 양식이 아니라 주로 현실세계 또는 상상의 세계를 반영한다. … 중국인들은 행위에는 자고로 목적이 있어야 한다고 생각한다. 고통에 고결함이란 없으며 죽음은 저승세계와 관련된 번거로운 일일 뿐이다. … 칼로 자신의 볼을 찌르거나 달궈진 석탄 위를 걷는 힌두교 성인들은 중국인들이 보기에는 바보나 사기꾼에 불과하다. … 중국 사회의 중심적 개념은 기능성이다 (Bonavia, 1989: 56~57).

유교가 사회에서의 행동방식에 관한 것이라면, 도교(道敎)는 중국인들의 주된 종교라고 할 수 있다. 도교는 기원전 604년에 태어난 노자(老子)가 창시한 것으로 알려져 있으며, 주된 교리는 '길과 힘' 즉, 『도덕경(Tao Te Ching)』이라는 얇은 한 권의 책에 들어 있다. 도(道) 즉, 길에는 세 가지 중첩된 의미가 있다. 첫째, 도는 신비한 통찰력을 통해서만 깨달을 수 있다. 둘째, 도는 우주 삼라만상의 근본원리이며 자연의 법칙이자 자연을 움직이는 힘이다. 셋째, 도는 인간이 우주와 균형을 이루기 위해 삶을 영위하는 방식이다.

힘의 속성

이 영향력 있는 책의 두 번째 장은 힘에 관한 것으로, 이는 인간은 우주의 법칙과 조화된 삶을 영위함으로써 힘이 생긴다는 믿음을 가리킨다. 중국인들의 특징을 형성해온 이러한 접근은 평온하고 격조 있는 상태에 이르고자 하는 욕구에 반영되어 있다. 우주와 일치된 삶의 기본적인 태도는 무위(無爲) 즉, 창조적인 안식(creative quietude)이다. 역설적으로 들리겠지만 무위란 행위와 휴식을 동시에 취하는 것으로 행위가 자연스럽게 흘러가도록 두는 것을 말한다. 창조적 안식이란 무엇을 강제하거나 억지로 하는 것이 아니라 삶과 자연 속에서 빈 곳을 추구하고 고요하고도 저항이 가장 덜한 방법으로 분쟁을 피해가며 행동하는 것이다.

도교신자들은 어떤 형태의 자기주장이나 경쟁도 거부하며, 물질적 소유보다는 자연과의 합일과 간소한 삶을 추구한다. 폭력에 대한 극단적인 거부는 평화주의(pacifism)와 일맥상통한다. 도교에서는 중국의 전통적인 음양 상징이 사용된다. 음양의 원리는 가치와 개념이 이분법으로 명확하게 나뉘는 것이 아니라 마음에 의해 상대적으로 결정된다는 의미로, 가치와 개념은 정의 자체가 미묘한 '양가적(both-and)' 사고를 대변하는 역설이라는 뜻을 담고 있다. 음양개념에 따라 사고한다는 것은 우주에 대해 빛과 그림자, 성장과 부패, 햇빛과 달빛, 천상과 지상, 남성과 여성같이 서로 영향을 주고받으며 대립하는 두 가지를 짝을 지어 파악한다는 뜻이다. 어떤 것이 음과 양 어디에 속하느냐 하는 것은 내재적 속성이 아니라 다른 것과의 관계에서 어떤 역할을 하느냐에 따라 결정되며, 이는 중국인들의 관계중심 체계와 일치한다. 이러한 사고에 대해 클레어는(Alasdair Clayre)는 다음과 같은 설명을 덧붙였다.

> 천상에 비교하면 인간은 음이라고 할 수 있지만 지상에 비교하면 양에 해당한다. 천상은 그 자체로 공기, 빛, 행동, 생산, 시작, 남성 같은 우주의 양의 성질을 구현하는 최상의 존재이다. 지상은 땅, 어둠, 차가움, 침묵, 성장을 지탱하는 힘, 반응, 여성 같은 깊은 음이다 (Clayre, 1985: 201).

남성과 여성이 절대적으로 양과 음에 속하는 것은 아니다. 남성과 여성에게서는 둘 중 어느 한 측면이 절대적으로 두드러지며, 내부에서의 균형과 서로 간의 균형은 달라질 수 있다. 두 요소의 관계는 끊임없이 변화하며, 번갈아가며 우위가 나타나는 지속적인 주기를 형성한다. 이 같은 생각은 아마도 농경사회에서 나타나는 해의 변화에 따른 성장과 부패의 반복과 낮과 밤, 계절의 변화에서 비롯되었을 것이다.

도교신자들은 유교신자들이 거만하고 허례허식에만 신경 쓴다고 보아 전통적으로 유교에 별로 공감하지 않았다. 더욱 근본적인 차이는 "공자는 사회 안에서 맴돌고, 노자는 사회 밖에서 떠돈다"는 중국인들의 말에서 드러난다. 그러나 도교와 유교, 불교는 여러 가지 면에서 상호보완적이기 때문에 흔히 '하나에 대한 세 가지 믿음'이라고 불린다. 그래서 중국인들은 유교를 일상생활의 지침으로 삼고, 의식을 위한 정화나 굿을 할 때는 도교에 의지하며, 장례식은 불교식으로 치른다.

지금까지 중국인들의 가치체계를 이루는 주요 개념과 가치를 대략적으로 살펴보았다. 주의해야 할 점은 이 가치체계는 상황에 따라 다양하게 변형될 수 있다는 것이다. 그럼에도 불구하고 마오쩌둥 등의 바람과는 달리 이 가치체계는 완전히 무너지거나 급격한 변화를 겪은 적 없이, 오히려 오랜 시간에 걸쳐 서서히 진화해왔다. 킹(Ambrose King)은 6,000만 명에 이르는 해외 화교 중 다수가 "전통적 효·집단 덕목과 새로운 경쟁적 환경에서 형성된 실용주의가 결합한 합리적 전통주의"를 발전시켜왔다고 주장했다 (Kotkin 인용, 1993: 177). 이탈리아의 가톨릭 신자들이 미사에 부정기적으로 참석하듯, 해외 화교는 물론 많은 중국 내 거주자조차 도교, 유교, 불교로부터 종교적 영향보다는 문화적 영향을 더 크게 받는다.

다양한 언어

중국문화는 언어와도 밀접하게 연관되어 있다. 중국 내 다양한 지역에 살고 있는 민족들은 인종적 뿌리가 각자 다르고 서로의 사투리를 알아듣지 못한다. 광둥어를 주로 사용하는 동남부지역 사람들은 북부지역 방언인 북경어를 이해하는 데 애를 먹는다. 북경어는 격식을 갖춘 언어인 반면, 광둥어에는 비속어가 많고 말소리가 매우 커서 애정을 표현하는 연인의 대화가 남들에게는 싸움으로 들릴 정도다 (Pierson, 2006). 놀라운 것은 모든 방언이 발음은 다르지만 표기법은 동일해서 발음에 상관없이 누구라도 이해할 수 있다는 점이다. 26개의 철자로 모든 소리와 단어를 표현하는 영어와는 달리, 중국어는 각기 다른 단어를 표현하는 5만 개 이상의 상징과 어표의 창고라고 할 수 있다. 비상한 암기 실력이 있어야만 이러한 언어를 완벽히 습득할 수 있으며, 바로 이 점이 중국어의 문화적 가치를 높여주는 것이기도 하다. 이 같은 일반화는 중국어에서 파생된 일본어에도 해당된다 (De Mente, 1990 참고).

지금까지의 논의를 통해 드러났듯, 영어는 직접적이고 이해하기 쉬운 저맥락 언어로서 이러한 점 덕분에 영어가 특히 비즈니스 언어로서 전 세계로 확산될 수 있었다. 그러나 고맥락 언어인 중국어와 일본어 사용자들은 맥락에 따라 하나의 단어에서 다양한 의미가 추론될 수 있는 만큼 단어선택에 신중해야 한다. 『중국시보(China Times)』(중국어로 발행되는 대만의 4대 일간지 중 하나 - 역자 주)의 유명 언론인 푸(Norman Fu)는 바로 이러한 점 때문에 기사를 중국어보다 영어로 쓰는 것이 더 편하다고 말하기도 했다 (Chen 참고, 2001).

만리장성을 따라 걷다 보면 도망가는 침입자뿐만 아니라 중국인들의 시각, 사고체계, 언어가 발전해온 길고 복잡한 역사를 쉽게 떠올릴 수 있다. 만리장성과 마찬가지로 유교나 도교도 하루아침에 생긴 것은 아니다. 중국인들이 불교 등의 다른 체계를 수용하기는 했지만, 여전히 그들 고유의 체계가 가진 본질을 유지하고 있다. 중국인들의 사고방식은 보수적이면서도 변화를 수용할 줄 안다. 이에 대해서는 다음 장에서 더욱 자세히 다룰 것이다.

손자, 전쟁, 시장

기원전 400년경 중국의 장군이었던 손자는 전쟁과 성공적인 전쟁방식에 관한 가장 위대한 병법서 가운데 하나를 집필했다. 이처럼 대단한 책을 짧은 요약에 담는다는 것은 불가능에 가까우므로 독자들은 2012년에 개정판이 나온 맥닐리(Mark McNeilly)의 『손자와 비즈니스의 기술(Sun Tzu and the Art of Business)』을 통해 원전을 읽고 각자 판단하기 바란다. 맥닐리는 손자의 병법서에서 6개의 원칙을 도출하고 이를 구체적으로 비즈니스와 시장에 적용한다. 지금부터 이 여섯 개의 원칙을 설명하고, 팡이 말한 진실한 동시에 기만적인 중국 협상가들의 역설과 연관 지어 보겠다 (Fang, 1999).

팡과 첸(Ming-Jer Chen)이 지적하듯, 손자의 제1원칙이 전쟁은 자원과 인명의 불가피한 손실을 초래하므로 가능한 피해야 한다는 것인 만큼 이 책은 『평화의 기술(The Art of Peace)』로 불려야 마땅하다 (Chen, 2001). 맥닐리는 이 원칙에 대해 "전쟁을 하지 말고 승리하라, 즉 시장을 파괴하지 말고 획득하라"는 말로 설명한다 (McNeilly, 2012). 예를 들어 항공사들의 전략·전술적 결정의 절반은 가격인하 정책으로, 이는 비생산적인 가격전쟁을 일으켜 연관된 모든 기업에 과도한 부담을 안기는 경우가 많다 (K. Smith, Grimm, Gannon, 1992). 정반대의 예는 시스코(Cisco)다. 시스코가 성공할 수 있었던 부분적인 이유는 모든 관련 기업에 이득을 가져다 준 주식 교환을 통한 경쟁사 인수다. 피인수 기업 직원들의 불안을 달래기 위해 시스코는 피인수 기업에서 대규모 인력감축을 단행하기에 앞서 시스코 CEO와 피인수 기업 CEO가 먼저 합의해야 한다는 원칙을 세웠다.

나머지 다섯 가지 원칙은 첫째 강점은 피하고 약점을 공격하라, 즉 경쟁사가 예측하지 못한 부분을 공격하라, 둘째 교란과 사전정보, 즉 시장정보를 최대한 활용하라, 셋째 속도와 준비 즉, 경쟁사를 뛰어넘기 위해 재빠르게 움직여라, 넷째 적을 파악하라, 즉 경쟁사를 뜻대로 움직일 수 있는 수준의 전략을 구사하라, 다섯째 인품에 기반한 리더십, 즉 어려운 시기에 필요한 리더십을 구사하라는 것이다. 1368년에서 1600년 사이 무명의 저자가 동쪽에서 소란을 피우고 서쪽에서 공격하라는 등 손자의 원칙과 일맥상통하는 36개의 유명한 계책을 써서 이것이 오늘날까지 '36계'로서 전해진다.

팡은 『손자병법(*The Art of War*)』과 클라우제비츠(Karl von Clausewitz, 프로이센의 장군이자 전쟁의 심리적, 정치적 측면을 강조한 군사이론가 – 역자 주)의 전쟁에 관한 고전 『전쟁론(On *War*)』(1832/1989)의 비교를 통해 중국식 사고와 서구식 사고의 차이를 밝혔다 (Fang, 1999). 양측 모두 전쟁은 정치적 목적을 이루기 위한 것이라는 데 동의한다. 그러나 손자가 싸우지 않고 승리하는 법과 이와 관련된 원칙을 강조했다면 클라우제비츠는 적을 압도할 수 있는 최대의 전투력 사용을 강조한다. 두 차례의 세계대전 동안 인명과 토지, 도시의 극단적인 파괴가 자행된 것은 모두 클라우제비츠의 원칙이 적용된 결과다.

또한 팡은 중국 협상가와 서구 협상가를 가르는 것은 보이지 않는 만리장성이며, 다른 많은 아시아의 협상가들은 중국의 영향을 크게 받아서 비슷한 행동, 사고, 고맥락 의사소통 패턴을 보인다고 말한다 (Fang, 1999). 중국 협상가들은 서구 협상가들을 환대하여 만리장성에 데려가는 호의를 베풀지만 보이지 않는 만리장성은 가능한 깊숙이 숨겨둔다.

세 가지 힘

팡에 따르면 오늘날의 중국인들의 성격 또는 협상 스타일이 성립한 데에는 세 가지 힘이 작용했다 (Fang, 1999). 첫 번째는 중국의 긴 역사, 특히 1949년 마오쩌둥 집권 이후의 현대사이다. 마오쩌둥이 중국에 남긴 상처를 잘 알고 있는 중국인들은 다시는 그 같은 일을 겪지 않기를 바란다. 1990년경 카네기멜론대학 교수 두 명이 중국에서의 비즈니스에 관한 동영상을 촬영한 적이 있다. 인터뷰에 응한 중국인 경영자들 중 다수가 인터뷰를 했다는 이유로 화를 입을 것이 두려워 화면에 얼굴이 나오지 않게 해줄 것을 요구했다. 1920년대에 외국기업에서 일했다는 이유로 1949년 마오쩌둥 집권 이후 체포당했던 사람들을 생각하면 이런 두려움을 가지는 것도 이해할 만하다. 당시에는 자본주의와 '자본가의 길을 내는 사람들' 즉, 자본주의에 동조하는 사람들은 뼛속까지 사악한 인간으로 낙인이 찍혔기 때문이다. 오늘날에도 중국정부는 인터넷을 샅샅이 검열·통제하고 반정부 성향이 강한 사이트는 폐쇄해 버린다. 이에 반발하는 사람들이 체포되거나 구금되는 것도 드물지 않게 볼 수 있다. 구글, 야후 같은 외국기업들조차 다른 나라에는 존재하지 않는 규제들을 중국에서는 준수해야 한다. 그래서 1990년에 인터뷰에 응했던 중국인 경영자들이 하나같이 신분을 숨기려고 했던 정도까지는 아니라도, 중국인 협상가들은 여러 가지 측면에서 보수적인 경향을 보인다.

팡이 말한 두 번째 힘은 시장에 대한 중국인들의 인식이다 (Fang, 1999). 손자의 영향을 크게 받은 중국 협상가들은 시장을 싸우지 않고 승리하는 것을 목표로 하는 전쟁터로 본다. 중국 협상가들은 종종 서구 협상가들을 보이지 않는 만리장성을 돌파하려는 침략자로 인식하고 이들과의 협상에 온갖 종류의 전략, 책략, 속임수, 계략(유명한 36계를 포함)을 사용한다. 예를 들어 미국 협상가들은 가능한 빨리 일을 시작하여 자신들의 기본 입장을 전하려고 한다. 그러나 중국 협상가들은 관계를 확립하고 상대를 파악하며 시간이 지남에 따라 입장이 자연스럽게 전달되도록 하는 데 주력한다. 중국 협상가들은 장시간 이어지는 입씨름에 익숙하지만, 미국 협상가들을 이를 괴로워한다. 이러한 패턴이 바로 종종 고맥락 의사소통과 관련되는 '양가적(both-and)' 시각을 보여준다.

팡의 세 번째 힘은 중국인들의 성격과 협상 스타일로, 이것은 큰 부분 유교와 진실한 **군자** 개념에 의해 형성되었다 (Fang, 1999). 중국 협상가들이 준비성이 철저하고 친절하며 상대의 필요에 민감한 동시에, 싸움이 끊이지 않는 시장이라는 전쟁터에서 기만적인 행동을 하는 보수적인 면모를 보이는 이유가 바로 이것이다.

중국은 국토면적이 미국과 비슷하고 인구가 전 세계 인구의 오분의 일에 달하는 큰 나라이다. 서양 협상가들과 중국 협상가들이 서로에 대해 알아갈수록 양측의 관점 사이에는 공통점이 쌓여갈 것이다. 그러나 중국의 복잡하고 굴곡진 긴 역사와 진실성과 기만을 함께 강조하는 역설이 지속되는 한 보이지 않는 만리장성을 어떻게든 파악하기 위해서는 인내심을 발휘해야 한다는 주장이 지속적으로 유효할 것이다. 서양 기업들이 그동안 알게 되었듯 이는 불가능한 일은 아니다. 대(對) 중국 투자의 수익성이 떨어진다는 불만이 제기된 지 여러 해가 지나고, 이제는 수익을 내기 시작했다는 보고서들이 나오고 있다. 이 같은 경험과, 중국인들의 관점을 설명하는 팡의 삼자모델이 시사해주는 것은 그렇게 되기까지 오랜 시간이 걸리고 많은 일들이 이루어져야 함에도 불구하고, 이는 결국 인적 관계에서나 시장 성공 측면에서나 만족스러운 결과를 가져올 것이라는 점이다.

07

중국의 가족제단

제단은 흩어진 가족들을 '묶는 유대'이고,
확장된 가족이 산 자와 죽은 자,
아직 태어나지 않은 자를 포함하는 것으로
보게 하는 중심이 된다.

중국

GLOBAL CULTURE

천진대학교 캠퍼스에서 가장 유명한 장소 중 하나는 … 최초의 졸업장이 새겨져 있는 돌이다 … 졸업장의 연대인 1900 옆에는 졸업자의 이름이 그의 아버지, 할아버지, 증조부의 이름과 함께 인쇄되어 있다. … 그 졸업장은 중국사회의 가족 전통의 힘에 대해 많은 것을 말해준다. 중국 사회의 다른 모든 개개인과 마찬가지로, 졸업자는 기본적으로 그의 가족이라는 맥락 속에서 존재한다. 그의 성취는 그들 모두에게 속한다.

— 첸(Ming-Jer Chen, 2001, p. 19)

서구인들이 아시아의 전통적 불교 사원을 방문했을 때, 그들은 와불, 좌불 등 여러 다른 부처의 상을 보게 된다. 그러나 중국의 불교 사원에서는 거대하고 가공할 만한 전사들을 상징하는 위협적인 상들이 다양한 형태의 부처상을 보충한다. 이 사납게 보이는 상들은 종종 거칠어 보이는 수염과 콧수염이 있고, 큰 칼을 들고 있다. 이 전사들이 확장된 친척 관계와 가족 집단 내의 중요한 사람들의 실제 상징이고 그들이 1,000년이나 2,000년 전에 중국의 마을에 실제로 살았다는 것을 알게 되는 것은 많은 서구인들에게 놀라움이다. 이 전사들이 사원에서 차지하는 영광의 지위는 부처의 상과 함께 그것을 둘 정도로 중국이 가족과 친척 집단에 부여하는 중요성을 보여주는 한 가지 예에 불과하다.

이 책 전반에 걸쳐, 우리는 우리의 분석 단위가 되는 나라에 현저한 주의를 기울였다. 그러나 GLOBE 연구와 같은 많은 연구가 보여주듯이, 국가들을 언어, 지역, 지리적 근접성 등의 면에서 서로 비슷한 집단으로 묶는 것이 가능하다 (House et al., 2004). 그럼에도 불구하고, 우리는 국가의 집단에 알맞은 은유를 찾는 것이 어렵다는 것 또한 알고 있다.

그러나 중국 민족은 그들이 거주하는 나라에 관계없이 하나의 은유가 적절하게 하나의 민족 집단을 상징한다. 이것은 다른 민족 집단에는 통용되지 않는 것 같다. 코트킨(Joel Kotkin)은 그들의 고국 밖에서 주목할 만한 경제적 성공을 거둔 주요 민족 집단들, 즉 국외 거주 또는 해외의 중국인, 일본인, 유태인, 영국인, 인도인을 묘사했다(Kotkin, 1993). 그러나 이 책에서 묘사된 비-중국인 집단에 대한 은유, 각각 일본의 정원, 영국의 전통 가옥, 시바의 춤은 이들 집단의 구성원이 국외 거주자였을 때는 완전히 적용되지 않는다.

가족의 중요성

가족과 친척 관계의 중요성은 국외에 거주하는 중국인에게 아무리 강조해도 지나치지 않고, 우리가 그들을 위해 선택한 은유, 가족제단은 이 사실을 반영한다. 여러 국가에 살았던 한 대만 외교관은 대만에 가족제단이 있었지만 여행 중에는 그와 자녀들이 기도를 드릴 수 있도록 조상들을 그린 그림을 가지고 다녔다. 에이미 탄(Amy Tan)의 베스트셀러 소설 『부엌신의 아내(*The Kitchen God's Wife*)』는 그 제목에 이 개념을 담고 있다. 유교에서는 살아 있는 친척이 가능하다면 정기석으로 무덤을 돌보고 그렇지 못하면 적어도 찾아가는 것이 의무이기 때문에, 국외에 거주하는 많은 중국인들은 적어도 생애에 한 번은 조상의 무덤을 찾아갈 수 있도록 원래의 고향으로 돌아간다. 이름을 앞에 언급하는 서구의 풍습과는 달리, 중국의 성은 전통적으로 이름 앞에 나온다. 더 나아가, 많은 중국인들은 장례 때 고향으로 돌아가 조상 옆에 묻히는 것을 갈망한다. 수없이 들 수 있는 이러한 예는 고국에서나 타국에서나 가족과 친척 집단이 중국사회에서 차지하는 현저한 위치를 보여준다.

물론, 다른 민족 집단도 역시 가족지향적이다. 그러나 중국사회는 가족에 기초하는 다른 민족 집단처럼 개인주의적이지도 집단주의적이지도 않으며, 그 대신 관계에 기초하고 있다 (Bond, 1986). 예를 들어 유교 신봉자는 개인이 반드시 이행해야 하는 역할이 있다고 생각하지만, 그렇게 하면서 그들의 개인주의는 가족과 친척 집단에 더 큰 이익이 되도록 확장되고 그들을 풍요롭게 할 수 있다. 중국인의 관점에서 사람은 다른 사람과의 관계 속에서만 존재한다 (Chen, 2001). 그 안에서 역할이 분화되는 중국인의 관계에 기초한 제도는 집단적이고 분화되지 않은 일본인의 제도와는 상당히 다르다. 이는 중국인은 가족 중심 기업을 선호하는 것으로 보이는 반면, 일본인은 소니와 같이 회사의 발전을 선호하는 것처럼 보이는 이유를 설명하는 데 도움이 된다. 앞 장에서 지적했다시피, 아시아에서 공적 무역을 하는 회사의 약 25%가 보통 그 설립자인 단일 주주에 의해 통제되는데, 미국에서 이에 해당하는 수치는 3%에 불과하다. 물론 이들 중 다수는 중국의 가족기업이다 (S. McBride, 2003).

첸은 정확한 용어가 *가족기업(family businesses)*이 아닌 *기업가족(business families)*이라고 지적했는데, 기업이 세대를 통합하기 때문이다 (Chen, 2001). 이와 유사하게 팡(Tony Fang)은 이들 기업 가족이 가족의 자산을 쌓고 보전하는 보험회사처럼 운영된다고 지적했다 (Fang, 1999). 나카네(Chie Nakane)는 다음과 같이 말했다.

> 일본의 제도에서는 가구의 모든 구성원이 가족 내에서 개인의 지위에 따른 특별한 권리를 갖지 않고, 가장(家長) 아래의 한 집단이다. 일본의 가족제도는 가족윤리가 언제나 부자, 형제·자매, 부모·자식, 남편과 아내 등 특정 개인들의 관계에 기초하는 중국의 제도와 다르다. 일본에서 가족제도는 언제나 개인 사이의 관계가 아닌 공동체적 집단, 다시 말해 가족의 구성원에 기초한다 (Nakane, 1973: 14).

이렇게 중국인들은 친척 집단 내부이든 외부이든 그들과 타인과의 관계를 진지하게 받아들이는 경향이 있다. 그들은 나이가 많은 남자 형제, 나이가 어린 여자 형제, 어머니 쪽과 아버지 쪽의 각 아주머니와 아저씨를 부르는 단어가 따로 있으며, 지인의 경계를 분명히 넘어서는 평생 친구를 사귀는 경향이 있다. 그래도 다른 많은 고맥락 민족 집단처럼, 중국인들은 보통 함께 사업을 시작하기 전에 사람을 아는 데 오랜 시간을 보낸다. 중국 가족제도의 다른 독특한 특징은 아래에 설명되어 있다.

더 나아가, 일본인이나 다른 집단 지향적 문화의 구성원들처럼, 중국인은 개인을 집단과 분리해서 생각하는 데 어려움을 겪는 경향이 있다. 개인보다 집단의 중요성을 강조하는 중국어와 일본어, 아랍어와 같은 언어에는 **사생활**(*privacy*)에 해당하는 단어가 없다. 사실상, 일본어와 중국어에서 나(*I*)라는 단어는 나와 함께 쓰이는 많은 다른 문자들이 그렇듯이 그 함축적 의미가 부정적이다.

중국문화는 유교, 도교와 긴밀히 연관되어 있으며, 그보다는 덜하지만 불교와도 연관되어 있다 (6장 참조). 우리는 중국의 가족제단과 그것의 세 가지 차원을 묘사할 것이고, 독자들이 이 세 가지의 종교에 친숙하다고 가정할 것이다. 이 제단의 특별한 점은 가족의 지속성과 구조적 완전성을 상징하는 둥근 모양, 가족과 더 광범위한 사회 안에서의 조화 상징, 견고한 전통을 유지하면서 변화할 수 있는 능력인 유동성이다. 그 후에 우리는 약 6,300만 명에 달하는 국외 거주 중국인들의 활동과 그들이 경제적으로 중요한 원동력이 된 나라들을 짧게 서술할 것이다.

국외 거주 중국인

국외 거주 중국인들은 많은 다른 문화 집단의 구성원과 비교할 때 전 세계적으로 사업에서 대단히 성공적이었다. 애초에 이러한 중국 이민자들은 때때로 외국인에게 배타적이고 의심을 가지면서, 다른 문화를 중국문화보다 열등하다고 보는 경향이 있는 중국 주류 사회 출신이 아니었다. 그보다는 황제의 지배가 덜 엄격한 주변부 혹은 가난한 남부지역 출신이 많았다.

이러한 국외 거주 중국인들은 그들이 정착한 태국, 미국과 같은 나라에 효과적으로 통합되었고, 심지어 비-중국인과 결혼하는 사람들의 숫자도 증가하고 있다. 말레이시아나 인도네시아와 같은 다른 나라에서는 중국인이 차별과 분노를 경험하거나, 효과적으로 통합되지 못하는 경향이 있다. 1960년대 이래로, 말레이시아와 인도네시아에서는 중국인들과 그들의 재산을 노리는 폭동이 간헐적으로 발생해 왔고, 수천 명의 중국인들이 다치거나 살해당하고 재산피해를 입었다.

1990년대 후반, 중국인을 대상으로 한 폭동의 시기 뒤에 인도네시아 정부는 수십억 달러의 가치가 나가는 주요 중국인 회사들을 통제하게 되었는데, 당시 인도네시아 인구 중 5%에 불과했던 중국인이 인도네시아 자원의 70%를 통제하고 있었다. 아이러니컬하게도, 이 부의 대부분은 기업을 확장하기 위해 정부와 협력한 소수의 중국 가족들에 의하여 통제되었다. 이들 중국 가족들은 꽌시(관계 또는 연결)를 통하여 좋은 위치를 점했고 사업적 기회를 이용하는 방법을 알았다.

말레이시아에서 중국인이 대표로 있는 회사는 정부와 계약할 수 없다. 이러한 제약을 피하기 위하여, 중국인들은 대부분의 실질적 권력은 유지하면서 말레이시아 본토인을 대표 자리에 두었다. 최근에 말레이시아의 중국인들은 보호 지역 안으로 철수하고 아이들을 중국인들만 다니는 사립학교에 보내기 시작했다. 그러한 문제 때문에 일부는 아예 다른 국가로 이주했다.

이러한 차별의 일부는 본질적으로 종교적인 것으로 보이는데, 예를 들어 말레이시아와 인도네시아에서의 무슬림 대 유교 신봉자 간의 대립 같은 것이다. 이유가 무엇이든, 차별은 조화로운 관계를 발전시키는 데 어려움을 겪는 중국인과 비-중국인 집단으로 나라를 분리하고 있다.

2,290만 명의 인구가 있는 나라인 대만은 국외 거주 중국인이 성공을 일궈낸 흥미로운 예이다. 대만은 제2차 세계대전 후에 공산주의자들이 장제스(蔣介石)와 그의 추종자들을 중국 밖으로 몰아내면서 독립국가로 수립되었다. 대만의 통치자들은 자국의 가장 중요한 자원이 국민의 유교적 동력이라는 것을 인식했고, 기업가 정신을 양성하는 법률을 제정했다. 대만의 기업은 일반적으로

규모가 작고 가족 중심적이며 매우 성공적이어서 대만은 지금 세계에서 가장 부유한 나라 중 하나가 되었다.

95%의 시민이 중국인인 홍콩은 730만 명의 인구가 있다. 홍콩의 넓이는 412평방마일(약 1067㎢ - 역자 주)밖에 되지 않지만, 홍콩이 중국에 반환되기 이전에는 매년 1억 2천만 명 이상의 방문객들이 홍콩에 왔고, 오늘날에도 같은 양상이 계속되고 있다. 홍콩 방문객의 대부분은 사업 또는 쇼핑을 목적으로 온다. 사업은 매우 성공적이어서 기업가들은 높은 건물에 각 공장이 다른 공장 위에 지어지는 '수직 공장'을 지을 수밖에 없었다. 최근 일감이 중국으로 옮겨지면서 이들 공장의 일부는 폐쇄되었다. 이와 유사하게, 쇼핑산업도 놀라운 성장세를 보이고 있다. 다른 나라의 열성적 쇼핑객들이 홍콩으로 날아와서 공항의 면세구역에서 최대한 구매를 하고 심지어 공항에만 있다가 자기 나라로 돌아갈 정도다.

450만 명의 인구가 있는 싱가포르에는 중국인(약 77%), 말레이인(약 15%), 인도인(약 6%)으로 이루어진 세 민족 집단이 있다. 대만이나 홍콩처럼 싱가포르도 굉장히 성공적이다. 최근까지 이나라는 극도로 가난했다는 점을 고려했을 때, 이 성공의 큰 부분은 중국인들의 엄청나게 힘든 노력 덕분이다. 이 세 나라는 매우 성공적이어서, 한국과 태국과 함께 아시아의 '다섯 마리 호랑이'라는 별명이 붙었다.

태국에는 타이 원주민(약 75%)과 중국인(약 14%), 두 주요 민족 집단으로 구성된 6,430만 명의 인구가 있다. 이 두 집단은 서로 꽤 잘 지내며, 앞에서 지적했듯이 민족 간 결혼이 흔하다. 중국인들이 사업가, 특히 소규모 기업가로서의 전통적 역할을 하는 반면, 태국인들은 정부, 군사, 은행을 통제한다. 아이러니컬하게도, 태국인들은 '태국을 대만화'하는 것의 이점에 대하여 계속 토론하고 있다. 많은 사람들이 현대적 방식과는 양립하지 않는 경우가 많은 전통적인 사업 방식과 삶을 즐기는 방식을 선호하기 때문이다.

국외 거주 중국인들은 그들이 거주하는 모든 나라는 아니라도 대부분의 나라에서 중요한 영향을 미친다. 거주하는 사회에서 자신들을 분리하고 궁극적으로는 일본으로 돌아가기를 원하는 많은 국외 거주 일본인들과는 달리, 국외 거주 중국인들은 통합을 꾀한다. 그러나 그들은 멀리 떨어진 가족들 또는 사업의 기회를 찾아 세계를 떠돌아다니는 중국 '우주인'의 활동을 통하여 서로 연락을 계속한다.

간단히 말해, 관계 기반 제도 안에서 가족이 모든 것을 통합하는 기초적 사회 단위라는 점에서 국외 거주 중국인들은 전통적 중국인과 유사하다. 세계에 걸쳐 복잡하지만 비공식적인 망을 형성하는 이들 가족은 조화와 유동성과 함께 완전한 원형(圓形)을 강조한다. 중국인들은 거주하는 국가에 상관없이 보수적인 고맥락 행동을 보이는 경향이 있다. 일부 중국인들이 가족제단에서 조상을 숭배하는 풍습에서 벗어나고 있기도 하지만 그들은 전형적으로 원형, 조화, 유동성의 필요와 연결된 중요성을 받아들인다. 이러한 점에서 가족제단은 중국인에게 적절한 은유일 뿐 아니라 그들이 어디에 영구적으로 거주하든 관계없이 이들 민족 집단의 주요한 가치를 분명히 보여준다.

원형

중국의 가족제단은 세계 각지의 중국인들에게 있어 가정생활의 주춧돌이다. 제단은 흩어진 가족들을 '묶는 유대'이고, 확장된 가족이 산 자와 죽은 자, 아직 태어나지 않은 자까지를 포함하는 것으로 보게 하는 중심이 된다. 그것이 중국사회의 전통적인 고대로부터의 양상으로 생각될 수도 있고, 오늘날의 중국 본토에서는 시대착오적인 것으로 여겨지기도 하지만, 중국의 제단은 그들이 어디에 살든 간에 오늘날 중국인의 가치, 태도, 행동에 대한 통찰을 제공하는 데 도움을 준다.

제단의 물리적 존재는 잘 짜인, 통합된 단위로서의 가족을 상징한다. 두 개의 제단이 있는 집은 두 개의 가족이 있으며, 제단이 없는 가구는 보통 스스로를 다른 가족의 일부라고 간주하고 중요한 의식이 있을 때 제단이 있는 집으로 간다. 세계의 많은 지역에서, 중국인들은 몇 채의 집이 있는 가족 또는 친척 복합체로 거주하는 경향이 있고, 많은 경우 이들 각각에는 가족제단이 있다. 일반적으로 제단은 주된 출입문 반대편인 집의 가운데 방에 있다. 이는 제단을 남들이 볼 수 있게 하려는 것으로, 많은 제단이 길에서도 보이고 손님들은 보통 제단 앞에 앉는다. 보통 향로가 제단 왼편에 있는데, 이것이 중국인이 숭배하는 애니미즘(무생물계에도 영혼이 있다고 믿는 세계관, 물신숭배 – 역자 주) 신의 상석이기 때문이며, 신위는 향로 오른편에 놓인다. 대부분의 제단에는 더 널리 숭배되는 신들을 묘사한 배경막이 있다. 최신의 값비싼 배경막은 유리 위에 반짝이는 화려한 색깔로 그려진다.

손으로 쓴 부적과 사원을 방문해서 사 온 기념품 등 다양한 수의 종교적 잡동사니가 또한 제단을 장식하고, 불상도 종종 그 위에 놓여있다. 신위는 중국 가족의 부계적 친척 집단으로서의 이상적 상(像)을 확인해 주고 직계의 부계 조상과 그들의 아내들을 기린다. 가족은 더 먼 조상의 신위를 모시는 더 큰 규모의 사당을 가지고 있을 수도 있다. 세계의 많은 중국 식당에는 보통 금전 등록기 옆에 가족제단이 있는데, 이는 중국인의 기능적이고 현세중심적인 관점을 상징한다.

많은 가족들은 가족 제단에 정기적으로 제사를 드리고, 일부는 매일 그렇게 한다. 보통 나이 많은 여성 중 한 명이 가족의 대표로서 세 개의 향을 피운다. 하나는 조상의 향로로 가고, 하나는 가족 구성원이 숭배하는 신들을 위한 향로에 꽂히며, 마지막 하나는 신들과 조상들을 맞아들이기 위하여 문 밖에 놓인다. 예상되겠지만, 가족 중 더 나이가 많은 구성원들이 젊은 구성원들보다 더 자주 제사를 지내는 경향이 있다.

더 나아가, 가족은 가까운 조상이나 그들이 개인적으로 알고 지내던 사람의 기일을 기념하는 경향이 있다. 그러한 경우, 가족의 살아 있는 구성원들은 밥그릇과 젓가락, 밥과 국수, 죽은 사람이 좋아하던 음식들로 가득 찬 정찬을 죽은 사람들에게 차려내고, 많은 경우 애니미즘 신들을 위한 음식도 준비한다. 이러한 맥락에서, 사람들은 조상을 거의 여전히 살아 있는 친척처럼 취급한다는 것이다. 가족 구성원들은 보통 조상이 드셨다고 생각되는 이후에, 즉 향이 다 탄 이후에 차린 음식들을 먹는다. 조상은 또한 신들을 위한 주요한 축제 때에도 음식 공양을 받는다. 중국인이

신을 모시는 날은 보통 매달 음력 1일과 15일이다.

　가족제단의 첫 번째 특징인 원형은 가족의 지속성과 구조적 완전성을 상징하며, 가족이 중국문화의 기초적, 특징적, 영속적 특징임을 나타낸다. 가족제단은 그 자체로서 자연 세계와 초자연 세계 사이의 연속성의 중요한 지점을 상징한다. 앞에서 지적했듯이, 유교는 천국에 대한 서구의 개념을 사실로 상정하지 않고, 죽은 사람이 어두운 명부에 존재하며 산 친척들과 교류하고 직접 영향을 미칠 수 있다고 주장한다. 중국인들에게는 태어남과 죽음 사이에 뚜렷한 경계가 없다. 그보다는 모든 인류가 유기적 체계의 일부분이며, 음양의 조화 속에서 개인들은 계속하여 태어나고 이동할 뿐 서구적 의미로서의 최종적인 분리나 죽음은 경험하지 않는다. 중국인들에게 이 체계, 삶 그리고 시간 그 자체는 순환적이고, 이 순환성 때문에 모든 것이 하나로 결합된다. 이러한 관점은 불교나 도교 신앙에서도 마찬가지다.

　이 원형의 관점에 의하면, 중국인들에게 중요한 것은 자신들을 숭배하고 음식과 공양을 제공할 자손이다. 그러한 자손이 있다면 그들은 명부에서 만족스러운 삶을 보낼 수 있다. 살아 있는 사람들은 자손의 혈통이 보존되는 완전한 가족을 얻기 위하여 모든 노력을 쏟는다. 따라서 원형은 결함 없는 부계 사회라는 중국의 구조적 이상과 관련된 가족 사회의 통합을 보여준다. 의식과 제사를 수행할 의무가 있는 아들(특히 장남)이 딸보다 선호된다. 따라서 원형은, 남자는 아들을 낳을 수 있는 아내와 결혼해야 한다는 점도 시사한다.

여성의 역할

원형의 이상화에는 몇 가지 문제가 있다. 일부 여성은 아이를 낳을 수 없거나 아들을 낳지 못한다. 중국의 옛 법에서는 아들을 낳을 수 없는 것이 이혼 사유가 되었다. 일부 아이들은 자손을 낳을 수 있는 나이가 되기 전에 죽었는데 역사적으로 그들은 아무런 의식이나 추도 없이 매장되는 일이 흔했다. 때때로 아버지가 나이 들 때까지 살지 못하면, 남은 가족은 아버지가 오래 산 가정에 주어지는 영예를 받지 못했다. 그러나 부모가 일찍 죽더라도 그들 역시 신위에 모셔질 수 있었기 때문에 그들이 가족에서 배제되지는 않았으며, 남편이 일찍 죽어도 아내가 자손들에게 갖는 권리는 약화되지 않았고, 아이를 갖지 못하는 것은 입양으로 해결될 수 있었다.

이러한 부계적 접근은 양성 간에 불평등을 가져왔다. 가족들 중 딸은 아들보다 낮은 지위를 가졌으며, 아내의 지위도 남편보다 낮았다. 어머니들은 명예와 특권을 가질 수 있을 만큼 나이가 들어서야 남편과 상대적으로 동등한 위치를 가지게 되어 성인이 된 아들들에게 권위를 행사할 수 있었다. 이러한 맥락에서 많은 활동은 성에 따라 구분되었다.

이전 시대에 중국인 사이에는 중혼이 흔했으며, 아직도 시골의 고립된 사례에서 중혼을 찾아볼 수 있다. 이러한 풍습은 가족 구조를 복잡하게 했으나, 보통 첫째 부인이 가장 큰 명예와 권위를 가졌다. 현대 사회에서 중국 남자가 '후처'나 정부를 갖는 풍습이 흔하기는 하지만 전형적 결혼 제도는 일부일처제이다. 가족에 대한 강조 때문에, 중국 기업가들은 자주 아내와 함께 일하거나,

남편이 외부 관계를 책임지면 아내는 사무 문제를 다룬다. 아내와 다른 가족 구성원만이 권위 있는 자리를 맡는 이러한 양상 때문에 많은 중국 기업의 성장이 제한되었다. 때때로 남편과 아내는 남편의 외부 활동 탓에 서로를 거의 만나지 못하지만, 남편이 가족을 위해 열심히 일한다면 이것은 용인된다.

태국에 살고 있는 한 중국인 가족은 매주 일요일마다 장남의 아내가 남동생들과 그들의 가족을 포함한 모든 가족 구성원들을 자기 집에서 대접하는데, 이는 매우 전형적인 중국인 가족의 모습이다. 심지어 동생들 중 몇 명이 그리 유능하지 못한 경우라도, 장남이자 그 가족기업의 대표이사는 그들에게 부사장이나 가족공장의 공장장 자리를 주고, 실제로는 비-가족 구성원이 그 공장의 핵심적 결정을 내리게 한다. 그러나 이들 비-가족 구성원은 일요일 모임에 비정기적으로 참석한다. 가족 내부 집단의 완전한 구성원이 될 수 없고 공장주가 될 가망성도 없기 때문에, 이들이 몇 년 후에 그만두고 자기 사업을 시작하는 것은 흔한 일이다. 가족들은 그러한 충실한 고용인에게 새 사업을 시작하기 위한 재정적 후원을 제공하고, 이렇게 해서 장기 접촉의 가족 중심 네트워크를 강화한다.

길게 보기

이러한 원형의 관점은 중국인들이 그들이 직면하는 문제와 쟁점을 장기적 전망으로 보게 한다. 장기 계획을 3~5년으로 보는 미국인들과는 달리, 중국인들은 10년이나 20년, 심지어 100년의 가치 증가 계획을 편안해 하는 경향이 있다. 호프스테드는 이 책에서 강조하고 있는 문화가치에 대한 53개국 조사에서, 중국인들에 대한 최근의 연구 때문에 그의 4차원 틀을 5개 차원으로 확장시켰다 (Hofstede, 2001). 그는 이 차원을 유교 역학이라고 부르는데, 그것은 단기지향보다 장기지향을 반영하며, 가족을 돕는 장기적 성장을 목적으로 개인적 욕구의 충족이 지연되는 것을 받아들인다는 점에서 개신교 윤리와도 닮아 있다.

해외 또는 국외 거주 중국인들의 성공 원인을 논평하면서, 크라(Louis Kraar)는 이 유교윤리를 강조하면서 그의 분석을 시작했다.

> 그들이 어디에 살든 얼마나 부유하든 상관없이, 해외의 중국인들은 힘든 노동, 강한 가족적 유대, 검약, 교육에 대한 변함없는 믿음을 공유한다. 이들 덕목이 서구인들이 개신교윤리라고 이름 붙인 것의 대부분임에도, 국외 거주 중국인들에게는 이 속성이 그들의 문화적 과거로부터의 케케묵은 유산이 아니라, 그에 따라 살아가야 할 설득력 있는 규칙이다 (Kraar, 1994: 92-93).

가족관계에 대한 이 완전성의 개념은 독특하게 중국적이고, 그것은 시공을 초월해 가족 구성원들을 아우른다. 기원전 12세기의 주공(周公, 주 왕조를 세운 문왕의 아들이며 중국 주 나라의 정치가. 예악과 법도를 제정하여 제도 문물을 창시하고 주초의 대봉건제를 실시하였다 - 역자 주) 시대부터 중국인들 사이에서는 개인보다는 가족이 사회 조직의 기본적 단위였다. 그는 **보갑제**(保甲制) 또는 가족/친척 관계 법규를 수립하여 사회를 이웃과 구역으로 배열된 10호, 100호, 1,000호, 1만 호 단위의 가족으로 나누었다. 각 단위는 모든 가족의 행동과 복지에 책임을 질 그 관할구역의 지도자를 그들의 계급에서 선출했고, 지도자는 바로 위의 보갑 지도자에게 직접 보고를 했다. 만약 한 사람이 죄를 지으면, 그의 가구의 가장에게 책임이 있었고, 그 후 10호 단위의 지도자의 책임과 100호 단위 지도자의 책임, 이런 식으로 뒤를 이었다. 그 결과, 사소한 죄는 그러한 문제를 해결할 권한이 있는 가장 작은 단위를 넘어서서는 거의 보고되지 않았다. 비록 그들이 거주하는 국가에 따라 풍습이 크게 달라지기는 하지만, 현대 중국인들은 어떤 식으로든 이러한 집합적 책임의 양상을 따르는 것 같다.

더 나아가, 원형의 개념은 중국의 잘 알려진 꽌시 풍습을 설명하는 데 도움을 준다. 앞 장에서 지적했듯이, 중국인의 관점에서 사람은 다른 사람들과의 관계 속에서만 존재한다. 중국 기업의 생명선은 꽌시이다. 꽌시의 층을 관통하는 것은 양파 껍질을 벗기는 것과 같다. 먼저 사람과 조상 사이의 연결이 나오고, 같은 마을 출신 사람들 사이의 연결, 가족 구성원들 사이의 연결, 마지막으로 가족과 그들이 신뢰할 수 있는 친밀한 동료, 예를 들어 가족 구성원은 아니지만 실제로 공장을 운영하고 있는 유능한 중역과의 연결 같은 것이 나온다. 본질적으로 이 모든 관계는 연속적인 것으로 간주되며, 의무는 계약서로 작성할 수 있는 사항을 훨씬 넘어선다. 예를 들어, 중국 기업가는 집안의 하인이 수년간 충실하게 집안에 봉사한 이후에는 스스로 조그마한 사업을 꾸릴 수 있도록 도와주며, 또한 서구인 동료와 몇 년 동안 합작 기업에서 함께 일한 후에는 그의 아들이 일류 서구 대학에 들어갈 수 있도록 도울 것이다.

꽌시를 중시함에 따라 역사적으로 중국인들은 많은 다른 고맥락 문화권 사람들처럼 글로 쓰인 것보다는 사람들이 의무를 다하기 위하여 취하는 행위에 더 관심을 기울인다. 예를 들어, 태국의 미국상공회의소에서는 합작 회사를 설립하고자 하는 중국계 태국 사업가의 미국 파트너를 찾아주기 위해 2년을 보냈다. 긴 기다림 후에 모든 주요 당사자가 일을 마무리 짓기 위해 방콕에서 만찬을 가졌다. 그러나 미국 기업가가 변호사를 대동하고 계약서를 들고 나타나자, 그 중국계 태국 사업가는 성을 내면서 방을 나가 버렸고 이렇게 잠재적 합작 사업은 끝이 났다. 고맥락의 중국인에게 이것은 최고의 모욕이었던 것이다. 최근, 특히 중국이 세계무역기구(WTO: World Trade Organization)에 가입하고 계약의 존엄성을 인정할 수밖에 없게 되면서 많은 중국계 기업들도 이제는 계약의 엄격한 불가피성을 받아들이고 있다. 그러나 꽌시는 여전히 중국인의 행동에 계속 영향을 미치는 뿌리 깊은 가치이다.

중국인들은 또한 꽌시 제도 때문에 은행 이용을 피하는 경향이 있다. 사실 20세기까지 은행은 중국에 알려지지 않았다. 전 세계적으로 중국인은 공동투자신용조합을 설립한다. 친구, 친척, 동료 집단이 자금을 공동 출자해 각 구성원이 교대로 돈을 빌릴 수 있는 상호기금을 조성하며, 중국인들은 사기나 채무불이행을 방지하기 위해 집단 안의 개인적 친밀함에 의존한다. 때때로 이러한 조합은 조합에 기여할 여유가 없는 다른 중국인에게도 돈을 빌려준다. 더 나아가, 중국인들은 예를 들어 말레이시아, 태국, 중국에 대한 대만의 투자에서 볼 수 있듯 다른 나라에 사는 친척에게도 그들의 개인적 자금을 빌려주는 것으로 유명하다. 1970년대부터 시작된 중국 경제의 부흥에 큰 힘이 된 것이 바로 중국에 대한 대만의 투자였다.

가장 큰 규모의 중국 가족들은 심지어 가족 구성원이라면 누구에게든 개방된 사설 사회복지기관을 설립하기도 한다. 예를 들어, 중국인 이씨 가문 — 한국인 이씨 가문도 있다 — 은 뉴욕 차이나타운의 큰 건물에 중국 출신의 이씨라면 누구든지 일자리를 얻어주고 그와 그의 가족을 강제 추방하려는 이민국 직원에 대처하는 등 어떤 위기도 해결해주는 사회복지기관을 운영하고 있다.

현대 기업가

현대 중국 기업가의 개념도 원형의 개념과 연관된다. 많은 중국인 기업가는 세계를 너무나 자주 비행기로 날아다녀서 '우주인'으로 풍자되어 왔다. 그들은 정기적으로 서로 꽌시로 통합된 다른 나라 기업의 동료를 만난다. 만약 그들이 비-중국인 기업가와 함께 일한다면, 그들은 관계의 비-계약적인 면이 우세해지도록 상대방을 알아가는 데 많은 시간을 보낸다.

그러나 꽌시는 심각한 한계를 가지고 있다는 사실이 강조되어야만 한다. 꽌시를 형성하는 데는 시간이 오래 걸리며 그 때문에 새로운 사업 기회를 제공할 수 있는 많은 개인이 배제된다. 꽌시는 세계무역기구를 비롯하여, 많은 나라들이 옹호하는 계약에 기초한 기업 거래를 향한 강력한 움직임과 충돌을 일으킨다. 과거에, 중국계 기업들은 계약 관계 대신 꽌시를 이용했기 때문에 세계적 기업이 되는 데 애를 먹었고, 이제 많은 기업들은 계약과 법의 중요성을 강조하고 있다.

조화

8장 일본인의 정원에 묘사되는바와 같이 조화의 필요성과 그것의 문화적 이상으로서의 발전은 논농사를 둘러싼 활동에서 비롯된 것 같으며, 이러한 일반화는 중국에도 유효하다. 모두가 최저생활 이상을 누릴 수 있도록 긴밀히 협력할 필요가 있었기 때문에, 중국인들은 서구의 삶, 자유, 개인 행복 추구와 같은 개념보다는 조화를 최고로 쳤다. 부조화가 가족관계를 어렵게 할 때는 초자연적 설명이 흔히 나왔고, 조상과 신의 조력을 구하는 것이 조화를 회복하는 자연스러운 방법이었다.

원형은 가족제단의 두 번째 특징인 조화에 충분조건은 아니지만 필요조건이다. 이상적으로 조화로운 가족은 싸움, 경제적 문제, 질병이 거의 없는 가족이다. 많은 독실한 중국인들 사이에서 가장 흔한 기도는 조화를 비는 것이고, 이러한 기도는 문틀, 부적, 웨딩케이크, 집의 벽면에 인쇄되어 있기도 하다. 그것은 조상과 신 모두에 대한 기도이다. 그리고 위에서 말했다시피, 살아 있는 가족 구성원들은 그들이 구하는 조화의 보답으로 조상과 신께 음식과 제사를 제공한다.

사람들은 가족제단에 온갖 소원을 비는데, 예를 들어 아이가 시험에 붙게 해 달라, 아픈 배우자를 낫게 해 달라, 일자리를 얻게 해 달라 등이다. 소원이 항상 이루어지는 것은 아니지만, 제사를 지낸 사람들은 가족제단이라는 매개체를 통하여 제사가 죽은 가족과 산 가족 구성원을 통합했다고 믿으며 새로운 희망과 위안을 얻는다. 심지어 회의주의적인 사람들도 제사는 지낸다. ─ 만약을 위하여.

중국인들은 조화를 성취하기를 바라지만, 유순하고 개인적인 신의 감독 아래 평온한 천국을 열망하는 기독교인의 세계관과는 달리 중국인들의 세계관은 그들에게 위로가 되지는 않는다. 어두운 명부는 기독교인들이 계산에 넣을 필요가 없는 어느 정도의 불확실성을 상징한다. 중국인들이 설령 사건들을 통제할 수 있어도 거의 그러지 못하고 운과 운명만을 믿는 것도 이런 이유 때문일 것이다. 예를 들어 중국의 불교 사원에서는, 신자들이 행운의 향을 한 다발 사서 땅에 던진 후 다시 늘어놓는데 이 재배열을 근거로 그들의 미래를 예측해주는 책이 있다. 이와 유사하게 많은 중국인들은 그들이 무엇을 하든 자연은 순리대로 흘러간다고 믿기 때문에 자동차 안전벨트를 매지 않는다.

또한, 다른 문화 집단도 도박을 좋아하기는 하지만, 많은 중국인들은 부분적으로는 이러한 불확실성, 운, 운명에 대한 인식 때문에 도박에 끌리곤 할 것이다. 안전과 조화의 주요 의미는 완전한 가족과 모든 것을 감싸는 가족제단에서 나온다. 많은 경우 도박 또는 운에 맡기는 게임은 조화와 원형 둘 모두를 강화한다. 예를 들어, 30명이 넘는 몇 세대를 아우르는 대규모 아시아인 가족이 식당에 가서 명랑한 대화와 휴식을 취할 때, 그 시간 동안 그들은 한가하게 카드나 다른 운에 맡기는 게임을 한다. 이와 유사하게 몇 세대가 함께 하고 친밀한 하인들을 동반하는 30명 이상의 중국인 가족들이 4, 5일 동안 해변에 가서 에어컨이 나오는 집 안에서 서로 이야기하고, 술을 마시고, 호화로운 식사를 하고 모두가 참여할 수 있는 운에 맡기는 게임을 하며 대부분의 시간을 보내는 일이 왕왕 있다. 때때로 가족 구성원들이 서로 상호작용하며 경험하는 즐거움 때문에 아무도 해변에 나가려 하지 않기도 한다.

유동성

가족제단의 세 번째 특성은 유동성 혹은 엄격한 전통을 유지하면서 변화할 수 있는 능력이다. 유동성은 중국인들의 관계지향적 접근을 상징하는데, 그로 인해 죽은 사람을 포함한 다양한 가족 구성원에 대한 많은 의무를 다하기만 한다면 그들은 개인주의적이 될 수 있다. 따라서 중국인이 비록 보수적이기는 하지만, 창의력과 기업 정신을 발휘하는 경우도 많다. 중국인의 발명과 획기적인 과학적 발전은 놀랍다. 니덤(Joseph Needham)과 그의 동료들은 이러한 발명과 획기적 발전을 자세히 기술한, 여러 권의 시리즈로 이루어진 잘 알려진 책 『중국의 과학과 문명(*Science and Civilisation in China*)』(1954-)을 썼다. 여기에는 최초의 현수교, 낚싯대, 배의 방향타, 행글라이더, 낙하산, 봉화, 옻칠, 벽지, 종이, 종이로 만든 갑옷, 외바퀴 손수레 그리고 최초의 증기기관 설계가 있다. 이와 유사하게, 코트킨과 다른 많은 사람들은 중국인들이 다른 모든 민족 집단 구성원 전체는 아니더라도 그중 대부분과 비교할 때 사업과 기업가 정신에서 독보적으로 성공적인 존재라고 묘사해 왔다 (Kotkin, 1993). 이러한 보수주의와 혁신의 균형 잡힌 강조는 분명히 유동성의 개념을 반영한다.

전통적 중국 종교에는 대부분 중국 신화, 전설, 역사 속의 영웅들과 제국의 질서 또는 대중의 선택에 의해 신성화된 인물들인 신과 여신의 거대한 신전이 있다. 일부 공동체에는 그 마을을 보호하고 지켜준다고 생각되거나 그 마을 안에서 기적을 일으켰다고 생각되는 특정 역사적 인물과 관련된 컬트(어떤 체계화된 예비의식, 특정 인물이나 사물에 대한 예찬, 열광적인 숭배, 나아가 그런 열광적 집단을 의미 – 역자 주) 숭배가 있다. 가장 잘 알려진 신이 갖고 있다는 힘은 수세기에 걸쳐 여러 세대의 중국인에 의해 확인되어 왔다. 그러나 숭배자들은 어떤 신의 힘은 세월에 따라 줄어들고 결국에는 그 효험을 완전히 상실한다고 믿는다. 중국인들은 일반적으로 그들의 탄원을 조금이라도 들어주는 신에게만 기도를 한다. 신의 힘이 약화되면, 숭배자들은 새로운 신을 섬기기 시작한다. 1969년 암스트롱(Neil Armstrong)이 달에 착륙했을 때, 많은 나이든 중국인들은 달의 효험이 상실되었다고 생각하고는 이 천체에 기도하는 것을 그만두었다. 변화는 일어나지만 가족제단에 대한 숭배는 계속되기 때문에 여기에도 유동성이 있다.

중국의 역사는 가족제단의 세 가지 특징으로 이해할 수 있다. 가장 큰 문화 집단인 한족(漢族)이 인구의 85% 정도를 차지한다. 하지만 중국 인구가 13억 4천만 명임을 고려할 때, 인구수가 수백만에서 겨우 수천 명에 이르는 400개 정도의 민족 집단이 있다는 것은 놀랄 일이 아니고, 그들 대부분은 서로 조화로운 관계를 갖고 있다. 중국의 거의 전 역사는 왕조의 시기로 나눌 수 있다. 가문 또는 통치자는 다음 가문이 권력을 빼앗을 때까지 왕위를 차지했다. 기원전 1953년경 첫 왕조가 시작되어 기원후 1911년 마지막 황제가 퇴위할 때까지, 역사는 재생과 쇠퇴의 끊임없는 주기로 간주되었다. 신이 공정하고 현명하게 통치할 권한을 각 통치자에게 부여했다고 생각되었다. 상속자가 부패하거나 나태해지면 반란이 일어났고 새 황제가 나타났다. 전형적으로 새 황제는 원형, 조화, 유동성이라는 근본적 문화적 가치에 일치하는 개혁을 도입했다.

이 긴 시기의 상당 기간 동안 중국이 세계에서 가장 발전된 문명이었다는 사실 역시 이 세 가지 특징의 강조에서 그 원인을 찾을 수 있다. 넓게 일반화하자면, 왕조의 주기적 교체는 정기적 재생의 메커니즘을 통해 중국인들이 수천 년의 역사에서 꾸준하고 지속적인 특징을 지닌 정부를 유지했던 방법을 설명하는 데 도움을 준다 (Major, 1989). 따라서 이 주기는 가족제단의 세 가지 특징, 가족과 가족에 기초한 국가의 지속성과 구조적 완전성 즉 원형, 주기적 혁명이 있을 때를 제외하고는 손상되지 않았던 수천 년의 세월에 걸친 조화, 유동성 즉 변화를 받아들이는 한편 과거를 유지하는 것 모두를 예증한다. 이러한 연관에 대한 예시는 1978년 중산층을 대량 학살하고 소득을 평준화했던 마오쩌둥(毛澤東)에 반대하여 덩샤오핑(鄧小平) 총리가 부유해지는 것은 좋은 일이라고 선언하는 것으로 시작된 중국의 경제 발전이다. 대만의 기업 총수들이 맨 먼저 중국에 투자했는데, 그들은 빈번히 그들 가족 출신지인 마을과 도시에 공장과 기업을 세웠다. 이 기업가들 중 다수는 또한 이 지역의 전통적 가족 묘지에 묻히기를 바랐다. 이러한 오래된 역사적 전통으로 볼 때, 중국의 가족 제단의 명성을 수천 년은 아니라도 수십 년 동안의 국외 거주 중국인의 주춧돌로 간주하는 것은 유효하다고 할 수 있다.

08

일본

일본의 정원

고요해 보이는 연못의 수면 아래에서는
물을 계속 순환시키기 위해
펌프가 쉼 없이 돌아간다.
연못에 던진 돌은 파문을 일으키고
바닥으로 가라앉아 영원히 홀로 남게 된다.

GLOBAL CULTURE

드넓은 평야가 부족한 일본에서 사람들은 서로 가까이 살 수 밖에 없었고 이로 인해 좁은 공간을 최대한 활용하는 법을 터득할 수 있었다. 일본인들은 신체의 과장된 움직임을 통해 눈에 보이는 공간이 실제보다 넓게 느껴지도록 하는 데 특별한 재주가 있었다. 일본정원은 눈으로 감상하기 위해서 뿐만 아니라 다른 나라의 정원에 비해 걷는 동안 근육을 훨씬 더 많이 사용할 수밖에 없게 설계되어 있다. 일본정원에서는 작은 연못에 불규칙적으로 놓인 돌다리를 건너느라 발밑을 자주 살필 수밖에 없다 … 목 근육까지 움직이지 않고서는 별다른 도리가 없다.

- 홀 (Edward T. Hall, 1966: 52-53)

사상 최악의 지진으로 일본에는 불타는 건물과 침수된 해안, 끊어진 도로와 사고의 가능성이 있는 원전이 남았다. 그러나 최악의 상황에서도 다른 이를 배려하는 일본인 특유의 마음 씀씀이는 조금도 달라지지 않았다.

-킹 (Laura King, 『LA타임즈(*Los Angeles Times*)』, 2011년 3월 13일)

일본은 인구 12억 7,900만 명의 섬나라다. 평방킬로미터당 인구가 339.2명으로 세계적으로 인구밀도가 가장 높은 나라에 속한다. 미국은 국토면적이 937만 2,610㎢인데 비해 일본은 37만 7,727㎢로 면적이 상대적으로 좁다. 인구의 중위연령은 44.7세로 세계 1위이며, 60세 이상 인구의 비율은 30.5%에 이른다. 경제력은 미국, 중국에 이어 세계 3위다. 2008년 비영리단체인 일본경제연구센터(Japan Center for Economic Research) 조사에 따르면 일본은 출산율이 27년 연속 감소하여 '아이들이 사라지는' 나라가 되었으며,

현 추세대로라면 2050년까지 노동력의 70%가 줄어들 것으로 예상된다 (Harden, 2008). 반면 인도는 현재 아동인구만 해도 미국의 총인구를 뛰어 넘을 정도로 인구가 많다.

2011년 3월 11일 규모 9.0의 강진이 일본열도를 강타했다. 뒤이어 사상 최대 규모의 지진해일이 일본 동북부를 휩쓸어 후쿠시마 원전 대재앙을 가져왔다. 일본정부에 따르면 이는 제2차 세계대전 이래 최악의 대재난이었다. 그러나 무력한 정부에 대한 비난과 절망에도 불구하고 일본 국민들은 국가적 자부심과 끔찍한 재난으로부터 회복할 수 있다는 믿음을 잃지 않았다. 그리고 전 세계는 일본 국민들이 다시 일어서는 경이로운 모습을 지켜보며 지지를 보내고 있다.

기업문화

1980년대 초반 미국에서 출판된 일본에 관한 저작들은 일본을 열성적으로 칭찬하며 장점을 강조하는 내용 일색이었다. 오우치(William Ouchi)의 『Z이론: 미국 기업은 일본의 도전에 어떻게 맞설 것인가 (*Theory Z: How American Business Can Meet the Japanese Challenge*)』(1981)와 포겔(Ezra Vogel)이 쓴 꽤나 대담한 제목의 『세계 제일 일본: 미국을 위한 교훈(*Japan as Number One: Lessons for America*)』(1979)이 대표적인 예이다. 1990년 들어 미국 작가와 독자들의 시각은 무비판적 찬양에서 『포춘(*Fortune*)』지 기사에서 잘 드러나듯 '공포와 혐오'로 180도 달라졌다 (L. Smith, 1990). 그 이유는 당시 승승장구 하던 일본경제에 비해 일본시장 진입에 어려움을 겪고 있던 미국 기업에 있었다. 일본은 2011년 경제자유지수(Index of Economic Freedom) 조사에서 바레인, 칠레, 에스토니아, 키프로스, 마카오 등보다 낮은 20위를 차지했다 (T. Miller, 2011).

1990년대 일본경제의 거품이 붕괴된 후 일본은 이른바 '잃어버린 10년'이라 불리는 장기불황을 겪었다. 2002년 이후 경제가 회복되기 시작했으나, 얼마 지나지 않아 2007~2009 세계금융위기, 2011년 대지진과 지진해일을 맞았으며, 이는 2005년 미국을 강타했던 허리케인 카트리나의 피해규모를 뛰어 넘는, 사상 최악의 자연재해로 기록되었다. 지진과 지진해일의 여파로 인한 세계적 공급망 붕괴, 공장 파괴, 소비감소로 인한 불황에 허덕이는 경제를 되살리기 위해 일본정부는 매우 공격적인 복구계획을 발표했다 (Tabuchi, 2011).

도산하는 일본 기업은 종업원의 이직을 위해 노력하고, 관리자들은 실패했다는 수치심에 자살을 하는 경우가 많다. 미국 기업의 관리자가 그 같은 행동을 하는 것은 상상하기 힘들지만, 만약 그런 경우가 있다 해도 그것은 수치심에서라기보다 죄책감 때문일 것이다. 자살은 포로가 되거나 고문을 당하느니 스스로 목숨을 끊는 것을 더욱 고귀하고 바람직하게 여겼던 사무라이 시대로부터 내려온 일본의 문화적 전통이다. 소규모 강판회사 사장이었던 48세의 시바타와 그의 형은 자살을 하면서 "사업이 어려워진 데 대해 모든 직원들에게 미안한 마음뿐이다"는 내용의 유서를 남겼다 (Sugawara, 1998). 세계보건기구(WHO: World Health Organization)에 따르면 일본은 자살률이 선진국 중 최고 수준으로, 2011년 5월 기준

자살률이 전년 동기 대비 20% 증가하여 2년래 최고 수준인 3,281명을 기록했다. 최근에는 건강이나 경제적 어려움을 비관해 자살하는 노인이 급증하여 우려를 자아내고 있다. 자살과 관련하여 우려할 만한 또 다른 현상은 모르는 사람들끼리 인터넷을 통해 만나 함께 자살하는 것이다. 일본정부는 정신건강 문제를 해결하고 좀처럼 떨어질 줄 모르는 자살률을 낮추기 위해 수백만 달러에 이르는 예산을 배정했다.

일본 기업들은 개인 성과와 보상의 직접적인 연계, 개인별 차등 보상, 구조조정 등의 서구식 경영기법을 받아들이기 시작했다. 파산위기의 닛산에 부임하여 조기 흑자전환에 성공한('카를로스 곤 효과'라 불림) 카를로스 곤(Carlos Ghosn) 회장은 다운사이징(기업의 업무나 조직의 규모 따위를 축소하는 일 – 역자 주), 공장이전 등의 파격적인 조치를 취하면서 일본의 문화적 규범을 어기지 않기 위해 주의를 기울였다. 예를 들어 그는 퇴직금 이외에 넉넉한 인센티브를 제공하는 희망퇴직제를 실시하여 인력감축을 단행했는데, 비록 퇴직 종업원의 이직을 돕기는 했으나, 희망퇴직제를 통해 비자발적 대량해고를 피할 수 있었으며, 새 공장을 지을 때는 기존 공장에서 50마일(약 80km – 역자 주) 떨어진 곳에 지었다. 그는 일본의 기업 관리자와 종업원들 사이에서 계몽적 경영의 상징이 되었다. 그는 보통 일본 사람들의 영웅이 되었고 샐러리맨(사무직 직장인을 가리키는 일본식 신조어)들은 그의 옷 스타일을 따라했다. 자격이 안 되는데도 불구하고 한 때 차기 총리 후보로 거론될 정도였다. 소니의 웨일스 태생 CEO 스트링거(Howard Stringer) 역시 세계화가 진전된 일본을 상징하는, 일본

대표 기업을 이끄는 외국인 CEO 중 한 명이다.

그러나 현재 일본의 상황과 문화적 현실은 미국인들이 흔히 생각하는 것보다 훨씬 복잡하다. 일본이 집단주의 국가라는 생각은 바뀌어야 한다. 호프스테드의 53개국에 대한 고전적 연구에서 일본은 개인주의 부문에서 22위에서 23위를 차지했는데 이는 집단주의 성향이 일본보다 강한 나라가 많다는 뜻이다 (Hofstede, 2001). 그러나 여전히 일본은 권위서열 문화의 대표적인 나라이며, 일본문화가 하루아침에 시장가격 문화나 수직적 개인주의 문화로 바뀌기를 기대하는 것은 비현실적이다. 개인주의와 집단주의 사이의 이같이 아슬아슬한 균형은 좀 더 최근에 실시된 GLOBE 연구에 잘 나타나는데, 일본은 사회적 집단주의(societal collectivism)에서 높은 점수를 얻은 반면 내집단 집단주의(in-group collectivism)에서 중간점수를 받았다 (House et al., 2004). 미쓰이, 미쓰비시 같은 다국적 기업들은 이러한 격차를 인지하고 폐지되었던 독신자 전용 기숙사를 새로 열었다. 이를 통해 직원들이 회사 밖에서의 생활에 대해서도 서로 알게 되어 내집단 집단주의가 강화되고 업무능률도 향상되는 효과를 노린 것이었다.

미국인들과 일본인들의 세계관을 상징적으로 드러내는 은유를 비교해보는 것도 일본문화를 이해하는 데 유용하다. 미국의 은유의 대상은 미식축구이며, 전부는 아니겠지만 대부분의 일본인들은 풍경정원 또는 습식정원이 일본문화를 이해하기에 적합한 은유의 대상이라고 답할 것이다. 1,000여 년 전 일본의 한 궁정귀족이 저술한 '정원조성에 관한 기록'이라는 의미의 『사쿠테이키(作庭記)』는 세계에서 가장 오래된 정원서로 여겨진다.

은유로서의 정원

습식정원과 건식정원

일본의 대표적인 정원양식은 습식정원 또는 풍경정원(츠키야마[築山])과 건식정원 또는 선불교정원(가레산스이[枯山水])으로 나뉜다. 건식정원에는 물이나 연못 대신 물을 표현하기 위해 자갈이 사용되며, 이것이 두 양식의 가장 큰 차이다. 따라서 건식정원과 습식정원은 기능상 동일하며, 두 양식 모두 보는 이가 자연과 일체감을 느끼고 명상을 하기에 적합한 분위기를 자아내도록 설계된다. 또 다른 양식은 다도를 위한 차니와(茶庭) 양식이다. 이번 장에서는 습식정원을 중심으로 일본 문화에 대해 알아보도록 한다.

정원에 흐르는 물처럼 일본사회도 고유의 특성을 간직한 채 변화하면서 유동적으로 흐르는 사회다. 물방울 하나하나는 미약하지만, 물방울들이 모이면 폭포가 되어 잉어가 노니는 연못으로 떨어진다. 고요해 보이는 연못의 수면 아래에서는 물을 계속 순환시키기 위해 펌프가 쉼 없이 돌아간다. 연못에 던져진 돌은 파문을 일으키고 바닥으로 가라앉아 영원히 홀로 남게 된다. 이러한 광경은 자연을 모방하여 그 본질을 담아내기 위한 것임에 분명하며, 이 아름다운 작은 피조물 사이로 부드럽게 흐르는 물소리는 조화, 자연과의 일체감, 나아가 영원성을 느낄 수 있게 해준다.

자연은 물론이고 일본인들이 자연을 인지하는 방식 또한 일본사회, 종교, 예술, 미학의 발전에서 중심적인 역할을 수행했으며, 정원은 그 자체로서 이를 깨닫게 해준다. 정원이 자연의 일부인 것처럼, 일본인들은 스스로를 자연의 필수 구성요소로 본다. 서구인들이 자연을 맞서 싸워 정복해야할 대상으로 보았다면, 일본인들은 자연을 받아들여야할 대상으로 본 것이다.

자연에 대한 사랑

농경민족인 일본인은 자연을 지극히 사랑했으며, 그 안에 내재된 미를 또렷이 인식했다. 온화한 기후, 풍부한 강수량, 사면이 바다에 둘러싸인 자연조건 덕분에 일본인들은 자연을 인간에 대한 축복이자 성장과 풍요의 근원으로 인식할 수 있었다. 따라서 초기 일본 문학이 바다와 산, 나무가 우거진 계곡의 아름다움에 대한 감사의 마음을 노래한 것은 자연스러운 일이었다.

일본정원의 세 가지 기본요소는 물과 돌, 식물이다. 이 세 요소를 혼합하여 풍경정원의 더 큰 공통요소인 흐르는 물과 연못, 돌과 나무, 관목이 어우러진 풍경을 가능한 꾸밈없이 자연스러운 모습으로 조성한다.

일본정원과 마찬가지로 일본사회 역시 정체되어 있던 적이 거의 없다. 복잡하고 역동적인 일본사회는 지난 150년간 엄청난 변화를 겪으면서 봉건국가에서 세계대전을 두 차례 치룬 현대 산업국가로 변모했고, 두 차례의 전쟁 중 제2차 세계대전에서 처절한 패배를 경험했다. 이후 일본은 세계적인 경제대국으로 성장했다. 그 과정에서 서양의 기술과 과학, 교육, 정치를 흡수하고, 동시에 자신들만의 고유한 문화적 정체성도 지켜나갔다.

이러한 엄청난 변화의 기저에는 일본정원을 통해 드러나는 일본만의 특성이 있다. 일본정원의 기본요소들이 일본사회에서는 어떤 식으로 표출되는지 알아보기 위해 앞으로 다음 네 가지 주제를 중심으로 살펴보겠다.

1. 조화를 뜻하는 **와**(和), 적절한 방식을 뜻하는 **시카타**(仕方)는 절차의 형식과 질서를 강조
2. '정신' 수양을 뜻하는 **세이신**(精神)
3. 폭포에서 물방울이 모이는 것 또는 집단 활동에서 개인의 힘을 모으는 것
4. 미학

와, 그리고 시카타

일본을 이해하기 위해서는 일본의 역사를 알아야 한다. 일본의 역사는 인간관계에서의 끊임없는 조화, 즉 와를 추구하는 과정으로 볼 수 있다. 일본정원에서는 기본 요소들의 조화로운 관계로부터 인간과 자연이 효과적으로 상호작용한다는 느낌을 받을 수 있으며, 이로부터 와를 확인할 수 있다. 일본인들은 지형적 요인으로 인해 다양한 의복, 음식, 풍속, 언어 등을 발전시키기는 했지만, 수 세기 동안 외부로부터 비교적 고립된 상태를 유지하며 살아온 단일민족이라고 할 수 있다. 약 1만 1,000년 전 마지막 빙하기가 끝나기 전 일본은 아시아 대륙과 육지로 연결되어 있었다. 현재의 일본 땅에 도착한 인류는 더 이상 전진을 할 수 없었고 이들은 후일 도착한 인류와 함께 일본 땅에 정착했다. 기록을 통해 8세기까지 한반도에서 일본으로의 인구 이동이 활발했음을 알 수 있다. 그즈음 민족의 혼합은 거의 마무리 단계에 접어들었으며, 지난 1,000년 간 일본으로의 이주는 극히 미미한 수준에 머물렀다.

중국의 영향

철이나 석유 같은 자연자원이 전무하다시피 한 일본은 기원전 1,000년경 중국으로부터 벼농사 기술을 배웠다. 이로써 각각의 마을은 자급자족할 수 있게 되었지만, 농사의 복잡성과 각 단계가 연결된 특성으로 인해 일본인들은 기아를 면하기 위해 집단 활동의 중요성과 집단 내 화목을 강조하게 되었다.

기원전 7세기 쇼토쿠(聖德太子) 태자가 발표한 일본 역사상 첫 '헌법'은 조화를 강조했다. 17개조로 이루어진 헌법의 제1항은 조화를 강조하며 나머지 16개조의 기초가 되었다. 이는 생명, 자유, 개인의 행복추구의 중요성을 강조하는 서구 사상과 매우 다른 부분이다.

또한 일본인들은 언제나 외국의 것과 고유한 것의 차이를 뚜렷하게 인식했으며, 남으로부터 빌려오되 일본다움을 간직하는 것의 가치를 오래 전부터 알고 있었다. 서기 552년 야마토(大和) 정권 당시 중국에서 전래된 불교가 공식적으로 수용되면서 일본인들은 중국대륙 문명의 우수함을 점차 인식하게 되었다. 일본인들은 7세기에서 9세기까지 중국의 기술과 제도를 배우기 위해 의식적인 노력을 기울여 중국의 철학, 과학, 문학, 예술, 음악을 심도 깊게 연구했고 이는 일본의 사상과 문화, 관습에 큰 영향을 미쳤다. 심지어 일본인들은 수천 개의 단어마다 각기 다른 문자가 있는 중국의 문자 체계까지 수용했다. 그러나 비록 문자는 중국의 것이지만, 말은 일본말을 사용했으며, 중국어와 일어의 차이는 영어와 중국어의 차이만큼이나 크다. 섬나라 일본과 중국의 물리적인 거리는 중국의 침략을 피할 수 있을 만큼은 멀고 최고의 기술력을 자랑하던 세계 제일의 강대국 중국과의 교류에서 혜택을 누릴 수 있는 만큼 가까웠다. 9세기에서 12세기 사이 일본은 중국에서 배워온 새로운 요소들을 고유의 문화와 접목하여 새로운 것을 창조했다. 2010년 중국은 공식적으로 일본을 제치고 세계 제2위의 경제대국이 되었다. 그러나 중국의 일인당 GDP는 3,270달러로 일본의 3만 8,460달러에 크게 못 미친다. 일본은 한편으로는 중국의 경제성장으로부터 이익을 보지만, 다른 한편으로는 동북아에서 중국의 군사력, 경제력이 확대되는 것을 두려워한다.

쇼군의 시대

12세기에 미나모토(源 賴朝)가 대장군이라는 의미의 쇼군(將軍) 직위를 처음 사용하고, 현재의 도쿄에 해당하는 에도에서 차로 한 시간 거리에 있는 가마쿠라에 정권을 수립했다(가마쿠라 바쿠후, 일본 특유의 무사정권인 막부정치의 시작 – 역자 주). 교토의 황실가문은 명목상 권력을 행사할 수 있었으나 실질적인 권력은 쇼군에게 있었으며, 영주들은 쇼군에게 직접 보고했다. 이 같은 막부정치는 1868년 메이지유신으로 황실이 복권될 때까지 지속됐다. 1868년 쇼군이 축출되면서 막부시대가 막을 내리고, 수도와 황궁은 교토에서 도쿄로 옮겨졌다.

조화를 강조하는 것은 쇼군시대에도 마찬가지였으나 그 방식은 매우 달랐다. 흥미로운 점은 쇼군시대의 지배체제가 유럽의 봉건주의와 비슷하다는 것이다. 인구의 약 10%를 차지하는 사무라이는 쇼군에게 절대적으로 충성하는 전사계급이었다. 따라서 가정에 대한 충실함이 가장 중요한 덕목이었던 중국의 유교제도와는 매우 다르다. 쇼군에 대한 사무라이의 복종은 궁극적인 가족인 국가에 대한 충성으로 이어졌다. 또한 사무라이는 능숙한 시와 서예 솜씨를 자랑하는 식자층이었다.

그러나 대부분의 사람들은 제한적인 권리밖에 가질 수 없었으며, 평민이 사회적으로 통용되는 규칙과 관습을 어기면 사무라이는 그 자리에서 평민의 목을 벨 수 있었다. 이러한 분위기에서 일본인들이 조화를 추구하고 암묵적인 규칙에 따라 서로의 위신과 자존심을 무너뜨리지 않기 위해 협력하는 것 즉, 체면을 차리기 위해 노력하는 것은 조금도 이상할 것이 없다. 체면을 차리는 것은 대부분의 문화권에서 강조되지만, 아시아권에서는 여기에 '체면을 지켜주는 것'까지 포함된다. 비즈니스 협상에서 손해를 보게 된 상대를 위해 약간의 이익을 남겨주는 것이나 야구경기에서 승패를 가르지 않고 동점으로 끝내는 것을 예로 들 수 있다. 오늘날에도 일본인들은 상대의 프로젝트를 비판하기 전에 사과를 먼저 해서 서로 체면을 깎는 일이 없게 하고, 공식적인 연설에서도 이러한 방식으로 누군가의 체면을 구기는 일이 생기지 않도록 방지한다. 일본어에는 의례적이고 습관적인 사과의 말이 매우 많은데, 국가적 위기 상황이 닥쳤을 때 그러한 언어는 온 국민을 하나로 묶어주는 연결고리 같은 역할을 한다 (King, 2011).

16세기 당시 쇼군 이에야스(德川 家康)가 쇄국정책을 고수하여 예수회 선교사들을 추방하고, 기독교도들의 귀를 자르고, 원양항해에 적합하지 않은 연안선의 건조만을 허락하면서 일본의 고립이 심화되었다. 그 결과 큐슈 나가사키 항의 네덜란드 상업지역(데지마[出島] - 역자 주)을 제외한 모든 외부세계와의 통로가 단절되었다.

고립에서 벗어나

1853년 미국의 페리(Matthew C. Perry)제독이 미해군의 1/4을 이끌고 에도 앞바다에 당도하자 일본은 그 위세에 눌려 나라의 문을 열 수밖에 없었다. 이후 일본은 미국을 비롯한 유럽 열강들과 불평등 통상조약을 맺어야만 했다. 이러한 일련의 사건들은 쇼군제도가 약화되는 계기로 작용하여, 결국 1868년 권력이 황실로 넘어가게 된다.

일본사회에서 **가이진**(外人, 최근에는 **가이고쿠진**[外国人]을 더 적절한 단어로 봄), 즉 외국인이 일본사회에 온전히 정착하기란 지극히 어렵다. 이는 오랜 시간에 걸쳐 발전해온 집단 간 또는 집단 내 관계에 혼란을 가져올 수 있기 때문이다. 일본사회의 외국인은 연못에 던져진 돌멩이 같은 존재로, 돌멩이는 연못의 조화를 일순간 휘젓고 곧바로 가라앉아 눈앞에서 사라진다. 일본을 방문하는 많은 미국인들은 일본 사람들이 보여주는 극진한 관심과 보살핌이 진정한 우정 또는 최소한 진정한 인정이라고 착각한다. 이러한 오해가 생기는 이유를 알기 위해서는 와를 유지하는 데 반드시 필요한 **시카타**(仕方)에 대해 알아야 한다.

쌀농사 지역의 자급자족 경제와 자연에 대한 강조로 인해 일본인들은 내적 질서(개인의 마음)와 자연의 질서(우주)가 존재하며, 이 둘은 형식상 연결된다고 믿게 되었다 (De Mente 참고, 1990). 적절한 방식을 뜻하는 **시카타**는 절차의 형식과 순서를 강조하며, 복수형은 **카타**(方)이다. 복수형이 있다는 것은 식사하기, 전화걸기, 외국인 상대하기 등 상황에 따라 적절한 한 가지 또는 여러 가지의 **카타**가 있다는 뜻이다. 전통적으로 미국인들은 일을 하는 과

정보다 최종결과에 관심을 갖지만, 일본인들에게 행위의 절차나 형식은 성공적인 결과만큼이나 중요하다. 어떤 것을 적절한 절차에 따라 행할 때 결국 가장 좋은 결과가 나온다고 믿는 일본인들에게 전사적 품질경영(TQM: total quality management, 제품이나 서비스의 품질뿐만 아니라 경영과 업무, 조직구성원의 자질까지도 품질 개념에 넣어 관리해야 한다는 개념 - 역자 주)과 끊임없는 개선을 의미하는 카이젠(改善, 작업자들이 중심이 되어 생산설비의 개조, 업무효율 향상 등 생산과 관련된 모든 범위에서 변화를 이끌어 낸다는 개념 - 역자 주)은 시카타의 연장선상에 있는 개념이다.

적절한 방식

일본인들은 누구에게나 명확하게 정해진 삶의 영역과 역할(分)이 있어서 해야 할 일이 그에 따라 구체적으로 결정된다고 생각하며, 카타는 이처럼 위계질서가 엄격한 사회에서 발전해왔다. 이는 레이셔(Edwin O. Reischauer)가 비록 일본인들이 지구상에서 가장 정중한 민족은 아닐지라도 가장 격식을 따지는 민족이라고 말하는 배경이 되기도 했다 (Reischauer, 1988). 규칙의 준수같이 어떤 사람이 겉으로 하는 행동에는 내면의 성격이 반영된다. 일본에는 심지어 야구에도 카타가 있다. 예를 들어 방망이를 잡는 법이나 그밖에 외국인의 눈에는 쓸모없어 보이는 규칙들 때문에 외국인 야구선수들이 일본 야구에 적응하는 데 애를 먹고는 한다.

일본에서 카타의 중요성은 아무리 강조해도 지나치지 않다. 방문객을 맞는 법, 명함을 교환하는 법 등은 미국인들의 일반적인 방식과 매우 다르다. 일본인들은 새로운 일을 할 때 카타가 없으면 그

일을 끝내기 어려워할 것이다. 그래서 제2차 세계대전 당시 전쟁을 끝내려던 일부 일본인들이 항복이라는 것이 너무 치욕적이라 그에 대한 **카타**가 없다는 점을 탄식하기도 했다. "항복하는 법을 모른다"는 말은 바로 여기에서 나온 것이다 (De Mente, 1990: 68).

세이신 훈련

규칙이 엄격한 사회에서 불편함을 느끼지 않고 생활하기 위해서는 엄청난 자기절제가 필요하기 때문에 일본인들은 태어나면서부터 자기 절제력을 키워주는 사회화 훈련을 받는다. 일본정원의 잉어는 남성성, 용맹, 인내, 끈기를 상징한다. 마찬가지로 일본인들의 인생철학에서 빼놓을 수 없는 요소인 세이신 즉, 정신은 의무에 대한 헌신과 자기수양의 중요성을 강조한다. 수양과 역경을 이겨내는 과정을 통해 자기발전을 이루는 것은 물론이고 더 나아가 스스로를 극복할 수 있게 된다. 세이신 훈련이 가장 많이 활용되는 분야는 무술, 꽃꽂이, 다도이다. 무술의 경우 신체의 단련은 내적균형과 조화라는 정신적 목표에 도달하기 위한 수단으로 간주된다. 어떠한 기술을 완전히 습득하기 위해서는 자기절제와 수양이 요구되며, 이는 내적인 힘의 발전을 가져온다. 과거 다수의 일본 기업들이 신입사원을 대상으로 세이신 훈련을 했는데, 일부에서는 이를 두고 일본의 전전(戰前) 교육제도의 유산으로 국수주의적, 군국주의적 관행이라고 평가했다.

불교의 영향

세이신 훈련은 1970년대 이후 일본에서 새롭게 조명 받고 있는 불교의 한 분파인 선불교(Zen Buddhism)와 밀접하게 연관되어 있다. 힌두교는 인격화된 신을 허용하지만 불교는 그렇지 않다. 그러나 힌두교에서 강조하는 명상은 불교에서 말하는 열반에 이르거나 구원을 받을 수 있는 주요한 방법으로 간주된다. 붓다는 '고통은 피할 수 없다', '고통은 이기적이거나 자기중심적인 열망에서 비롯된다', '그러한 열망은 극복될 수 있다', '극복의 방법은 팔정도(八正道)를 따르는 것이다' 라는 네 가지 높은 가르침, 즉 사성제(四聖諦)를 강조했다. 팔정도는 대체로 기독교의 십계명과 내용이 유사하다.

선불교는 우주의 무상함과 일체성을 인지함으로써 자기중심적인 세계에서 벗어날 수 있다고 가르친다. 일본정원에서도 자연의 각 부분과 전체를 동시에 볼 수 있다. 또한 정원의 각 부분은 고유의 방식으로 자연의 정수를 담아낸다. 정원은 물리적으로 축소되었지만 정신적으로 확대된 즉, 속박에서 벗어난 자연을 통해 자연의 거대함과 장엄함을 드러낸다. 스스로가 자연의 일부로서 유한한 존재임을 아는 일본인들은 시간에 고유한 방식을 부과하여 시간을 멈춘다. 비록 계절은 변화하지만 일본식 정원의 돌과 나무, 연못의 모습이 언제나 그대로인 것은 이 같은 원리에서 비롯된다.

불교의 또 다른 영향은 2011년 지진해일과 이후의 재난에 대처하는 방식에서 드러난 일본인들의 몸에 밴 극기정신과 질서정연함, 끈기이다. 이러한 특징은 일본인들이 흔히 '참고 견디다'는 의미로 사용하는 **가망(我慢)**에도 잘 표현되어 있다. 극기정신은 "어쩔 도리가 없다"는 의미의 **시카타가나이(仕方がない)**라는

표현에서도 드러난다 (Kristof, 2011). 그러나 불교의 영향을 강하게 받은 전통풍습도 지진해일의 위력 앞에서는 어쩔 도리가 없었다. 일본에는 시체를 매장하는 풍습이 있지만, 지진해일을 겪은 후에는 송판으로 칸을 나눈 공동묘지에 수천 구의 시체를 묻을 수밖에 없었다. 여전히 혼란스러운 상황에서 장례식의 엄숙함을 유지하기 위해 군인들이 식장을 에워쌌으며 지진해일로 모든 것을 잃은 유가족들은 주먹밥, 캔커피, 고인이 평소에 좋아하던 물건, 소박한 꽃다발로 사랑하던 가족이 세상을 떠나는 길을 배웅했다 (Wines, 2011).

일본인들의 행동을 가장 잘 이해할 수 있는 방법은 아마도 가라테나 검도 같은 무술을 하는 것일 것이다. 가라테(문자 그대로의 의미는 '빈손의 방법')는 오키나와의 전래 무술인 테(手)와 중국무술이 결합한 것이다. 가라테는 침략자들로부터 스스로를 방어하는 기술이자 정신수양의 한 형태이다. 여러 가지 형식 즉, **카타**는 가라테 훈련의 많은 부분을 차지하며 수련생들은 실전에 들어가기에 앞서 **카타**를 혼자 서너 시간씩 연습한다. 수련생늘은 최종적으로 사물을 '통해 생각하기'를 배운다. 자녀에게 가라테를 배우게 하는 학부모 입장에서 가장 힘든 것은 아홉 살 밖에 안 된 어린 자녀가 사물을 '통해 생각' 하거나 1인치짜리 송판을 맨손으로 격파하려 애쓰는 모습을 지켜보는 일이다. 가라테 지도자들은 부진한 학생들에게 같은 동작을 여러 번 반복하게 해서 자기절제와 역경에 맞서는 법을 가르치며, 이 과정에서 어린 학생들의 손가락뼈가 부러지는 일이 발생하기도 한다.

'지옥훈련'

이론적으로 세이신 훈련의 궁극적인 목표는 개인의 정신적 성장과 자유를 달성하는 것이지만 많은 일본인들이 이를 학교나 직장에서 성과를 올리기 위한 실용적인 목적으로 활용한다. 일본의 일부 대기업은 이 점에 착안하여 연수 프로그램을 운영한다. 연수 프로그램은 '지옥훈련'이라고 불리는데, 그 이유는 프로그램 참가자들이 하루에 몇 시간밖에 잘 수 없고, 절제력을 강화하고 회사에 헌신하는 마음을 고취시키기 위한 극단적인 신체훈련을 견뎌내야 하기 때문이다. 여러 개의 '수치의 배지'를 옷에 단 참가자들은 배지를 떼어내기 위해 다양한 시험과 장애물을 통과해야만 한다. 현대적으로 변형된 세이신 철학에서 가장 강조하는 것은 내면의 긍정적인 자세를 강화하여 외부의 방해를 극복하고 어려움을 해결하는 것이다. 일본인들은 누구나 충분히 열심히 노력하기만 하면 어떤 장애도 극복할 수 있다고 생각하는 경향이 있다. 반대로 미국인들은 노력만큼, 또는 노력보다 능력을 더 강조한다.

중국인들처럼 일본인들도 고대 중국의 장군인 손자(孫子)가 지은 『손자병법(*The Art of War*)』의 전략을 굳게 믿는다 (McNeilly, 1996, 1963년 번역본 포함). 일본인들은 시장을 전쟁터로 보지만, 전쟁은 양편의 소중한 자원을 고갈시키므로 가능한 전쟁을 피하라는 손자의 1계를 인정한다. 그러나 다른 한편으로 검도와 선(Zen)을 결합하여 37명의 적을 무찌르고 은퇴 후 동굴로 들어가 죽음을 맞은 전설의 사무라이 무사시(宮本 武蔵)를 존경하기도 한다. 오늘날 많은 일본 경영자들이 1974년 최초의 영어 번역서가 나온 무사시의 『오륜서(*A Book of Five Rings*)』에 소개된 법칙을 사업에 활용한다. 내적 반성과 사업상 적에 대한 무자비한 처단이라는 두 가지 요소를 동시에 인정하는 이 같은 역설은 진정성과 기만이라는 양면성을 가진 중국인들의 역설(6장 참고)과도 비슷하다. 무사시의 삶과 그의 책에 관한 내용을 담은 14시간 분량의 영화가 제작되어 인기를 끌기도 했다.

물방울 또는 에너지의 합체

카타와 세이신 훈련을 통한 조화는 정원에서 물방울이 모여 폭포를 이루듯, 집단 내에서 개인의 에너지를 하나로 모으는 일로 이어진다. 집단에 대한 일본인들의 강조는 출생과 동시에 어머니가 자식, 특히 아들에게 무한한 사랑과 에너지를 쏟아 붓는 것으로 시작된다. 일본에서는 어머니들이 영유아기의 자식을 품에서 떼어 놓는 일이 거의 없다. 또한 아기를 혼자 두지 않으며, 원하는 것을 대부분 들어주고, 7~8세가 될 때까지 밤에 데리고 잔다. 또한 어머니들이 만두 돌까지 아이를 포대기로 업어서 데리고 다닌다. 이로 인해 아이들이 어머니에게 매우 의존하게 되고 주변으로부터 애정을 갈구하는 태도인 **아마에**(甘え)를 갖게 된다. 어른이 되면 의존의 대상이 어머니에서 집단, 특히 **센빠이**(先輩, 선배)로 바뀐다. **센빠이·코하이**(後輩, 후배)관계는 서로에 대한 의무로 맺어진 복잡한 관계다. 일본인들은 대부분 학교에서 동아리 등의 조직을 통해 **센빠이**를 처음 만나며, 이러한 관계는 오랜 기간 지속되기도 한다. 서양에서 이와 가장 유사한 스승·제자 관계나 도제관계와 비교하면 **센빠이·코하**

이 관계가 훨씬 더 격식을 갖추는 관계이다. 코하이는 군인이나 운동선수처럼 훈련을 받으며, 센빠이를 존경하고 복종해야 한다. 친구들과 대화할 때와는 달리 센빠이와 코하이는 공식적이고 정중한 단어를 사용한다. 센빠이는 코하이로부터 존경을 얻어야 하며 그 반대의 경우도 마찬가지이다 (Hogg, 2006)

손위의 조언자

회사에 처음 들어가면 센빠이 즉, 나이가 많은 선임자에게 배정되어 몇 년 동안 업무처리 방식과 새로운 환경에 잘 적응할 수 있도록 생활면에서 도움을 받는다. 그러나 이러한 센빠이 · 코하이 관계는 비공식적으로 형성되는 경우가 더 많다. 센빠이는 신참들에게 조언과 격려의 말을 하고 이들이 조직에서 사회화되는데 중요한 역할을 한다. 이러한 관계 덕분에 코하이는 상위 집단으로부터 비난을 받을 걱정 없이 비공식적으로 자신의 의견을 표출할 수도 있다.

집단을 강조하는 성향은 일본인들의 삶 구석구석에 영향을 미친다. 일부에서는 일본의 범죄율이 낮은 원인을 집단에 대한 강조와 집단의 체면을 지키려는 욕구에서 찾기도 한다. 집단에 대한 강조는 특히 학교와 직장, 정치인들에게서 두드러진다.

학교에서 학생들은 학급으로 구분된다. 만 6세가 넘은 아동은 4월에 초등학교에 입학하여 초등학교에서 6년, 중학교에서 3년, 고등학교에서 3년, 대학교에서 4년을 보낸다. 초등학교의 학급당 학생 수는 대략 30~40명이며, 학생들은 다양한 활동에 따라 여러 개의 소집단으로 나뉜다. 학생들은 세계의 모든 초등학생들이 배우는 과목들 이외에 하이쿠(약 400년 전 일본에서 발달한 시가의 종류) 같은 일본 전통예술을 배운다. 많은 학교에서 영어를 가르치고 정보기술을 폭넓게 활용한다.

특정 학교에 입학하기 위한 경쟁도 치열하다. 공립학교에 들어갈 경우 거주지에 위치한 초등학교와 중학교에 들어간다. 고등학교에는 서열이 있기 때문에 입학시험을 봐야한다. 초·중·고등학교 모두 사립학교에 들어가려면 입학시험을 봐야 하지만, 사립학교는 대부분 대학교와 연계되어있기 때문에, 일단 사립학교에 들어가면 대학입학은 크게 어렵지 않다.

학생들의 태도

"모난 돌이 정 맞는다"는 속담은 일본 학생들의 태도를 가장 잘 설명해준다. 집단이 안전과 소속감, 애정의 원천이라고 배운 학생들은 이 속담대로 행동하면 별다른 문제를 겪지 않을 수 있다. 덕분에 대부분의 일본 학생들은 소외감과 외로움을 종종 호소하는 서양 학생들이 부러워하는 소속감을 느낀다.

반면 집단에 어울리지 못하는 일부 학생들의 삶은 끔찍하다. 동급생들은 끊임없이 이런 학생들을 괴롭히고 놀리고 짓궂게 군다. 영어로는 주로 괴롭힘(bullying)으로 번역되는 이지메(いじめ)를 견디다 못해 자살하는 학생이 해마다 여러 명이며, 이지메 신고 건수는 최근 들어 늘어나는 추세에 있다. 괴롭힘을 당하는 학생의 친구들은 같이 따돌림 당하지 않기 위해 괴롭힘을 당하는 친구를 멀리하는데, 성인이든 학생이든 집단에서 쫓겨나는 것은 일본인에게 닥칠 수 있는 최악의 상황이기 때문이다. 홈런 세계기록을 보유한 일본의 야구영웅 오(王貞治)는 오늘날 일본인들에게 불굴의 의지를 대표하는 인물로 찬사를 받지만, 어린 시절

에는 아버지가 중국인이라는 이유로 학교에서 차별에 시달려야 했다 (Beech, 2011).

학생들은 학급뿐만 아니라 학교를 기준으로 분류되기도 하는데, 대학에 들어가면 이러한 구분이 더욱 심해진다. 일류기업은 주로 일류대학 출신을 뽑기 때문에 어느 대학에 다니느냐에 따라 진로가 결정되는 경우가 많다. 대학시절에 맺은 인간관계가 일본인들의 생활에 중요한 영향을 미치며, 평생 어느 대학 출신인지를 기준으로 서로를 나눈다.

관리자와 직원

일본인들에게 직업이란 자신을 더 큰 존재와 동일시할 수 있는 수단이자, 자부심을 얻고 중요한 무언가에 속한다는 느낌을 얻는 수단이다. 개인의 위신은 고용주의 위신과 직결된다. 기업에 대한 일반적인 시각은 근로자를 이용하여 이익을 추구하는 집단이 아니라 개인에게 안전과 복지를 제공하는 집단이다. 일본인들에게 직업을 물으면 일이 아니라 다니는 회사 이름을 대는 것이 보통이다. 그에 반해 미국인들은 '담당 업무'를 말할 뿐 회사이름을 굳이 말하지 않는 것이 보통이다.

일본인들은 자신의 회사와 남의 회사를 우리와 그들의 개념으로 명확히 구분한다. 『이코노미스트(*Economist*)』지에 인용된 주오(中央)대학 사이토(斎藤 明) 교수에 따르면 이러한 구분은 쇼군에 대한 사무라이 전사의 충성과 백성을 돌보는 주인의 의무를 관장하는 봉건적 부시도(武士道)의 잔재이다. 그러나 1990년대 경제 불황을 겪으면서 일본 노동시장에는 많은 변화가 일어났고, 그러한 변화 중 하나는 임시직 비율이 20%에서 35%로 높아진 것이다. 이로 인한 흥미로운 변화가 일어났는데, 부적절한 행동을 제보하는 사례가 늘면서 2006년 내부고발자 보호법이 제정된 것이다.

최근 일본의 종신고용제의 미래에 관한 논의가 활발하다. 2002년 8,000명을 해고한 마쓰시타의 결정은 노사관계의 변화를 알리는 신호탄으로 받아들여졌다. 2000년대 들어서도 대량해고와 구조조정이 진행되었지만, 종신고용제는 일본사회에 깊숙이 뿌리내리고 있어서 완전히 사라지기는 어려울 것이라고 노동문제 전문가들은 말한다 (Moriguchi & Ono, 2006). 그러나 젊은이들은 이미 샐러리맨 윤리를 내던지고 있다 (Beech, 2011). 최근 몇 년 사이 '변덕스러운 프롤레타리아(precarious proletariat)', 줄여서 '프리캐리엇(precariat, 고용안정이 보장되지 않은 근로자)'이라 불리는 새로운 계층이 등장했다. 정규직 일자리의 안정성과 연봉, 각종 혜택을 누리지 못하는 노동자의 숫자가 200만 명에 이르면서, 프리캐리엇 계층은 1990년 노동시장의 20%에서 최근 34%까지 늘어났다. 아동의 14%, 노인의 21%가 최저생계비에도 못 미치는 금액으로 생활하고 있다는 사실이 알려지면서 빈곤은 더 이상 다른 나라의 일로만 취급할 수 없는 문제가 되었다 (Osawa & Kingston, 2010).

일본 기업의 또 다른 구조적 특성은 대규모 집단으로 발전해왔다는 점이다. 제2차 세계대전 전 일본 산업은 약 300개의 소기업과 공급업자들로 구성된 6개의 자이바츠(財閥, 가족소유기업)로 이루어져 있었다. 각각의 자이바츠는 장기 계약관계를 맺은 여러 하청업자와, 생산조직, 대규모 금융기관, 수출입조직이 결합된 형태였다. 이러한 조직은 미국 등의 선진국에서는 법으로 금지되어 있으며, 실제로 일본에서도 제2차 세계대전 후 금지되었다. 그러나 비가족소유기업인 케이레츠(系列)가 등장하여 **자이바츠**를 대신하게 되었다.

케이레츠가 시장에 막강한 영향력을 행사하고 국내 유통업자에게 외국산 제품을 취급하지 말라고 설득할 수 있기 때문에, 미국과 유럽의 경영자들은 케이레츠의 영업방식에 큰 불만을 제기한다. 아이러니컬한 것은 일본에서 가장 역동적이고 잘나가는 기업은 케이레츠가 아닐 경우가 많다는 점이다 (Tasker, 1987).

1990년부터 젊은이들의 기업 활동이 증가하여 일부는 기존 기업에 고용되는 것을 거부하고 창업을 했다. 세계경제의 글로벌화가 진전될수록 이 같은 활동이 증가하겠지만, 회사와 자신을 동일시하는 경향은 미국보다 일본에서 지속적으로 두드러질 것이다.

집단의 중요성

집단을 강조하는 성향은 일본 기업의 조직구조와 업무분장에서도 나타난다. 업무분장의 기준이 집단일 경우가 많고, 기본적으로 업무란 집단작업으로 인식된다. 작업집단에 대한 직무설명 이외에 개인별 작업에 대한 공식적인 직무설명이 없는 경우도 많다. 성과에 대한 보상은 개인이 아닌 작업집단 단위로 이루어진다. 사무실 공간의 물리적 배치도 집단 강조 성향을 보여주는데, 학교에서처럼 관리자는 직원을 마주보는 자리에 앉고 직원들은 감독자와 함께 소집단별로 모여서 일한다. 소규모 작업집단의 경우 모든 직원이 한 책상에 둘러앉고 연장자는 관리자 가까이에 앉는다. 보통 일본에서는 관리자들이 별도의 사무실에서 일하는 것을 허용하지 않으며, 업무상 필요할 때도 관리자들이 별도의 공간을 원하지 않는 편이다. 미국에 진출한 일본기업에서 일하는 미국인 직원들은 이 부분을 힘들어한다. 동일한 제목의 인기 영국드라마를 바탕으로 제작된 미국의 TV드라마 〈오피스(*The Office*)〉는 관료주의적 직장 문화를 비꼬면서 상사를 우스꽝스럽게 묘사하는데, 신성불가침에 가까운 일본의 직장문화를 고려할 때 이 드라마가 일본판으로 제작될 가능성은 매우 낮다. 그러나 원작자인 저베이스(Ricky Gervais)는 〈새러데이 나잇 라이브(*Saturday Night Live*)〉에 짧고 풍자적인 〈오피스〉 일본판을 포함시키는 데 성공했다.

일본에는 여성회, 청년회, 학부모-교사회, 동호회 등 집단이 많다. 정당과 관료사회는 대립하는 파벌들로 나뉜다. 비슷한 옷을 입고 마치 한 몸처럼 움직이는 관광객들을 보면 집단으로 행동하는 일본인들의 성향을 특히 잘 알 수 있다. 최근의 지진해일 사태를 통해 밝혀졌듯 일본인들은 공동체 정신이 투철하고 위기상황에서는 서로를 배척하지 않고 협력한다. 심지어 1995년 고베대지진 당시 주민들이 대피하면서 무너질 가능성이 큰 집안에 귀중품을 두지 않고 길에다 두었다는 일화도 있다. 일본인들은 이웃이 자신의 물건을 찾아줄 것이라고 믿었던 것이다. 2011년 지진과 지진해일로 수천 명의 이재민이 집을 잃고 궁핍한 생활을 하는 와중에도 약탈이 거의 일어나지 않았다는 데 대해 세계 언론은 놀라움을 감추지 못했다.

의사결정 과정에도 집단에 대한 강조가 반영된다. 예를 들어 일본 기업에서는 주로 중간급 이하 관리자들이 사업제안을 한다. 링기쇼(稟議書)라 불리는 서면제안서는 추후에 작성하여 상급자에게 보고한다. 링기쇼를 검토하는 사람은 개별적으로 결재도장을 찍어야 한다. 링기쇼를 작성하기에 앞서 비공식적 논의를 충분히 하기 때문에 의사결정에 이르기까지 오랜 시간이 소요된다. 시간이 많이 걸리는 것이 흠이지만, 의사결정에 앞서 동의를 구하는 이러한 방식에는 중요한 장점이 있다. 부서의 모든 구성원이 동의했으므로 일단 결정된 사안은 빠르고 추진력 있게 실행할 수 있다는 점이다. 반면 미국은 관리자들이 결정을 빨리 하지만, 의사결정 과정에 일부 핵심인물만 관여하기 때문에 실행을 위해서는 엄청난 시간과 노력이 소요된다.

미국과 일본의 의사결정 방식의 차이는 트래블러스 그룹(Travelers Group)과 닛코증권(Nikko Securities)이 합작사 설립을 검토하는 과정에서 극명하게 드러났다. 트래블러스 그룹의 웨일(Sandy Weill) 회장과 일본 측 파트너가 기본사항에 동의한 다음, 웨일 회장이 뉴욕으로 전화회의를 연결하여 이사회의 승인을 받기까지 30분이 채 걸리지 않았다. 반면 닛코증권은 자사에 유리하게 결정된 사항에 대해서도 이사회의 승인을 구하는 데 무려 12일이나 걸렸다. 그러나 지난 몇 년 동안 양국 기업은 서로의 장점을 배우면서 의사결정 과정을 발전시켜왔다.

집단에 대한 책임

물방울과 마찬가지로 개인은 집단을 대표할 때만 중요하다. 개인의 의견이 나뉘면 개인의 필요보다는 집단의 이해가 우선시된다. 개인에게 가장 요구되는 덕목은 협동심, 합리성, 타인에 대한 이해이다. 가능한 한 조화를 추구하고 불화는 피한다.

집단에 대한 개인의 책임과 개인행동에 대한 집단의 책임의 정도를 잘 보여주는 일화가 있다. 일본에서 일하는 어느 미국인 교사가 중2 학생들을 데리고 교토로 수학여행을 갔다가 교토에서 돌아오는 중에 일본인 교사들이 학생들이 한 시간 동안 학교 강당에 앉아 있어야 할 것이라고 말했다. 미국인 교사가 그 이유를 묻자 학생들 중 한 명이 조회에 10분 늦었기 때문에 전체가 벌을 받는 것이라고 일본인 교사가 설명했다.

또 다른 사례는 도요타 리콜 사태다. 2009년 도요타는 가속페달 오작동 문제로 전 세계에서 수백만 대의 자동차를 회수해야 했다. 창업자의 손자인 도요다(豊田 章男) 회장은 초기대응이 늦었다는 비난을 받았다. 그러나 도요타는 위기를 극복했고, 라이커(Jeffrey Liker)와 오겐(Timothy N. Ogden)은 『공격받는 도요타: 위기를 기회로 전환하기 위한 교훈(*Toyota Under Fire: Lessons for Turning Crisis Into Opportunity*)』(2011)에서 일본 특유의 문화, 특히 도요타 방식(Toyota Way)이 문제해결에 어떤 식으로 도움이 되었는지를 강조한다. 책에 따르면 도요타는 어려움이 닥치거나 심지어 불황일 때에도 직원을 해고하지 않았다. 대신 문제 해결을 위해 교육에 힘썼다. 최고경영진은 실수에 책임을 지고 회사의 다양한 구성원들에게 진심으로 사죄했다. 도요다 회장은 미국의회 청문회에 직접 출석하기까지 했으며, 딜러들은 고객에게 전례없는 품질과 속도로 서비스를 제공했다. 그 결과 도요타는 2010년 마침내 세계최대의 자동차 회사로 거듭났고 판매 역시 리콜 사태 이전 수준을 회복했다.

정원에 흐르는 물처럼, 일본사람들도 물결을 따라 흘러가기를 원한다. 일본전문가들은 서구인과 비교할 때 일본인에게는 추상적 원칙, 절대도덕, 보편적 기준에 입각한 절대적 판단이 상대적으로 결여되어 있음을 발견했다. 일본인들은 구체적인 상황과 복잡한 인간관계를 더욱 고려하며, 따라서 서구인들이 보기에 일본인들은 원칙이 없는 것으로 보이겠지만 일본인들이 보기에 서구인들은 냉정하고, 판단이 독선적이며 인간적 감정이 부족한 사람들로 비춰질 것이다.

서양과의 비교

프로스트(Ellen Frost)가 지적하듯, 많은 일본인들이 서양사람들은 '건조'하지만 일본인들은 '습'하다는 말로 이러한 차이를 설명한다 (Frost, 1987). 프로스트는 이에 대해 다음과 같이 설명했다.

> '건조'하다는 말은 서양인들이 인간적인 감정보다 추상적 원리와 논리, 합리성을 더욱 중요하게 생각한다는 뜻이다. 그래서 서양 사람들은 결혼을 포함한 모든 사회적 관계를 개인적 필요가 충족되지 않으면 종료할 수 있는 공식적인 계약으로 생각한다고 한다. 서양인들의 도덕관념은 일반화되고 추상적인 개념으로 개인의 구체적인 상황은 거의 고려되지 않는다. … 반면 '습'한 일본인들은 특정 상황에 처한 사람의 감정적 현실을 중요하게 생각한다. 일본인들은 절대적인 것을 피하고, 미묘한 차이를 알아채는 능력과 직관에 의존하며, 타인의 감정에 민감하게 대응하는 것을 가장 중요하게 여긴다. 일본인들은 모욕감이나 싫어하는 낌새를 조금만 느껴도 이를 심각하게 받아들인다. 충실한 감정을 몇 년 혹은 평생 동안 간직하기 때문에 더욱 신뢰할 수 있는 민족이라는 말을 듣는다 (Frost, 1987: 85).

어떤 이들은 일본인들이 가진 상대주의의 원인을 자신을 자연과 동일시하는 태도에서 찾는다. 또 어떤 사람들은 원리의 적용에 상황적으로 접근하는 중국 사상이 영향을 미친 것으로 본다 (6장 참고). 서양인들은 세상을 선과 악으로 구분하지만 중국인들은 생명을 구성하는 상호보완적인 두 힘, 음과 양으로 구분한다. 그래서 미국인들은 상황을 흑과 백으로 명확하게 나누지만 일본인들은 회색의 농도가 조금씩 짙어지는 것처럼 상황을 본다는 것이다. 그러나 앞서 설명했던 일본인들의 자녀 양육 방식이 상대주의의 원인이라고 주장하는 사람들도 있다. 가장 확실한 것은 아마도 이 모든 원인들이 서로 연관되어 있고, 어느 정도는 모두 타당성이 있을 것이라는 것이다.

일본의 사법제도에는 상황윤리(1960년대 발달한 기독교 윤리 이론으로 아가페적 사랑을 구현할 수 있다면 다른 윤리원칙들은 상황에 따라 배제될 수 있다고 주장 – 역자 주)에 대한 강조가 반영되어 있다. 일본에서는 재소자가 진심으로 반성하는 태도를 보이면 감형될 가능성이 크다. 일본의회나 중앙정부가 제정한 법률은 구조가 느슨해서 상황에 따라 법정의 해석이 달라질 수 있다. 반면 미국 의회는 가능한 모든 상황을 포괄할 수 있도록 법률 문구를 꼼꼼하게 작성하기 때문에 판사의 해석 범위가 상대적으로 제한된다. 또한 일본에서는 조화와 집단에 대한 충성을 강조하는 성향으로 인해 개인이 법적 권리를 내세우기보다 분쟁을 해결하는 것을 더욱 가치 있게 본다. 따라서 일본의 사법제도와 가치는 법정 분쟁보다 집단 합의나 해결을 강조하는 성향을 더욱 강화시킨다. 또한 일본에는 소송을 꺼리는 문화적 관습도 존재하지만 미국의 상황은 정반대다. 미국에서 법적 분쟁에 휘말린 개인은 판사가 치밀하게 서술되어 있는 법률에 따라 해석해야 한다는 점을 잘 알고 있다.

그렇다고 해서 일본인들에게 옳고 그름에 대한 감각이 결여되어 있다는 것은 아니다. 단지 일본인들이 서양인들에 비해 구체적인 상황과 행위자의 의도를 더욱 강조한다는 뜻이다. 중요한 것은 어떤 행위로 인해 타인이 피해를 입었느냐, 집단과 공동체에 파괴적인 영향을 미쳤느냐는 점이다. 이러한 분쟁이 발생할 경우 일본인들을 움직이는 주된 동력이 수치심이라면, 서양인들을 움직이는 동력은 주로 책임을 완수하지 못했다는 죄책감이라고 전문가들은 단언한다. 이러한 차이는 성관계와 음주를 대하는 태도에서 특히 극명하게 드러난다.

개인의 생활

결혼은 전통적으로 중매를 통해 이루어져 왔으며 오늘날에도 가족과 회사가 매개체 역할을 해 왔다. 그러나 이러한 관행은 점차 시대에 뒤떨어진 것으로 취급 받고 있다. 일을 위해 결혼을 포기하는 여성이 늘고 있다. 일본정부 통계에 따르면 25세에서 39세 여성 중 한 번도 결혼하지 않은 여성의 비율이 40%에서 54%로 증가했다. 미국 인구조사국 자료에 따르면 같은 연령대에서 결혼을 한 번도 하지 않은 미국 여성의 비율은 40% 수준이다. 사카이(酒井 順子)가 쓴 미혼 직장여성에 대한 책 『패배자의 절규(*Howl of the Loser Dogs*)』(한국판 제목은 『결혼의 재발견』 - 역자 주)는 30만 부 이상 판매되었다. 전형적인 일본 남성은 결혼을 하면 본인이 장시간 일하는 대신 부인이 직장을 포기하거나 직장 생활과 자녀양육을 동시에 해내기를 기대하지만 현대 일본여성들은 이러한 기대에 저항한다. 대신 결혼생활에서 폭넓은 자율성과 자유를 보장해줄 동반자를 찾는 여성이 늘고 있다. 이러한 상황은 여성 한 명당 출산율 1.29(미국은 2.13)라는 낮은 수치를 설명해주며 노동 정책에도 깊은 영향을 미친다.

음주와 심하게 취하는 것도 별다른 악의 없이 용인되거나 심지어는 권장되는 경우도 있다. 취해서 하는 행동은 운전을 제외하면 거의 모두 용서된다. 일본 사람들은 술기운을 빌려 나중 일을 생각하지 않고 속내를 자유롭게 털어놓으며, 같은 팀에 속한 사람들끼리 일이 끝나고 몇 시간씩 먹고 마시다가 밤늦게 귀가하는 일도 흔하다. 그러나 서양여성들은 일본 남성들이 취하지 않았을 때는 아무리 예의가 바르다고 해도 술 취했을 때의 이러한 행동을 받아들이기 힘들어 한다. 한 영국인 고등학교 여교사가 회식자리에서 술을 마시면서 반복적으로 자신을 희롱한 일본인 남교사를 인내심을 잃고 그만 '때려눕히고' 말았다는 일화도 있다. 일본인들이 술을 마시면 제멋대로 행동하기는 하지만 그렇다고 해서 적개심이나 폭력성을 드러내는 일은 거의 없다. 예의를 중시하는 일본사회에서 살짝 취한 '샐러리맨'들이 술자리 후 헤어지면서 고개를 숙여 서로에게 인사하는 모습을 보는 일도 흔하다!

일본정원에 자연의 질서가 깃들어 있듯, 일본인들은 사회에도 자연의 질서가 있다고 믿는다. 그래서 과거 봉건체제와 근대 일본조직에서 세습권력의 존재와 귀족통치가 받아들여졌던 것처럼 오늘날에도 각기 다른 서열과 지위가 자연스럽게 받아들여진다. 조직 내에서 대개 개인의 이름보다 서열이 중요하다. 예를 들어 교장선생님을 지칭할 때는 교장을 뜻하는 일본어 **고조 센세이**(校長先生)만 쓰면 된다. 직위를 강조함으로써 집단의 정체성이 강화되는 동시에 조직 내에서 개인의 서열이 확립된다.

지위의 확립

일본인들은 사람들 사이에 적절한 교류와 의사소통이 가능하려면 최대한 빨리 지위를 확인해야 한다고 굳게 믿는다. 사업가들이 처음 만나면 제일 먼저 메이시(名刺) 즉, 명함을 교환하는 카타를 통해 상대의 구체적인 지위와 소속집단을 확인한다. 명함 교환은 가볍게 여길 일이 아니어서, 명함을 건넨 사람은 받은 사람이 명함을 수첩에 넣기 전에 주의 깊게 읽고 심지어는 자신의 이름과 직함을 소리 내어 읽을 것을 기대하기도 한다. 미국 사람들처럼 명함을 받자마자 집어넣는 것은 명함을 준 상대에게 모욕감을 주는 행동이다.

언어도 자연적인 서열과 지위를 강화하는 수단이다. 사람, 특히 외국인 즉, 가이고쿠진의 지위를 자세하게 알려주는 소개말에는 다양한 접미어가 붙는다. 일본어에는 이러한 미묘한 차이를 표현하는 단어가 많기로 유명하다. 심지어 직장에서도 윗사람을 부를 때 경어를 쓰는 것이 보통이지만 오후 늦게 윗사람의 말과 행동에서 모든 일이 잘 돌아가고 있다는 티가 나면 경어를 생략하는 경우도 종종 있다.

나이가 조금이라도 많거나 근무기간이 조금만 더 길어도 지위와 서열에 엄격한 차이가 생기며 직장인들은 이를 반드시 존중해야 한다. 오래전부터 말단사원들은 상급자를 부를 때 경어를 쓰도록 되어 있었다. 그러나 이러한 관습은 점차 사라지는 추세로, 종업원 3천명 이상 기업 중 경어사용을 금지하는 기업의 비율이 1995년 34%에서 현재 59%로 늘어났다. 그러나 모든 선수들이 선수생활 동안 숙식과 훈련을 함께하는 스모레슬링 선수단에는 위계질서가 엄격하게 남아있다. 선수들은 서열에 따라 순서대로 점심을 먹고, 신참은 고참이 밥을 먹는 동안 시중을 드는 영광을 누린다. 서열이 낮은 선수들은 팬들에게 사인을 해줄 수도 없고, 일정한 봉급도 없이 약간의 수당만으로 생활해야한다 (Beech, 2011).

개인이 자신의 정체성을 밝힐 때 지위에 근거하는 부분이 크다. 또한 개개인은 각자의 지위에 어울리는 행동을 하라는 기대를 받는다. 그렇지 못하면 격에 맞지 않는다는 평가를 받을 것이다. 역할모델로서 센세이(先生)라는 명예로운 지위를 부여받은 교사는 학교 밖에서의 행동에 각별한 주의를 기울여야 한다. 만약 교사가 음주운전으로 적발되면 체면을 잃는 것은 물론이고 교단을 떠나야 할 수도 있다.

위계질서는 집단 내에서뿐만 아니라 집단 사이에도 존재한다. 대부분의 일본인들은 대학, 기업, 심지어 국가들 사이에도 비공식적 순위가 존재한다는 생각을 확실하게 가지고 있다. 이러한 생각은 일본인들이 외국인을 대하는 태도를 설명해준다. 예를 들어 일본인들은 미국, 영국, 프랑스, 캐나다 등의 선진국 국민이 아시아 또는 아프리카 개발도상국 국민보다 지위가 높다고 생각한다. 노동력 부족에도 불구하고 일본의 이민제도와 사회적 관습은 외국인 고용을 장려하지 않는다. 일본정부의 적극적인 의지 부족으로 일본계 이민자들조차 지역사회에 동화되는 것을 힘들어 한다 (Tabuchi, 2011). 60만 명에 달하는 재일한국인을 비롯하여 일본 내 일부 집단은 차별에 시달리고 있다. 일본에는 한때 인도의 카스트제도와 유사한 신분제도가 존재했었다. 오늘날 비록 신분제도는 폐지되었지만 대다수의 일본인들은 **부라쿠민**(部落民)

이라 불리는 계층을 여전히 하층민 취급한다 (부라쿠는 특정 직업군에 종사하는 천민들의 집단거주지, **부라쿠민**은 이곳의 거주민을 의미하며 전근대 일본 신분제도상 최하층에 속했음. 이를 언급하는 것은 현재에도 금기시됨 - 역자 주).

오랜 세월 외부의 영향으로부터 고립되었던 역사적 배경으로 인해 일본인들은 외국인과 복잡한 관계를 형성하게 되었다. 일본에 거주하는 외국인들은 택시 기사가 승차를 거부하거나, 특정 레스토랑이나 나이트클럽에서 입장을 거부당할 때 모멸감을 느낀다. 미국 공영라디오방송(National Public Radio)의 일본 특파원인 와이너(Eric Weiner)에 따르면, 매우 복잡한 과정을 거쳐 일본으로 귀화한 미국인조차 '일본여권을 지닌 가이고쿠진' 취급을 받을 뿐이며 '일본인외 출입금지' 시설에 입장할 수 없다. 2008년 일본인 요리사들은 '한 무리의 외국인들'이 일본요리에 점수를 매길 수 있다고 생각하지 않는다며 미슐랭 가이드 도쿄편 발간에 코웃음을 치기도 했다 (Fackler, 2008b). 그러나 다른 한편으로 일본은 프랑스산 명품을 사랑하는 국민들 덕분에 루이비통의 최대 시장이기도 하다 (JETRO, 2006). 일본의 혼을 간직한 가장 신성한 운동으로 여겨지는 스모에서조차 자국민들의 관심이 낮아지면서 몽고, 에스토니아, 그루지야, 불가리아 등지에서 선수를 뽑을 수밖에 없는 상황이다. 현재 상위권 선수들의 절반 이상이 가이진이다 (Beech, 2011). 그런데 외국인 스모선수들도 앞서 설명한 엄격한 위계질서를 따라야 한다. 그래서 오늘날 외국인 선수들이 주를 이루고 있음에도 불구하고 스모에서 일본문화의 정수가 보존되고 주의 깊게 지켜지고 있는 것이다.

경쟁의 여지

겉으로 보기에 일본인들은 연못처럼 극단적인 조화를 추구한다. 그러나 이러한 겉모습은 일본사회 내부의 격렬한 경쟁을 가린다. 기업은 시장점유율을 늘리기 위해, 정치인은 권력을 갖기 위해, 개인은 일류대에 들어가기 위해 치열하게 경쟁한다. 개인 차원에서는 가족 구성원, 친구, 직장 동료 사이에 경쟁을 한다. 그러나 개인은 자신의 진짜 감정을 억누를 때가 많고, 공개적으로 분쟁이 생기는 경우에도 집단의 경계 내에서 분쟁이 봉합된다.

일본인들은 **다테마에**(建前, 집단의 의견)가 설령 자신의 **혼네**(本音, 진짜 감정)와 다르다 해도 주로 집단의 감정을 표출한다. 일본인들은 집단은 정당하게 필요로 하는 것이 있고 집단에 속한 개인은 이를 강화하는 역할을 한다는 것으로 이러한 양면성을 설명한다. 프로스트는 이러한 이분법을 다음과 같이 설명했다.

> **다테마에**는 … 일반적으로 인정되거나 객관적인 입장에서 비롯된 시각과 관련하여 사용된다. **혼네**는 개인의 진실한 감정 또는 의도라는 뜻이다. … 이는 누군가 거짓을 말한다는 뜻이 아니다. 어떤 상황에 처한 개인이 그 상황에 대한 자신의 개인적 감정을 넘어 고려해야 할 것이 있을 때 나타나는 **다테마에**와 **혼네** 사이에는 미묘하지만 중요한 차이가 있다 (Frost, 1987: 92).

서양인들은 솔직하지 못한 이러한 관습이 위선적이라고 생각한다. 그러나 일본인들이 보기에 혼네와 다테마에를 알아차리지 못하는 것은 무신경하고 이기적인 행동일 뿐이다. 일본인들은 겉으로라도 정해진 행동규칙을 지키는 외국인을 높이 평가하는 경향이 있다. 이러한 행동이 정말로 규칙을 준수하는 마음에서 비롯된 것이냐는 중요하지 않다. 일본인들에게는 규칙을 지키는 행위 그 자체가 적절하고, 따라서 진실된 행동의 표시인 것이다.

그러나 이렇게 자기 자신을 억누르는 것에는 부정적인 영향이 있다. 반런드(Dean Barnlund)는 미국인과 일본인의 사적 자아와 공적 자아에 관한 비교연구를 진행했으며, 연구 결과는 일본과 미국의 전문가들로부터 지지를 받았다 (Barnlund, 1989). 반런드의 기본적인 주장은 미국인들은 일본인들에 비해 사적자아를 많이 드러내는 경향이 있어서 사적 자아에 대한 이해가 깊으므로 인간관계에서 발생하는 어려운 고비에 적극적으로 대응할 수 있다는 것이었다. 그는 다음과 같이 결론 내렸다.

> 일본인들은 (미국인보다) 사회적으로 더 취약하고 내성적이며, 자신을 표현하는 데 있어 신중하고 형식을 강조한다. 또한 의사소통의 개방성과 자율성이 약하다. 미국인들은 이와 반대로 자기주장이 강하고 사회적 맥락에 대한 반응성이 약하며 자신에 대한 표현이 자연스럽고 형식적인 면이 덜하다. 또한 상대적으로 자신의 내면적 경험을 고백하는 편이다 (Barnlund, 1989: 64).

여러 나라 국민들이 느끼는 수줍음의 정도를 비교한 연구에서도 이러한 사실이 확인된다. 카두치(Bernardo Carducci)는 미국, 독일, 멕시코, 이스라엘, 일본, 프랑스 국민의 수줍음 정도를 측정할 수 있는 설문지를 개발했는데 설문 결과 일본 국민 10명 중 6명이 수줍음을 느낀다고 답해 일본이 가장 수줍음을 가장 많이 타는 국가로 나타났다. 수줍음을 가장 덜 타는 국가는 이스라엘로 응답자의 31%만이 수줍음을 느낀다고 답했다 (Morin 참고, 1998). 2008년에는 일본 젊은이들이 수줍음을 극복하고 대화할 때 눈을 맞출 수 있도록 하기 위한 교육용 DVD가 출시되기도 했다. 페이스북 같은 소셜미디어 역시 이러한 문제의 해결에 나름의 역할을 한다.

일본인들 중에는 미국인들은 말과 행동이 앞서고 돌아서서 후회하는 것 아니냐고 반문하는 사람도 있다. 일본에서 집단의 최고 권력자는 말을 하기로 마음먹어도 제일 나중에 발언할 때가 많다. 이를 고려할 때 "말하는 사람은 모르고 아는 사람은 말하지 않는다"는 격언이 정확히 맞을지도 모른다. 그러나 중요한 것은 일본인들이 서로 간에 그리고 외국인들과 교류할 때 혼네를 드러내야 집단을 강조하는 그들의 특성도 지킬 수 있다는 점이다.

인종과 계급

일본인들의 특성과 집단의 조화를 지나치게 강조하면 파괴적인 집단적 순응사고가 나타날 위험이 있다. 일본 저명인사들이 미국 내 소수집단에 대해 미국인들이 인종차별적이라고 받아들일 만한 비판적인 발언을 공공연하게 해왔으며, 도쿄 의과·치과대학 츠노다(Tadanobu Tsunoda) 교수는 일본인들은 특이한 뇌구조를 가진 독특한 민족이라고 주장한다. 츠노다에 따르면 서양인들의 뇌는 이성을 담당하는 좌반구와 감정을 담당하는 우반구로 양분되지만 일본인들의 뇌는 좌반구에서 이성적 반응과 감정적 반응을 동시에 처리한다 (Tsunoda 참고, 1985).

일본의 정당은 정당 그 자체로만 기능한다기보다 강력한 이익집단의 대변자이며, 적어도 부분적으로는 이들의 존재로 인해 다른 선진국에서라면 묵인되기 어려웠을 정치스캔들이 터져 나왔다. 이러한 예만 보아도 일본만의 특성과 집단에 대한 순응의 강조가 어떤 위험을 지니는지 충분히 알 수 있다.

일본에는 지위와 서열에 대한 강조는 있지만 예상과 달리 계급의식은 강하지 않다. 일본인의 90%는 자신을 중산층으로 분류한다. 일본사회에서 관계는 수직적이며 충성심은 자신이 직접 속한 집단일 경우 절대적이다. 예를 들어 도요타 공장 근로자는 자신을 도요타 직원으로 인식할 뿐 혼다 공장 근로자와의 연대감이나 동질감은 희박하다.

승진의 주요 근거는 연공서열이지만, 이것만이 유일한 기준은 아니며 오늘날 기업들은 개인의 실적도 강조한다. 직급을 뛰어 넘어 승진을 할 수는 없으며 승진 대상자가 되려면 직급별로 최소연한을 채워야 한다. 그러나 승진 대상자가 많더라도 자리는 한정되어 있다. 따라서 기업은 각 집단에서 근로자들이 정해진 나이가 될 때까지 일정 비율만 승진시키며, 해당 나이가 되면 더 이상 승진을 할 수 없다.

일본의 위계질서와 관련하여 알아야 할 점은 서양과는 달리 위계질서상의 위치가 개인의 명확한 권한과 구체적인 역할을 설명해주지 못한다는 점이다. 나이만 들고 실력이 부족한 사람에게는 권한은 최소이되 비교적 높은 직책이 주어지지만, 젊고 유능한 직원에게는 직책에 비해 많은 권한이 주어진다. 일본인들은 집단의 의견일치와 조화를 중시하면서도 실상 일본의 관리자들은 미국 관리자들에 비해 부하 직원과의 정보공유 및 의사결정 권한 위임을 덜 하는 편이다. 이로부터 알 수 있듯 겉으로 드러난 모습이 언제나 일본의 실상을 보여주는 것은 아니다. 정원의 연못은 고요하고 심지어 정지해 있는 것처럼 보일 정도지만, 정원을 설계한 사람은 수면 아래에서는 끊임없는 펌프질을 통해 물이 수직으로 설치된 수로를 따라 폭포의 꼭대기로 이동한다는 것을 알고 있다.

미학

독특하고 잘 발달된 일본인들의 미적 감각은 아마도 일본문화가 세계에 기여한 것 중 가장 중요한 부분일 것이다. 앞서 언급된 대부분의 활동에서 인간과 자연의 교류의 근저에는 이러한 미적 감각이 확고히 자리잡고 있다.

자연 기반 종교

일본의 유일한 자생종교인 신도(神道)는 자연에 기반한, 애니미즘적 요소가 강한 종교로 신을 가리키는 단어 자체가 일본어로 '산 위에'라는 뜻이다. 캠벨(Joseph Campbell)은 신도의 미학적 측면에 대해 다음과 같이 묘사했다.

> 신앙의 장소에는 아무 그림도 걸려 있지 않고 단순한 외양에 밋진 지붕이 있으며 선명한 붉은 칠이 되어 있는 경우도 종종 있다. 흰색 옷에 검은 모자를 쓰고 검은 나막신을 신은 신관 무리가 위풍당당하게 걸어간다. 마치 정령이 내는 소리처럼 높고 날카로운, 호기심을 자아내는 기묘한 음악 소리가 점점 높아진다. 음악 사이로 무겁고 가벼운 북소리와 멋진 노랫소리가 절도 있게 어우러지고 정령을 부르는, 하프처럼 생긴 **코토**(琴, 가야금과 비슷한 일본 전통 현악기 – 역자 주) 소리가 가늘게 울려 퍼진다. 그러자 여러 겹의 옷으로 몸을 감싼 고귀한 무용수들이 소리 없이 나타난다. 남녀 구분 없이 마스크를 한 사람도 있고 하지 않은 사람도

있다. 이들은 꿈처럼 또는 몽환적으로 느릿느릿 움직이며 주술을 건다. 주술을 읊조리며 눈앞에 잠시 머물다 사라진다. 그러면 눈앞에 이천년 전 광경이 펼쳐진다. 소나무와 돌, 숲, 산, 공기, 바다가 깨어나 정령들을 소리에 실어 보낸다. 어디에서나 들리고 어디에서나 느껴진다. 무용수들이 사라지고 음악이 멈추면 의식은 끝이 난다. 각자 다시 한 번 그 돌과 소나무, 공기와 바다를 되돌아보지만 그들은 언제나와 같이 침묵을 지킬 뿐이다. 우리들은 이들에 정령이 깃들 때에만 비로소 우주의 조화를 깨닫는 것이다 (Campbell, 1962: 475).

자연의 중요성은 신도뿐만 아니라 일본 회화, 문학, 언어에서도 드러난다. 서양에서 풍경화가 받아들여지기 훨씬 전부터, 일본에서는 자연의 풍경이 가마쿠라 막부 시기(1185~1333) 말엽 중국에서 전래된 산스이가(山水画)의 주요 주제로 등장했다. 자연은 와카(和歌, 시 -역자 주)와 하이쿠(俳句, 단형 시 – 역자 주)에서 계절을 언급할 때 자주 등장하며, 일본인들이 서신의 도입부에서 의례적으로 계절을 언급할 때도 자주 사용된다. 일본어에는 벚꽃이 지는 소리를 가리키는 단어가 있을 정도로 자연현상을 표현하는 단어가 많다. 슬픈 얘기지만, 일본인들은 자연이 무서운 존재라는 사실도 알고 있다. 일본에서 자연재해는 **움직임**(運動)과 **생명**(生命)을 가리키는 낱말을 결합한 단어인 운명 즉, **운메이**(運命)의 일부로 받아들여진다 (Kristof, 2011).

미학이론

미학적 관점에서 볼 때 일본정원의 연못과 정원 자체를 통해 자연을 있는 그대로 재현하는 것은 서양 정원처럼 질서와 눈에 보이는 형태를 부과하기 위한 것이 아니라 본질적인 존재를 포착하기 위한 것이다. 정원 건축가는 미를 창조하는 것이 아니라 그저 미가 더욱 풍성하면서도 단순한 모습으로 스스로를 드러내도록 할 뿐이다. 여기에는 돌과 나무의 배치뿐만 아니라 시간, 즉 계절의 변화가 정원에 미치는 영향까지 고려된다. 그들은 무상 혹은 **무조**(無常)와 우주의 영원한 변화 즉, **시세이 루덴**(愛家庭 流転)의 법칙을 지킨다. 예를 들어 겨울에는 헐벗은 나뭇가지가 그 자체로 고유의 멋을 드러낼 수 있도록 하는 것이다. 일본인들이 사물의 자연스러운 유한성을 강조한다는 점에서, 2월의 눈 감상, 벚꽃 감상, 아홉 번째 달 또는 수확기 달 감상이 일본의 3대 자연감상 의식으로 꼽히는 것도 무리가 아니며, 이러한 의식의 장소로는 정원이 선호된다.

정원 설계자들은 일본인들이 자연을 받아들이는 방식에서 발전한 유일성 이론을 지킨다. 세상에 똑같은 나무는 단 한 그루도 없다. 따라서 설계자들은 유일성의 법칙이 지배하는 이 세상에 존재하지 않는 완벽한 돌을 찾아 헤매기보다 자기만의 고유함을 간직한 나무나 돌을 찾는다. 그들은 완벽하지 않은, 유일한 물체들로 이루어진 정원에 완벽한 질서를 부여하려 하지 않는다. 자연적으로 존재하지 않는 조화를 고집하는 것은 자연스럽지 않은 일인 까닭이다.

앞서 말했듯 선불교가 일본과 일본정원, 특히 종교정원뿐만 아니라 풍경정원에 미친 영향은 엄청나다. 일본에서 불교의 무상 개념은 자연을 개인의 확장으로 보는 일본 고유의 개념으로 통합되었다. 이는 자연과의 일체감과 세속의 어떤 것도 강조하지 않는 불교적 의식(意識)의 강조에서 엿볼 수 있다. 예를 들어 선불교의 가르침은 다도, 정원, 꽃꽂이에 내재된 와비(佗)·사비(寂) 원리를 낳았다. 와비란 단순함 속에서 풍요와 고요를 발견하는 미적 의식으로 생명의 덧없음을 포함한 사물의 본질을 정서적으로 받아들이는 것이다. 사비란 고독한 가운데 고요한 거대함을 깨닫는 것으로, 보통 세월이 흐르면서 사물에서 자연적으로 표출되는 아름다움을 가리킨다. 일본인들에게 오래된 것은 그것의 비완벽성마저도 존중받아야할 대상이다. 일본정원은 바로 이 와비·사비의 원리를 체험하기에 최적의 장소임에 분명하다.

평정심과 비영속성

레쎔(Ronnie Lessem)은 『글로벌 비즈니스(*The Global Business*)』에서 일본인의 미적 의식을 **시부이**(渋い)와 **모노노아우레**(もののあはれ) 두 가지 원리로 설명했다 (Lessem, 1987). **시부이**란 보는 이의 마음에 평정심을 불러오는 미적 성질로 자연적이든 인위적이든 그 대상은 완벽한 형태와 자연스러움, 단순성, 절제된 색조를 통해 본질을 드러낸다. **모노노아우레**란 보는 이의 자아가 특히 사물의 비영속성을 인지할 수 있게 하는 대상이나 분위기에 동화되는 것을 말한다. 레쎔은 이러한 미적 인식이 유럽이나 미국에서는 찾아보기 힘든 수준의 인간과 자연에 대한 감응으로 이어졌다고 말한다.

일본인들은 정원에서 물 흐르는 소리를 들으며 그 아름다움에 흠뻑 취해 산책을 하거나 정원 한쪽에 가만히 앉아 있곤 한다. 많은 일본인들이 취미생활을 통해 휴식을 취하듯 정원은 일본인들에게 물리적, 정신적 쉼터를 제공한다.

이 같은 쉼터는 보통 자연에 동화되는 경험이 가능한 형태를 가지며, 직접 가꾸는 작은 정원이나 꽃꽂이가 그 예라고 할 수 있다. 수백만 명의 일본인들이 전통 예술, 무용, 음악, 문학을 통해 자신을 표현하며 기술 발전을 위해 절제와 훈련을 거듭한다. 일본에서는 취향이라는 의미의 슈미(趣味) 즉, 취미 생활이 개인의 정체성과 자존감 차원에서 중요한 요소이다.

일본정원 주변에서는 흐르는 물소리를 제외한 모든 것이 고요하다. 마찬가지로 일본사회에서 침묵은 중요한 가치다. 앞서 말했듯 일본사회는 "말하는 사람은 모르고 아는 사람은 말하지 않는다"는 격언이 통하는 사회인 것이다. 대화에는 긴 침묵이 흐르곤 한다. 일본인들은 진정한 소통은 침묵 속에서 이루어지며 이를 통해 상대의 감정과 생각을 알 수 있다고 말한다. 따라서 서양인들은 일본인들과의 대화가 중단되어도 반드시 무언가를 말해야 할 필요를 느끼지 않아도 좋다. 오히려 말을 함으로써 그렇지 않아도 서양인들은 말이 많다고 생각하는 일본인들을 괴롭히는 결과를 가져올 수 있기 때문이다.

비슷한 점과 다른 점

호프스테드(Geert Hofstede)의 문화의 다섯 가지 측면에 관한 연구에서 일본인은 불확실성 회피 성향이 크고, 익숙한 상황에서 오는 편안함을 추구하는 것으로 나타났다 (Hofstede, 2001). 최근의 GLOBE 연구에서도 같은 항목에 대해 일본인과 미국인은 중간 순위를 받아 유사한 점을 보였다 (House et al., 2004).

그 외에 일본은 호프스테드 연구의 남성성 항목에서 1위를 차지했는데, 이는 일본인들이 세속적인 성공과 물질적 소유를 적극적으로 추구한다는 뜻이다. 앞서 말했듯 일본정원의 잉어는 남성성을 상징한다. 그러나 GLOBE 연구의 유사항목인 양성평등 측면에서 일본은 중간순위를 차지했다.

세계경제포럼이 발간하는 2010년 성 격차 보고서의 세계 성 격차 지수(Global Gender Gap Index)에 따르면 일본은 조사대상 134개국 가운데 94위로, 선진국 중 남녀불평등이 가장 심한 국가로 나타났다. 2010년 일본은행은 설립 128년 만에 최초로 여성 지점장을 임명하여 새로운 역사를 썼다. 일본의 직장문화는 여성이 일과 가사를 병행하는 데 실질적인 걸림돌이 된다. 이노구치(猪口 邦子) 일본 전 양성평등·사회 장관이 말했듯 "노동력 부족에 시달리는 일본은 인재의 절반을 놓치고 있다"(Fackler, 2007). 평등고용기회법(1986), 육아휴직법(1992)이 있지만 시행은 미흡하다. 그러나 일본의 대표적 화장품 회사인 시세이도가 여성 관리자의 비율을 현재의 19%에서 2013년까지 30%로 확대하겠다고 공언하는 데서 알 수 있듯, 느리지만 분명히 진전은 일어나고 있다. 시세이도와 일본은행 모두 자녀 양육시설 및 출산휴가 측면에서 여성을 배려하는 정책을 펼친다 (Sanchanta, 2010).

가끔 과거와 조상숭배에 대한 과도한 헌신이 장애물로 작용할 정도인 중국인들과는 달리 일본인들은 역사적으로 다른 문화로부터 좋은 것을 받아들이고 상황이 허락하는 한 한걸음 앞서 변화에 적응해왔다. 이러한 점에서 일본인이 개인주의가 강한 미국인과 비슷하다고도 할 수 있다. 그럼에도 불구하고 일본정원의 비유에서 알 수 있듯 미국인과 일본인은 판이하게 다르다. 그러나 나이든 일본인들은 '신인류'가 일본다움을 잃어버려서 정원의 물이 부드럽게 흐르지 못할 것을 우려한다. 아이와오(Sumiko Iwao)는 1980년 이후 일본인들의 성격에 중대한 세 가지 변화가 있었다고 주장했는데, 다양성과 개인주의의 강화, 신속한 결과와 즉각적인 욕구충족의 필요, 안정과 현상유지에 대한 욕구가 그것이다 (Iwao, 1990). 일본의 젊은이들이 윗세대에 비해 여유시간과 개인적 목표를 더욱 추구하는 것은 사실이다. 아이와오가 지적하듯 다양성과 개인주의로의 이동은 소비자의 구매행위에서도 나타난다. 앞서 언급했듯, 결혼과 일에 대한 여성의 태도는 물론 여성의 역할까지도 변화하고 있다.

급속한 고령화 사회에서 대두되는 의료비 급증을 우려한 일본 정부는 2008년 기업과 지방정부가 40세에서 74세 사이 인구의 연례 건강검진시 허리둘레를 반드시 측정하도록 의무화하는 법을 제정했다. 법에 따르면 남성은 33.5인치, 여성은 35.4인치가 적정범위의 상한선이다 (Onishi, 2008). 또한 **메타보**(*metabo*, 고혈당과 복부 비만 등을 특징으로 하는 대사신드롬의 준말로 비만보다 순화된 용어로 인식됨) 방지 캠페인이 벌어지기도 했다.

본 장의 서두에서 언급했듯, 일본은 1990년 이후 경제적 어려움과 서구의 개인주의적 관리방식의 도입을 비롯한 많은 변화를 겪어왔다. 최근 몇 년 사이에는 승진과 발전에 큰 관심이 없는 젊은 세대를 뜻하는 **호도호도조쿠**(不好不坏族) 즉, "좋은 것도 싫은 것도 없는 사람들"이 나타났다. 이들은 가족과 다른 목표에 할애할 시간을 얻는 대신 돈과 지위를 일부 포기한다.

그러나 최근의 자연재해로 인해 이 모든 것이 달라질 수도 있다.

『오타쿠: 일본의 데이터베이스 동물(*Otaku: Japan's Database Animals*)』의 저자 아즈마(東 浩紀) 교수는 오랜 저성장과 지난 20년간의 절망을 거쳐 일본인들의 캬라(キャラ) 즉, 성격이 완전히 뒤바뀌고 일본인으로 태어난 것을 자랑스럽게 여기게 된 것 같다고 말한다 (Azuma, 2011). 일본여자축구팀은 2011년 여자월드컵 결승전에서 승부차기 끝에 미국을 상대로 역전승을 거두어 전 세계의 축하를 받았고 여기에서 일본 정신이 극적으로 드러났다. 이와타니(Naoyuki Iwatani), 오(Gordon Orr), 살즈버그(Brian Salsberg)는 인수합병이 늘고, 이사회에는 긴박감이 돌며, 영어를 사내 공용어로 채택하는 과감한 결정이 나오고, 실력이 뛰어난 외국인 경영자를 채용하려는 시도가 나타나면서 일본주식회사라는 잠자던 거인이 깨어나기 시작했다고 말한다 (Iwatani, Orr & Salsberg, 2011).

7만 그루의 소나무가 서있던 리쿠젠타카타시 해안가에 지진해일이 휩쓸고 간 후 남은 것은 한 그루의 소나무가 전부다. 이 소나무는 일본의 강인함의 상징이 되었으며, 2011년 3월 11일의 고통을 겪은 만큼 더욱 강인해 질 것이다. 마찬가지로 일본정원의 물은 연못의 모양을 일부 바꿔버릴 정도로 빠른 속도로 세차게 흐른다. 계절의 변화 역시 정원의 모습을 바꾸어 놓는다. 그러나 비교적 동질성이 높은 민족으로 이루어진 이 섬나라가 안정을 유지하고, 개인, 집단, 활동에 있어 자연의 질서를 강조하는 고맥락 문화의 틀 안에서 변화와 진보가 일어나게 하기 위해 주로 집단에 의존하는 한, 일본정원의 기본 설계와 요소들은 언제나 그대로일 것이다.

09

태국의 왕조

태국

가장 중요한 것은
왕이 태국 문화의 중요한 특징을 상징하며,
태국을 하나로 모으는 접착제와 같은 존재라고
합리적으로 주장할 수 있다는 것이다.

GLOBAL CULTURE

세계 최장의 왕권에 봉직하고 있는 푸미폰(태국 국왕, 푸미폰 아둔야 뎃[Bhumibol Adulyadej]. 라마 9세. 태국 차크리 왕조의 9대 왕으로서 1946년 즉위, 세계에서 가장 오래 봉직한 국가 원수이다 - 역자 주)은 현대에는 좀처럼 보기 힘든 존경을 누리고 있다. 일부에서는 반신(半神)으로 간주되는 가운데, 그는 어려움에 처한 국민을 돕기 위해 일생에 걸쳐 헌신한 것으로 잘 알려져 있다. 푸미폰은 공식적인 정치적 역할이 없는 명목상의 국왕이지만, 격동의 시대에 반복해서 평화를 가져왔으며 태국의 도덕적 권위자로 간주되고 있다.

– "기뻐하는 태국인들(Thais Tickled Pink, 2007)"

이 같은 균열은 어떤 나라라도 마비시킬 만큼 깊지만, 태국에서는 역사적으로 군주제가 가교의 역할을 해 왔다. 군주제는 엘리트 사이에서는 물론, 왕이 거의 신과 같은 지위를 누리는 시골에서도 경외되고 있다. 대부분의 태국 국민은 군주제를 신성한 제도로 여기고 있으며 태국은 세계에서 가장 엄격한 불경죄법(왕에 대한 모욕을 범죄시하는 법)을 가지고 있다. … 그러나 아피싯(아피싯 웻 차치와[Abhisit Vejjajiva], 태국 총리 - 역자 주)의 법무장관은 한 걸음 더 나아가 현재 불경죄에 내려지는 최대 형량인 징역 15년을 25년으로 늘려야 한다고 제안했다. 이것은 자유민주주의에 헌신하겠다는 아피싯의 진술에 잘 부합하지 않는다.

– 린트너(Lintner, 2009: 114-115)

6,400만 명의 인구와 프랑스만한 또는 뉴욕 주와 캘리포니아 주를 합친 넓이의 영토를 가진 태국은 동남아시아의 교차로이다. 중국과 인도, 이웃나라인 라오스, 미얀마, 말레이시아, 캄보디아에서 온 다양한 민족이 원래부터 태국에 거주했다. 이들 민족 모두 태국 문화의 발전에 이런저런 방식으로 영향을 미쳤다.

태국 자체는 몇 개의 구별되는 지역으로 나뉜다. 세계에서 가장 큰 도시 중 하나인 평평한 저지대의 방콕이 그런 지역 중 하나이다. 삼각주에 지어진 방콕은 1년에 약 5cm씩 가라앉고 있으며 향후 100년 안에 완전히 침수될 수도 있다. 태국 남부는 말레이시아와 국경을 접하고 있고, 태국 북부는 라오스와 미얀마와 국경을 접하고 있다. 태국 북부에는 태국의 제2 도시이자 태국 고산족들의 고장인 치앙마이가 있는데, 이 고산족들의 일부는 정기적으로 한 산악지대에서 다른 산악지대로 옮겨 다닌다. 이 부족들이 수백 년 된 나무들을 땔감으로 쓰려고 베어내기 때문에 태국 정부는 이 관습을 없애려고 애쓰고 있으며, 같은 이유로 북동부의 벌목회사들을 규제하고 있다. 지나친 벌목은 때로는 침식과 이류(泥流, 산사태 때 흘러내리는 진흙더미 – 역자 주)로 이어지며, 이것은 산 밑에 살고 있는 마을 사람들을 죽음으로 몰아넣는다.

태국 노동력의 45% 정도는 여전히 농업에 종사하며, 태국은 전 세계에서 일고여덟 개밖에 안 되는 식량 수출국 중 하나이다. 식량이 풍부하고 태국 요리 또한 전 세계적으로 유명하지만, 산업이 44%, 서비스업이 46%를 차지하는 반면 농업은 태국 국민총생산에 단지 9.9% 기여할 뿐이다. 지역 내부는 물론 지역 간(예를 들어 방콕과 북동부)에도 큰 소득격차가 존재한다. 태국의 경제성장률은 지난 20년간 엄청나게 높아서, 1997년 동남아시아 금융위기로 타격을 받기 전인 1997년까지는 연평균 7%에 이르렀다. 경제는 회복되었지만, 아래에 서술될 집단 간의 깊은 철학적 그리고 경제적 단절은 태국 정부의 민주적 기초를 위협하고 있다.

미국인과 태국인은 많은 유사성을 공유하지만, 또한 서로 상당히 다르기도 하다. 미국인이 태국을 방문했을 때, 그들은 사람들의 친절, 많은 불교 사원 혹은 **와트**(*wats*), 시골과 도시의 삶, 특히 수도 방콕에서 찾을 수 있는 시골과 도시의 강한 대비에 자주 매료된다. 태국 의회, 정부의 민주적 체계는 영국의 영향을 많이 받았다. 이는 최근까지 태국인들이 미국보다는 영국에서 교육을 받았기 때문이다.

1932년 태국은 전제 군주정을 폐지했다. 전제 군주의 지배 하에서, 시민은 왕족에게 손을 댈 수 없었다. 이것 때문에 일부 기괴한 상황이 벌어졌는데, 수영을 하지 못하는 한 왕족이 물에 빠졌을 때, 셀 수 없이 많은 구경꾼들이 있었지만 자기가 도움의 손길을 내미는 것은 금지되어 있다고 생각해 그는 결국 익사했다. 1932년 이후 태국은 17차례의 쿠데타와 56개의 정부, 16차례의 개헌을 거쳤으며 1997년에 이르러 가장 진보적인 헌법이 발효되었다. 이렇게 많은 변화를 고려할 때, 태국에서 가장 눈에 띄는 상징이 1947년 이래 재위하고 있는 푸미폰 왕임은 그다지 놀랍지 않다. 1946년, 그의 형인 마히돌 왕(King Mahidol)이 암살당하고 그가 왕이 되었을 때 타이왕국은 퇴조하고 있었다.

왕위를 점점 시대착오적이라고 보고 있는 세계에서, 1947년 이후 왕은 의심의 여지없이 가장 강력하고 현실적인 왕국을 창조했다. 그는 예술에 대한 사랑으로 잘 알려져 있을 만큼 재능 있고 교양 있는 사람으로, 그 자신이 유명한 재즈 작곡가이기도 하다. 가장 중요한 것은 그가 태국 문화의 중요한 특징을 상징하며, 태국을 하나로 모으는 접착제와 같은 존재라는 주장이 합리적으로 받아들여질 수 있다는 것이다. 푸미폰은 세계에서 가장 오래 통치하고 있는 군주로, 린트너(Bertil Lintner)가 지적했듯이, 그의 후계자가 필연적으로 수반하게 될 트라우마는 엄청날 것이다 (Lintner, 2009).

그러나 깊은 철학적 그리고 경제적 단절은 태국에 큰 위협이 되고 있다. 많은 시민들이 태국이 더 민주화되고 군벌의 영향을 덜 받기를 바라는데, 많은 군인 지도자들은 은퇴 후에 사업을 시작해서 그들의 유리한 지위와 인맥을 통해 이익을 얻고 있다. 한편, 다른 사람들은 태국 군대가 국경 분쟁과 국내 치안을 책임지면서 국가를 엄청나게 도와 왔다고 생각한다. 2012년 방콕은 지난 50년간을 통틀어 가장 심한 홍수 피해를 겪었다. 이때 군대가 수송, 대피 등 관련 활동을 통해 시민들을 도왔고, 이로 인해 군의 평판이 좋아졌다. 태국은 또한 아시아에서 경제적 불평등이 최고 수준인 나라 중 하나로, 1인당 국내총생산(GDP: gross domestic product)이 3,840달러에 불과하다 (비교를 위해, 미국의 GDP는 4만 5,592달러이다). 2000년 이후 이 큰 격차는 두 개의 대립집단으로 집결되어 나타났는데, 기존 질서를 지지하는 집단인 노란 셔츠(왕을 상징하는 색깔이 노란색이다)와, 북부와 북동부의 시골 빈민층과 기타 이해관계자를 포함해 태국사회의 더 급진적이고 권리를 더 박탈당한 집단을 대표하는 빨간 셔츠가 그것이다. 2011년 태국 도시들, 특히 방콕에서 노란 셔츠와 빨간 셔츠 사이에 큰 충돌이 일어났다. 양쪽 모두 사망자가 있었지만, 방콕 시내 주요 지역에 불을 지르고 군의 공격으로부터 퇴각하는 과정에서 빨간 셔츠 측의 사망자가 특히 많이 발생했다. 공공연한 긴장은 약해지고 있지만, 근본적 쟁점과 문제는 남아 있다.

이 장에서 우리는 푸미폰 왕의 통치를 이어받을 후계자 문제는 고려하지 않을 것이다. 그보다 우리의 초점은 타이왕국, 그리고 왜 타이왕국이 거의 모든 태국 사람들의 근본적 핵심 가치와 일치하는지에 있다. 이 문화적 은유의 특징은 느슨한 수직적 위계질서, 자유와 평등, 태국인의 미소이다.

느슨한 수직적 위계질서

태국은 수직적 집단주의가 강조되는 권위 서열 문화이다. 그러나 아마도 태국이 서로 경합하는 다양한 문화들의 교차로에 있기 때문에, 태국 사람들은 대부분의 권위 서열 문화권보다는 훨씬 적은 규칙을 따른다. 트라이언디스(Harry Triandis)와 겔펀드(Michael Gelfand)가 경험적으로 보여주었다시피, 규칙의 느슨함-엄격함의 문화적 차원에서 태국인은 느슨함의 극단에 있다(Triandis & Gelfand, 1998). 그에 따라 태국 문화에는 아마도 대부분의 다른 문화보다 더 많은 모순점과 긴장이 존재한다.

태국을 방문하는 사람들은 바로 몇 가지 모순에 직면하는데, 인구의 95%가 불교도이고, 수많은 불교 사원인 와트가 있지만, 많은 태국인들은 기념일 외에는 사원을 잘 찾지 않는다. 그러나 불교적 가치는 태국인들에게 깊이 배어들어 있으며, 문화의 대부분과 학교에서 모두 이것을 가르친다. 또한, 정령에 대한 믿음이 널리 퍼져 있어서, 나라 전체에 주민이 모시는 정령을 위해 음식을 바치는 정령의 집이 있다. 정령에 대한 이러한 믿음은 태국 시골의 과거와 현재로부터의 유산이다. 오늘날에는 호텔과 다른 기관들이 나무 대신 세라믹 타일을 사용해 정령의 집 건축을 현대화하고 있다. 그러나 전통주의자들은 정령이 나무로 만든 집에만 찾아온다고 믿기 때문에 여기에는 논란이 있다. 이러한 환경에서 예상할 수 있듯이, 태국인들은 점술을 믿는 경향이 있으며, 전통 점술가를 방문해서 쓰는 돈이 매년 6,300만 달러에 이른다. 심지어 점술만을 취급하는 콜센터도 있다 (Fuller, 2011b).

월남전 중에, 미국인들은 태국을 휴가를 나온 미군들의 레크리에이션 지역으로 사용했으며, 이는 태국의 유명하고 또 널리 퍼져있는 매춘을 촉진하는 데 일조했다. 이것은 태국이 비정상적으로 높은 인간면역결핍바이러스(HIV) 감염률을 겪고 있다는 사실과 같이 몇몇 매우 불행한 결과를 낳았다. HIV의 전파는 최근 상당히 줄어들고 있다. 그러나 중상류층 태국 여인은 그 태도가 빅토리아풍(영국 빅토리아 여왕시대의 중산층들에 퍼져 있던 유행 - 역자 주)일 수 있다. 젊은 남자가 데이트 때 몇 달간이나 여자친구의 집으로 찾아가는 것이 일상적이고, 여자들이 밖으로 나올 때는 언니나 친척 아주머니의 에스코트를 받는다.

왕의 역할

왕은 나라를 운영하기 위한 수직적 위계질서 규율을 사용하는 데 특히 효과적인 역할을 해 왔다. 왕이 정부의 일상적 업무에 관여하지는 않지만, 그는 위기의 순간에는 적극적이다. 왕은 과거에 총리와 장군들이 권좌에서 자발적으로 물러나도록 요청한 적도 있다. 그들의 퇴진에 대해 더 이상의 말은 필요치 않으며, 추가 논의도 없다.

이와 유사하게, 최근까지 왕이나 왕족은 모든 대학 졸업생에게 개별적으로 졸업장을 수여했다. 자부심에 찬 졸업생들은 각각

왕과 사진을 찍기를 원했고, 혹시 한 대가 이 순간을 놓칠까 봐 각 사진에는 두 대의 카메라가 동원되었다. 왕은 또한 불교의식 때 중요한 **와트**에 나타난다.

이러한 활동이 시사하듯, 왕은 태국인들의 삶에 큰 관련이 있고, 태국인들은 왕을 경외한다. 태국인들은 어떤 식으로든 왕이 모욕을 받으면 격분할 수도 있다. 한 운 나쁜 태국 방문객이 식당에서 웨이터에게 화가 난 나머지 현금으로 지불할 식사비를 바닥에 던지고 짓밟았다. 그는 태국 돈에 왕의 사진이 들어 있다는 사실을 인식하지 못했지만, 분노한 태국 사람들은 이를 신성모독으로 여기고 그를 무자비하게 공격했다. 또 다른 운 나쁜 방문객은 공항에서 불만의 표시로 태국 돈을 갈기갈기 찢었다가 체포되어 6개월 징역을 살았다. 영화관에서는 모든 영화가 왕의 특별한 송가로 시작되고 이때는 모두가 일어서야 한다. 정부는 2007년 왕을 풍자한 44초짜리 비디오 때문에 유튜브를 금지했으며, 왕에 대한 핸들리(Paul Handley)의 평전(2006)도 비슷한 취급을 받았다. 핸들리는 호주인이었음에도 불구하고 투옥되어 왕이 그를 사면한 이후에야 석방되었다.

빨간 셔츠파의 일부가 이 법을 폐지하려 하고 있지만, 이러한 법의 적용은 최근 크게 늘어났다. 빨간 셔츠파 사람들은 왕이 그 긴 임기 동안 성취한 모든 것에 대해서는 왕을 존경하지만, 그가 신격화된 통치자로 여겨져서는 안 된다고 생각하며 특히 푸미폰 왕의 퇴위 이후에 그러한 법이 지속되는 것을 걱정한다. 왕이 나이들어 감에 따라, 퇴위는 가까운 미래에 필연적이다 (Fuller, 2011a).

가부장적 권위 서열 문화의 핵심은 상급자와 다른 사람들 간의 역동적인 쌍방 관계이다. 다른 사람의 기분을 고려하는 **끄렝 짜이**

(*kreng cai*)는 태국의 핵심 개념이다. 왕의 모든 행동에는 이 지향이 반영되고, 감정과 의무는 본질적으로 쌍방향 또는 순환적이다. **끄렝 짜이**는 일본의 아마에(甘え, 응석, 어리광 – 역자 주) 개념과 유사한 것으로, 다른 사람들로부터 안정과 확신을 구하는 것이다. 태국인들은 감정에 매우 민감하고, 전형적인 미국인이라면 인식하지 못하는 행동의 뉘앙스를 분명히 인식한다. 같은 맥락에서 태국인들은 심지어 그들이 전에 만난 적이 없더라도 지위에 따라 어떤 리셉션 라인에서 자기가 속할 자리를 능숙하게 찾는다. 한 사례를 보면, 남녀 박사과정 학생이 미국인 교수의 집에 저녁식사 초대를 받았다. 그 중 한 명, 이 경우에서는 여자가 계속해서 태국에서 그녀 가족이 다른 학생의 가족보다 사회적 지위가 훨씬 높다는 것을 강조했다. 이런 행동은 평등주의 문화권에서는 많지 않지만, 권위 서열 문화권에서 그 빈도는 훨씬 높다. 아이로니컬하게도, 사실 그 태국 여학생이 교수에게 다른 태국인들을 만나고 싶다고 했고, 저녁식사는 소개를 하기 위해서 특별히 마련된 자리였는데도 말이다.

권위 서열 문화에서 예상되듯이, 군대의 구성원 또한 중요한 행위자이다. 많은 장군들이 기업적 이해관계를 갖고 있다. 태국에는 상당한 부패가 있으며, 이것은 부분적으로는 여러 집단 서로의 이해관계와 관련된 극도로 복잡한 사회 계층 구조 때문이다. 위에서 시사했듯이, 여기에는 기업가, 군, 정치가, 왕, 시골 빈민층, 노동조합 등이 포함된다. 헤리티지 재단이 개발하고 매년 『월스트리트 저널(*Wall Street Journal*)』에 실리는 2011년 경제자유지수에서, 태국은 179개국 중 62위를 기록했다 (T. Miller, 2011). 이 지수에는 재정 건전성, 무역 및 투자에 대한 개방성, 정부 규모, 기업 및 노동 규제, 재산권, 부패, 통화 안정성, 금융 경쟁력 등 10가지 독립적 측정 기준이 포함된다.

개인 및 가족의 상호작용

국제 비즈니스계를 비롯해, 악수가 점점 흔해지고 있기는 하지만, 태국인들은 악수 대신에 서로 와이(*wai*)를 나누는 경향이 있다. 기도하듯 양손을 모으고 서로에게 머리를 숙여 인사하는 것이다. 머리를 상대방보다 더 낮게 숙이는 것은 더 낮은 사회적 지위를 의미하고, 같은 정도로 숙이는 것은 사회 계층에서의 동등함을 의미한다. 때때로 상급자는 머리만 까딱하고, 다른 때는 거의 알아볼 수 없는 약화된 와이를 할 수도 있다. 짐작하건대, 이러한 와이와 사회계층 구조와의 관계 양상은 전투에서 정복당한 사람이 정복자에게 그가 완전히 복종한다는 것을 보일 때 나왔을 것이다. 정복자에 대한 그의 절은 정복자가 가할 수 있는 어떤 타격에도 그의 머리를 내어놓는 것이다. 만약 타격이 없다면 정복자가 쌍방의 충성 서약 관계가 이루어졌음을 표시하는 것인데, 그것은 분명한 상하가 존재하는 관계이다. 따라서 대학 졸업식 같은 공공 의식에서 왕보다 먼저 떠나야 하는 사람은 누구든, 그들이 어떤 경우에도 왕보다 낮은 신분임을 확실히 하도록 티 나지 않게 떠나야만 한다.

가족 간의 관계에서도 이 수직적 서열이 지배적이다. 많은 중국계 태국 가족들은 몇 개의 집으로 이루어진 복합주거 구역에 사는데, 한 채는 부모, 다른 각각은 결혼한 가족 구성원을 위한 집이다. 그들은 밤에 그리고 때때로 중앙의 공동 구역에 모인다. 일반적으로, 일주일에 하루는 대규모 가족 모임과 저녁식사가 있다.

아버지가 은퇴한 경우에는 장남이 가족기업에서 주요한 의사결정자가 되며, 손아래 아들들은 부사장이 된다. 아들 중 하나가 효율적이지 못하다면, 그는 직함은 유지하되, 기업적 측면에서 실질적 의사결정자가 될 수 있는 사위나 외부인의 조력을 받는다. 가족은 이러한 중요한 외부인이 몇 년 후 자기 기업을 창업하는 것을 후원하고 이로써 가족기업 네트워크를 강화한다. 중국계 태국인들의 기업에 대한 이러한 접근은 전통적인 중국의 꽌시(矢系, 관계를 맺는 것)의 실천에 기초한 것이다. 보이지 않는 의무의 그물은 이러한 실천을 통해 생성된다. 꽌시가 없다는 것은 한 사람의 생애에서 문제가 될 수 있는데, 그것은 개인이 아무런 관계를 맺고 있지 않으며 완전히 신뢰받을 수 없다는 것을 암묵적으로 의미하기 때문이다.

더 나아가, 각 가정은 이 권위 서열을 강조한다. 미국에서 MBA를 받은 한 젊은 여성은 태국으로 돌아가 그녀가 어릴 적부터 알았던 남자와 결혼하기를 원하지 않았지만, 그녀의 어머니가 "네가 돌아와서 그와 결혼하지 않는다면, 다시는 너를 보고 싶지 않다"고 말하자 그렇게 했다. 그러나 그 젊은 여성과 어머니는 실제로 느슨한 권위 서열의 조건을 따랐다. 그녀는 5년 동안 아이를 갖지 않을 것이며, 결혼이 기대에 미치지 못하면 남편과 이혼하고 재혼한다는 데 합의했으며 실제로 그렇게 했다. 다른 경우, 한 중국계 태국 가족은 긴급한 문제를 토론하기 위해 만났는데, 가족 중 한 젊은 여자 구성원이 방금 등록한 미국 대학에 엄청난 불만이 있다는 문제였다. 이때 한 가족 구성원이 그녀를 집으로 데려오기 위해 즉시 파견되었다.

교육적 전통

이러한 수직적 서열의 형태는 대학에서 1년에 한 번 열리는 꽃 증정식에서 잘 나타난다. 태국에서는 수십 년간 불교 승려들이 교육자였으며, 이 의식은 그들의 학교에서 나온 것이다. 미국의 한 풀브라이트 교수(미국과 외국과의 문화교류를 위해 풀브라이트 장학금을 지급하는, 1946년 제정된 풀브라이트법에 의해 파견된 교수 – 역자 주)는 이 의식에 너무나 놀라서 다음과 같이 묘사했다.

오늘, 학생들이 교수에게 경의를 표했다 — 그들에게 공동의 중요성을 갖는 상징적 기념식이다. 이는 매우 놀라운 현상이다.

대강당에서, 학내 각 학과 대표자들이 아시아인들이 소원을 비는 모양으로 나와서, 아름다운 꽃 선물을 그들의 '아칸'(Aacaan, 교수들)에게 주었다. 그들의 합창은 축복을 청하고 감사를 드리는 내용이었다. 그들의 연설은 모든 결례나 기대에 미치지 못함에 대해 용서를 구하는 것이었다. 그들은 열심히 공부하겠다고 맹세했다.

역설의 순간에, 나는 올해 나의 전문가책임보험에 보험료 지불을 잊으면 안 된다는 것을 기억해냈다 (George, 1987: 5).

그러나 태국인들은 이 의식 속의 유머와 그들 나라의 관행인 권위 서열의 느슨한 본질을 암묵적으로 인식하고 있다. 많은 학생들이 그러한 선언을 하지만, 지키는 데에는 어려움을 겪는다.

태국의 교육은 일본과 같은 다른 권위 서열 문화권에서처럼 역사적으로 암기와 강의 중의 많은 필기를 중시해 왔다. 토의는 강조되지 않았다. 만약 학생이 교수에게 질문을 하고 교수가 그 답을 모른다면, 교수는 틀린 답이라도 하는 것이 당연하고 비록 학생이 답이 틀렸다는 사실을 알지라도 학생은 의무적으로 그 답을 적는다. 이런 식으로 두 사람 모두 체면을 차린다. 한 미국인 교수는 태국인 학생들이 직접적 질문에 답을 하게 할 수 없자, 학급을 팀으로 나누어 각 팀당 한 명의 학생이 교수가 제시한 질문에 대한 자신의 팀의 답을 수업 시간에 발표하도록 했다. 일단 이러한 형식이 채택되자 상호작용이 좀 더 비공식적이 되고 긴장으로부터 자유로워졌다. 이것은 집단주의를 강조하는 권위 서열 문화와 일치한다. 관리자와 고용인 사이의 권위 서열 행동의 유사한 양상을 전통적 태국기업에서 찾을 수도 있지만, 이것은 현재 태국에서 운영 중인 다국적기업과 대기업에서는 덜 흔하다. 마찬가지로, 태국의 많은 MBA 프로그램은 교수의 직접적인 질문에 대한 개별 학생의 반응을 이끌어내는 서구 스타일의 사례 토론과 상호작용을 강조하는 경향이 있다.

민족적 관계

규칙의 느슨함은 태국의 두 주요한 민족 집단, 중국인과 타이 민족 사이의 긍정적인 관계에도 반영된다. 태국 인구의 80% 가량이 타이 민족으로 이루어져 있으며, 이들은 정치와 군에서 실권이 있다. 인구의 다른 10% 정도는 중국 민족으로 구성되어 있으며, 그들은 일반적으로 유교를 믿고 어느 정도는 도교를 믿는다 (유교와 도교에 대한 설명은 6장 참조). 중국 민족은 번창한 가족 경영 회사를 소유하기도 하며, 그들 중 대부분은 상대적으로 규모가 작은 편이다. 이 두 집단 간에서는 상당수의 민족 간 결혼이 일어난다. 일부 태국인들은 다른 나라들보다, 심지어 동남아시아 국가들보다도 그들이 더 관대하고 수용적이라고 주장한다.

민족 간 결혼 비율이 높은 이유 중 하나는 이 두 집단이 불교, 유교, 도교의 서로 중첩되는 종교적, 윤리적 관점 측면에서 양립할 수 있다는 것이다. 이것은 항상 그런 것은 아니어서 일부 민족 집단에 대한 차별과 적의는 존재하지만, 겉보기로는 대부분의 국가들보다 훨씬 적은 정도이다.

요약하자면, 왕의 행위는 권위 서열적인 태국인들의 중심 가치와 일치한다. 그러나 그는 일상적 정부 업무와 관련 문제에 관한 그의 불간섭주의 정책에서 보이듯, 규칙의 느슨한 본질을 실제로 존중한다.

자유와 평등

태국은 '자유의 땅'을 의미하며, 이는 태국이 동남아시아에서 유일하게 — 그리고 세계적으로도 매우 드물게 — 한 번도 정복당하지 않았던 국가라는 점에서 적절한 이름이다. 1700년대에 태국은 미얀마와의 전쟁에서 중대한 위험에 빠졌지만, 지도자 탁신(Phraya Taksin, Phyatak라고도 함. 시암의 장군·정복자·왕으로 1762~1782 재위 – 역자 주)이 남은 500명의 군사를 재편해 멋진 역습을 이끌었다. 탁신은 왕이 되었고 방콕에 수도를 세웠다. 그 후 그는 미쳐서 다른 왕이 대신 즉위했고, 현재의 왕은 이 왕의 후손이다.

군의 전통

태국이 몇 개의 나라와 국경을 접하고 있는 가운데, 태국인들은 항상 국방력에 신경을 쓰고 있다. 태국 군인들은 훈련이 잘 되어 있고 그들 중 다수는 미국과 호주에서 훈련을 받았다. 군대는 심지어 선거로 세워진 정부를 전복시킬 정도로 정부 문제에 관여하고 있다. 그러나 왕이 요청하면 지도자들도 시민에게 권력을 양위할 정도로 군을 포함한 모두가 왕의 말에 복종한다. 태국이 위치하고 있는 복잡한 지역적 특성을 생각할 때 군대가 약했다면 태국은 어려움을 겪었을 것이다. 문제는 민간과 군의 지배 사이의 균형이다.

왕은 항상 신체적으로 보기 좋은 몸을 유지하며 규칙적으로 운동을 하는데, 그가 군과 유지하고 있는 친밀한 관계의 일부는 이 사실에서 나오는 것 같다. 그러나 그는 최근 건강에 일부 주요한 문제가 있었다. 왕의 아들은 수년간 군에 복무했지만 태국인들은 그를 좋아하지 않는데, 아마도 그가 귀감이 되는 이상적인 아버지의 생활방식 대신 무사태평한 생활방식으로 살아가기 때문일 것이다.

서구인들은 태국인의 모순된 행동에 자주 당황한다. 한편으로 그것은 권위 서열 문화를 반영한다. 그러나 그것은 또한 외세의 지배로부터 자유로웠던 전통에서 비롯한 자부심을 반영하는 것이기도 하다. 심지어 제2차 세계대전 중에도, 전설적인 태국 군대와의 대결은 오래 끌고 비용이 많이 들 것이라는 일본의 두려움이 동기가 된 외교 협약 덕분에 일본은 태국을 침공하지 않았다. 그러나 태국인들은 고전 영화 〈콰이 강의 다리(*Bridge on the River Kwai*)〉에서 씻을 수 없는 오명을 얻은 바와 같이, 일본 군대가 포로가 된 군사들을 버마(지금의 미얀마)와 태국을 연결하는 철길 건설에 동원하는 것을 허락했었다.

또한, 이러한 전통 때문에 태국인들은 자신을 서구인들과 동등하다고 생각하고 그에 맞는 대접을 기대한다. 따라서 자유와 평등 모두가 태국문화의 핵심 구성요소이다. 앞에서 언급했듯이, 상사와 부하 관계에서는 양쪽 모두에 의무가 있고 심지어 태국인 부하도 존중받기를 기대한다.

태국 권투

특히 태국 권투로 알려진 태국의 격투기는 자유, 평등, 군인의 기량 그리고 흥미롭게도 남녀 관계에 대한 독특한 표명이자 표현이다. 태국 권투의 뿌리는 800년 전 태국으로 이주해 와 약탈 대상을 찾아 돌아다니던 부족들과 머리, 이, 주먹, 무릎, 발목 그리고 팔꿈치를 이용해 싸워야 했던(무에 타이, *muay Thai*) 중국인들의 경험에서 찾을 수 있다. 이러한 육박전은 여전히 군사훈련의 일부이다.

방콕의 두 개의 주요 경기장에서 열리는 현대의 태국 권투는 볼만한 구경거리이다. 가벼운 글러브를 끼며, 발차기도 허용된다. 보통 하룻밤에 10회의 시합이 있으며, 각 시합은 각각 3분 동안 5라운드로 지속된다. 각 경기장의 수용 인원은 1천 명에 불과할 정도로 작고 거의 대부분의 관객은 남자이지만, 다른 태국인들도 밖에 서서 라디오나 일부 경우에는 텔레비전으로 그 움직임을 집중해서 지켜본다. 시합 전에, 각 선수는 그가 훈련을 받은 무예의 유파 또는 철학을 나타내는 소규모 의식을 행한다. 각 라운드마다 아시아인 밴드가 음악을 연주하는데, 처음 두 라운드에서는 음악이 느리다. 3라운드에서 밴드는 소리와 속도를 높여 관중을 흥분시키고, 많은 팬들은 흥분해 일어나서 손동작을 통해 내기를 걸기 시작한다. 여러 면에서 이러한 행동은 발리의 닭싸움을 둘러싼 행동과 흡사하다 (Geertz, 1973 참조).

시합의 50% 이상은 5라운드 전체까지 지속되지 않는데, 경기가 매우 잔인하고 케이오가 흔하기 때문이다. 어떤 사람들은 태국 권투에 혐오감을 느끼지만, 태국인들은 실력이 뛰어나고 많은 유명한 챔피언을 배출했다. 군의 기량에 대한 표현으로써, 태국 권투는 매우 뛰어나다. 그것은 또한 자유와 평등을 지키려는 태국인들의 강한 의지를 상징한다. 때때로 빅토리아풍일 수 있는 양성의 분리는 태국 권투 경기에서도 일어난다.

태국의 미소

단 며칠간이라도 태국을 방문했던 사람들은 누구나 태국인의 친절함에 황홀해질 수 있을 만큼, 태국의 미소는 전설적이다. 이러한 태도의 일부는 태국인의 불교적 실천에서 직접 나온다. 불교에는 두 가지 큰 흐름이 있는데 그 중 하나가 소승불교이다. 소승불교는 다른 무엇보다 내적인 초점과 명상을 강조한다 (H. Smith, 1991 참조). 소승불교는 태국에서 널리 실천되고 있다.

불교의 영향

내부 세계에 초점이 있는 태국 불교는 '중도(中道)'라는 핵심 개념을 중시한다. 이는 감정은 물론 심지어 몸의 움직임까지도 통제할 것을 강조한다. 태국인들은 화와 감정에 치우치는 것이 더 큰 화와 감정에 치우치게 하며, 그렇지 않았다면 피할 수 있었을 행동에 개인을 빠뜨린다는 사실에서 화와 정서가 자유를 제한한다고 믿는다. 태국인들은 이러한 믿음 덕분에 세련된 외교관과 협상가가 되는 경향이 있다. 이와 유사하게, 왕은 그의 공적인 모습에서 자제를 보인다. 그는 세계의 많은 지도자들이 행하는 감정적 접근이나 논쟁을 하지 않는다.

불교도로서 태국인들은 카르마(karma, 업[業] - 역자 주), 또는 사람의 행동이 그 결과를 불러온다는 관념을 믿는다. 따라서 태국인들은 이번 생에서의 행동이 다음 생에서 개인이 취하게 될 생명체의 형태를 결정하며 사람이 여러 삶의 주기를 산다고 믿는다. 부하나 상사를 포함한 다른 사람에 대한 부적절한 행동은 다음 삶의 형태를 결정하는 데 일조한다. 예를 들어, 불교 승려들은 자주 개를 구조하는데, 이는 많은 불교도들이 개를 지난 생에서의 잘못 때문에 하급의 생명체가 된 예전의 인간이라고 믿기 때문이다. 그러나 어떤 사람이 외다리 등 장애가 있다면 일부 태국인들은 그 사람을 피한다. 이는 아마도 그러한 방식의 징벌로 이어졌을 전생의 나쁜 업 때문이다. 어떤 경우, 개방형으로 일하는 태국 노동자들은 그런 사람이 자신과 접촉하는 것을 피할 수 있도록 책상과 의자를 배열한다.

더 나아가, 체면을 차리는 문화에서 예상되듯이, 태국인들은 직접 부정하는 것을 싫어한다. 그들은 "생각해 볼 필요가 있다" 또는 "그건 문제가 되겠는 걸요" 등의 진술을 부정의 대용으로 사용한다. 많은 서구인들은 태국인이 어깨를 살짝 으쓱했던 것이 부정의 표시였다는 사실을 뒤늦게 알아챌 때까지 특정 문제의 협상을 위해 몇 달을 보낼 수도 있다. 서구인과 협상할 때, 태국인들은 개인적 관계를 강조하는 것을 선호하고 심지어 계약서를 전혀 사용하지 않기도 할 정도로 계약은 부차적 중요성을 띤다. 한 예로, 노스롭 그루만(Northrop Grumman, 미국의 대표적 방위산업체 – 역자 주)의 협상가들은 태국 상대방들과 효과적으로 협상하고 있었는데, 회사의 변호사들이 토의에 합류한다고 전하자 정치인 기업가를 막론하고 태국인 모두가 어떤 커뮤니케이션 형태를 통해서도 연락이 불가능했다.

맥락 속의 미소

그러나 무슨 일이 일어나든, 태국인들은 계속 미소를 지을 것이다. 따라서 미소가 깊은 우호를 보여주는 것이라고 해석해서는 안된다. 그것은 다만 삶을 즐겁게 하고 끔찍이도 두려운 부정적 감정의 표현으로 이끌 수 있는 어려움을 피하려는 메커니즘이다. 사실상 태국인들은 요구가 많은 서구 관광객을 포함한 불평분자들을 진심으로 싫어하며, 그들을 피하려 한다. 반대로, 이스라엘인들은 파티에서 많은 것을 불평해서 '투덜대는 파티(party에는 사람들이라는 뜻도 있다 – 역자 주)'라고 불리지만, 그래도 즐거운 시간을 보낸다.

그러나 태국인의 미소는 순수할 수도 있고, 집단주의적 문화권에서 흔히 그렇듯이 맥락이나 상황에 따라 평가해야 한다. 예를 들어, 태국인들은 **사눅**(*sanuk*) 즉 재미를 사랑하고, 일하는 날에 간간이 재미있는 단체 활동을 한다. 만약 일이 지루하고 단조로운데다, 특히 **사눅** 시간이 없다면 태국인들은 아마 일을 그만둘 것이다. 때때로 태국인을 고용한 일본회사들은 미국회사보다 임금을 덜 주고 더 긴 시간 일을 시키지만, 그들은 업무일 동안 이러한 짧은 휴식을 가질 수 있도록 보장한다.

이 논의가 시사하듯, 태국인들은 서구인들과 다른 시간개념을 가지고 있다. 불교도로서 그들은 과거, 현재, 미래에 분명한 구분을 두지 않는다. 불교에서 시간은 과거, 현재, 미래의 세 개가 아닌 하나의 원이다. 탐마쌋대학교(Thammasat University)에서의 첫 MBA 수업에서, 개논(Martin Gannon)은 모든 것이 준비되어 있는지 확인하기 위해 수업 시간 30분 전인 오후 5시 50분에 도착했지만, 오후 7시가 되어서야 첫 번째 학생이 나타났고 마지막 학생은 오후 8시에 도착했다. 미국식으로, 개논은 이러한 행동에 대해 불만을 나타냈지만 한 태국 학생이 미소를 지으며 "우리는 태국 시간으로 수업을 시작하고 미국 시간으로 마치는 것이 좋습니다"라고 말했다. 이 말에 그는 아무런 대꾸도 할 수 없었다.

사물을 있는 그대로 받아들이기

태국의 믿음과 관련하여, 번역이 사실상 불가능한 또 다른 어구가 마이 펜 라이(*mai pen rai*)이다. 본질적으로, 이것은 인간은 자연, 기술, 그리고 많은 다른 힘들을 통제한다 해도 거의 하지 못한다는 의미이다. 태국의 미국인 고교 교사인 홀린저(Carol Hollinger)는 태국 문화에, 특히 이 측면에 반해서 『마이 펜 라이는 걱정 마라를 뜻한다(*Mai Pen Rai Means Never Mind*)』(1967/1977)라는 제목의 책을 썼다. 이 어구는 보수적 기독교인이나 무슬림에게서 때때로 찾아볼 수 있는 인생의 운명론적 관점을 받아들이는 것을 의미하는 것이 아니다. 그보다는, 사물을 있는 그대로 받아들이고 삶의 환경에 관계없이 최대한 즐거운 삶을 살려는 의지를 나타낸다. 태국인들이 이 어구를 사용할 때, 그 특유의 미소를 비치는 경향이 있고 심지어 이 작은 행위가 그것이 무엇이든 즉시 문제의 심각성을 덜어주기도 한다.

왕족, 특히 왕도 비슷한 행동 양상을 따른다. 그는 진지한 사람이지만, 파티를 즐기고 파티에서 자신이 쓴 재즈곡을 연주한다. 그는 모든 유형의 사람과 행복하게 상호작용하고 다른 국제적 지도자라면 참석할 생각조차 안 할 지루한 의식에서도 미소를 지을 것이다. 비록 최근에 건강이 약해지기는 했지만, 앞에서 지적했듯이, 그의 전 생애에 걸쳐 그는 훌륭한 신체적 컨디션을 유지했다. 그가 미소를 지으면서 수행해야만 하는 많은 부담스러운 의무 때문에라도, 이러한 컨디션 유지는 매우 중요했을 것이다.

피그(John Fieg)는 이 장에서 강조된 태국 문화의 정수와 세 가지 특징(느슨한 권위 서열, 자유와 평등, 태국의 미소)을 태국인과 미국인을 비교하는 그의 고전적 연구에서 포착한 바 있다(Fieg & Mortlock, 1976/1989). 두 문화 모두에 자유에 대한 사랑, 거드름과 화려함에 대한 반감, 실용적 전망이 있다. 그러나 차이점이 중요한데, 피그는 태국의 가치, 태도, 행동을 강조하기 위해 고무줄의 이미지를 사용했다. 고무줄이 손가락 사이에 느슨하게 걸쳐져 있을 때의 느슨함은 대부분의 태국인들이 낮 동안 서로 상호작용하는 방식에 비유할 수 있다. 그러나 앞에서 시사했듯이, 태국인들은 수직적 그리고 수평적으로 관계를 맺는 복잡한 지위 체계도 갖고 있다. 일단 이러한 지위 체계가 어떤 식으로든 활성화되면 — 예를 들어, 부하에게 직접적 명령을 내리는 상사 — 태국인들은 그 명령에 즉시 대응하는 경향이 있고, 고무줄은 팽팽해진다. 이 지위 체계의 요구가 충족되면, 태국인들은 더 느슨하고 더 자유로운 행동 양상으로 되돌아갈 수 있다.

이와 대조되는 미국인을 묘사하기 위하여, 피그는 하루의 대부분 동안 손가락 사이에 팽팽하게 매여 있는 현을 사용했다. 주기적으로 그 현은 느슨해지지만, 미국인들은 태국인이 경험하는 것과 같은 정도의 행동의 자유를 누리지 못하는데, 즉 현은 절대 고무줄처럼 느슨해질 수 없다. 성취지향적인 미국 사회에서는 많은 내적, 외적 통제가 개인에게 동기 부여를 한다. 외적 통제의 예로는 미국인이 정기적으로 작성해야 하는 수없이 많은 법률, 회계, 정부 양식이 있다. 열심히 일하고 개신교 직업윤리의 요구에 열성적으로 부응하고자 하는 바람을 아이들에게 주입하는 것은 내적 통제에 해당한다. 태국에서 그러한 내적, 외적 통제는 미국에서보다 훨씬 낮은 정도로 존재한다.

앞에서 지적했듯이, 태국은 통화가치가 반토막 났던 1997년부터 심한 경제적 어려움을 겪었다. 1997년의 새 헌법은 민주적 선거 개혁과 뇌물 근절 등의 문제에 초점을 맞춤으로써 변화의 필요성에 대처했다. 태국에서는 매년 1천여 건 이상의 반정부 시위가 열리며, 이에『이코노미스트(*Economist*)』지는 태국을 '찡그림의 땅(Land of Frowns)'으로 묘사했다(E. McBride, 2002). 국민의 교육 수준과 부가 증대하고, 시민이 군의 영향을 받는 지배보다 보통 선거에 대한 열망을 표현함에 따라 이러한 활동은 예상되는 바이다. 그러나 개인적 수준에서는 태국의 미소는 변하지 않고 남아 있는 하나의 문화적 특징이다.

요컨대, 태국은 매혹적인 나라이며, 그 핵심 가치는 미국의 그것과 겹친다. 그러나 태국은 미국과는 분명히 다르며, 타이왕국은 이 자유의 땅의 본질적 특징을 포착하기 위한 적절한 은유이다.

10

인도, 시바의 춤

인도

> 시바의 춤도 창조, 존재, 파괴의
> 반복적 순환이며, 한 기간 내에서
> 지속적인 변화가 나타나지만,
> 시간 그 자체에는 궁극적으로
> 아무런 의미도 없다.

GLOBAL CULTURE

미국 솝오페라(TV연속극 - 역자 주)의 주된 소재는 섹스일 것이다. 그러나 인도판 솝오페라의 주된 소재는 고대 인도 신들의 이야기이다.

- 카프(Jonathan Karp), 윌리엄스(Michael Williams) (1998)

인도는 인구가 11억 명 이상으로 인구 13억의 중국에 이어 세계에서 두 번째로 인구가 많고, 민주주의 국가 중에서는 인구가 가장 많다. 면적은 미국의 약 3분의 1로 세계에서 일곱 번째로 크다. 1947년 영국으로부터 독립했으며, 이와 동시에 이웃 국가인 파키스탄이 분리되었다. 인도는 가난하지만, 1947년 이후 여러 면에서 괄목한 만한 성공을 거두었다. 2050년경에는 현재의 선진국들을 제치고 경제대국으로 부상할 것이라고 예상되는 브릭스(브라질, 러시아, 인도, 중국)에 2003년부터 포함되었다. 평균 기대수명은 남녀 모두 32세에서 65세로 늘어났으며 성인 문해율은 62.8%에 달한다. 최근 일인당 국민총소득(GNP)이 증가하기는 했지만 여전히 1,020달러에 불과해 미국의 4만 6,350달러, 중국의 3,270달러에는 크게 못 미친다. 대학을 졸업한 과학자와 컴퓨터 전문가가 세계에서 제일 많고, 중산층 규모가 2억 5,000만 명 이상으로 추산되지만 인구의 41.6%는 하루 1.25달러 미만의 돈으로 생계를 잇는다. 90억 달러 규모의 마하트마간디국가농촌고용보장법(Mahatma Gandhi National Rural Employment Guarantee Scheme)같은 농촌빈민 구제를 위한 좋은 취지의 계획들은 부패와 비효율성으로 얼룩졌으며, 이는 경제가 빠르게 성장하는 세계적 강대국으로서 인도의 이미지와 확연히 대조된다 (Wright & Gupta, 2011).

인도는 경제적, 사회적 성공의 여러 가지 기준에서 파키스탄을 뛰어넘었으나, 중국에는 미치지 못한다. 인도의 성공이 제한적일 수밖에 없었던 주요 이유는 자원의 증가가 인구의 극적인 증가를 따라가지 못했기 때문이다. 인도는 보건과 교육에 국내총생산(GDP)의 4.1%를 각각 투자한다. 반면 미국은 보건에 GDP의 15.7%, 교육에 5.7%를 투자한다. 또한 인도는 인간개발지수(Human Development Index, 유엔개발계획이 매년 각국의 국민소득, 교육수준, 평균수명 등 인간의 삶과 관련된 지표를 조사해 각국의 인간개발 성취와 선진화 정도를 평가하는 지수 – 역자 주)에서 61.2를 기록했으며, 중국은 77.2, 미국은 95.6을 기록했다.

스탠다드차타드(Standard Chartered)는 인도가 젊은 인구, 중산층 증가, 내수 확대에 힘입어 2030년까지 중국과 미국에 이어 세계 3대 경제대국이 될 것으로 예측했다 (Timmons & Polgreen, 2011). 1991년『이코노미스트(*Economist*)』지는 영향력 있는 '인도 조사(Survey of India)'를 발행하고 "우리에 갇힌(Caged)"이라는 제목 아래 우리 안에 있는 호랑이 그림을 표지에 실었다 (Crook, 1991). 기사의 요점은 인도의 관료주의와 중앙집권체제가 지나치게 강하다는 것이었다. 이러한 부정적 묘사에 자극을 받은 당시 싱(Manmohan Singh) 재무장관을 비롯한 정부 관료들은 경제민영화에 착수했다. 민영화 노력이 계속되고 있지만 정당과 이익단체의 내분으로 진전은 더딘 상황이다. 2011년 경제자유지수 조사에서 인도는 179개국 중 124위에 머물렀는데, 이는 관료주의를 걷어

내고 부패의 고리를 끊으려는 정부의 노력에도 불구하고 인도에서 기업하기가 여전히 어렵다는 뜻이다 (T. Miller, 2011). 2011년 12월 정부가 민심에 떠밀려 4,500억 달러 규모의 소비시장을 월마트, 테스코 같은 외국 수퍼마켓 체인에 개방하려던 계획을 연기한 것이 이를 극적으로 보여주는 사례다. 낮은 외국인 투자, 높은 물가상승률, 달러 대비 루피화의 폭락 등 당시 상황을 고려할 때 이는 경제적으로 타당하지 않은 결정이었다. 한 정부 각료는 "우리의 민주주의가 지나쳐 우리 스스로를 파괴하고 있다"고 말하기도 했다 (Lakshmi, 2011).

종교적 다양성이 인도의 주요 특징인 만큼 인도에 대한 우리의 이미지와 문화적 은유가 종교에 바탕을 두는 것은 적절한 결정이다. 인도의 탁월한 사상가인 비베카난다(Swami Vivekananda)는 다음과 같이 말했다.

> 각 개인과 마찬가지로 각 국가도 현세에서 생의 중심인 하나의 주제를 가지며, 주제 음계는 다른 모든 음계와 어우러져 화음을 만든다. … 인도에서는 민족의 삶이라는 전체 음악에서 그 중심인 종교적 삶이 주제 음계를 이룬다 (Vivekananda, 1897/2011).

역사상 약 2,000년 동안 힌두문화가 인도를 지배하다시피 했으나, 지난 천 년여 동안 여러 종족과 종교, 언어가 뒤섞여 인도문화를 형성했다. 힌두교 자체도 다른 종교의 영향으로 많은 변화를 겪었다. 따라서 비록 힌두교가 인구의 81%를 차지하지만, 힌두문화가 인도의 유일무이한 문화라는 주장은 틀리다.

인도문화를 이해하기 위해서는 힌두교 전통을 먼저 알아야 한다. 인도 인구의 절대 다수는 여전히 전통 지향적이며 이러한 전통을 모른 채 문화와 사회의 변화를 이해할 수는 없다. 이번 장에서는 시바신의 춤을 주된 원리로 힌두문화에 대해 살펴보겠다.

시바의 춤

헤아릴 수 없이 많은 힌두교의 신들은 하나의 우월적 존재가 각기 다른 모습으로 현현(顯現)한 것이다. 가장 중요한 신은 창조자 브라마(Brahma), 유지자 비슈누(Vishnu), 파괴자 시바(Shiva)이다. 시바의 다양한 물질적 현현 중에 춤의 왕, 나타라자(Nataraja)는 아마도 시바의 춤이 나타내는 바를 가장 잘 묘사하는 유명한 예일 것이다. 시바의 춤은 "어떤 예술이나 종교가 자랑할 수 있는 신의 활동 중 가장 선명한 이미지"라고 묘사되었으며 힌두 철학의 순환적 성격을 보여주는 것이기도 하다 (Coomaraswamy, 1924/1969: 56). 우리는 시바의 춤을 통해 인도의 문화와 사회를 살펴볼 것이다.

힌두교도는 춤을 가장 오래되고 중요한 예술의 형태로 간주한다. 전설에 따르면 심지어 세계조차 춤을 통해 창조되었다. 브라마가 걸음을 세 번 내딛으며 땅, 공간, 하늘을 창조했다는 것이다. 인간, 새, 동물, 곤충, 나무, 바람, 파도, 별과 같은 자연의 모든 것은 집합적으로 일상의 춤을 뜻하는 다이아닉 누티야(दैनिक नदृष्य)라는 춤의 형식을 보여준다. 그러나 자연은 비활동적이며 시바의 의지 없이는 춤을 출 수 없고, 신성한 북 다마루(डमरु)를 멘 시바가 북을 두드리면 리듬이 우주 곳곳에 울려 퍼진다. 시바는 최고 지휘자 같은 존재로 일상의 춤은 모든 피조물이 그의 북소리에 반응을 하는 것이다.

시바는 활달한 성격 덕분에 춤을 추는 최고의 무용수 신으로 묘사된다(Banerji, 1983). 시바는 춤으로써 세계를 창조하고 존재하게 하므로 누구도 그의 춤을 대신할 수는 없다. 그러나 생명이 유한한 무용수가 지치게 마련이듯 시바도 주기적으로 춤을 멈춘다. 그러면 우주의 질서는 혼돈으로 변하고 창조의 시기에 이어 파괴의 시기가 찾아온다. 시바의 춤에 관한 이러한 생각 즉, 지속적이고 건설적인 동시에 파괴적이라는 생각은 움직임과 역사에 관한 동양의 사상에 내재되어 있다 (Gopal & Dadachanji, 1951).

시바의 춤은 우월적 존재의 소일거리 또는 즐거움(릴라, लीला)으로서의 세계창조의 시작을 나타내며 또한 축복받은 존재의 근원을 나타내는 것으로, 목적이나 이해의 범주를 넘어서는 것이다(Coomaraswamy, 1924/1969). 시바의 춤은 우월적 존재의 다섯 가지 주요 활동인 창조와 발전(슈리슈티, सृष्टि), 보존과 지원(슈티티, स्थिति), 변화와 파괴(삼하라, संहार), 감춤과 상징, 환상, 휴식(티로브하바, तिरोभाव), 해방, 구원, 은혜(아누그라하, अनुग्रह)를 상징한다.

이는 각각 브라마(Brahma), 비슈누(Vishnu), 루드라(Rudra), 마헤스바라(Mahesvara), 사다비사(Sadavisa) 다섯 신의 활동에 해당한다. 합쳐서 시바의 춤으로 묘사되는 순환적 활동은 인도사회의 주요 동력으로서 힌두교의 핵심을 보여준다. 순환의 개념은 인도 전통철학의 공통점으로 인도문화에 관한 이 책의 논의 전반에 걸쳐있는 주제이기도 하다.

2003년 개논(Ganon) 부부는 타지마할과 붉은 요새의 장관을 보기 위해 뉴델리에서 아그라로 출발했다. 새벽 6시 30분에 출발한 부부는 양방향 4차선 간선 고속도로에서 깜짝 놀랄 만큼 다양한 광경을 목격했다. 얼굴에 주름이 깊게 파인 빈민들이 고속도로

변에 피워 놓은 모닥불 주변에 모여 있고, 인도(人道)가 따로 없었기 때문에 사람들이 원숭이, 물소, 황소 등 온갖 종류의 동물들과 한데 뒤섞여 도로를 걸어가고 있었던 것이다. 심지어 낙타를 탄 대상 행렬까지 지나가고 있었다. 이러한 상황에서 차는 시속 15~20마일(약 25~30킬로미터 - 역자 주)로 밖에 달릴 수 없었으며, 다른 차들에는 "지나갈 때 경적을 울리시오"라는 문구가 붙어 있어서 끊임없이 소음이 발생하고 있었다. 그러나 이 모든 불편함은 타지마할의 경이로운 광경 앞에서 바로 사라졌다. 형태는 달라도 인도의 다른 지역에서도 수차례 겪은 이러한 경험은 인도를 이해하기 위해 시바의 춤을 택한 것이 옳았음을 확신시켜 주었다.

인도문화: 초기 역사

드라비다족과 아리아족은 인도문화의 중심적인 두 뿌리를 형성했다. 기원전 3,000년 경 지중해 동쪽 해안으로부터 이주해온 것으로 추정되는 드라비다인은 인더스 문명을 발달시켰다. 그러나 기원전 1,500년 경 인더스 문명이 쇠퇴하면서 드라비다인은 인도 아대륙 남부로 이주했다. 거의 같은 시기에 페르시아에서 온 아리아인이 인도·갠지스 평원의 대부분을 점령했다. 오늘날 인도 인구의 72%는 아리아계, 25%는 드라비다계에 속한다. 나머지 3%는 몽골족을 비롯하여 수없이 많은 민족으로 구성된다. 인도에서 인구가 가장 많은 서쪽의 뭄바이(2,000만), 동쪽의 콜카타(1,560만), 북쪽의 델리(2,210만), 남쪽의 첸나이(760만)와 방갈로르(500만)는 세계 40대 대도시에 포함된다.

인도 역사는 시바의 춤으로 표현되는 혼돈과 조화의 순환을 보여준다. 인도는 다른 나라였다면 패망했을 지도 모를 사건들로부터 회복을 거듭했다. 사실 시바의 아들 가네시(Ganesh)는 역경을 딛고 탄생하는 선(善)의 상징이다. 전설에 따르면 시바의 배우자인 파르바티(Parvati)는 목욕과 몸치장에 많은 시간을 보냈다고 한다. 이는 파르바티가 준비를 하는 동안 시바가 기다려야만 한다는 뜻이었다. 파르바티는 시바가 예고도 없이 들이닥쳐 단장하지 않은 상태의 자신을 보는 것을 막기 위해 가네시를 시켜 문 앞을 지키게까지 했다. 어느 날 가네시의 행동에 몹시 화가 난 시바는 아들의 목을 잘라 버렸다. 제정신이 아니게 된 파르바티가 시바에게서 완전히 떠나버리자 시바는 파르바티를 되찾기 위해서는 가네시를 되살리는 수밖에 없음을 깨달았다. 처음 발견하는 머리를 사용하기로 굳은 결심을 한 그의 눈에 띈 것은 아기 코끼리의 머리였다. 가네시는 생명을 되찾았을 뿐만 아니라 코끼리의 지혜까지 덤으로 얻게 되었다. 가네시처럼 인도도 혼란의 시기와 무정부 상태를 겪었음에도 불구하고, 과거와 마찬가지로 현재에도 미술, 과학, 정신적 세계에 큰 기여를 하고 있다.

언어를 둘러싸고 계속되는 논쟁에서 드러나는 북부와 남부 사이의 긴장에는 아주 오랜 역사적 뿌리가 있다. 남부는 그동안 비교적 고요한 평화를 영위해 온 반면 북부는 외세의 침략을 잇달아 맞아야 했으며 이러한 침략은 대규모일 때가 많았다. 그 결과 북부 문화는 여러 가지가 혼합된 산물이 되었다. 북부 문화를 가장 크게 바꾼 세력은 서기 1,000년경부터 인도를 침략하기 시작한 무슬림이었다. 무슬림의 침략으로 인해 북부의 행정체계는 반복적으로 파괴되었으며, 사회에서는 지도세력이 사라지고 종교적 믿음은 흔들렸다.

무슬림의 지배

무슬림 세력은 13세기 초부터 19세기 중반까지 인도북부를 지배했다. 무슬림 통치자들은 힌두교도에게 가혹했지만, 예외적으로 무굴제국의 악바르(Akbar) 황제는 힌두 공주와 결혼하고 선진 종교들의 장점을 혼합한 신흥종교 딘 이 일라히(*Din-i-Ilahi*)의 발전을 촉진했다. 그는 모든 종교에 대해 관용적이었으며, 다수의 힌두교도들을 요직에 앉히고, 궁정에서 예수회 선교사들의 알현을 받았다. 그러나 우상숭배는 무슬림 교리에 어긋나기 때문에 대부분의 침략자들이 수천 개의 힌두 사원을 파괴하고 그 자리에 모스크를 세웠다. 비이슬람 교도에게는 차별적 세율이 부과되었으며 힌두교도는 일자리를 얻는다 해도 낮은 직급에 만족해야 했다.

힌두교도를 대상으로 이슬람교로의 강제개종이 널리 자행되었다. 이등시민으로 전락한 힌두교도들은 이슬람교의 아름다운 면을 거의 보지 못했다. 사실상 양립할 수 없는 두 종교체계의 대립은 두 종교 추종자 사이에 서로에 대한 깊은 증오심을 남겼다. 이러한 갈등은 오늘날까지도 이어지고 있다. 1992년 20만 명이 넘는 힌두교도들이 450년 전 무굴제국 시대에 건립된 무슬림 사원을 습격하여 사원을 파괴하고, 그 자리에 힌두신 라마(Rama, 비슈누의 일곱 번째 화신 - 역자 주)의 탄생을 기념하는 힌두사원을 세웠으며, 뒤이은 혼란의 와중에 수백 명이 목숨을 잃는 사태가 발생했다. 이런 일은 비교적 흔하게 일어난다. 2002년에는 문제의 힌두사원으로 순례를 다녀오던 힌두교도들이 인도 서부 구자라트(Gujarat)주(州)에서 무슬림으로 알려진 폭도들의 습격을 받았다. 이 일로 복수를 부르짖는 전면적 학살극이 일어나 2,000

여 명이 사망했으며, 죽은 이들은 대부분 무슬림이었다.

반면 무굴제국 통치자들이 인도 전역을 정복한 1646년까지 남부에서는 외세의 침입 없이 힌두왕국이 안정적으로 이어졌다. 무굴제국은 18세기에 독립 지방왕국들이 곳곳에 생겨나면서 붕괴하기 시작했다. 남부에서는 영국이 다른 서양 제국주의 열강을 몰아내면서 영국 동인도회사의 세력이 막강해졌다. 이슬람의 세력이 약해진 틈을 타서 페르시아와 아프가니스탄으로부터 약탈적 침략자들이 몰려왔다. 북인도는 무정부 상태에 빠져들었으며, 영국이 지배지역을 점차 확대하여 19세기 영국의 인도지배(British Raj, 라즈[राज]는 힌두어와 우르드어로 '지배'를 의미)가 성립되고 나서야 무정부 사태가 끝이 났다.

영국의 지배

영국정부는 1858년 세포이(Sepoy) 항쟁 이후 직접지배 체제를 확립했다. 많은 인도인들이 이를 최초의 독립전쟁으로 생각한다. 세포이, 즉 영국정부에 고용된 인도인 병사들은 소총에 화약을 장전하기 위해 입으로 물어뜯어야 하는 약포에 동물기름이 사용됐다는 소문을 듣고 폭동을 일으켰다. 힌두교도들은 기름이 소기름이라고 들었으나 무슬림들은 돼지기름이라고 들었는데, 어찌되었든 금기가 깨졌다고 생각하는 것은 양쪽 다 마찬가지였다. 영국군은 폭동을 겨우 진압했으나 칸푸르 지역의 영국 주둔군은 여성과 아이들까지 학살을 당했으며, 이후 칸푸르는 영국에 대한 복수를 상징하는 지역이 되었다 (Arden, 1990).

1885년 인도국민회의(Indian National Congress)와 1906년

전인도무슬림연맹(All-India Muslim League)에 의해 민족주의의 깃발이 펄럭이기 시작했다. 1919년 암리차르에서 비무장 시위대 400여 명이 다이어(Brigadier Dyer) 장군의 명으로 무참히 학살당하는 끔찍한 일이 일어나자 인도 지도자들은 영국제국의 선의에 대한 믿음과 희망을 접었다. 마하트마 간디(Mohandas Karamchand Gandhi)의 영향을 받은 인도국민회의는 영국의 지배에 맞서 평화적 비협조운동 사트야그라하(सत्याग्रह आन्दोलन)를 시작했다. 불행하게도 인도의 독립이 승인된 후 몇 달 지나지 않아 마하트마(위대한 영혼이라는 뜻) 간디는 그가 무슬림의 요구를 들어준다고 비난하는 힌두 극단주의자에 의해 목숨을 잃었다. 그러나 간디의 유산은 미국의 민권운동과 남아프리카 공화국의 인종차별정책(Apartheid)에 맞서 싸운 만델라(Nelson Mandela), 폴란드의 연대(Solidarity) 자유노조를 이끈 바웬사(Lech Walesa)에게 영향을 주었다. 그밖에 독재체제에서 신음하는 모든 사람들에게 여전히 희망의 등불이 되고 있다.

영국은 1947년 인도의 독립을 승인했다. 그러나 인도는 힌두교도가 대부분인 인도와 이슬람교의 파키스탄으로 분리되고 말았다. 느닷없는 분리는 큰 갈등을 초래했으며 1946년에서 1947년 사이 1,200만 명의 난민이 종교에 따라 새로 생긴 인도·파키스탄 국경을 넘었다. 폭동으로 20만 명 이상이 목숨을 잃었고 이는 인도가 내전을 치르는 듯한 지워지지 않는 이미지를 전 세계에 심어 주었다. 사실 위기상황을 제외하면 인도는 집단 간의 차이에서 유발되는 파괴적인 힘을 그럭저럭 잘 수용하고 억눌러왔다. 그러나 인도가 다양성을 유지할 수 있는 배경이 되었던 사회적·정치적 타협은 오늘날 엄청난 압력에 직면해 있다.

분리 독립, 카스트 간 전쟁, 종파 간 폭력이라는 위협에 직면한 인도 중앙정부는 때때로 단호한 조치를 취했다. 최근 들어서는 외부의 위협으로부터 국가를 지키기 위해서가 아니라 분쟁 지역의 질서 회복을 위해 군대가 소집되는 경우가 더 많았다.

현대의 지도자들

의회당(Congress Party) 당수였던 네루(Jawaharlal Nehru)는 1947년 인도 초대총리에 취임했다. 그는 자유, 민주주의, 사회주의, 세계평화, 국제협력이라는 기본 개념을 열렬히 신봉했으며, 또한 달변가로서 저개발 국가들의 비동맹주의(제2차 세계대전 이후 양극화된 국제정치 질서에서 냉전 블록의 어느 쪽과도 정치적·이념적 동맹을 맺지 않는 정책 - 역자 주)의 대표주자로 부상했다. 그가 사망한 지 2년이 지난 1964년 딸 인디라 간디(Indira Gandhi, 마하트마 간디와 관련 없음)가 아버지의 뒤를 이어 총리가 되었다. 인디라 간디는 인도의 현대화와 경제성장을 위해 고군분투했으나 '인간의 정신(spirit of man)'에 대한 헌신에 있어서는 아버지에 미치지 못했던 것 같다. 인디라 간디는 1975년 국가의 뿌리 깊은 문제를 '전시에 준하여' 해결할 필요성을 언급하며 비상계엄을 선포하고 시민의 자유를 억눌렀다. 1977년 인도국민들은 '비상사태'라는 방법을 사용한 데 대해 분노를 표출하며 선거를 통해 인디라 간디를 몰아냈다. 민주주의가 온전히 복원된 후, 1979년 뉘우치는 기색이 역력한 인디라 간디가 재집권에 성공했으나 5년 후 암살당하고 말았다.

인디라 간디 사후, 그녀의 아들 라지브 간디(Rajiv Gandhi)가 총리가 되었으나 정부에 부패가 만연해 있다는 주장이 제기되면서 그가 이끄는 의회당이 총선에서 실패했다(1989년 총선을 말함, 취임 직후의 1984년 총선에서는 압승했음 - 역자 주). 다음 정부는 오래 지속되지 못했으며 정책을 펼치기 위한 의회 과반을 유지하지 못했다. 라지브 간디는 그 다음 선거운동 중에 암살당했으며, 이로 인해 동정표가 몰리면서 의회당(Congress (I) Party)이 다시 정권을 잡는 데 성공했다.

현대의 인도 정치를 지배해온 네루·간디 제국은 여전히 큰 세력을 가지고 있다. 현 의회당 당수는 라지브 간디의 미망인인 이탈리아 태생 소니아 간디(Sonia Gandhi)로 『포브스(Forbes)』는 2007년 그녀를 세계에서 여섯 번째로 영향력 있는 여성으로 꼽았다. 현재는 10위권 밖으로 밀려났지만, 소니아 간디는 인도 정치에서 여전히 영향력 있는 인물이다. 아들 라훌 간디(Rahul Gandhi)는 종종 제국의 승계를 기다리는 황태자로 묘사된다. 그러나 그는 최근 몇 년 간 정치적 실수를 저지르면서 시련을 겪었다. 부상, 권력, 죽음, 귀환, 창조, 파괴 그리고 아마도 궁극적인 구원으로 이어지는 네루·간디가(家)의 여행은 시바의 춤과 힌두 철학의 순환적 특징을 함축하여 보여줄 것이다

소니아 간디가 권력을 잡으면서, 그동안 주요 선거에서의 승리를 통해 위상이 커진 보수 힌두 민족주의 집권당 바라티야 자나타당(BJP: Bhartiya Janata Party)이 2004년 선거에서 충격적인 패배를 겪었다. BJP는 1990년대 인도경제의 성장과 인도의 아시아 강국으로의 부상을 이끈 개혁을 추진했었다. 그러나 개혁의 혜택

으로부터 소외된 사회·경제 사다리의 하층부의 빈민들은 BJP가 아닌 의회당과 의회당 연립 정당들을 선택했다. 낮은 일인당 GDP와 수십억 달러 규모의 농촌고용 계획이 말해주듯, 하층민들의 삶을 개선하겠다는 목표를 달성하기 위해서는 아직 갈 길이 멀다.

순환론적 힌두철학

철학에 부여하는 가치의 측면에서 인도인들의 삶의 관점은 유럽인들이나 미국인들의 삶의 관점과 가장 다르다 (Coomaraswamy, 1924/1969). 유럽과 미국에서의 철학은 정신운동의 일종으로 그 자체가 목적으로 간주되는 경향이 있으며, 따라서 일반인들에게는 중요성이 그다지 크지 않은 것 같다. 그러나 인도에서는 철학이 종교와 중복되는 경향이 있고, 삶의 근본 의미와 정신적 목표에 도달하기 위한 방법을 알려주는 삶 그 자체의 열쇠로 간주된다. 인도 이외의 지역에서 철학과 종교는 뚜렷이 다른 길을 걸어왔으며 이 길은 때때로 교차되기도 하지만 한 번도 합쳐진 적은 없다 (Munshi, 1965). 그러나 인도에서는 양자를 분간하기 어려울 때가 있다.

힌두 철학에서 세계란 신의 행위, **릴라**의 결과로서 마치 꿈같은 환영이다. 인도의 고대 이름인 **바라타바르샤**(Bharata Varsha)는 문자 그대로 '배우의 나라'를 의미한다는 해석도 있다 (Lannoy, 1971: 286). 환영의 세계에서는 부나 물질적 소유가 가져다주는 순간의 단순한 물질적 즐거움을 통해 참된 행복을 얻을 수 없다. 추구할 가치가 있는 유일한 행복은 영원한 정신적 행복이다. 절대적 행복은 영적 깨달음을 통해 세속의 집착으로부터 해방될 때에만 얻을 수 있는 것이다. 삶이란 **무크티**(मुक्ति), 즉 구원을 찾는 여행이며 구도자는 그 길에서 맞닥뜨리는 온갖 위험을 극복함으로써 인간의 경험이나 인지의 범위를 넘어서는 기쁨, 즉 **모크샤**(मोक्ष)를 맛보게 된다. 시바의 춤이 우주를 여행으로 인도하듯, 힌두 철학은 개개인을 여행으로 인도한다.

이상적인 상태에 도달하기 위한 기본적인 방법은 신에 대한 지극한 헌신 또는 지극한 사랑(박티요가, भक्तियोग), 이타적 노동 또는 봉사(카르마요가, कर्म योग), 자아에 대한 철학 또는 앎(지야나요가, ज्ञान योग), 명상 또는 육체적 운동(라자요가, राज योग) 네 가지다. 사람들은 서로 배타적이지 않은 이 네 가지 방법 중에서 자신의 기질과 상황에 적합한 방법을 고르거나 여러 가지 방법을 동시에 사용하면 된다. 어떤 방법을 택하든 모든 힌두교도들은 한 번의 생애에서는 이상적인 상태에 도달하기가 어렵다는 사실을 깨닫는다. 바로 이 지점에서 윤회 즉, 생의 순환이라는 개념이 중요하게 대두된다. 각각의 영혼 즉, **지바**(जीव)는 신비로운 힘, 아마도 신의 힘에 의해 세계에 들어오지만 어떻게 들어왔는지, 또 그것이 무엇을 위한 것인지는 온전히 설명할 수 없다 (Smith, 1991). **지바**는 가장 단순한 형태의 생명의 영혼으로서 존재하기 시작하며, 최초의 육체가 죽음을 맞아도 사라지지 않고 새로운 육체나 생명으로 옮겨간다. 환생을 통해 각각의 **지바**는 점점 더 복잡한 육체로 이동하여 마침내 인간에 이른다. 더욱 복잡한 육체로의 이동은 여기에서 끝이 나고, 영혼은 **무크티** 즉, 구원으로의 길을 떠난다. 이것이 바로 힌두교적 삶에 여러 번의 생애의 순환 동안 적극적으로 추구하고 끈기 있는 기다림을 통해 성취하는 목표라는 강제적 목적의식을 부여한다.

윤회교설은 모두가 인지하듯, 모든 사람은 신체 나이와 상관없이 영혼의 나이가 각각 다르다는 점에 대응된다. 어떤 사람은 죽는 날까지 무책임하고, 자기중심적이며, 통제 불능에 일도 서툴지만 어떤 사람은 젊을 때부터 계속 진지하고, 친근하며, 자기 절제를 잘하고, 재능이 뛰어나다. 힌두 철학에 따르면 인간은 사트바(명료함, 밝음, सत्त्व), 라자스(열정, 소망, रजस्), 타마스(둔함, 어두움, तमस्) 이 세 가지의 근본적인 특질들이 각기 다르게 조합된, 지극히 개인화된 무의식의 상태로 태어난다. 세 가지 특질 사이의 상대적인 세기는 사람마다 다르지만, 힌두교의 운명론에서는 무의식은 본질적으로 명료함과 밝음을 추구하는 경향이 있다고 본다 (Kakar, 1978).

한 인간이 어떠한 삶의 모습을 가지게 되느냐, 또 세 특질이 어떤 비율로 섞이느냐를 결정하는 것은 그의 영혼이 이전 생애에서 행한 옳음과 그름의 균형이다. 출생, 삶, 죽음으로 끝없이 이어지는 순환 즉, 영혼의 업, 카르마(कर्म)를 거치며 영혼이 얼마나 진전을 이루는가는 각각의 생애 중에 행한 바와 결정에 달려있다. 한 개인의 카르마를 알아볼 수 있는 방법은 출생 시각의 천문도를 보는 것으로, 이는 인도사회의 중요한 전통이다.

시바의 춤은 창조, 존재, 파괴, 재창조로 끝없이 이어지는 세계의 순환을 나타내고, 힌두 철학은 출생, 삶, 죽음, 환생을 거치는 영혼의 끝없는 순환을 설명해 준다. 지금부터 더 큰 생(生)의 연속선 안에 나타나는 개인의 삶의 순환을 알아보겠다.

삶의 순환

힌두철학에 따르면 인간의 삶은 네 단계로 이루어지며, 그 첫 단계는 학생기에 해당한다. 이 단계에서의 주된 의무는 배우는 것이다. 학생은 지식을 습득하는 것 이외에도, 훌륭한 인품과 좋은 습관을 발전시켜야 하고, 선하고 효과적인 삶을 사는 법을 터득해야 한다.

결혼과 함께 시작되는 두 번째 단계는 가정을 꾸리는 단계이다. 이 단계에서는 인간의 에너지가 외부로 표출되며, 표출되는 통로는 가족, 직업, 공동체 세 가지이다. 즐거움의 필요는 가족을 통해서, 의무의 필요는 시민으로서의 사회적 의무를 다함으로써, 성공의 필요는 일을 통해서 충족된다.

삶의 세 번째 단계는 사회적 의무를 내려놓는 은퇴기이다. 이 시기에는 나는 누구인가, 삶의 의미는 무엇인가를 알기 위한 진정한 배움이 시작된다. 읽고, 생각하고, 삶의 의미를 고민하고, 철학을 발견하고, 이에 따라 살기 위한 시간인 것이다. 이 단계에서는 감각을 초월하여 이 자연세계에서 삶이라는 꿈의 근저에 있는 영원한 현실과 조화를 이루어야 한다.

인도를 여행했던 한 여행자가 전하는 힌두교의 은퇴개념을 잘 보여주는 일화가 있다 (Arden, 1990). 그 여행자는 바닥에 담요를 깔고 그 위에 앉아 공책에 뭔가를 쓰고 있는 흰 수염의 사내를 보았다. 사내는 고개를 들어 여행자가 지나가는 것을 보고 빙그레 웃었다. "당신은 불교도입니까?" 여행자가 묻자 사내는 고개를 저었다. "힌두교도입니까, 아니면 무슬림입니까?" 여행자가 다시 묻자 사내는 다시 고개를 저으며 대답했다. "그게 중요한가요? 나는 사람일 뿐입니다." 여행자는 공책에 쓰고 있는 것이 무엇인지 물었다. "진실, 오로지 진실입니다," 사내가 답했다.

마지막 단계는 산니아신(संन्यासी)의 하나로, '바가바드 기타(Bhagavad-Gita)'('마하바라타'의 일부로 '고귀한 분께서 알리는 심오한 가르침'이라는 뜻 – 역자 주)에서는 이를 '아무 것도 증오하지도 사랑하지도 않는 자'로 정의한다. 이 단계에서 무크티 즉, 구원을 얻게 되며, 구원을 얻은 후 삶을 지속하는 이유는 오직 최후의 상승의 시간이 오지 않았기 때문이다. 구원을 얻은 사람들이 드디어 이 세계를 떠날 때 삶과 죽음의 순환으로부터 벗어나게 된다.

한 번의 생애에서 삶의 네 가지 단계를 통과할 수 있으나, 각 단계별로 여러 번의 생애를 거칠 수도 있다. 붓다조차 수백 번의 생을 살았다고 전해진다. 진전은 각 단계에서의 활동과 경향에 의해 결정된다. 예를 들어 인도의 종교에는 수많은 의식이 있으며, 이러한 의식의 주된 목적은 신의 축복을 받는 것이다. 각각의 의식은 종교적 찬가(바잔, भजन)와 성직자 및 다른 종교지도자의 설교(사창, सत्संग)로 이루어진다. 이러한 활동에 얼마나 신실하게 임하는지, 실생활에서 철학의 교설을 얼마나 진정으로 실천하는지가 삶과 죽음의 순환에서 얼마나 나아갈 수 있는지를 결정한다. 어떤 이는 매우 긴 철학교설을 외우고, 매일 사원에 가고, 성자와 빈자에게 구호금을 주면서도 온갖 악행을 저지를 수도 있다. 이러한 삶의 모순은 개인이 죽음에 이르러 윤회를 통해 그 동안의 선행과 악행에 따라 상을 받거나 벌을 받는 것을 결정하는 카르마에 의해서 해소된다.

일상적 행위가 좋은 결과를 가져와서 긍정적 카르마를 쌓기를 바라는 것이 힌두교도들의 소망인 만큼 점성술의 중요성을 짧게나마 언급해야 할 필요가 있다. 힌두교도들은 매일은 아니라도 적어도 중요한 일이 있을 때마다 삶의 중요한 문제들을 별을 보고 점친다. 별자리를 통해 신랑, 신부의 궁합을 보는 것은 결혼식에 쓰일 꽃 장식을 고르는 것만큼이나 중요하다. 인도인들에게는 집을 매매하거나 중요한 계약을 할 때 별을 보고 길일을 택하는 것이 일상적이다. 인도의 점성술은 세계에서 역사가 가장 오랜 편에 속하며, 황도면의 분할이 아니라 실제 별자리를 사용한다는 점에서 서구의 점성술과 다르다. 로널드 레이건(Ronald Reagan) 전(前) 미 대통령의 부인 낸시 레이건(Nancy Reagan)이 일정을 점성술사와 상의했다는 것이 알려져 미국인들의 비웃음을 산 적이 있다. 그러나 인도 지도자들은 일상적으로 점성술을 이용하고, 지방 텔레비전 채널들은 별자리를 통해 정치문제 및 개인문제를 예측하는 프로그램을 방영하며, 모든 주요 신문과 잡지가 매일의 별자리 운세를 싣거나 그와 관련 글을 싣는다. 뉴욕의 재무전문 점성술사 모티아니(Ashok Motiani)는 2008년 미국의 서브프라임 모기지 사태를 예견했다고 한다. 예비 엄마들이 제왕절개 수술을 할 날짜와 시간을 점성술사에게 묻는 일은 일종의 유행이다. 점성술사들은 아기가 태어나는 시간에 따라 더 예쁠 수도 있고 조용하고, 순종적일 수도 있으며, 특정 직종에 필요한 능력이 뛰어날 수도 있다고 믿는다 (Bellman, 2010). 뭄바이의 한 산부인과 의사는 산모 부부의 힘 있는 친구들의 압력에 밀려 상식에는 어긋나지만,

길하다고 하는 새벽 3시 30분에 제왕절개 수술을 하는데 동의했다 (Bellman, 2010).

힌두철학과 마찬가지로, 인도인들은 발원, 지속, 소멸의 반복으로 특징지을 수 있는 순환적 시간개념을 가지고 있다. 이는 전형적으로 분리와 통합이라는 주제 하에서 시작했던 상태로 끝이 나는 경향이 있는 전통 산스크리트 연극의 극적 구조에 나타난다. 꿈, 몽환적인 상태, 예감, 회상 등 다양한 장치를 통해 시간의 선형성이 파괴되며 행위가 되풀이 된다 (Lannoy, 1971). 이와 마찬가지로 시바의 춤도 창조, 존재, 파괴의 반복적 순환이며 한 기간 내에서 지속적인 변화가 나타나지만, 시간 그 자체에는 궁극적으로 아무런 의미도 없다.

시골 마을에는 집집마다 비영속성과 변화의 고통을 중화하기 위해 점토나 금속 같은 영구적인 물질로 만든 종교적 상(像)을 가지고 있다. 이는 물질적으로 제한된 환경에서 그러한 이미지가 수행하는 기능적인 역할을 보여준다. 가정에서의 종교적 실천은 힌두교가 수백 년 동안 외세의 침략을 받고도 명맥이 이어질 수 있었던 중요한 이유 중 하나다. 종교가 가족에게 중요한 것처럼 가족도 인도 사회에서 지배적인 역할을 수행한다.

가족의 순환

대부분의 인도인들은 대가족의 틀 안에서 자라며, 이러한 가족의 형태는 형제들이 결혼 후에도 집을 떠나지 않고 부인과 함께 부모님과 한 집에서 살거나 여러 채가 서로 연결된 집에 삶으로써 유지된다. 그러나 최근 경제적 기회를 찾아 더 큰 마을이나 도시로 나가는 추세에 따라 대가족 전통을 비롯한 많은 전통들이 약화되고 있다. 본 절에서는 산업화의 영향에서 가장 자유로운 약 5억 명의 인도인들에게 강력하게 남아있는 가족 전통에 대해 알아보겠다. 사회 일부에서는 가족의 순환의 많은 측면들이 약화되었지만 여전히 모든 사람들에게 중요한 영향을 미치고 있다.

아들에 대한 선호는 인도사회만큼이나 오래된 풍습이다. 아들은 세대의 연속성을 보장하고 부모가 죽으면 마지막 의식을 수행한다. 이는 부모의 영혼이 삶의 끊임없는 순환 속에서 다음의 존재로 평화롭게 떠날 수 있도록 보장해준다. 아들을 의미하는 **푸트라**(पुत्र)는 문자 그대로 '지옥에 가지 않도록 보호해주는 자'를 뜻한다. 반면 딸은 의식 측면에서 별 중요성이 없다. 일반적으로 딸은 가족의 수입에 전혀 기여하는 바가 없고, 결혼 지참금으로 재산 중 많은 부분을 가져가는 순수비용에 해당한다. 1961년 지참금 금지법에 의해 지참금 관습이 공식적으로는 사라졌지만, 여전히 인도 사회에는 지참금이 널리 퍼져있다. 교육 수준이 높은 사람들 사이에서는 지참금을 생략하는 것이 점점 유행이다. 그러나 앙심을 품은 여성들이 남편과 시댁에 복수하기 위한 목적으로 이 법안을 악용하면서, 여성 운동가들은 어렵게 통과시킨 지참금 금지법이 폐기될지도 모른다는 우려를 하고 있다.

인구의 지속적인 남성화 추세는 남아선호 사상을 뚜렷이 보여주며, 이는 특히 북부에서 두드러지지만 다른 지역에서도 상황은 별반 다르지 않다. 2011년 인구조사에 따르면 0세~6세 남아 1,000명당 여아 숫자는 914명이다(2001년 인구조사 당시 927명에서 감소). 인도의 35개 주와 연방지역 중 28개 지역에서 전반적인 성비 하락이 나타났다("아들과 딸[Sons and Daughters]," 2011). 남아 비율이 높은 주된 이유는 여아 사망률이 높고, 원하는 만큼 아들을 낳은 후에는 산아제한을 하려는 경향이 있기 때문이다. 또한 최근 들어 태아성감별이 가능해지면서 남아를 첫 자녀로 가지기 위해 여아를 임신한 여성들이 낙태를 하기 때문이기도 하다. 그러나 1994년 제정, 2002년 개정된 법안(태아성감별 기술제한 및 남용방지법)은 태아성감별 검사를 금지하고 있다.

자녀양육

시바의 춤이 보존, 돌봄, 지원을 상징하듯 부모는 자녀를 지극한 정성으로 돌본다. 대가족의 보호 속에서 자라는 힌두교 아동은 학교에 들어갈 나이가 될 때까지 외부세계를 접할 기회가 별로 없다. 양육의 주된 책임은 어머니에게 있지만, 다른 여성들 및 대리모도 아동과 친밀한 관계를 형성하며, 이러한 관계는 다른 문화권에서보다 훨씬 오랜 기간 지속된다. 가족의 끈끈한 관계는 세속적 관심사로부터 벗어난 영혼의 해방을 믿는 힌두교의 교설에 위배되지 않는다. 가족의 사랑은 단지 사랑 자체가 목적이 아니라 삶의 최종 목표를 이루기 위한 방법이다. 사랑은 자기중심적 사랑으로 그치면 구원을 의미하는 **무크티**라는 보상을 주지 않는다. 그래서 힌두교도들이 아들과 딸, 손님, 이웃에게 사랑을 나누어주려고 노력하는 것이다 (Munshi, 1965).

인도의 아동은 신성한 신의 현현으로 간주된다. 그러나 힌두교의 이상이 아동이 하고 싶은 것을 마음껏 하게 하는 것이라면,

빈민가의 현실은 사뭇 다르다. 빈민가에서는 집집마다 자녀가 많고, 열에 하나는 유아기에 사망하기 때문에 아동이 특별한 피조물로 취급되지 않는다. 큰아들을 제외한 나머지는 덤으로 받아들여지는 경향이 있다. 이러한 경향은 부활에 대한 믿음을 통해 강화된다. 즉, 한 개인이 단 한 번의 생으로 끝나는 것이 아니라면 그 존재는 유일한 것으로 받아들여질 수 없는 것이다. 어머니는 아기가 태어나고 죽는 것을 여러 번 목격했을 것이다. 자녀가 울거나, 아프거나, 상처가 나도 어머니는 심한 죄책감에 사로잡히지 않는다. 어머니는 집과 밭에서 오랜 시간 고된 노동을 할 것이고, 따라서 자녀에게 온전한 주의를 기울일 수 없다.

시바의 춤이 세계를 존재의 기쁨으로 이끌지만 세계의 일상의 춤에는 혼돈의 요소가 내재되어 있다. 마찬가지로 인도의 환경에도 기근, 질병, 만성적인 무질서 등 어린아이의 안전에 위협이 되는 요소들이 가득하다. 현대사회 이전만 해도 전체 사망자의 절반 이상이 만 1세 미만의 아동이었다. 정부 통제력이 강화되고 말라리아, 수두 같은 질병 퇴치 운동이 전개되면서 사망률이 떨어졌다. 아동의 문화적 중요성은 삶의 순환을 지속해야 한다는 필요에서 비롯되었다. 1921년 이후 사망률이 하락했음에도 불구하고 출생률은 그에 비해 훨씬 천천히 떨어지고 있는 데에서 아동의 문화적 중요성이 지속되고 있음을 확인할 수 있다. 인도의 중요한 자산 중 하나는 미국의 전체인구 규모를 뛰어넘는 아동인구 수이다.

출산율을 통제하려는 정부의 시도는 불임운동과 동의어가 되었다. 1977년 인디라 간디 정부를 몰아내는 데 강제불임정책에 대한 분노가 일조했다. 그 정치적 여파로 인해 대중적 산아제한

운동이 좌절되었다. 중산층 사이에서는 교육의 영향과 더 나은 삶의 질에 대한 열망으로 가족계획 기법을 사용하는 사람이 많아지고 있다. 그러나 삶의 순환에 대한 힌두교의 전통적 믿음에서 비롯된 거센 심리적 저항을 고려하면 빈곤한 농촌지역에서는 인구가 지속적으로 빠르게 증가할 것이 분명하다.

시바가 그가 돌보는 세계에서 멀리 떨어져 있는 것처럼, 인도의 아버지는 대개 멀리에 존재하는 냉담하고 두려운, 훈육을 담당하는 존재이다. 그러나 아버지와 아들 사이에는 상호의존적인 특별한 유대관계가 존재한다. 아들은 아버지에게 아무런 의문 없이 복종해야 하며, 아버지를 존경하고, 살아 계실 때나 돌아가신 후에도 필요한 모든 것을 온전히 지원해야 한다. 아버지는 아들을 지원하고, 좋은 교육을 제공하고, 가능한 최상의 혼처를 찾아주어야 하며 재산을 물려줄 의무가 있다. 인도에는 "아들은 5년 동안은 왕자처럼, 10년 동안은 노예처럼 다루어야 하지만, 16세부터는 친구로 대해야 한다"는 속담이 있다.

여성의 지위

남자 아이들은 여성의 지위가 남성보다 낮다는 것을 어릴 때부터 배운다. 이 같이 위계적인 사회에서 여성이 가진 낮은 지위는 여성이 무엇인가를 얻기 위해서는 윗사람에게 이것저것을 지속적으로 요구하고 부탁해야 한다는 것을 뜻한다. 아들은 곧 우월적 태도를 지니게 된다. 누구도 거역할 수 없는 지위에 있는 증조모를 제외하면 여성이 절대적인 권위를 휘두르는 경우는 거의 없다. 아들은 분노가 생산적일 수 있다는 것, 즉 지위가 위태로운 사람을 향해 분노를 터뜨리면 효과가 있다는 것을 알게 된다. 이와 마찬가지로 시바의 춤의 파괴적 힘은 새로운 기회와 양식을 창조하는 데 효과적이다. 여기서 우리는 산업화의 영향에서 소외된, 시골에 거주하는 수백만 명의 인도인에 대해 주로 논하고 있음을 주지할 필요가 있다. 인도사회, 특히 도시에서는, 1990년대 초반 경제자유화의 결과로 괄목할 변화가 일어나고 있다.

인도사회에서는 남성과 여성의 상대적인 지위가 명확하고 경쟁적 평등에 관한 질문은 관습적으로 고려되지 않는다. 힌두교의 결혼에서는 평등이 아닌 신분을 강조한다. 일반적으로 남성보다 여성의 영혼이 더 어려서 세속에 더 가깝고 남성보다 열등한 것으로 간주된다. 소녀들은 순종적이고, 유순하게 자라서 여성에게 주어진 문화적 역할을 수행하도록 교육받는다. 인도의 전통적인 이상적 여성성은 정숙, 순수, 온유, 몰아(沒我)적 태도, 자기희생, 일부종사이다. 역사적으로 인도 여성들은 아내로서는 남편을 일과 정신적 의무로부터 벗어나 유혹하지만 어머니로서는 존경을 받는 이중적인 지위를 가졌다.

인도사회에서 여성들이 짊어져야 했던 십자가에는 여아살해, 아동결혼, 여성의 겸손과 격리를 의미하는 **퍼르다(परदा)**, 결혼생활에서의 학대, 과부의 낮은 지위 등이 있다. 유엔아동기금(UNICEF: United Nations Children's Fund)의 세계아동현황보고서에 따르면 20세~24세 인도여성의 47%가 법적 혼인가능 나이인 18세 이전에 결혼했으며, 시골에서는 이 수치가 56%에 이른다 (UNICEF, 2008). 또한 보고서에 따르면 세계 아동결혼의 40%가 인도에서 일어난다. 19세기 중반까지만 해도 남편의 화장식에서 아내가 자발적으로 몸을 던지는 사티(सती)는 드문 일이 아니었다. 이는 과부의 그러한 행동이 가족의 죄를 삼대까지 씻어 준다고 믿었기 때문이다. 가난한 가족들은 딸에게 남편을 찾아줄 만큼 돈을 모을 수 없을 것이 두려워 차라리 어린 딸을 살해해 버리기도 한다.

시바의 춤은 세계를 기쁨으로 인도하도록 정해진 것이 아니다. 그에 따라 인류가 겪는 일에 여성의 불행이 포함된다면, 그것은 애초에 그렇게 되어 있는 것이다. 그러나 많은 운동가들이 여성을 대상으로 하는 성희롱이 증가하는 이유로 서구 문화의 영향을 꼽는다. 경찰은 종종 그러한 범죄를 경미한 사고 정도로만 취급하고 여성의 옷차림으로 인해 성희롱이 일어난다고 생각하는 경향이 있다. 이와 동시에 2007년 인도에서는 파틸(Pratibha Patil)이 대통령(의회 민주주의에서는 거의 상징적인 직위)에 선출되어 최초의 여성대통령이 되었다. 파틸은 여성교육과 여성의 사회적 개발을 적극적으로 옹호하고 이를 위해 힘쓸 것을 인도인적자원관리협회에 촉구했다. 또한 인도에서는 성공한 여성 기업인과 정치지도자가 많이 배출되었다. MBA과정에 다니는 여성이 늘고 있으며 여성 기업인도 늘어나고 있다.

결혼과 가족

가족의 명성은 남성의 가치와 신분에 직접적인 영향을 미친다. 생활양식과 행동은 개인의 노력의 산물로 해석되기보다 가족 환경과 사회에서의 명성에 따라 해석된다. 자녀를 안전하게 양육하고 그들이 진취적인 삶을 살도록 도와줄 수 있는, 조화롭고 가족 간 유대가 긴밀한 대가족에서 태어난 운 좋은 사람은 신분과 가치가 높아진다. 가족은 개인의 미래에 영향을 미치는 결정에 도움을 주고, 직장을 구하는 등의 도움이 필요할 때 도움이 되는 끈을 최대한 많이 확보할 수 있게 해준다. 위기가 닥쳤을 때 도움을 주며, 바깥세계에 대한 개인의 체험을 조절한다. 그래서 혼인을 제안할 때 가족의 특성을 많이 고려한다.

인도에서는 여전히 중매결혼이 일반적이다. 유럽과 미국의 신문, 인터넷에는 인도인들이 낸 구혼 광고가 종종 등장한다. 서구의 낭만적 사랑 개념은 개인의 인격과 궁극적으로는 양성 평등이라는 개념에서 비롯된 것으로 인도와는 상관이 없는 개념이다. 게다가 환영으로서 삶의 개념은 사랑 없는 결혼에 관한 생각을 쉽게 받아들이게 해준다.

이혼은 사회적 불명예로 받아들여지기 때문에 전통적으로 결혼은 평생토록 유지된다. 그러나 도시에서는 상황이 달라지고 있다. 심지어 이혼한 남녀의 필요를 충족시켜주는 Secondshaadi.com이라는 인터넷 사이트까지 등장했는데, 이는 이혼한 사람들이 사회로부터 소외당하고 부적응자 취급을 받았던 10년 전만 해도 상상조차 할 수 없던 일이다. 이혼율이 급증하는 주된 이유 중 하나는 도시에서 일을 하는, 독립된 수입원을 가진 여성이 늘어나고 이들이 전통적 결혼의 남녀 역할에 대한 남편의 요구를 거절하기 때문이다.

아동결혼을 하는 소녀들은 부모의 집에서 15~16세까지 살다가 남편의 집으로 간다. 새로 들어온 며느리는 임신을 할 때까지 때때로 다양한 형태의 조롱에 시달린다. 이런 처우는 역사적으로 기대수명이 짧았던 시절 아들을 빨리 낳아야 한다는 시급성에서 유래된 것이다. 또한 지참금 액수에 따라 소녀가 남편의 집에서 어떤 대우를 받을지가 결정된다. 남편의 가족은 소녀의 가족에게 더 많은 지원을 요구할 수 있으며, 이러한 요구가 관철되지 않으면, 비록 거센 반대로 인해 이러한 불법적 관행이 수그러들기는 했지만, 소녀는 고문을 당하거나 산 채로 불에 태워질 수도 있다.

여성들은 인도의 보수적인 분위기 속에서 제약이 많은 삶을 살아감에도 불구하고 확고한 자존감을 키운다. 여성들의 궁극적인 역할은 생의 사슬의 통합성과 연속성을 지키는 것이며, 또 여성들은 가족과의 동질감, 어머니이자 아내로서의 역할에 자긍심과 위엄을 가진다. 인도사회는 인도의 가혹한 삶의 조건 하에서 살아갈 수 있는 회복력과 생명력을 남성보다는 여성에게 부여한 것 같다. 궁극적으로 모든 것은 시바의 춤에 부응하며, 그로 인해 현재의 삶에 기쁨이 찾아오건 불행이 찾아오건 이는 **무크티** 즉, 구원을 향한 끝없는 갈구에 비하면 아무런 의미도 없다.

시간이 시작된 이래 춤은 남녀 모두가 행하는 의식이었으며, 시바와 그의 아내 프라바티를 표현한 고대 조각상은 종종 반은 남성, 반은 여성으로 묘사된다. 전형적인 시바 조각상은 네 개의 팔과 넓은 남성적 어깨에 둥근 여성적 엉덩이를 가지고 있다 (아르다나리쉬와라, *Ardganarichwara*). 마찬가지로 남성과 여성 모두 오늘날의 인도사회에 기여한다. 금세기 들어 인도여성들은 남성들이 겪은 것보다 훨씬 광범위하고 급격한 사회적 혁명을 겪었으며, 공적생활과 직업의 영역에서 눈에 띄는 자리에까지 올라갔다.

요약하자면, 대가족제는 여전히 인도사회의 주요한 특징이다. 시바의 춤이 모든 자연을 춤의 리듬에 반응하게 하듯 가족 구성원 개개인도 가족의 전통이 요구하는 역할을 수행한다.

사회적 상호작용의 순환

의무(duty)를 뜻하는 다르마(धर्म)는 개인과 사회를 묶어주는 사회적 연결고리이다. 다르마는 사회적, 윤리적, 정신적 조화를 전체적으로 포함하기 때문에 서구의 의무 개념보다 포괄적이다 (Lannoy, 1971). 다르마는 조화의 보편 원칙 사나타나 다르마(सनातन धर्म), 계층에 따라 달라지는 상대적 윤리체계 바르나슈라마 다르마(वर्णाश्रम धर्म), 개인의 도덕적 행위 수바 다르마 (सुय धर्म) 세 가지로 이루어진다. 전통적인 덕(德)에는 관대함, 몰아, 진실성, 탐욕의 절제, 노인공경 등이 있다. 이러한 원리들은 정의(righteousness)라는 세계 공통의 개념과 일치한다. 인도에 위기가 오면 힌두교는 가장 고결한 이상의 기치를 반복적으로 내세워왔다. '바가바드-기타'에 나오는 다음 구절은 시바의 춤의 이미지를 떠오르게 한다.

> 다르마가 부패할 때마다, 또 다르마가 우세하지 못할 때, 나는 스스로를 드러낸다. 선을 지키고, 악을 멸하고, 국가의 정의를 굳건히 하기 위해 나는 태어나고 또 다시 태어난다.

인도인의 윤리적 사상이 담긴 가장 오래된 문헌은 바라타족의 위대한 서사시 마하바라타(*Mahabharata*)로 기원전 7세기에서 6세기 사이 최초의 판본이 발견되었다. 총 18권, 9만 편의 이행연시로 이루어진 이 거대한 서사시는 끝없는 전쟁에 휘말린 두 가문의 대결을 노래한다. 시에는 수많은 사건과 우화, 도덕적 일화, 긴 정치·윤리적 대화가 포함되며, 이 모든 것은 세계의 환영적 성격을 묘사하는 역할을 하고, 독자에게는 신을 위해 노력하라고 독려한다. 힌두교의 믿음과 관습이 집약된 이 성스러운 문헌은 다르마는 사회적인 일에서 최고조에 이른다는 가정에 근거를 두고 있다. 마하바라타는 집필에만 최소 1,000년이 걸렸으며 여전히 가장 널리 읽히고 가장 높이 평가되는 힌두교 경전이다. 그 중 가장 유명하고 중요한 부분은 '바가바드-기타(성스러운 자를 위한 찬가)'로 1946년 간디는 이를 가리켜 "인간의 마음속에 영원히 계속되는 싸움을 묘사했다"고 말한 바 있다.

최근 인도를 여행한 한 유럽인이 다르마의 힘을 알려주는 일화를 소개했다. 그 여행자는 인도 현지인들과 함께 덜컹거리며 달리는 버스의 지붕에 앉아 긴 여행을 하던 중 갑자기 버스가 지나간 길 뒤로 지폐가 흩날리는 광경을 보고 깜짝 놀랐다. 그러자 옆 자리에 앉아 있던 한 인도인 승객이 버스를 세우라고 소리치며 지붕을 쿵쾅쿵쾅 두드리기 시작했다. 모든 승객들이 버스에서 내려와 그 인도인이 처한 우스꽝스러운 상황과 돈을 찾아 미친 듯이 사라져버리는 그의 모습에 웃음을 지으며 그가 돌아오기를 기다렸다. 마침내 그 인도인이 외국돈을 포함한 지폐 뭉치를 손에 가득 움켜쥐고 나타났다. 그제야 여행자는 자신이 매고 있던 가방에서 지갑이 사라져 버린 것을 깨달았다. 가방에서 지갑이 빠져나와 버스 지붕에서 떨어지면서 일반 인도인의 일 년치 봉급에 해당하는 돈을 길바닥에 흩뿌린 것이었다. 일면식도 없던 그 인도인은 오던 길을 달려가서, 길바닥에 떨어진 돈을 마구 긁어 담던 가난에 찌든 주민들을 설득해서 돈을 되찾아 온 것이었다. 여행자는 그런 수고를 마다치 않은 새 친구에게 감사인사를 건넸으나 그는 "내가 해야 할 일일 뿐입니다"라며 어떠한 보상도 거절했다. 이와 비슷한 일을 겪은 다른 인도 여행자들이 들은 말도 바로 "내가 해야 할 일일 뿐입니다"였다.

권력과 순수성

힌두교도들은 사회적 갈등과 억압, 불안이 사회조직에서 비롯되는 것이 아니라 권력을 가진 이들이 다르마를 준수하지 않는 데서 비롯된다고 믿는다. 이들의 행동은 불화의 순환을 만들었다. 힌두교도들은 언쟁이란 두 명의 대립되는 사람과 중재하는 사람, 총 세 명의 행위자가 존재하는 다르마이며, 분쟁의 승리자는 대립하는 두 사람 중 하나가 아니라 조화를 회복한 중재자라고 생각한다 (Lannoy, 1971).

조직의 지도자는 조직의 악과 덕을 짊어지는 유일한 인물로 간주된다. 전통적으로 사회개혁 운동의 초점은 위계조직이나 그러한 조직의 근본 가치를 거부하는 것보다는 조직 내 요직에 있는 인물을 제거하거나 교체하는 데 있었다 (Kakar, 1978). 예를 들어 무굴제국과 영국령 인도제국이 기울던 시기에 인도의 지배계층은 호화롭고 사치스러운 생활을 즐겼다. 귀족적 엘리트계층이 생산계층의 희생을 대가로 누리는 과시적 소비는 21세기 초반의 인도에도 여전히 남아있다. 엘리트의 신분은 바뀌었을지 모르나 특권의식은 사라지지 않았다. 높은 서열을 차지하려는 행동은 높은 권력거리 문화와 일치할 뿐만 아니라 시장자유화 이전까지 수십 년에 걸쳐 축적된 요구를 반영하는 것이기도 하다. 일부의 추정에 따르면 인도의 사치품 산업은 2015년까지 거의 10배 성장하여 300억 달러에 이를 것이라고 한다 (Dehejia, 2010).

오늘날 경제적 박탈과 분노로 인해 인도의 사회적, 정치적 소요를 일으키는 문제들의 휘발성이 강화되는 것은 사실이지만, 그렇다고 해서 문제의 주된 원인은 아니다 (Narayana & Kantner,

1992). 그보다는 사회의 근간 제도들이 더 이상 효과를 발휘하지 못하기 때문이라는 데 많은 사람들이 동의한다.

인도 역사상 특정 종교의 신도들이 집단 폭력에 의지했던 몇 차례의 비극적 사건들은 인도에 대해 피상적으로만 알고 있는 사람들을 놀라게 하는 모순이다. 모든 국민이 조화에 대한 믿음을 가지고, 환생을 통해 선행과 악행의 궁극적인 결과를 기다리는 나라에서 어떻게 그런 끔찍한 일이 일어날 수 있을까? 힌두교도들은 성격 또는 행동을 뜻하는 실라(*sila*)의 뿌리는 행위의 열기에 있지 않고 심원한 마음에 있다고 믿는다 (Lannoy, 1971). 세속의 모든 행위는 순간적이고, 삶의 환영의 일부이므로 결정적인 도덕적 의미가 없을 수 있다. 시바의 춤에는 창조와 보존만큼이나 파괴가 강력하게 존재하며, 이는 인도에서도 마찬가지다.

이는 힌두교의 믿음에서 폭력이 용인된다는 뜻이 아니라 오히려 그 반대다. 그러나 힌두교도들은 선과 악이라는 용어의 이론적 사용을 회피하며, 지식과 무지, 즉 비드야(विदया)와 아비드야(अविदया)를 논하기를 좋아한다. 무지한 사람이 저지른 파괴적인 행동은 죄악으로 취급되지 않으나 자신의 책임을 아는 사람이 저지른 파괴적인 행동은 무크티를 추구하는 과정에서 불리하게 작용한다.

갠지스 강의 성스러운 물에 몸을 씻으면 모든 죄악을 씻을 수 있다고 믿어지며, 모든 힌두교도는 여러 생애를 살며 적어도 한 번은 그렇게 해야 한다. 인도인들은 목적을 위해 물질적 환경을 파괴하는 사람들과는 달리 자연에 동화되려는 경향이 있는데, 이는 그러한 관계가 인간과 세계의 자연스러운 관계라고 생각하기 때문이다. 그러나 갠지스 강의 정신적 순수함에 대한 믿음이 너무나 강해서 심하게 오염된 강물을 정화하려는 정부의 노력은 거의 수포로 돌아갔다. 많은 사람들이 그 어떤 것도 갠지스 강의 완벽을 더럽힐 수는 없다고 믿는다. 그 결과 강둑을 따라 썩어가는 동물사체와 몸의 일부만 화장된 사람 시체가 한데 뒤섞여 있는 광경을 흔히 볼 수 있다. 생명 가운데 있는 죽음, 창조 옆에 있는 부패, 순수와 뒤섞인 오염은 시바의 춤을 환기시킨다.

카스트제도로 인한 긴장

인도를 광범위하게 이해할 수 있는 또 하나의 측면은 **바르나**(वर्ण, 색깔을 의미 – 역자 주)라 불리는 카스트제도이다. 현재 카스트에 따른 차별은 공식적으로 금지되었으나 여전히 꾸준한 긴장의 원인이 되고 있다. 개인의 영혼은 각자 알맞은 환경에 태어난다고 추정하는 자연법에 따라 힌두교도들은 출생을 통해 개인이 하나의 카스트에 속하게 된다고 가정한다. 네 개의 주요 카스트가 있으며, 각각의 카스트는 각자의 방식으로, 즉 **브라만**(ब्राह्मण)은 성직자, 교사, 지식인으로, **크샤트리아**(क्षत्रिय)는 전사, 경찰, 행정가로, **바이샤**(वैश्य)는 숙련된 장인과 농부로, **수드라**(शूद्र)는 기능공과 노동자로 사회에 기여한다. 이 자연적 계층에는 계층마다 어울리는 명예와 의무가 있지만, 특권이 개입되어 상층부 카스트들이 하층부 카스트들의 희생을 대가로 이득을 취하면서 제도 전반이 와해되기 시작했다.

카스트제도에 속하지 못하는 하류계층으로 사회활동을 할 수 없는 불가촉민(Untouchables, 현재 **달리트**[दलित]라고 불림)인판차마(다섯 번째 바르나, पंचम वर्ण)가 있다. 달리트는 고어 마라티(Marathi, 서부인도어)어의 '갈린' 또는 '갈기갈기 찢긴'으로 정의되는 단어에서 유래되었다. 달리트자유네트워크(Dalit Freedom Network)에 따르면, 이 단어는 상위계층에 의해 의도적으로 몸이 찢기거나 갈려진 사람을 가리킨다. 여기에 속하는 사람들은 사회적으로 부적절하고 불결한 것으로 간주되는 일에 종사한다. 예전부터 음식점이나 기타 시설에서는 달리트 계층의 사람들에게 진흙 컵을 내놓고, 상위 카스트 사람들이 그 컵을 다시 사용해서 달리트의 '불결함'에 오염되는 일이 없도록 컵을 부숴버렸다. 오늘날에도 존재하지만, 불가촉민은 종종 원래의 카스트 제도가 왜곡된 것으로 설명된다.

각각의 카스트에는 무수히 많은 하위 카스트 **자티**(जाति)가 존재하는데, **자티**는 일과 매일의 즉각적인 사회적 관계에 영향을 미친다. 약 3,000개의 **자티**는 약 3만 개의 하위 **자티**로 더욱 세분되며, **자티** 사이의 관계는 암묵적 규범에 의해 지배된다. 같은 **자티**끼리의 친구관계가 다른 **자티**와의 관계보다 더 가깝고 격식이 없는 편이다. 일반적으로 이름은 **자티**뿐만 아니라 그 사람의 가족이 인도 어느 지역에서 유래했는지도 알려준다. 예를 들어 **굽타**(Gupta)는 오늘날에는 비록 많은 사람들이 특히 교육계에 몸담고 있기는 하지만, 원래 상업에 종사하던 사람들의 이름이다. 성이 굽타인 사람들은 대부분 인도북부주인 하랴나와 우타르프라데시, 그리고 동부주인 서벵갈 출신이다.

자티에 관한 가치, 믿음, 편견은 개인의 심리나 의식에 파고든다. 내재화한 **자티** 규범은 옳은 행동 또는 개인의 **다르마**를 규정하며, 개인은 이러한 규칙을 따를 때 선하거나 사랑받는다고 느끼고 규칙을 지키지 않으면 죄의식을 느낀다.

사회가 카스트에 의해 엄격하게 나뉠 때는 경쟁적 평등을 실현하기 위한 시도가 없었으며, 각각의 카스트 내에서 모든 이해가 동일하게 취급되었다. 그러나 이는 같은 카스트 내의 모든 이에게 기회의 평등을 의미하기도 했다. 즉, 자신이 속한 카스트의 정해진 역할을 성공적으로 수행하기 위해 필요한 경험과 기술을 갈고 닦는 것이 모든 이에게 허락되었던 것이다. 카스트는 자율적으로 관리되었으며, 이는 동료에 의해 시험되고 판단된다는 것을 보장해 주었다. 중앙정부는 상위 카스트 사람들이 저지른 범죄를 하위 카스트가 저지른 범죄보다 엄하게 처벌했다. 카스트를 이동한다는 것은 불가능했으므로 사회적 야망과 그에 따른 긴장의 가능성은 존재하지 않았다. 이는 조화에 대한 힌두교의 믿음과 일치한다. 카스트제도의 포괄성은 전체론적인 **다르마**와 함께 인도 역사의 많은 기간 동안 무수히 많은 이들이 누렸던 안정에 기여했다. 무질서와 병존하는 질서의 유지는 시바의 춤의 특징이다.

불가촉민

카스트제도에서 가장 가혹한 운명에 처한 사람들은 불가촉민이다. 불가촉민은 사람을 불결한 환경에 살게 하는 제도의 희생자로, 인간 불평등이라는 인도 자체 상징이 되었다. 물론 사회적 위계는 힌두교도 뿐만 아니라 무슬림, 기독교인, 시아파, 자이나교도, 유대인에게서도 발견되는 보편적인 것이다 (Srinivas, 1969/1980). 또한 오염을 금기시하는 것 역시 가장 발달된 현대 문명을 포함하여 모든 문명에서 광범위하게 나타나며, 오염원을 제거하는 것은 환경에 질서를 가져오기 위한 시도이다 (Lannoy, 1971). 그러나 힌두사회는 순수와 오염이라는 관념에 예외적인 관심을 기울이며, 이로 인해 불가촉민이 사회로부터 실질적으로 배격되는 결과를 낳았다.

역사적으로 이를 설명하자면, 힌두교도들은 오염을 퍼뜨리는 요인을 가까이 하면 집단 전체가 유전적으로 영원히 오염된다고 믿었다. 따라서 힌두교도들은 불순함을 제거하는 직업을 가진 사회구성원에 의해 불순함이 오염되는 것을 두려워했다. 힌두사회는 카스트를 직업으로 구분하는 것보다 순수성 정도에 따라 집단에 등급을 매기는 데 더 민감했다. 전통적으로 청소부, 도살업자 등의 직업에 종사했던 불가촉민은 회복불가능한 정도로 '불결한' 것으로 여겨졌기 때문에 힌두교 위계질서의 밑바닥에 놓인 것이다. 이와 유사한 계층제도가 일본에서도 발전했고, 이 제도 역시 오늘날 금지되었으나 그 영향은 여전히 남아있다.

인도의 전통적 사회구조는 제도화된 불평등에 기반하고 있지만, 오늘날 정부는 사회 평등을 위해 힘쓰고 있고, 국민들도 그런 노력에 동참하는 듯하다. 마하트마 간디부터 시작하여 사회지도층은 불가촉민에 대한 인도사회의 태도를 개혁하기 위해 노력했다. 간디는 불가촉민에게 '신의 아이들'이라는 뜻의 하리잔(हरिजन)이라는 이름을 지어 주었고 이것이 1980년대까지 널리 쓰였다. 모든 카스트제도가 헌법상 불법으로 규정되었으며, 오늘날 '지정 카스트'(불가촉민을 포함)에게는 그동안의 불이익에 대한 보상으로 중앙정부 일자리의 15%와 대학 정원의 15%가 보장된다. 이러한 정책은 어느 정도 성공을 거두기도 했으나, 그같이 뿌리 깊은 편견이 단순한 행정 조치만으로 사라질 수는 없다. 2010년만 해도 상위 카스트의 사람과 감히 사랑에 빠진 달리트를 대상으로 한 (고문과 살인을 포함한) 끔찍한 잔혹행위가 보고되었다.

직업 측면에서 카스트의 모호성은 하위 카스트의 사람들이 상층부로 올라가는 또 다른 디딤돌 역할을 했다. 그러나 제도 자체의 기능을 마비시킬 만큼 모호성이 큰 것은 아니다. 다른 카스트 간 결혼 같이 카스트의 규범을 깨는 행위는 여전히 야만적인 잔혹행위를 촉발시킨다. 교육을 받은 사람들은 그러한 사건을 봉건시대 비인도적 행위의 재현으로 보고 당국이 이에 단호히 대처해야 한다고 믿는다. 그러나 전통적으로 불이익을 당해온 사람들에게 기회의 평등을 주려는 노력은 거센 반발에 부딪혔다 (Narayana & Kantner, 1992). '차별 철폐 조처'를 통한 모든 종류의 통합노력에 항의하기 위해 상위 카스트 운동가들이 정부청사 앞에서 분신하기도 한다.

개혁의 시도

최근의 역사가 증명하듯, 추가적인 개혁에 따르는 문제는 여전히 해결되지 않았다. 인도정부는 1990년 연방정부 및 주정부 일자리의 27%를 사회적 약자로 간주되는 하위 카스트와 기독교 신자, 무슬림 신자에게 배정하는 정책을 도입했다. 그러자 수십 명의 상위 카스트 학생들이 이에 반발하여 분신자살을 했다. 전체 인구의 5.5%밖에 되지 않는 상위 카스트 브라민들은 전통적으로 정부에서 일을 해왔으나 취업 경쟁이 치열해지자 스스로를 역사적 압제자가 아닌 부당함의 희생자로 본 것이다. 당시 싱(Vishwanath Pratap Singh) 총리는 연립 정부의 파트너가 카스트제도 개혁 문제를 주된 이유로 지지를 철회하자 사퇴할 수밖에 없었다.

하리잔은 곧 조직적 정치활동을 통해 동등한 시민으로서의 민주적 권리를 주장할 수 있다는 것을 깨달았다. 현대사회에서 카스트의 정치화는 지위에 따라 권력이 커진다는 점을 분명히 알려주었다. 2008년 달리트 지도자 마야와티(Mayawati)는 인도에서 가장 인구가 많고 총리를 여러 명 배출한 우타르프라데시주 주지사로 선출되었다. 마야와티는 인도 총리라는 가장 높은 자리를 노리고 있다고 한다. 카스트제도 양 극단(브라민과 달리트)의 연합이라는 믿기 어려운 지지 세력 결집을 통해 혜성과도 같이 등장한 마야와티는 인도 정치를 송두리째 흔들었다 (Chu, 2008). 그러나 우타르프라데시주 밖에서의 성공여부는 마야와티가 앞으로 지지세를 전국적으로 얼마나 확대할 수 있느냐에 달려있다.

현대교육 역시 카스트제도의 장벽을 무너뜨리는 역할을 한다. 또한 인도 정부는 낮은 카스트의 사람과 결혼하는 사람들에게 재정 지원을 제공한다. 이러한 조치들은 장기적으로 카스트제도의 종식을 기대해 볼 수 있는 최고의 방법들이다. 흥미롭게도 영국의 달리트들이 영국의 아시아계 이민 2세대들의 카스트 차별반대 운동을 주도하고 있다. 영국세속주의협회(National Secular Society)의 우드(Keith Porteous Wood)는 "수백만 명의 인도인들을 '불가촉민'으로 간주하여 고통 속에 살게 한 카스트 차별이 실로 아무도 모르는 사이에 우리나라로 확산되었다"고 말한다 ("카스트 선입견[Caste Prejudice]," 2010). 영국 정부는 2011년 카스트 차별금지 법안 제정여부를 결정하기 위한 증거 평가에 착수했다.

그러나 사회제도의 위계원칙은 카스트제도를 넘어 인도전통

보수주의의 핵심을 이룬다. 서열의 기준에는 나이와 성별이 있다. 특히 전통적 가정에서는 손윗사람이 손아랫사람보다 더욱 공식적인 권한을 가지며, 이미 언급했듯, 남성의 권위가 여성의 권위보다 크다. 여성들은 사회적 행사나 대화에 개입할 수 없을 때가 많고 손윗사람이나 성인 손님 앞에서는 머리를 가려야 한다. 대부분의 관계에는 구조적 위계질서가 있어서 윗사람은 아랫사람을 어머니와 같이 챙기고 아랫사람은 부모를 대하듯 윗사람을 존경하고 따르는 것이 특징이다. 사회적 행동의 서열화는 직장 등 인도인들의 생활의 모든 제도에 영향을 미친다. 이에 대해서는 곧 설명할 것이다.

인도의 전통적 사회구조에 변화와 개혁이 일어나고 있는 것은 분명하다. 이는 시바의 춤에 나타나는 진화적 측면과 일치한다. 그러나 변화란 구시대 방식의 파괴를 요구하며 구체제 내에는 압력이 증가하고 있다. 변화가 끝나기 전에 시바는 휴식을 취할 것이고 한동안 혼돈의 시기가 올 것이다. 아니면 21세기의 춤을 위한 새로운 리듬이 시작되고 있을 수도 있으며, 그렇다면 인도사회의 일상의 춤은 이에 응하여 조용히 적응해 갈 것이다.

일과 기분전환(재충전)의 순환

일의 중요성에는 생계의 유지, 성취, 권력, 지위 같은 세속적 이익의 만족, 창조욕구와 가족을 돌보는 욕구의 충족이라는 몇 가지 관점이 있다. 인도에서 가장 중요하게 여겨지는 관점은 개인이 일을 통해 **무크티**의 달성이라는 궁극적 목표를 이룰 수 있도록 삶의 순환을 거치고, 준비하고, 나아갈 수 있게 한다는 것이다. 일에 대한 인도인들의 생각은 바가바드-기타에 가장 잘 정의되어 있다.

일을 하는 것과 쉬는 것 둘 다 최고의 희열을 얻을 수 있다.
둘 중, 일을 하는 것이 쉬는 것보다 낫다.

원래 일은 물질적 결과와는 아무런 관련이 없는 의무(다르마)로 규정되었다. 카스트는 같은 직업을 가진 이들의 집단으로 각 집단은 각자의 역할을 수행함으로써, 순차적으로 전체 제도에 의해 유지된다. 그러나 친지, 친구, 심지어 이방인에 대한 의무를 다하고 관계를 유지하는 것은 카스트제도의 윤리에 해당한다. 20세기 들어 산업활동이 급격히 증가하면서 서구식 기술과 노동의 대량 수입을 요구했지만 인도인들은 서구의 직업가치를 부분적으로만 내재화했다. 오늘날 정부가 차별철폐 조처를 시행하고 있지만 상위 카스트 사람이 하위 카스트 사람을 위해 일할 가능성은 크지 않다. 많은 인도인들이 일터에서는 카스트에 따른 선입견을 내세우지 않게 되었지만, 집에 돌아가면 모든 활동을 엄격히 카스트 규범에 따라 행한다.

앞서 가족생활을 통해 타인에 대한 의존이 커지는 것을 알아보았는데, 이러한 의존은 사회의 참여적, 집단적 성격을 강화하는 역할을 한다. 이와 마찬가지로 인도의 대부분의 조직에는 셀 수 없이 많은 내집단이 존재하며 내집단 구성원들 간의 관계는 매우 개인화되어있다. 내집단 구성원들은 공동의 선을 위해 협력하고 희생하며, 함께 서로의 이익을 보호한다. 그러나 내집단은 공식적으로 정해진 실(室), 국(局), 과(課)의 기능에 지장을 주는 경우가 종종 있으며, 내집단의 존재가 조직 내 파벌주의와 격렬한 권력다툼으로 이어질 수도 있다. 질서 속의 무질서가 시바의 춤의 특징인 것처럼, 성과에 대한 평가는 성격상 계약적이라기보다 관계 지향적이기 때문에 무능력은 별 문제가 되지 않을 때가 많다. 능력이 뛰어난 사람은 존경을 받지만, 이들이 집단의 특징을 가지고 있지 않으면 집단에는 속할 수 없다.

집단에 대한 충성

가족, 친지, 카스트 구성원, 같은 언어 사용자, 또는 같은 종교를 가진 사람들이 내집단을 구성한다. 가족의 출신 주, 도시, 마을 같은 지역 기반을 근거로 전형적인 하위집단이 형성된다. 인도인들은 하위집단 구성원끼리 격의 없이 친하게 지낸다.

호프스테드(Geert Hofstede)의 53개국의 문화적 차이에 관한 사고방식 조사는 불확실성 회피 성향이 높은 국가들과 함께 분류되는 인도를 알아보는 데 특히 유용하다. 인도인들은, 물론 현대에 와서는 달라지고 있지만, 평생지기나 동료와 일을 하며 위험 감수 행동을 최소화하는 경향이 있다 (Hofstede, 1980a). 흥미로운 것은 인도와 미국이 더욱 최근의 GLOBE 연구에서 불확실성 회피도 4.15로 동점을 받은 것이다 (스위스가 5.37로 가장 높은 점수를 받았다) (House et al., 2004). 이러한 성향은 삶을 환상으로 보는 힌두교 철학 및 점성술에 대한 집착, 카르마에 대한 감수(받아들임)와 일치한다. 또한 인도는 높은 권력 거리를 특징으로 하는 국가들과 동일한 군에 속하며 이는 호프스테드의 연구 및 GLOBE 연구 모두에서 확인된다. 개인주의 부문에서 53개국 중

21위를 차지하였으나, GLOBE 연구의 집단주의, 특히 내집단 집단주의 부문에서 상당히 높은 순위에 올랐으며 이는 가족과의 친밀한 관계 및 권위에 대한 존중을 반영한다. 끝으로 인도는 남성성 부문에서 높은 점수를 받았으며, 이는 힌두교가 남성 지배를 강조하는 것과 일치한다. 이는 또한 GLOBE 연구의 양성 평등주의에서 낮은 점수를 받은 것에서도 입증된다. 전반적으로, 호프스테드의 연구와 인도가 GLOBE 연구에서 설명하는 가치들은 일련의 외세 침입, 제국주의 지배, 경제적 혼란에도 불구하고 인도의 사회제도에 나타나는 역사적 연속성과 회복력을 증명한다.

위계원칙은 현대 인도의 제도들이 낙후된 지속적인 원인으로 작용하고 있다. 젊은이들은 의사결정에 발언권이 없거나 있어도 제한적이다. 변화를 위한 꾸준한 비판적 질문이나 대립은 전무하다. 젊은이들은 그 자신이 나이와 함께 오는 뒤늦은 만족감을 마음껏 누릴 수 있는 윗사람이 될 때까지 기다림을 점차 받아들인다. 겉으로 보기에 대부분의 사람들이 절제와 야망이 부족한 것처럼 보이는 것은 세계를 시바의 뜻에 맡기는 것과 비슷하다. 세계는 시바의 리듬에 응답하고 시바의 속도에 사로잡혀 있지만 영향을 미칠 수는 없다.

관료주의와 부패

가족과 자티의 유대를 존중하는 것은 상업에서의 연고주의, 불성실, 부패로 이어질 수 있다. 인도에서는 이러한 개념들이 중요도가 떨어지고 추상적으로 존재하는 만큼, 개인이 죄의식과 불안감을 느낄 때는 서구의 윤리와 효율성 기준을 깨트렸을 때가 아니라 관계최고주의 원칙을 위배했을 때이다. 이는 인도를 여행한 사람들이나 인도에서 기업을 하는 사람들 사이에 널리 알려진 전설적인 부패 공무원의 이야기와 연관된다. 바로 이 부패가 인도의 발전을 가로막고 있다. 2011년 간디주의(Gandhiism, 마하트마 간디가 반영항쟁 때 주장한 불복종·비협력·비폭력 저항주의 - 역자 주) 운동가 하자르(Anna Hazare, Anna는 '형'이라는 뜻)는 부패의 고리를 끊기 위해 정부가 나설 것을 요구하며 단식투쟁에 나섬으로써 전 세계 인도인들의 상상을 실천에 옮겼다. 그의 핵심 지지세력 '팀 안나'는 소셜미디어를 활용하여 수백만 명의 사람들에게 메시지를 전달하는 조직적 운동을 전개했다. 시장 자유화와 규제철폐가 실시된 지 이십 년이 지난 현재, '뇌물을 줬어요(IPaidaBribe.com)'라는 웹사이트에서는 인도인들이 자녀를 대학에 입학시키거나 직장을 옮기기 위해 다른 사용자들이 입력한 자료를 바탕으로 통행료가 얼마인지 알아볼 수 있다 (Pearlstein, 2011). 그러나 뿌리 깊은 부패 문화에도 불구하고, 기업과 정부 엘리트 사이에서는 이러한 문화를 쇄신하지 않는 한 인도의 놀라운 성장이 장기간 지속될 수 없다는 인식이 강력하게 퍼져있다 (Pearlstein, 2011).

인도 조직의 틀은 조직을 관료화하고 지배자(관리자)와 피지배자(종업원)의 지위를 양극화한 식민지배 경험에 의해 마련되었다. 그 결과 관리자의 역할을 명령을 내리는 사람 또는 전제군주의 역할과 동일시하는 경향이 생겼다. 반면 미국의 관리자들은 일반적으로 자신을 문제 해결자 또는 촉진자로 인식하며 부하 직원을 일상적 의사결정에 참여시키려고 노력한다 (Adler, 2007). 널리 사용되는 비교문화 훈련용 비디오에서는 미국인 관리자가 인도인 직원에게 미국식 관리법을 적용하려 하자 인도인 직원이 관리자의 능력에 의구심을 품으며 전제적 태도를 취하지 않는 것을 멸시하는 모습이 나온다. 이로부터 분명히 알 수 있는 것은 인도에서 일하는 미국인 관리자들은 미국에서보다 더 전제적인 태도를 취해야 한다는 것이다. 직급이 낮은 직원과 지나치게 친밀하게 지내는 것은 지양해야 한다. 그러나 관리자들이 유능한 공학·정보통신 전문가를 확보하기 위해 애쓰는, 인도의 실리콘밸리라 할 수 있는 방갈로르에서는 인적자원 관리부서가 관리자와 직원 간의 전통적 위계 관계를 역전시키기 위한 흥미로운 제도들을 시행한다. 어떤 기업에서는 매달 최우수 사원을 선정하여 노력에 대한 보상으로 관리자들이 요리한 특별한 아침식사를 대접하기도 한다. 그러나 인도에 진출하려는 서구 기업들은 반드시 상대적으로 평등주의에 가까운 기업문화를 지양하고, 모든 인도 기업에서 볼 수 있는 위계질서를 존중해야 한다.

종교축제

인도인들이 기분을 전환하고 재충전하는 기회는 연중 펼쳐지는 다양한 종교 축제이다. 이러한 축제는 보통 농업 주기나 인도의 풍부한 신화와 연관된 것이다. 일부지역에서는 축제에 힌두교도뿐만 아니라 다른 종교 신자들까지 적극 참여한다. 종교축제를 함께 즐기는 가운데 가족의 유대가 지속적으로 강조되고 강화된다. 인도인들은 축제 중에 재미와 놀이 감각을 숨김없이 발휘하고, 축제에는 수수께끼, 차력대회, 역할 바꾸기 등이 열리며, 사람들이 반항적 행동을 하기도 한다. 시바의 춤이 기쁨과 활력을 표현하는 것과 마찬가지로 축제는 힌두교도들이 헌신감과 행복감을 표현하는 기회이다.

신들과 신 같은 존재

사원과 축제가 순례의 대상인 만큼이나 마하트마 간디부터 네루, 인디라 간디까지 '현대의 신들'도 순례의 대상이다. 인디라 간디는 시크반군(Sikh rebels) 소탕을 위해 군대에 암리차르 황금사원 급습을 명한지 불과 5개월 후 자신이 신뢰하던 시크교 보안요원에 의해 암살당했다. 뉴델리에 있던 자택은 현재 박물관으로 바뀌었으며 하루에도 수천 명이 찾아오는 성지가 되었다. 정원에서 그녀가 총에 맞아 숨진 지점을 두 명의 군인이 지키며 총탄 자국으로 뒤덮인 사리가 그 안에 전시되어 있다. 그 앞에 모인 군중들 중 많은 이들이 눈물을 흘린다.

또 다른 예는 1983년부터 1989년까지 안드라프라데시주 주지사를 지낸 영화배우 라마 라오(N. T. Rama Rao)이다. 라마 라오는 신화, 역사, 민간전승 이야기를 주제로 한 320편이 넘는 영화에 주연으로 출연했다. 대중들은 라마 라오를 그가 연기한 신들의 특징과 연관지었으며, 그가 신당을 창설하기 위해 영화계를 떠나자마자 선거에서 그를 뽑아주었다. 이러한 전통이 지금도 계속되어 발리우드(인도 영화산업, 현재의 뭄바이의 옛 이름 봄베이에서 유래 - 역자 주) 및 지역 영화산업 관계자들이 거의 '영화 속' 역할의 연장선에서 공직으로 진출하고 있다. 라마 라오 당의 급진적 힌두근본주의 정책이 때때로 사회적 갈등을 일으키는 것은 시바의 춤이 가진 건설적인 동시에 파괴적인 특성과 다르지 않다.

 인도인들은 여가시간에 극장이나 전국으로 확산된 비디오 대여점을 이용하여 영화보기를 즐기며, 오늘날 인도의 발리우드는 세계 최대의 영화 제작지역으로 제작편수가 연 800여 편에 이른다. 드림웍스나 파라마운트 같은 할리우드 영화 제작사들이 투자 및 배급 계약을 위해 주기적으로 인도에 온다. 2011년 UTV사(인도의 대표적 미디어 그룹으로 디즈니사가 2012년 초 인수 - 역자 주)는 디즈니사와 함께 인도 시장을 목표로 공동제작 및 배급을 위한 창조적 제휴를 발표했다. 인도 대중문화를 지배하는 영화에는 전통 주제에서 따온 이미지와 상징들이 사용된다. 이들 영화는 전통극의 레퍼토리를 차용하고, 이를 뛰어넘는다. 영화는 사회적, 지역적 구분을 넘어 매우 다양한 관객에게 호소한다.

 대중영화의 언어와 가치가 좋은 삶과 사회, 이상적 가족, 연인관계에 영향을 미치기 시작했다. 판타지는 "현실로부터의 보호자, 진실의 은폐자, 평온의 복원자, 공포와 슬픔의 적, 영혼의 청소부"라는 스톨러의(Robert Stoller) 정의에는 그대로 시바의 춤의 환영적 특징을 원인으로 돌릴 수 있는 용어들이 포함되며, 이는 왜 인도인들의 기분전환과 재충전에 영화가 그렇게 중요한 역할을 하는지 쉽게 이해할 수 있게 해준다 (Stoller, 1975: 55).

 인도는 아시아의 심장이며 힌두교는 인도의 사상계를 대표하는 적절한 이름이다. 위대한 서사시 **마하바라타**에서 묘사된 인도의 거대한 맥박의 단 하나의 리듬을 설명하기까지 1,000년에서 1,500년이 걸렸다. 이번 장에서는 시바의 춤의 이미지와 의미를 설명하고, 힌두 신(시바 - 역자 주)의 신화적 행위와 인도인의 전통적 삶의 주요한 많은 영향들 사이의 대응관계를 살펴봄으로써 인도사회의 본질을 이해하고자 했다.

서구국가에서 인종차별과 성차별, 기타 형태의 불관용과 불의의 존재를 설명하기 어려운 것과 마찬가지로 인도사회에 존재하는 많은 모순과 역설을 설명할 적절한 논리적 근거나 이해하기 쉬운 근거를 찾아내기란 언제나 가능한 것은 아니다. 인도에서 삶의 철학과 인도인들의 정신적 구조는 책이 아니라 전통의 연구에서 비롯된다 (Munshi, 1965). 많은 서구문물과 새로운 열망이 인도인들에게 영향을 얼마나 미쳤든 간에, 힌두 철학의 정신적 기반은 마르거나 부패한 적이 없다 (Munshi, 1965). 그리고 이러한 전통 안에서 모든 힌두교도들은 시바의 춤의 역할을 받아들인다.

> 시바는 자신의 환희로 일어나 춤을 추며 움직이지 않는 물질을 통해 세계를 일깨우는 소리의 맥박을 내보낸다. 갑자기 물질이 춤을 추며 그의 주변에 광휘가 나타난다. 시바는 춤을 추며 세계의 다양한 현상과, 창조, 존재를 지탱한다. 그리고 시간이 되면 여전히 춤을 추며 모든 형태를 파괴한다. 모든 것이 그야말로 무(無)의 상태로 흩어지고 새로운 휴식이 주어진다. 그러면 가느다란 연기 속에서 물질과 생명이 재창조된다. 시바의 춤은 환영(릴라)의 어둠을 걷어내고, 인과관계(카르마)의 실을 태우고, 아(아비드야)을 물리치고, 은혜를 내리며, 사랑을 담아 영혼을 환희의 바다 (아난다, परमानंद)에 빠트린다 (Coomaraswamy, 1924/1969: 66).

인도는 다양한 선과 악, 행복과 절망, 창조와 파괴를 계속 경험할 것이다. 이 모든 것을 통해 인도인들은 인간의 세속적 관심으로부터 자유로워지는 구원, **모크샤**를 위한 여행을 계속할 것이다. 힌두 철학은 인도를 이해하고, 비록 국민은 흔들리지 않고 내적 평화와 종교적 헌신으로 충만한 듯하지만, 이러한 다양성을 지닌 나라가 어떻게 엄청난 고난을 감내할 수 있는지를 이해하게 해주는 열쇠다.

그리고 이 모든 과정에서 시바의 춤은 멈추지 않는다.

11

러시아의 발레

러시아

단지 이탈리아 오페라의 화려함만이
러시아 발레의 탁월성에 견줄 수 있으며,
스페인의 투우만이 그 드라마와
비교될 수 있다. 완벽을 추구하는
러시아 발레는 수천 명의 관객에게
영감을 주었고 러시아 문화와
자부심의 영원한 일부가 되었다.

GLOBAL CULTURE

러시아는 예외적인 곳이다. 20세기에, 한 사람의 일생에 해당하는 70년에 걸쳐 러시아에는 세 개의 문명이 들어섰다. 처음 두 개는 각각 그 뒤를 이은 문명에 의해 배격되었고, 사람들은 그들의 확고한 신념을 포기하도록 강요당했다. 그들 마음속의 사상과 신념의 혼돈이 상상될 것이다.

- 라진스키 (Edvard Radzinsky, 2006)

발레는 인간의 영혼이 추는 춤이다.

- 푸시킨(Alexander Pushkin)의 말이라고 보고 있음

러시아는 해체된 국가의 고전적 예에 해당한다. 긴 격동의 역사 속에서 한 번이 아니라 네 번씩이나 사회적, 경제적, 문화적 뿌리에서 분리되었고, 이 중요한 시기 중 세 번은 지난 70년 안에 일어났기 때문이다 (Huntington, 1996). 첫 번째 시기는 타타르 또는 몽골인이 중앙아시아로부터 침입하여 400년간 러시아를 야만적으로 지배한 12세기에 시작되었다. 두 번째 시기는 18세기 초에, 표트르 대제(Peter the Great)가 아시아의 영향의 중요성을 줄이고 러시아의 서구화를 시도하면서 시작되었다. 그는 주적이었던 스웨덴인들을 격퇴하고 바다와 접해 있지 않은 러시아의 무역을 촉진하기 위하여 러시아 해군을 창설했으며, 서구와 러시아를 연결하는 습지대에 상트페테르부르크(후의 레닌그라드)를 건설했다. 그러나 저명한 러시아인들은 러시아 슬라브주의 유산과 민족성에 의해 창조된 예외론을 강조하며, 러시아를 아시아도 유럽도 아닌 곳으로 묘사한다 ("러시아의 예외론[Russian

Exceptionalism]," 1996).

1917년에 시작된 세 번째 시기에, 러시아는 러시아 혁명으로 인해 차르(러시아 황제 – 역자 주)의 통치로부터 공산주의로 이행되었으며, 그 결과는 사회적, 경제적, 문화적으로 참혹했다. 수백만의 사람들이 투옥되거나 죽었으며, 제2차 세계대전에서는 다른 모든 나라를 합친 것보다 많은 군인과 민간인을 잃었고(1억 명 중 5천만 명 추정), 제2차 세계대전 이후 러시아 정부가 대부분의 자원을 군사무기나 핵무기를 만드는 데 사용했기 때문에 경제는 매우 취약해졌으며, 수많은 기독교 정교회 교회가 파괴되었고, 종교 숭배는 금지되었다. 아이러니컬하게도 제2차 세계대전 이후 서구의 언론은 러시아를 활기찬 경제로 묘사하는 경향이 있었는데, 이러한 이미지의 일부는 정확한 정보를 얻는 것을 어렵게 했던 서구와 러시아 사이의 '철의 장막' 때문이었다.

따라서 1992년 소비에트 연방이 공식 해체되기 겨우 몇 년 전만 해도, 서구는 러시아의 삶의 많은 현실에 대해 무지했다. 이 기간 동안 전 서기장 고르바초프(Mikhail Gorbachev)가 서구 자본주의로의 이행을 이끌었고, 두 개의 새로운 단어, **글라스노스트**(glasnost, 개방. 구소련의 정보 공개를 뜻함 – 역자 주)와 **페레스트로이카**(perestroika, 구조조정)가 영어에 포함되었다.

1992년에 시작된 러시아 역사의 격동의 네 번째 시기는 처음에는 낙관론과 희망에 차 있었다. 서로 다른 철학과 아젠다를 가진 후보자를 갖춘 선거가 가능해졌고, 자유 언론이 토론을 장려했다. 경제 개혁은 서구 자본주의에 기반을 두었다. 그러나 개혁은 비참하게 실패했다. 예를 들어, 러시아인들을 자본주의자로 바꾸기 위해, 정부는 최대 규모의 민영화 노력을 통하여 민영화된 이전 국영 기업들의 주식을 러시아 시민들에게 조금씩 나누어 주었다. 적어도 6,000개의 대기업과 중견기업이 이 실험과 관련되었는데, 이에 비해 1980년대에 전 세계적으로 민영화된 기업은 8,000여 개에 불과했다. 그러나 이들 회사 중 다수는 적어도 부분적으로는 많은 산업에서 사용되는 구식 기술 때문에 초기 자본주의의 엄격한 경쟁 기준을 충족하는 데 실패했고, 주식의 대부분은 휴지조각이 되었다. 이와 동시에, 소규모의 기업인 집단이 의심스러운 방식으로 러시아 산업에서 가장 수익성이 높은 부분을 지배했고, 수익성이 높은 회사의 주식을 그 가치를 모르는 일반 시민들로부터 매우 적은 돈으로 사들였다. 부패와 범죄가 만연했던 것이다. 1990년대 초에 러시아에서 사업을 하려던 일부 미국 기업인들은 노골적인 뇌물 요구에 충격을 받았다.

2000년 푸틴(Vladimir Putin)이 대통령이 되었다. 러시아의 원유와 가스 매장량 덕분에, 경제는 개선되기 시작했다. 그러나 정부는 1992년 새로운 러시아가 탄생하면서 장려된 순수한 정치적 선거와 자유 언론 등 많은 권리를 계속하여 빼앗아 갔다. 1988년 고르바초프 전 서기장 재임 시에는 5% 가량의 정치적 리더가 실로비키(*siloviki*, 문자 그대로는 '군부서' 즉 *silovye ministerstva*를 위해 일하거나 일했던 사람) 또는 이전의 KGB(러시아 스파이 기관) 등 군 또는 안보 경력을 가진 사람들이었다. 오늘날 그들은 정치적 권력을 가지고 22개의 러시아 기관에서 일하는데, 그 중 가장 잘 알려진 것은 KGB의 후신인 러시아연방보안국(FSB: Federalnaya Sluzhba Bezopasnosti)이다. 어떤 기관에 속하든 간에, 모든 실

로비키는 민간인과는 구별되는 특수한 유형의 훈련을 받는다. 훈련을 통해 그들은 다른 사람을 상대로 무력을 행사하는 기술, 동기, 마음가짐을 배운다 (Illarionov, 2009). 솔다토프(Andrei Soldatov)와 보로간(Irina Borogan)의 새 책 『신귀족(*The New Nobility*)』에 의하면, FSB는 러시아 국경 내와 그 너머로 제멋대로 뻗어나가는 정보수집 제국이 되었으며, 적어도 20만 명의 직원을 고용하고 있다 (Lucas, 2010). 2008년 푸틴이 대통령직에서 마지못해 물러나기는 했지만, 그는 새롭게 제정된, 의례적 직위로 상정되는 총리직에 선출되었고, 그가 자기 손으로 고른 후임인 메드베데프(Dmitry Medvedev) 대통령과 러시아 정부를 멋대로 주무르고 있다는 것이 통설이다. 널리 예상이 가능한 바대로, 푸틴은 2012년 대선 출마 계획을 발표했다.

러시아가 세계 최대의 에너지 수출국이기 때문에, 원유와 가스 가격이 크게 하락한다면 러시아 경제가 거품경제(경기 국면이 실제보다 과대팽창되는 경기 상태 – 역자 주)를 경험할 것이라는 걱정도 있다. 러시아는 전 세계적으로 경쟁할 수 있는 일류 다국적 기업도 없고, 소규모 기업들은 비효율적인 경향이 있다. 더 나아가, 다른 나라들과 비교할 때 치안, 보건, 부패, 재산권 보장 등 많은 영역에서 러시아가 매우 부진하다는 것이 일반적 견해이다 (McFaul & Stone-Weiss, 2008). 러시아의 경제는 같은 BRIC 국가들(브라질, 인도, 중국)에 비해 훨씬 느린 속도로 발전하고 있다. 2010년 러시아는 적어도 반세기만에 가장 심한 가뭄을 겪었다. 2011년 경제자유지수에서 러시아는 179개국 중 143위라는 충격적으로 낮은 순위를 기록했는데, 다른 BRIC 3개국보다 낮고 에티오피아 바로 위이다 (T.

Miller, 2011). 남성이 61.9년인 기대수명은 선진국 중 가장 낮다.

사실을 알고 보면, 특히 1917년 이후 해체된 국가로서의 러시아가 한 문명에서 다른 문명으로 빠르게 선회하면서 어떻게 실수가 일어나게 되었는지 쉽게 알 수 있다. 이 장은 문화가 사회 기반시설과 경제 관행에 의하여 영향을 받고 또 그에 영향을 미친다는 점을 인정하며 러시아 문화에 초점을 맞출 것이다.

우리는 1억 4,180만 명의 인구와 미국의 거의 두 배 크기의 땅덩이를 가진 러시아에 초점을 맞춘다. 12개의 국가로 이루어진 독립국가연방(CIS: Commonwealth of Independent States)이 경제적 또는 정치적 희생 없이 소비에트 연방을 대체하기 위해 수립되었지만, 정치인들이 연방을 되살리려 함에도 불구하고 독립국가연방은 사실상 해체되었다. 러시아의 인구는 연방의 다른 국가의 인구를 모두 합친 것과 비슷하며, 나머지 중 가장 인구가 많은 국가는 우크라이나로 459만 명의 인구가 있다. 모스크바는 러시아의 서쪽 지역에 위치하며, 상트페테르부르크는 모스크바 북동쪽에 있다.

적절한 은유

러시아의 발레는 몇 가지 이유에서 러시아에 대한 적절한 은유가 된다. 러시아는 거의 타의 추종을 불허하는 최고 수준의 발레를 제작하는 데 두각을 보였다. 러시아인들이 발레를 창조한 것은 아니지만, 그들은 이 예술 형태를 측정이 불가능할 정도로 풍요롭게 했다. 해체된 국가가 그 고유의 것이 아닌 문화적 은유로 상징되는 것은 적절해 보인다. 더 나아가, 1992년부터 최근까지 러시아 발레에는 정치적 음모, 자금 부족, 일부 낮은 수준의 공연이 있었고 이것은 러시아의 어려움을 반영한다. 그러나 현재는 러시아 발레에 새로운 힘을 불어넣으려는 시도가 있고, 주요 발레단은 러시아 밖에서 자주 공연을 하며, 유명한 볼쇼이 극장은 대대적인 보수 공사를 마쳤다.

러시아의 문화를 더 잘 이해하기 위해서는, 계급, 연출법과 사실주의, 러시아인의 영혼이라는 세 가지 중요한 특징을 살펴보아야 한다. 이러한 요소는 우리의 은유인 러시아 발레에도 적용되며 이 예술 형태를 다른 나라의 발레와 구별하는 데 도움을 준다. 실제보다 과장되어 보이는 러시아 발레는 러시아 문화의 복합성 — 귀족 문화의 장엄한 표현 양식과 시골의 온화한 아름다움을 상징한다.

러시아 발레는 많은 사람들에게 많은 것을 의미한다. 일부는 그것을 유명한 볼쇼이나 키로프 아카데미에서 가르치는 교육의 일부라고 보고, 다른 사람들은 러시아 발레를 특정 시대 및 공연과 동일시한다. 20세기 초 디아길레프(Sergei Diaghilev)가 조직한 **발레뤼스**(*Ballet Russe*)의 호화로운 공연을 본 사람은 분명 그의 작품을 '러시아 발레'와 동일시했다. 〈백조의 호수(*Swan Lake*)〉나 〈잠자는 숲 속의 미녀(*Sleeping Beauty*)〉와 같은 특정 작품에 친숙한 관중들은 이 멋진 무용작품들이 러시아 발레라고 주장한다. 본질적으로 이 모든 정의들은 옳다. 우리가 곧 알게 될 것처럼, **러시아 발레**라는 단어는 이 예술 형태의 모든 부분과 연관된 자신감 있는 무용수들의 기교와 스타일에 친숙한 사람들이라면 누구에게라도 엄청난 환희의 느낌을 불러일으킨다.

러시아에서의 발레의 진화에 대한 짧은 배경을 알게 된다면, 오늘날 발레가 러시아인들에게 왜 그렇게 중요한지, 왜 러시아 발레가 전 세계적으로 탁월한 평판을 얻고 있는지를 통찰할 수 있다. 현대적 형태의 발레는 르네상스 시대의 이탈리아 궁정 무용에서 유래했다. 비록 오늘날 많은 미국인들이 발레를 여성적인 직업으로 생각하지만, 17세기에는 남성 무용수들이 이탈리아 귀족들 앞에서 발레의 볼거리를 주도했다. 다음 세기 발레는 부유한 유럽인들을 매혹하는 팬터마임 무용으로 출현했다. 프랑스에서는 왕족이 주역을 맡아 이러한 오락의 형태에 참여했다. 발레가 유럽 전역에 걸쳐 인기를 얻자, 공연은 연극화되어 오페라 하우스에서 대중이 즐기게 되었다.

발레를 발전시키기 위해 프랑스에 아카데미를 설립한 루이 14세(Louis XIV)처럼, 17세기에 표트르 대제는 외부 세계에 대한 러시아인들의 인식을 높이기 위한 시도로써 사교댄스의 발전을 장려했다. 러시아를 강력한 제국으로 변화시키려는 그의 결의는 서유럽을 모델로 한 현대화를 통해 성취되었다. 러시아인들은 언제나 춤을 사랑했기에, 17세기에 발레가 러시아에 소개되자 열렬하게 반응했다. 군주는 '황제 폐하의 예술가'로 알려진 무용수들에게 급료를 지불함으로써 이 예술을 강조했다.

표트르 대제의 통치 동안, 러시아 발레에 일어난 가장 중요한 변화 중 하나는 거추장스러운 의상이 없어져 무용수들의 동작이 더 자유로워진 것이었다. 1736년 그 당시 러시아의 수도였던 상트페테르부르크시는 제정 러시아 발레의 고향이 되었다. 2년 후, 역시 발레를 좋아했던 안나 여제(Empress Anna)는 직업 러시아 무용수를 양성할 목적으로 겨울 궁전에 최초의 학교를 세우는 것을 후원했다.

융성한 예술

프랑스와 이탈리아 안무가의 도움으로, 발레는 18세기에 상트페테르부르크, 모스크바, 바르샤바에서 번성했다. 발레를 무대에 올린 사람 중 가장 영향력 있는 사람이라고 할 수 있는 프랑스 출신의 프티파(Marius Petipa)는 1800년대 후반에 〈백조의 호수(*Swan Lake*)〉, 〈잠자는 숲 속의 미녀(*Sleeping Beauty*)〉, 〈호두까기 인형(*The Nutcracker*)〉 등의 걸작을 창조했다. 러시아 발레의 유산 중에는 뛰어난 작곡가라는 전통이 있는데, 차이코프스키(Tchaikovsky)는 프티파와의 협업을 통하여 이 잘 알려진 발레의 음악들을 창조했고, 프로코피예프(Prokofiev)는 발레 〈로미오와 줄리엣(*Romeo and Juliet*)〉에 나오는 감동적인 음악을 썼다.

19세기 동안 서유럽에서는 발레가 생명력을 잃다시피 했지만, 러시아는 그 예술 형식의 전통과 우아함을 보존했다. 1909년 디아길레프는 그의 **발레뤼스**, 즉 '러시아 발레'로 파리의 관객들 앞에서 고전 발레의 화려함을 되살렸다. 그의 무용단은 "향후 20년간 유럽에서 가장 흥미로운 예술적 동력"으로 환영받았다 (Clarke & Crisp, 1976: 27). 불행히도 디아길레프의 탁월한 **발레뤼스**는 새로운 인재를 발전시킬 학교도, 고향이라고 부를 만한 상설 극장도 없었기 때문에 1929년 그의 죽음 이후 이어지지 못했다.

1917년 혁명 이후, 이전의 상트페테르부르크의 '황제 폐하의 예술가'는 다른 러시아 시민들과 마찬가지로 사회주의적 삶의 방식에 적응했다. 러시아의 무용수들은 국영 기업의 공무원이 되었다. 상트페테르부르크의 세계적으로 유명한 마린스키 극장은 볼셰비키 혁명가 키로프(Sergey Kirov)의 암살 이후 그의 이름을 따서 레닌그라드(이전의 상트페테르부르크)의 유명한 키로프 극장이 되었다. 러시아 내에서는 이 무용단이 지금 마린스키 발레단으로 알려져 있지만, 외국 관객들은 여전히 소비에트 시대의 이름인 키로프가 더욱 친숙하다. 이와 비슷하게, 모스크바 제정 발레의 고향인 페트로프스키 극장은 볼쇼이로 개명되었는데, 이 이름은 '크다' 또는 '장엄하다'를 의미하며 키로프 무용수들의 세련되고 통제된 스타일과는 다른, 볼쇼이 공연자들의 극적이고 장엄한 스타일을 반영한 것이다. 따라서 볼쇼이와 키로프는 두 가지 다른 스타일을 상징한다.

사실, 러시아 정부에서 발레가 사회주의 국가의 문제와 이상을 표현할 수 있다는 것을 발견하면서 발레의 인기는 이전보다도 더 높아졌다. 소련은 사회주의 사실주의에 대한 홍보 차원에서 모든 형태의 예술적 창의성을 강조했고, 시민들의 문화 행사 참여가 장려되었다. 발레에 대한 대중의 열정에 맞추어, 발레 저변 확대를 위한 기반시설이 개발되었다. 구 제정 발레의 전설적 발레리나인 바가노바(A. Y. Vaganova)가 무용수들의 훈련 프로그램을 만들기 위해 불려왔고, 이는 궁극적으로 세계 최고의 무용수들을 배출했다. 러시아 발레의 풍부한 신체적 표현은 대부분 바가노바의 가르침에서 비롯되었으며, 그녀의 교육 방식은 러시아 전체에 걸쳐 여전히 널리 쓰이고 있다. 발란친(George Balanchine)이나 포킨(Mikhail Fokine)과 같은 다른 거장도 위대한 안나 파블로바(Anna Pavlova), 니진스키(Vaslav Nijinsky), 울라노바(Galina Ulanova)와 같은 열정적 학생들에게 영감을 불어넣었다. 40개 이상의 새 발레단이 생겨났고, 소련 전역에 극장이 세워졌다. 프리마 발레리나(발레단의 여자 주역 무용수 – 역자 주)가 되기를 원하는 재능 있는 여학생들에게는 교육적, 예술적 지원이 무료로 제공되었다. 소련의 교사들은 발레단의 일원으로서 경력을 쌓고자 하는 힘과 민첩성, 지구력을 갖춘 소년들을 물색했다. 심지어 오늘날에도, 은퇴한 러시아 남자 무용수들은 **프로미에 당쉐르**(*premier danseur*, 남자 수석 무용수 – 역자 주)로서의 특별한 지위를 유지한다.

최근의 어려움에도 불구하고, 러시아 발레는 나머지 세계 발레에 기준이 된다. 이는 고전 발레의 훌륭한 전통과 그 예술 형태를 보존하고 개선하려는 정부의 강한 헌신 덕분이다.

발레의 계급

발레단 내에는 지위와 특권의 분명한 계급이 존재한다. 최고의 위치에는 극단의 저명한 스타인 프리마 발레리나가 있다. 교육을 받고 연습을 한 세월만으로는 한 무용수가 다른 무용수와 달라질 수 없다. 주역 무용수는 타고난 기교적 재능과 내면의 아름다움을 지녀야만 한다. 세계 다른 나라들에서도 그렇다시피, 러시아 시민들은 그러한 재능을 갖춘 개인을 국민적 영웅으로 숭배한다. 비록 그녀가 자신의 업계에서 가장 유명한 인사라 할지라도, 반드시 가장 높은 급료를 받는 것은 아니다. 그러나 최고 무용수로서의 그녀의 지위는 급료가 아무리 높아도 누릴 수 없는 더 큰 특권을 누리게 해 준다. 이와 유사하게 제작자, 안무가, 지휘자도 높은 존경을 받는다.

발레단 내의 다음 계급은 감독, 무대 디자이너, 의상 디자이너로 그들은 자신의 직함뿐 아니라 개인적 평판 때문에도 숭배를 받는다. 그리고 감독에게 보고하는 사람들이 있다 — 특히 제작·무대·극단·의상 관리자, 음악 편곡자, 음악감독, 무대 디자인 조수, 분장감독, 조명 디자이너, 수석무용수가 그들이다. 이들 다수는 전문가 또는 심지어 엘리트 집단의 구성원이 되려는 야망과 잠재력을 갖고 있다. 더 나아가서는 무용을 하는 발레단원들이 있다. 그들이 집단의 절대다수를 차지한다. 마지막으로, 보조 음악가와 조명부터 분장까지의 모든 것을 전문으로 하는 다양한 기술자들이 위계질서의 맨 밑바닥에 있다. 그들은 우리의 은유 안팎에서 타 계급 또는 타자에 해당된다.

소련 시절, 정부는 발레에 충분한 자금을 지원했고, 각 계급에 속한 사람들은 위에 묘사된 순서상의 지위에 어울리는 보상을 받았다. 특권은 선택적으로, 주로 전체 인구의 20% 정도인 공산당의 구성원에게 주어졌다. 발레단의 많은 저명한 구성원들은 두둑한 대가를 받았는데 그것은 그들과 발레 사이의 연관, 더 나아가 공산당과의 연관 때문이었다. 따라서 발레의 구성원이 되는 것은 대부분의 시민들은 누릴 수 없는 특권을 갖는 것과 연관되었다. 여전히 발레에 계급은 존재하지만, 예술에 이전만큼의 자금을 지원하지 못하는 정부의 무능 때문에 보상은 적어졌다. 그러나 러시아인이 아닌 사람들이 러시아 발레에 접근할 수 있게 한 세계 투어를 통하여 새 자금줄이 생겨났다. 볼쇼이의 구성원들은 심지어 라스베이거스에서도 공연을 했다.

이 해체된 국가의 네 시기 또는 시대에 대한 토의가 암시하듯이, 러시아는 역사적으로 상위의 소수만이 철권 통치하는 독재국가였고, 이러한 힘의 균형에 따라 권력과 특권이 서로 다른 계급이 생겨났다. 예를 들어, 공산주의 치하의 러시아는 "각자의 능력에 따라 생산된 것을 각자의 필요에 따라 지급한다"라는 신조를 선언했지만 공산당 구성원이 우선권을 얻었다. 최근 러시아에는, 특히 대부분의 시민들이 자본주의의 비용이 편익보다 더 크다고 느끼기 시작할 경우 러시아가 과거의 방식으로 회귀할 수도 있다는 우려가 있다. 이와 대조적으로 러시아 발레에서 계급의 기본적인 의미는 탁월하고 정직하며 개방적인 공연이 보상을 받는다는 것이다. 한 무용수가 우월한 수준의 공연을 할 때 보통의 시민이라면 그러한 공연과 문화에 자랑스럽게 동일시하는 것을 쉽게 볼 수 있다. 그러나 최근 러시아 시민의 많은 권리가 박탈되었음에도 불구하고 푸틴 총리가 누리는 인기는 군사적, 안보적 배경을 가지고 있으면 유리한 취급을 받는다는 것을 시사한다. 러시아인들은 국가의 통제를 약간은 수동적으로 수용해 왔지만 이것은 최근 반체제 언론인들의 끔찍한 암살에 대한 충격으로 인하여 변화하고 있다. 사실상 러시아는 언론인들에게는 세계에서 가장 위험한 장소 중 하나로 간주된다. 또한 한때 러시아 제일의 갑부였던, 러시아 반체제 인사 중 가장 유명한 호도르코프스키(Mikhail Khodorkovsky)가 세금 조작과 횡령 혐의를 뒤집어쓰고 긴 투옥(2003년 이래)에 들어간 데서 분명히 드러나듯이, 러시아는 반체제인사에게도 위험한 나라이다. 2011년 12월의 총선 후 선거가 조작되었다고 믿는 수천 명의 젊은이들은 거리로 나섰다. 이것은 최근의 시위 중 가장 큰 규모였고, 많은 러시아인들은 고질적 부패와 권위주의에 좌절하고 있는 것으로 보인다.

기업 측면을 보자면, 미국 컨설턴트들이 발견했듯이 러시아 중역들은 여전히 문제점에 대해 자유롭게 이야기하기를 어려워한다. 모스크바에 있는 러시아연방국립경제아카데미의 중역 계발 프로그램 창설 10주년을 기념하는 2010년 연설에서 아디제스(I. K. Adizes) 교수는 러시아 기업들이 고도로 중앙집권화되어 있고 일부 러시아 중역은 아직도 권위에 대한 복종이 특징인 '제국 문화'를 선호한다고 지적했다. 흥미롭게도, 맥카시(D. J. McCarthy), 푸퍼(S. M. Puffer), 다다(S. V. Darda)는 5년간에 걸쳐 130명의 러시아 기업가를 인터뷰한 것을 토대로 기업 리더십 스타일을 조사해 『하버드 비즈니스 리뷰(*Harvard Business Review*)』에 발표했다. 그 결과는 이들 기업인들의 대다수가 미국 기업가와 유사한 스타일의 열린 리더십 스타일을 채택했다는 것이었다(McCarthy, Puffer & Darda, 2010). 이 연구 결과는 문화 간의 기업 리더십 스타일 수렴 이론을 지지한다. 어떤 부문에서는, 계급 사상보다 공유된 리더십과 팀워크가 우선하는 것으로 보인다.

러시아인들은 품위를 지키며 평정심이 강한 편이다. 비록 하층계급은 공연을 감상하는 긴장감을 경험하지 못할지라도, 모든 러시아인들에게는 매혹적인 마법과 위대함의 상징이라는 발레의 평판에 대한 큰 자부심이 있다. 개인의 계급적 지위와 상관없이, 발레의 서구성 자체가 러시아인의 품위와 우월성을 반영한다. 역사적으로 가장 유명한 무용단은 볼쇼이 발레단으로, 모스크바의 볼쇼이 극장을 기반으로 전 세계를 돌며 공연을 한다. 새롭게 꾸미고 리노베이션된 상징적 신고전주의식 파사드(건물의 정면 – 역자 주)가 있는 볼쇼이 극장은 2011년 큰 환영 속에 재개장했다. 볼쇼이 경영진은 고전 발레에 초점을 두고 전통적 관객을 유지하는 동시에, 외국 안무가를 초청하여 무용수들과 협업하게 하는 등 일부 혁신도 도입하고 있다. 볼쇼이는 심지어 미국인을 리드댄서로 고용하여 러시아 발레계에 논란을 일으키기도 했다. 볼쇼이 스쿨로 더 잘 알려진 모스크바아카데믹안무연구소는 발레단과 정식으로 제휴하여 극장 근처에 있다. 유명세는 덜하지만 똑같이 월등한 무용수, 교사, 안무가의 전통을 공유하는 마린스키(키로프) 발레단은 최근 볼쇼이를 능가하고 있다. 마린스키 발레단과 그 학교는 안나 여제의 제정 학교와 발레단을 직접 계승했고 오늘날에도 상트페테르부르크의 같은 건물을 본산으로 삼고 있다.

드라마와 사실주의

전 세계의 관객들은 러시아 발레를 가장 볼거리가 많은 무용 형식이라고 생각한다. 어떤 다른 예술에도 그러한 우아함과 단순함의 결합이 요구되지 않는다. 러시아 발레는 고전 발레의 기초로부터 발전된 특유한 혁신 때문에 다른 나라의 발레와 구별된다. 서구에서는 발레가 오랫동안 침체되었던 반면, 러시아와 나머지 구소련 지역은 다른 모든 나라의 발레보다 의심할 여지없이 우월성을 갖도록 연극적 자원을 개발해 왔다. 오로지 이탈리아 오페라의 화려함만이 러시아 발레의 탁월성에 견줄 수 있으며, 스페인의 투우만이 그 드라마와 비교될 수 있다. 완벽을 추구하는 러시아 발레는 수천 명의 관객에게 영감을 주었고 러시아 문화와 자부심의 영원한 일부가 되었다.

관객들은 공연의 가장 극적인 순간에 군무의 생명력을 느낀다. 발레 전반에 걸쳐, 무용수들은 공연을 점점 고양시킴으로써 관객의 인정을 얻어내려 한다. 때때로 관객들이 춤에 굉장히 열렬히 반응하면 무용수는 자기의 역할에서 잠시 벗어나 고개 숙여 인사를 하는데, 이것은 서구에서는 좀처럼 일어나지 않는 일이다. 마지막 장면에서 무용수들은 모든 관객들에게 잊혀지지 않을 장엄한 인상을 주기 위하여 남은 에너지 전부를 춤에 쏟아 붓는다. 발레단의 각 구성원들은 관객들의 마음속에 화려한 몸짓의 이미지로 기억될 수 있도록 노력한다. 그 반응으로, 관객들은 갈채, 꽃다발, 환호를 보내 호의를 표현한다. 무용수들은 관객의 만족에 대한 보답으로 계속해서 공연을 보여준다.

관객의 눈에 띄기 위해 개인적 시도를 하는 무용수처럼, 보통의 러시아인들은 도움을 줄 수 있을 만한 위치에 있는 사람들에게 좋은 인상을 주려고 노력한다. 무엇인가를 성취하는 가장 효율적인 방법은 개인적 호의를 통한 것이다. 위험을 감수하거나 주도적 행동을 통해 경력을 위태롭게 하기보다는, 일부 러시아인들은, 특히 일자리가 부족할 때에는, 책임을 맡는 것을 회피하고 논쟁거리가 될 수 있는 행동을 취하는 것도 피한다. 이와 유사하게 무용수와 관객 사이의 상호작용은 일상적 문제에서는 서로 완전히 모르는 사람 간의 기초적 교류를 상징한다. 무용수가 보고 있는 사람에게 기쁨을 주고 관객의 충실한 감상으로 보답을 받든, 두 시민 또는 기업이 서로 물물교환을 하든, 두 참가자 각자는 상대방에게 그가 바라는 무언가를 제공한다.

일부 멕시코인들이 일상적 현실에서 탈피하기 위하여 축제를 이용하는 것처럼, 러시아인들도 공연 예술의 연극적 요소에 큰 가치를 둔다. 영화, 연극, 그리고 발레는 기분 전환을 위한 기회가 된다.

궁극적인 문화적 판타지에는 사치스러운 배경과 화려한 의상에 둘러싸인 멜로드라마 같은 이야기 전개가 포함된다. 이야기가 더 심금을 울릴수록 더 많은 러시아인들이 그 공연을 사랑하는 경향이 있고, 이러한 감상성은 러시아 문화에서 찾아보기 어려운 방종한 면이다. 관객을 즐겁게 하기 위해 연극에 의존하는 발레단처럼, 러시아 쇼핑객들은 물건 값을 깎기 위해 드라마를 이용한다. 제도를 능가하는 흥정과 협상의 관습은 러시아 문화의 부인할 수 없는 일부분이다. 이와 유사하게 학생들은 어린 나이에 교실에서 '바른' 답을 내놓는 법을 배운다. 답을 공유하는 것이 용인되고, 어린이들은 권위에 맞서는 것을 최소화하면서 권위를 피하는 데 능숙해진다.

독재적이고 권위 서열적인 문화에서 예상할 수 있듯이, 편파주의와 부패가 존재하고 그 존재가 제도를 우회하는 데 광범위하게 이용되어 왔다. 국제투명성기구는 2010년 세계부패인식지수(Global Corruption Perception Index)에서 러시아는 178개국 중 154위에 올랐다. 그저 단순하고 사소한 이익을 얻기 위해서도 법을 위반하는 것이 러시아 문화의 한 단면이다. 기업이 사설경찰을 두어야 하는 것도 놀랄 일이 아니다. 친구나 관계가 중요하며, 많은 러시아인들이 예측할 수 없는 세상에서 살아남게 해주는 복잡한 관계의 망을 발전시켜 왔다. 이익이 따를 것이라는 희망으로 이러한 관계를 맺고 유지하는 데는 엄청난 노력이 따른다. 러시아인들은 앞으로 상대방이 베풀 아량에 미칠 영향을 기대하면서 계속 선물을 준다. 공평한 경쟁적 시장이 조건부로 도입되더라도 이러한 행동은 바뀔 가능성이 거의 없다.

협상을 할 때 러시아인들은 애초에 극단적 관점을 갖고 양보를 거의 하지 않는 경향이 있다. 외국인 상대방이 양보를 하면 그것은 약점으로 인식된다. 미국 협상가들과는 달리, 러시아인들은 현장에서 결정을 내릴 수 있는 권한이 거의 없고 즉시 결정을 내리지 않는 편이다. 체스는 국민적 오락으로, 여러 지역 및 세계체스챔피언대회에서 러시아 선수들은 앞을 내다보는 능력이라는 상대적 강점을 가지고 있다. 러시아 협상가의 행동과 비슷하게, 경기자들은 공격을 하든 방어를 하든 잠재적 영향을 고려하는 전략적 계획에 의존한다.

보드카 즐기기

뿐만 아니라, 많은 사람들은 보드카를 마시는 것을 국민적 오락으로 생각한다. 술에 취하는 것은 고난과 역경의 시절을 헤쳐 나가는 데 도움이 되는, 사회적으로 용인된 오락과 탈출의 수단으로 받아들여진다. 러시아인들은 고뇌 혹은 슬픔에 차서 술을 마실 필요성을 인정한다. 동시에 그들은 승리감에 찬 발견 속에서 함께 어울린다 — 노래하고, 웃고, 시간을 잊는다. 특히 시골에서는 어떤 형태의 축제든 음주가 빠지지 않는다. 극심한 결핍에도 불구하고, 러시아인들은 별 것도 아닌 일이라 해도 기억에 남을 만한 잔치를 벌인다. 부엌의 식탁은 친구들과 함께 대화와 보드카를 나누는 가장 그럴싸한 배경이다. 이 문화 전반에 걸쳐, 술에 취하지 않은 사람들은 과음한 사람들에 대해 부드러움, 심지어 애정을 보인다. 러시아 남성들의 이른 사망을 포함한 여러 가지 사회악이 널리 퍼져 있는 알코올 중독 탓이라 해도, 모두가 러시아인들은 보드카를 마실 필요가 있다는 사실을 이해하는 것 같다. 지난 10년간, 보드카 소비는 1/3 정도 줄었고 대신 맥주 소비가 40% 상승했다. 그러나 2011년 의회는 24시간 술을 마시는 문화와의 전쟁을 위해 모스크바와 주요 러시아 도시에서 맥주를 주류 음료로 분류하는 법을 통과시켰다. 새로운 법규는 모든 종류의 교통수단과 공항, 기차역에서 주류 판매를 금지한다. 또한 텔레비전, 라디오, 광고판을 통한 주류 광고 역시 금지되었다.

끈기가 보답을 낳는다

러시아인들은 협상을 도출하는 데 있어 끈기가 있다. 미국 협상가들에게는 시간이 귀중한 자원인 반면, 러시아의 협상에서는 마감 시한이 자주 무시된다. 예산과 생산 일정은 전통적으로 맞추기 어렵고, "귀찮게 무엇 때문에?"라는 태도가 널리 퍼져 있다. 관료제 하에서 시민들은 긴 지연을 참아내고 불만을 표하지 않는 것에 익숙하다.

목표를 성취하기 위해 항상 협상이 필요한 것은 아니고, 감정에 호소하는 것도 똑같이 효과적일 수 있다. 리치몬드(Yale Richmond)는 긴 비행기 여행 끝에 배고픈 상태로 모스크바에 있는 호텔에 도착해서는 고객 서비스를 담당하는 여자로부터 환전소가 문을 닫았다는 사실을 알게 되었던 때를 묘사한다 (Richmond, 2003). 그는 혼자 여행 중이었고, 루블화를 하나도 가지고 있지 않았으며, 그 때문에 저녁식사비를 낼 수가 없었다. 도움을 청했지만, 그녀는 아무런 도움도 주려고 하지 않았다. 포기하는 대신에, 리치몬드는 이 완전히 낯선 사람과 자신의 여행, 날씨, 그의 가족, 그녀의 아이들에 대해 이야기를 나누다가, 마침내 그의 배고픔으로 화제를 돌렸다. 이때 그녀는 자기 지갑을 꺼내어 그에게 다음날까지 쓸 얼마간의 루블화를 빌려주었다. 그가 그녀와 흥정을 하려던 것은 아니었지만, 리치몬드는 그녀에게 한 사람의 인간으로서 접근했고 그녀는 친절하게 반응했다. 이것은 러시아에서 흔한 경험이다.

사실적 묘사

해스켈(A. L. Haskell)은 러시아 발레에서 사실주의의 역할에 대하여 몇 가지를 지적했다 (Haskell, 1963, 1968). 먼저, 러시아의 안무는 〈지젤(*Giselle*)〉에서의 알브레히트(Albrecht) 부분에서 볼 수 있듯이 인물의 표현을 통하여 사실적 해석을 강조하는 경향이 있다. 그 역할을 누레예프(Rudolf Nureyav)가 맡든 비쿨로프(Sergei Vikulov)가 맡든, 자기중심으로부터 애인의 고통에 대한 양심의 가책으로의 이행이 관객에게 뚜렷이 보이는 그러한 활기가 연기에 나타난다. 또한, 볼거리는 이야기의 인간적 가치에 종속된다. 〈잠자는 숲 속의 미녀(*Sleeping Beauty*)〉의 러시아 버전에서, 오로라(Aurora) 공주가 잠에 빠지는 장면은 100명 이상의 무용수가 무대에 올라 있는 안무이다. 그러나 심지어 그 많은 무용수들 가운데에서도, 관객들은 주역 무용수와의 진정한 상호작용을 느낄 수 있다. 러시아가 발레계에 또 하나 공헌한 것은 정확한 무대와 의상 디자인을 전문가에게 맡겼다는 점이다. 호화로운 무대와 의상을 제작한 것으로 유명한 박스트(Leon Bakst)는 발레의 배경이 되는 시대에 관련된 역사적 정보를 그의 묘사와 연관시킨 최초의 인물이다. 따라서 러시아의 의상은 언제나 한 줄기의 사실성을 자랑했고, 마찬가지로 러시아 발레의 무대 세트는 발레의 분위기에 신뢰감을 주었다.

대부분의 러시아인에게 이상주의가 중요하다는 것은 잘 알려져 있다. 공산주의 통치 기간 중에는 당의 이상이 정신적 교리를 대신하는 것으로 여겨짐에 따라 개인의 종교적 소속은 무신론이 공식 정책이었다. 공식적 압력으로 인해 공공연하게 종교를 가지는 것은 대다수의 시민들에게 위험한 일이었으나, 신앙의 지하 체계는 살아남았다. 1990년 종교의 자유를 허가하는 법이 통과된 이래로, 많은 러시아인들은 기독교 정교회의 전통적 가치에 다시 관심을 돌렸다. 1991년, 70여 년 만에 처음으로, 기독교 정교회 크리스마스(12월 25일과 일치하지 않는다)가 러시아에서 공식 휴일로 공표되었다.

사람들이 일상적 장애를 이겨내려고 함에 따라, 사실주의는 또한 러시아의 일상생활에서도 어떤 역할을 하고 있다. 연결, 또는 개인적 접촉은 특권층이 가진 가장 가치 있는 특전이다. 결과에 영향을 미칠 수 있는 누군가를 아는 것이 무언가를 성취하는 방법이고, 러시아인이 받아들이는 삶의 방식이다. 예를 들어, 낯선 사람과 지인 사이에서 아파트 교환을 중재할 때 감정에 호소하는 것은 효율적인 방법이다.

의사가 관료제적 의료 제도를 피하려고 하는 환자에게 외과의를 기꺼이 추천하는 경우처럼, 연결은 진지한 사업이 될 수도 있다. (공공의료제도는 2000년대 초에 완전히 붕괴되었다는 것이 일반적으로 인정되고 있다. 최근에서야 정부는 이 영역에 주의를 기울이고 있고, 좋은 결과가 일부 있다.) 부모가 궁극적으로 성취해야 할 일이 있다면 아이들에게 더 나은 교육 기회를 보장하는 것인데, 특정 학교 입학을 위한 특별 조치가 학교의 공식적 입학 제도 밖에서 이루어진다. 무엇을 부탁하든지, 나중에 답례와 보답이 있을 것이라고 생각된다.

발레 공연에서 빌려올 수 있는 또 하나의 극적 도구는 브라냐(*Vranya*), 또는 허세의 사용으로, 이것은 러시아의 역사적 규범과 일치한다. 브라냐는 "당신은 내가 거짓말을 한다는 사실을 알고 있고, 나도 당신이 안다는 것을 알고 당신도 내가 안다는 것을 알지만, 나는 아무렇지 않은 얼굴로 계속할 테니 당신도 진지하게 머리를 끄덕여라"라는 진술로 가장 잘 표현된다. 대부분의 러시아인들은 무언가 잘못되었음을 인정하는 것을 공공연하게 불쾌한 일로 생각한다. 러시아인은 우월하다는 이미지를 유지하기 위한 시도 속에서 사회악이 억눌려 왔다.

개인적 특성

외국인의 관점에서 러시아인들의 특징은 진지하고 표현력이 부족하며, 대중 앞에서 감정을 드러내지 않는다는 것이다. 그들은 강인함과 금욕주의로 평판이 높다. 종종 겉보기가 이렇게 거칠기 때문에 방문객은 이것을 거친 무관심이나 지나친 무례로 받아들인다. 서비스하는 사람들의 퉁명스러운 무뚝뚝함과 무표정한 시선으로 가득한 군중의 침울한 표정에서 외국인들은 자신이 예상한 무뚝뚝함과 차가운 비인간성을 발견한다. 그러나 이러한 외연은 *maskirovannoye*, 즉 가면을 쓴 것이다. 이러한 전형적 태도는 러시아 문화 속의 드라마의 일부이다. 가면 밑에는 너무나 진실한 날것 그대로의 인간성이 있다.

발레는 무대 위의 무용 그 이상으로, 각 관객에게 서로 다른 분위기를 창출하는 안무, 음악, 의상, 조명의 경이로움이다. 구체적인 주제를 표현하든, 관객이 스스로의 상상력을 자유롭게 동원하도록 하든지 간에, 안무가는 각 무용수들의 움직임을 통하여 사상을 표현한다. 작곡가는 발레의 아름다운 테크닉에 수반되는 악보를 쓰고, 오케스트라 지휘자는 음악가들이 무용수들을 위하여 알맞은 템포, 리듬, 음량으로 악보를 연주하도록 한다. 의상 디자이너와 조명 전문가는 발레 제작을 위하여 기술에 대한 전문 지식을 이용하고, 시각 예술가는 각 춤에 알맞은 배경막이 되는 세트를 제작함으로써 분위기에 기여한다. 마지막으로, 모든 연령의 관객을 위한 이야기를 하는 일련의 춤을 연기하기 위하여 체격 조건이 좋은 훈련받은 무용수들이 유연성, 힘과 균형을 결합한다.

러시아 문화의 특징에 대해 마지막으로 고려할 사항은 드라마와 사실주의 사이의 겉으로 드러나는 모순이다. 표면적으로는, 이 원리들은 정반대로 보인다. 여기에 그 문화 내의 주요한 이분법이 있다. 연극은 교묘하게 꾸민 분위기를 표출하고 사실주의는 환영 같은 이상을 거부한다. 러시아 문화의 더 당황스러운 양상은 차이의 환상이다. 러시아인들은 게으른 동시에 열심히 일하는 것으로 분류되고, 돈을 갖기를 원하지만 그것을 경멸한다. 러시아인들은 얼핏 보기에 돈을 벌기보다는 그냥 얻기를 원한다. 잘 알려진 러시아 동화에, 게을러서 큰 난로 위에 누워만 있는 것으로 유명한, 집안의 막내이자 바보인 에멜랴(Emelya) 이야기가 있다. 그는 난로가 자신을 날라다 주기 때문에 아무 곳에도 갈 필요가 없으며 그의 소망은 마술로 성취된다. 그는 나중에 심지어 차르의 딸과 결혼도 한다. 오늘날 상트페테르부르크의 한 식당 체인이 이 인물의 이름을 따서 지어졌다.

러시아인들은 관계를 맺는 데 흥미가 없는 것으로 묘사되지만 동시에 새로운 관계가 형성된 후에는 "따뜻하고 지속적인 도움을 준다"(Adler, 2007; Richmond, 2003: 3). 이것은 그들이 사람을 친구 아니면 타인으로 나누고 그에 따라 대접하는 경향이 있기 때문이다. 러시아에 흔한 격언으로 "100루블보다 100명의 친구가 낫다"가 있다.

70년 이상 종교적 자유를 부정당했지만, 러시아인들은 여전히 신앙과 희망을 가지고 있다. 러시아인들은 몽상적인 동시에 실용적이고, 작가, 예술가, 무용수들의 작품에 큰 가치를 둔다. 세계 문학과 공연 예술에 대한 러시아의 공헌은 그 가치를 매길 수 없을 정도로 귀중하다. 다른 문화의 구성원들처럼 러시아도 우선순위의 선택에 직면하고 있다.

공적인 관계와 사적인 관계에서 러시아인의 역할 역시 충돌하는 것처럼 보인다. 공적인 역할에서, 러시아인들은 주의 깊고, 비밀스럽고, 수동적이지만 사생활에서는 정직하고 직접적인 것으로 묘사된다. 외국인들은 러시아인들을 고난을 겪어 왔고, 다루기 힘들며 금욕적인 민족이라고 묘사하지만, 그들은 또한 쾌활하고, 관대하고, 순종적이고, 친절한 것으로 알려져 있다. 사람들 앞에서와 달리 친구들과 함께일 때 러시아인들은 자유롭게 고민을 서로 터놓고, 실망스럽거나 고통스러운 현실을 숨겨야 한다는 것 때문에 부담을 느끼지 않는다. 다른 국적의 사람들처럼 그들은 공공연하게는 젠체하지만 사적으로는 가식이 없고, 친절할 수도 있고 불친절할 수도 있다. 아마도 위대한 소설가 도스토예프스키(Fyodor Dostoyevsky)가 '반은 성인이고 반은 야만인'이라고 한 것이 이것을 가장 잘 묘사하는 말일 것이다.

러시아인의 영혼

12세기부터 표트르 대제의 시대까지, 그리고 공산주의 시대인 1917년부터 1992년까지, 러시아인들은 세계로부터 고립되어 있었다. 두 가지 사건, 타타르(몽골)의 침입과 오스만 제국의 콘스탄티노플(현대의 이스탄불) 정복 때문에 러시아와 다른 나라와의 상업적, 종교적, 문화적 교류는 갑자기 중단되었고, 러시아의 발전은 수세기 동안 제한되었다. 러시아는 자급자족적 농업을 했기 때문에 상대적으로 무역의 필요성이 적었고, 다른 나라와의 상호작용은 영토분쟁이 대부분이었다. 러시아인의 관점에서, 영토의 확장은 외부 침입자에게 승리한 결과였다. 시시때때로 독일기사단, 리투아니아인, 폴란드인, 스웨덴인, 프랑스인, 독일인과 아시아인 집단이 자연적인 국경 방어선이 없는 러시아를 침입했다. 모든 면에서, 이웃한 적의 침입에 대한 공포가 국가 안보에 대한 러시아인의 집착으로 이어졌다. 소작농과 귀족 모두로 이루어진 시민이 군인으로 복무하는 전통은 러시아를 둘러싼 적국 세력에 대한 공포에서 나왔다. 이어진 세기 동안, 러시아의 통치자들은 의도적으로 제국에 대한 외국의 영향을 제한했고, 그 결과 사람들은 새로운 방법론과 기술을 도입하려는 이후의 시도들을 회의주의적으로 받아들였다. 예를 들어 푸틴은 전 미국 대통령 부시(George W. Bush)와 개인적으로 친밀했음에도 불구하고, 러시아와 국경을 접하고 있는 폴란드에 핵무기를 배치하려는 부시의 계획에 매우 부정적으로 반응했다. 2008년 북대서양조약기구(NATO: North Atlantic Treaty Organization) 가입을 추진하던 그루지아에 대한 러시아의 침공은 부분적으로는 그루지아가 소련에 속해있었다는 사실에 기초한 것으로 보인다. 일반적으로, 푸틴은 '적으로 둘러싸인 고립된 요새'라는 러시아에 대한 스탈린적 환영을 조장하기 위하여, 말과 상징에 대한 러시아인의 강한 믿음을 이용했다 ("긴 일생[The Long Life]," 2011).

서구의 영향에 대한 그들의 감정에서 드러나듯이 오늘날 러시아인의 불신은 계속되고 있다. 또한, 러시아는 국경을 맞댄 중국의 영향력이 커지는 것을 경계하고 있다. 예상이 가능하듯이, 러시아인들은 외국의 영향에서 독립적이기를 원한다. 이는 러시아인의 영혼이라는 개념을 통해 굴절되는데, 오랫동안 그래왔듯 문화가 보존될 수 있도록 일정한 거리를 두려는 열망을 기본적으로 반영하는 것이다. 생존에 거리두기가 필수적이라는 생각은 오늘날에도 러시아인의 특징이다. 하나의 민족으로서, 러시아인들은 자립적이고, 의지가 강하고, 내면의 자원을 갖고 있다고 간주된다.

비록 오랜 기간의 차르 정권과 공산주의의 철권이 이러한 내부의 자질이 겉으로 표현되는 것을 억눌러 온 것 같지만, 사실상 개인의 인내와 창의력은 절대 통치에도 불구하고 곳곳에 표출되어 왔다. 의심할 여지없이 많은 러시아인들은 1992년부터 기업 활동을 시작했지만, 효율적인 법과 은행 같은 기반시설이 부족하고 러시아 정부의 민영 부문에 대한 개입이 증가함에 따라 그들의 노력에 방해가 되고 있다. 러시아 기업인 여섯 명 중 한 명은 지난 10년간 경제사범의 누명을 쓰고 기소되었으며, 무죄선고는 0건에 가깝고 많은 피고들은 부패한 사법제도 구성원의 처분대로 투옥되어야만 했다 ("긴 일생[The Long Life]," 2011).

러시아 발레단의 각 구성원들은 매일 계속되는 고된 훈련을 견뎌야 하고 그 예술성을 완벽하게 하기 위하여 한결같은 규율을 지녀야 한다. 수업, 리허설, 공연이 러시아 무용수들의 고된 일상을 구성하고, 이 때문에 무용수는 다른 것에는 거의 시간을 들이지 않고 춤의 세계에만 완전한 주의를 기울여야 한다. 일상생활로부터의 이러한 거리 또는 분리를 통해 무용수들은 모든 에너지를 춤에 쏟을 수 있다. 정형외과 의사, 마사지사, 약물 치료가 현대 발레의 일부 현실이고, 무용수는 아픔과 고통 속에서도 춤을 추어야 하는 일이 잦다. 러시아인의 자기결정권을 생각할 때, 러시아인의 영혼의 열정적인 강도에 고양된 각 무용수는 완전한 집중을 성취할 수 있다. 그 결과는 비할 수 없이 탁월한 테크닉과 예술성이다.

러시아인의 영혼은 감정, 기질, 감수성이 결합된 강한 감정의 혼합이다. 그것은 삭막한 현실의 발견에서 오는, 얼핏 대처할 수 없을 것 같은 어려움이나 슬픔에 대한 승리이다. 긴 세월에 걸쳐 러시아인의 영혼의 마술적이고 신비한 속성에 대하여 많은 글이 씌어졌다. 무언가 신비한 것으로 알려진 그 특징은 다음과 같이 압축할 수 있는데, 러시아인들의 표현의 핵심에는 품위, 존경, 정직, 도덕적 선함에 절대적 가치를 두는 수수께끼 같은 원리 또는 영혼이 있다. 일부는 이어받고 일부는 학습된 러시아 민족의 굳은 결의는 다른 어떤 민족과도 같지 않고, 눈 깜빡하는 순간에 인간의 연민과 상호 교류될 수 있다. 창조적이고, 열광적이고, 대담한 러시아인의 영혼은 무용수들 내부의 영감의 원천이다.

극심하게 추운 러시아의 겨울과 러시아인의 영혼 사이에는 강한 관계가 있는 것으로 보인다. 따뜻함을 유지하기 위하여, 가족 모두가 페치(pech, 러시아의 난방 시설) 위에서 함께 자고, 그러한 악조건 하에서 살아남으려면 모두가 가까이에 붙어서 일해야 한다. 사람들이 감정을 공공연히 표현하고 자동적으로 서로 돕는 강한 내집단지향이 발전되었고, 그것은 집단주의가 강하고 권력거리는 낮은 공동체에서 공유되는 고전적이고 일반적인 문화였다. 예를 들어, 미국의 커피 브레이크는 '사람들이 하루 일과를 보내는 것을 돕거나 분위기를 환기하기' 위한 것이지만, 러시아의 티 브레이크는 실제로 다른 사람들과 감정적으로 계속 다시 연결되기 위한 것이다 (Ries, 1994).

접촉문화

아마도 나폴레옹과 히틀러 모두를 격퇴시킬 수 있었으리만큼 모진 겨울 때문에, 러시아에는 러시아인들의 영혼을 반영하는 접촉문화가 발전되었다. 접촉문화는 감정을 잘 나타내고 사람들이 대화에 필요한 따뜻함, 친밀함, 여유를 소통하도록 부추긴다. 열성적인 눈맞춤, 잦은 신체 접촉, 가까운 물리적 거리, 미소가 강조된다 (Andersen, 1994). 또한, 러시아인들이 겨울을 긍정적으로 보기 때문에, 러시아의 예술에서 겨울 장면이나 활동이 강조되는 것도 놀랄 일이 아니다. 예를 들어, 상트페테르부르크와 모스크바의 많은 장엄한 건물들은 순백의 눈이 내렸을 때 그 파스텔 색조의 외관과 대비를 이루어 가장 아름답게 보이도록 설계되고 채색되었다.

러시아의 모진 기후는 풍부한 자원과 러시아 민족의 힘의 원천이기도 하다. 수세기 동안, 소작농들은 봄을 기다리며 살을 에는 듯이 찬 기온, 사나운 바람, 얼어붙은 땅의 긴 겨울을 견뎌냈다. 봄이 온 지 다섯 달도 못 되어 첫 서리가 내리는데 그 전에 작물을 수확할 수 있도록, 필연적으로 봄에는 빨리 땅을 경작하고 씨를 뿌리는 상당한 양의 일이 수반되었다. 러시아인들은 역경을 이겨 나가는 능력이 있는 것으로 정평이 났지만, 예측할 수 없는 날씨와 흉작의 위험은 큰 걱정거리였다. 도입된 기술을 이용할 수 없거나 많은 경우 위험을 꺼리기 때문에, 소작농들은 원시적일지라도 친숙한 도구와 기술에 의존한다. 인생사의 어떤 것도 통제할 수 없다는 것을 깨달은 그들은 끈기와 의지의 장인이다. 리치몬드는 "최근까지, 대부분의 러시아인들은 그들 이전의 조상이 했던 것과 거의 비슷하게 살아왔다. 멀고 고립된 작은 마을에서 이동의 자유는 제한되었고, 현대 사회가 제공하는 위안이나 노동을 절약해 주는 도구도 없었다"고 설명한다 (Richmond, 2003: 9-10). 근년에는 현대 기술이 점점 받아들여지고 있지만, 다른 선진국과 비교할 때 생산성은 여전히 한참 뒤처져 있다.

지리적 조건이 무력감의 원인으로, 러시아의 산악 지대와 황량한 불모의 공간의 대부분은 영구 동토층(지층의 온도가 연중 0℃ 이하인 부분 - 역자 주)이다. 러시아는 세계에서 인구밀도가 가장 낮은 나라 중 하나로, 1㎢ 당 겨우 8명의 거주자가 있다.

세계의 다른 어느 곳보다 러시아의 가족 사이에서 친밀감이 더 표명되는 것 같다. 여러 세대의 가족이 좁은 공간에서 살아가는 가운데, 집 안은 보통 붐빈다. 변하고는 있지만, 일반적으로 대가족은 아파트에서 수십 년간 가족들 간의 끊임없는 감시의 눈길 아래 비좁은 상황에서 살아간다. 침대는 거실에서 소파로 사용되고, 욕실 시설은 아파트 내의 많은 사람이 공동 사용한다. 사생활이란 별난 것이고, 고립을 긍정적으로 묘사하는 러시아 단어는 없다.

예술 전반에 걸쳐 러시아인의 영혼은 작가, 배우, 화가나 무용수가 위대함을 갈망하도록 독려하는 오해의 여지가 없는 힘이다. 강한 힘으로서 러시아인의 영혼이 도스토예프스키의 글에 나타나는 통찰력 있는 표현을 형성한 것이다. 그의 문학은 러시아인이 외부 세계에 느끼는 고뇌와 고통의 책임의 정도를 드러냈다. 누군가 러시아인의 개인적 삶에 발을 들여놓자마자, 함께 있는 것과 대화가 중요해지기 시작한다. 친구와 가족 사이에서, 러시아인은 유머와 슬픔, 확신을 공유하는, 톨스토이(Leo Tolstoy)의 소설 속의 멋지고 화술이 유창하며 감정적인 인물이 된다. 그들은 서구보다 덜 자기중심적인 단순한 친밀함에 빠진다. 러시아인의 우정은 전적인 헌신으로 마음을 털어놓는 경향이 있으며 태평하고, 애정이 넘치고, 부드럽다.

뿐만 아니라, 지성인들은 발레에서든, 소설에서든, 시 속에서든 일상생활의 따분함을 벗어날 정신적 보상을 찾는다. (물론 이러한 일반화에는 예외가 있다. 예를 들어, 상트페테르부르크의 밤은 활기가 있다.) 러시아 문화는 시의 위트와 용기와 창의성을 숭배한다. 푸시킨(Alexander Pushkin)과 같은 시인은 공적 검열을 피해 의미를 숨기는 은유를 사용한 대담함으로 인해 영웅으로 여겨진다.

많은 러시아인들은 그것이 가족 간의 충실함이건, 의무감이건, 자연에 대한 사랑을 의미하건 관계없이 미덕을 독점하고 있다고 생각하고 싶어 한다. 감정적 성향은 긍정적 속성으로 간주되고, 가장 확신에 찬 논쟁의 일부는 인간의 비이성적 요소에 호소한다. 죄의식 또한 감정적 성향의 한 요인이다. 이와 유사하게 죄의식의 존재는 무용수가 더 깊은 감정을 갖도록 도와준다. 러시아인들은 그들이 사랑, 증오, 열정을 눈으로 교환할 수 있다고 느낀다. 무한한 기쁨을 표현하건 비탄에 젖은 우울감을 표현하건 간에, 러시아 무용수는 다른 문화의 구성원들이 따라 하기 힘든 내면의 활력으로 연기한다.

육아와 교육

도시나 시골의 러시아 노동자가 거친 겨울과 뜨거운 여름을 견디는 것처럼, 어린이들도 역경에 적응하는 법을 배운다. 부모 마음대로 하는 양육법이 국가적 유행이고, 장난감을 통해 의미 있는 교훈을 배울 수 있다. 러시아에서 만든 장난감들은 잘 부서지는 경향이 있는데, 새 장난감 또는 가장 좋아하는 장난감이 부서지는 실망이나 분노를 경험한 어린이는 세상은 통제하기 어렵다는 사실을 알게 된다. 러시아 아이들은 세상이 완전하지 않다는 사실을 그다지 큰 비통함 없이 받아들이는 법을 배운다. 아마도 이것이 러시아 발레학교 학생들이 춤 교습, 전통적인 학교 수업 과목, 힘과 유연성을 기르기 위한 육체적 운동이라는 엄격한 일정에 괴로움 없이 적응할 수 있는 이유일 것이다.

아이들에 대해서는 과보호에서 드러난 연대책임이 있다. 어떤 면으로 봤을 때, 러시아의 부모들은 심지어 미국 부모들보다도 아이들을 더 과보호한다. 일부는 소련의 붕괴에 따른 삶의 불안정성 때문이지만, 또 다른 이유는 범죄, 교통사고, 테러리즘, 유괴가 (소련 시절과는 달리) 미디어에서 널리 다뤄지고 있기 때문이다. 그러나 또 다른 이유는 출산율이 낮아졌고 현대 러시아 가족 구성원 수가 적기 때문인데, 이 때문에 부모와 조부모는 한 명이나 두 명의 아이에게 집중하게 되었다. 부모들은 일반적으로 아이들이 적어도 12세가 될 때까지 학교에 따라다니고 그들의 사회생활을 지켜본다 (Weir, 2008).

의심의 여지없이, 러시아 사회는 확연하게 집단주의를 강조한다. 찰레이(Szalay)는 미국인들이 러시아인에 비해 개인과 관련된 어휘를 거의 두 배 사용하고, 러시아인들은 **민중**과 관련된 어휘를 미국인에 비해 거의 세 배 사용한다는 사실을 밝혀냈다 (Szalay, 1993). 어린이들은 어린 시절부터 다른 사람들에게 어떻게 행동하고 말해야 하는지 배운다. 모든 교실에서 권위 있는 인물을 존중하고 경의를 표할 것을 규범으로 한다. 피어슨(Landon Pearson)은 "소련 어린이들이 교육 제도에 발을 들이는 그 순간부터 어른의 권위에 대해 존중하는, 실제로 약간 무서워하는 태도가 그들의 머릿속에 주입된다"고 지적했다 (Pearson, 1990: 111). 철새들이 한 마리의 새를 따르듯 모두 강한 지도자를 의문 없이 따라야 한다는 격언에서 보여지듯이, 푸틴 총리와 그의 추종자들은 최근 이 메시지를 강화했다. 어린 시절부터, 러시아인들은 자리와 적절성, 무엇이 용인되고 무엇이 그렇지 않은지에 대한 예리한 감각을 발달시킨다. 그들은 일반적으로 처벌을 모면할 수 있는 일과 시도하면 안 되는 일이 무엇인지 알고 있다. 학생 간의 토의는 제한되어 있고, 개인적 생각은 장려되지 않는다. 학생들은 '공식적인' 대답을 내놓는 것이 좋은 점수를 보장하고, 그에 따라 상급

학교에 입학하고 졸업 후 좋은 일자리로 이어질 수 있다는 것을 배운다.

교육 기관은 구조화된 훈련과 집단 역학을 사용하여 어린아이들의 정신을 형성하도록 고안되었다. 비록 일부 일류 경영대학원에서 변화가 있기는 하지만, 교육의 많은 부분이 암기 훈련과 엄격한 가르침의 모형에 기초한다. 이러한 집단주의 문화의 단점 중 하나는, 개인주의에 입각한 서구의 교육 환경에서처럼 학생들이 서로 경쟁하기가 어렵다는 점이다. 높은 기대를 만족시키기 위하여 아이들에게는 엄청난 압력이 가해진다. 러시아의 어린이들은 권위에 저항하는 것의 무익함을 일찍 배우는데, 교사와 다른 공직자들은 자식들이 사회적 규범을 충족하지 못하면 부모를 질타한다.

공식적 발레 작품은 무용, 음악, 디자인, 관객을 결합한다. 개인 무용수가 추는 솔로를 제외하고는, 발레단은 하나의 큰 일체로서 함께 춤을 춘다. 심지어 솔로도 전체 공연과 균형을 이루도록 안무가에 의해 정교하게 무대에 오른다. 발레단의 모든 구성원은 서로에게 의존하고, 개인적 욕구, 권리, 욕망은 전체에 종속된다. 무용수의 몸을 음악의 악보, 무대의 가능성, 전달하려는 분위기에 통합시키는 것은 안무가의 일이다. 안무가는 발레 제작의 요소와 무용수들이 모두 조화를 이룰 것을 보장하면서 '무용수의 능력을 탐구하고 확장'시켜야만 한다 (Clarke & Crisp, 1976: 38). 그 결과, 러시아 무용수들은 자신을 개인 무용수라기보다는 무용단의 구성원이자 '민중의 예술가'로 생각한다.

집단 윤리

집단 윤리는 미르(*mir*, 제정 러시아의 촌락 공동체 – 역자 주), 즉 공동체의 모든 농경 결정을 내리던 작은 촌락 공동조합이 존재하던 1900년대 초까지 거슬러 올라갈 수 있다. 미르는 어떤 작물을 언제 심을지 결정했을 뿐 아니라, 세금을 징수하고 갈등을 해결했다. 리치몬드는 "미르의 권위는 더 나아가 땅 문제 너머로 확장되었다 ― 그것은 또한 구성원을 훈육하고, 집안의 분쟁에 개입하고, 공동체 전체에 영향을 미치는 문제를 결정하고, 자족적이고 고립된 농업 세계의 문제를 규제했다"는 것에 주목했다 (Richmond, 2003: 15). 미르는 문제를 토의하고 행동 방침에 대해 의견 일치를 보는 가장들로 구성되었다. '집단적 의지'에 기초하여 내려진 결정은 모든 가구에 구속력이 있었다.

심지어 1917년의 혁명 이전에도, 러시아의 차르는 이러한 형태의 비공식적 지방 정부를 승인했다. 이러한 집단에 광대한 대중을 통제하는 능력이 있었기 때문이었다. 미르는 세금 징수와 군사 징병과 함께 여러 기능을 수행했다. 미르를 묘사하면서 리치몬드는 "미르는 많은 사람들에게 오랫동안 영향을 미쳤기 때문에, 러시아의 성격을 형성하는 데 주요한 역할을 했다"라고 결론짓고 있다 (Richmond, 2003: 16). 미르라는 단어가 '평화'라는 다른 뜻으로 많이 쓰이는 것이 흥미롭다.

집단적 행동의 몇 가지 예로는 식당에서 낯선 이들과 동석을 하는 것과 문화 혹은 스포츠 행사에 집단으로 참가하는 것이 있다. 동성 친구 간에 손을 잡는 것이 흔한 것처럼, 전혀 낯선 사람들 사이에서 떠밀거나 밀치는 등의 신체적 접촉은 사람들이 많을 때 흔한 일이다. 나이가 많은 러시아인들은 심지어 외국인에게도 청하지 않은 충고를 하는 것을 좋아하고, 미리 알리지 않고 친구의 집에 방문해도 무례하다고 간주되지 않는다 (Richmond, 2003).

GLOBE 연구는 러시아를 양성평등주의, 내집단 집단주의를 가졌으며, 자기주장이 강하지만 수행지향·미래지향 혹은 장기적 목표를 위한 만족의 지연이 낮고, 위험의 용인, 불확실성 회피가 낮은 동유럽 국가군으로 분류한다 (House et al. 2004). 이러한 연구 결과는 러시아 발레를 러시아 문화에 대한 은유로 사용하는 것을 뒷받침한다.

요약하자면, 발레처럼 러시아 문화는 예측이 불가능하고 불가사의할 수 있다. 처칠(Winston Churchill)은 1939년 라디오 방송에서 "나는 러시아의 행동에 대해 여러분께 예상해 드릴 수 없습니다. 그것은 불가사의 안에 신비로 포장된 수수께끼입니다"라고 말한 바 있다 (Platt, 1989/2003, #1652에서 재인용). 오늘날 러시아 문화에는 한때 구 러시아에서 발견되던 감정, 정신, 생존이라는 진지한 요소들이 융합되어 있다. 러시아 발레에서 표현되는 것과 같은 러시아 사회 내의 계급, 드라마와 사실주의, 러시아인의 영혼은 러시아 민족을 문화적으로 독특하게 한다. 비록 러시아가 경제를 상당 부분 민영화하고 경제적 지향에서는 더 서구화되어갈 수 있지만 ― 이 문제에 대한 결과는 아직 더 기다려 봐야 알 수 있다 ― 이 장에 묘사된 러시아 발레의 특징은 앞으로도 몇 년간 그 근본적 문화를 이해하는 데 도움이 될 것이다.

12

캐나다의 배낭과 국기

캐
나
다

배낭과 여러 다른 곳에 국기를
꿰맬 필요성은 캐나다 문화의
부정할 수 없는 부분이다.
배낭과 배낭에 붙은 국기는
서로 합쳐져서 캐나다에
대한 적절한 은유를 형성한다.

GLOBAL CULTURE

많은 캐나다 민족주의자들은 마치 캐나다인의 정체성이란 너무나 연약하고 섬세한 꽃봉오리 같아서 그 꽃봉오리가 통째로 미국에 집어삼켜지는 일을 막는 유일한 것은 우스꽝스러운 모자를 쓴 영국인 숙녀라는 듯이, 만약 우리가 충성을 거부하기라도 하면 즉시 미국인으로 변할 것이라는 기괴한 두려움을 마음속에 품고 있다.

- 퍼거슨(Will S. Ferguson), 캐나다 작가, 소설가

캐나다에 올 때마다 나는 세상이 단순해져야만 한다고 생각하게 된다. 사람들은 좋다. 그들은 예의바르다. 거기엔 넓은 공간이 있다. 더 거친 지방에서 갖게 된 성난 정체성은 광대한 캐나다의 하늘 밑에서 온순한 것으로 변한다.

- 코헨(Roger Cohen, 2011)

캐나다는 세계에서 가장 크기가 큰 러시아 공화국에 이어 두 번째로 큰 국가이다. 캐나다 인구는 3,320만 명 정도이며, 그 중 90%는 미국과 캐나다의 국경에서 125마일(약 201km - 역자 주) 내에 거주한다. 캐나다는 열린 공간의 나라이다. 캐나다의 1인당 GDP는 4만 5,070달러로, 미국의 1인당 GDP 4만 6,350달러와 거의 비슷하다. 캐나다는 또한 2011년 경제자유지수에서 179개국 가운데 6위를 차지했는데, 이는 부패 및 정부의 엄격한 규제 등의 측면에서 볼 때 캐나다가 사업을 하기에 아주 좋은 곳임을 나타낸다 (T. Miller, 2011). 대부분의 캐나다 도시의 기후는 미국의 이웃 지역과 비슷하지만, 북부 캐나다의 빈 공간은 매우 춥다. 캐나다 전체적으로 겨울은 춥고 여름은 짧다.

캐나다에 대한 적절한 은유는 수많은 캐나다인들이 그들의 수수한 배낭과 여행가방에 조심스럽게 꿰매어 가지고 다니는 캐나다의 단풍잎이 그려진 국기이다. 어느 주요한 국제공항에서도 수하물 찾는 곳의 당황스러울 정도로 다양한 여행가방 중에서 우리는 튼튼하지만 귀퉁이가 살짝 해진, 캐나다인의 배낭을 보게 된다. 가장 눈에 띄는 특징은 캐나다의 단풍잎 국기를 꿰매어 붙인 것인데, 그러한 가방은 상징적으로 "나는 절대 미국인이 아니다"라고 선언하는 것이다. 이것은 전형적인 캐나다 커뮤니케이션의 비간접적 방법인데, 특히 미국인의 커뮤니케이션과 대조가 되고, 글 맨 앞에 있는 인용문에서처럼 직접적인 적의에 찬 진술은 극히 드물다.

이 배낭은 다른 메시지도 전달한다. 가방의 수수함은 캐나다인의 평등주의적 경향을 반영하고, 그 국기는 커뮤니케이션에서 비간접적이고 암시적인 개성을 시사한다. 배낭은 또한 캐나다인들이 타인을 심지어 서로 다르다고 해도 동등한 사람으로 기꺼이 받아들인다는 것을 시사한다. 아마 일반적인 캐나다인들은 다른 어떤 나라의 국민보다도 국기 모양을 제일 많이 가지고 있을 것이다. 캐나다 데이(캐나다 연방 성립을 기념하는 날, 7월 1일 - 역자 주)를 앞두고 도미니언연구소(Dominian Institute)의 의뢰로 입소스리드(Ipsos Roid)가 실시한 2007년 설문조사에서, 대부분의 캐나다인들은 단일화된 캐나다의 상징으로 단풍잎(87%), 비버(74%), 하키(73%), '마운티(캐나다의 기마 경관 - 역자 주)'(72%)를 꼽았다. 프랑스어를 쓰는 지역인 퀘벡 주에서는 이 비율이 더 낮아서, 단지 66%만이 단풍잎에 애착을 느낀다고 답했다. 또한 55세 이상의 캐나다인들이 18세에서 34세 사이의 캐나다인보다 국기를 더 많이 장식했다. 2008년 이민시민부와 도미니언연구소의 의뢰로 입소스 리드연구소가 실시한 가장 큰 규모였던 같은 종류의 조사에 따르면, 순위를 차지한 항목은 단풍잎, 하키, 국기 자체, 비버 순이었다. 18세에서 34세까지의 더 젊은 응답자들은 CN 타워나 토론토 등 상징적인 장소에, 55세 이상의 캐나다인들은 역사적 사건에 더 애착을 가졌다.

국기는 옷깃에 꽂는 핀, 시리얼 상자, 자동차 범퍼에 붙이는 스티커, 수영복, 그리고 당연하게도, 군용 배낭에 장식된다. 캐나다인들이 천성적으로 예의바르고 약간 자제하는 면이 있다는 것을 아는 사람들은 이렇게 국기를 장식하는 것이 좀 의아하겠지만, 배낭과 여러 다른 곳에 국기를 꿰맬 필요성은 캐나다 문화의 부정할 수 없는 부분이다. 간단히 말해서, 배낭과 배낭에 붙은 국기는 서로 합쳐져서 캐나다에 대한 적절한 은유를 형성한다.

이 장에서 우리는 이 은유의 세 가지 양상, 즉 평등주의와 그 관점, 캐나다 모자이크, 미국과의 명백한 분리를 알아볼 것이다. 그러나 그 전에, 캐나다를 이해하는 데 꼭 필요한 몇 가지 역사적 사실을 짧게 알아보겠다.

역사적 배경

캐나다의 역사는 다른 나라의 역사, 특히 영국과 프랑스와 분리해서 생각될 수 없다. 영국은 캐나다와 다른 땅의 탐험과 정착을 증진시키고 무역 이익을 얻기 위한 수단으로 1670년 세계 최초의 무역특허회사(국왕의 특허장에 의해 설립된 회사 – 역자 주) 중 하나인 허드슨 베이 컴퍼니(Hudson Bay Company)를 설립했다. 1763년 파리 조약(7년 전쟁의 결과로 영국, 프랑스, 에스파냐가 체결한 조약 – 역자 주)에 의해 프랑스가 공식적으로 그 영토를 할양할 때까지 지금의 캐나다 지역인 이 영토를 놓고 프랑스와 영국 제국주의자들 사이에서 무수한 전투가 벌어졌다. 미국 독립혁명 동안 수천 명의 영국 지지 세력이 캐나다로 도망쳤으며, 이는 이 식민지를 영국 왕령에 더 가깝게 했다.

1867년 영국령 캐나다는 영국 연방의 자치령이 되었다. 1965년까지 캐나다의 공식 국기는 영국 국기 유니온 잭이었으며, 1965년부터 단풍잎이 그려진 국기가 유니온 잭 대신 쓰이게 되었다. 현대적 국가로서의 캐나다는 제1차 세계대전과 제2차 세계대전을 겪으면서 성립되었는데, 제2차 세계대전 중 800만 명의 인구 중에서 6만 명 이상의 군인이 전사했다.

제2차 세계대전 때문에 캐나다와 미국은 긴밀하게 협력하게 되었다. 두 나라의 군인들은 3년 반 동안 나란히 함께 싸웠으며, 두 나라는 전쟁에 의해 완전히 파괴되지 않은 몇몇 국가들에 속하게 되었다. 가장 중요한 사실은, 캐나다와 미국이 유럽 재건을 위해 협력했으며 무역을 통해 서로를 지지했다는 것이다. 캐나다와 미국은 세계에서 가장 긴 무방비 국경을 공유하고 있으며 어떤 다른 두 나라들보다 더 많은 사업을 함께 하고 있다. 캐나다의 대미 수출은 전체 수출의 77.7%를 차지하며 미국으로부터의 수입은 전체 수입의 52.4%를 차지한다.

평등주의와 그 관점

캐나다 군인의 배낭은 전쟁을 위한 기본 장비 중 하나로, 극한 상황에서 살아남기 위한 얼마 안 되는 필수품, 즉 담요, 텐트, 우장

(雨裝), 컵, 냄비, 병따개, 소총 청소도구 등을 담을 수 있다. 현대의 배낭도 거의 똑같은 장비를 담는다. 오늘날 캐나다인들의 80% 이상이 도시에 살기는 하지만, 멋진 풍경과 모험적인 산길에 쉽게 접근할 수 있기 때문에 하이킹, 트레킹, 카누는 국민적 오락이다. 많은 캐나다인들, 특히 나이든 세대는 벌목꾼, 도로 공사 일꾼, 광부, 캐나다의 자원 기반 경제와 관련된 다른 직업 등으로 내륙에서 일해 왔다. 심지어 오늘날에도 도시에 거주하는 더 젊은 세대의 캐나다인들도 국립공원에서 나무를 심거나, 살아남으려면 배낭이 필요한 황야에서의 직업을 택해서 한두 번의 여름을 보낸다.

이러한 경험은 영국계 캐나다인과 비영국계 캐나다인 모두에게 평등주의의 인식과 보수적 관점에 기여한다. 이와 유사하게, 두드러지게 장식된 단풍잎이 그려진 국기의 존재 외에 캐나다인의 배낭에서 가장 눈에 띄는 특징은 아무 특징이 없다는 것이다. 현명한 미국 배낭여행자들은 아마도 REI(Recreational Equipment Inc. 미국의 아웃도어 용품 및 스포츠 용품 판매 회사 - 역자 주)나 유사한 상점에 가서 최신 경량 방수 소재, 호화로운 색채 배합, 고액의 가격표를 자랑하는 많은 모델들 중 하나의 배낭을 선택할 것이다. 그러나 대부분의 캐나다 배낭여행자들은 그저 옷장으로 가서 믿을 만하고 많이 사용되는 모델을 꺼내올 것이다. 그들은 그 배낭이 쓸만하고 미국 배낭여행자들처럼 많은 돈을 쓸 일이 없다는 사실을 속으로 기뻐할 텐데, 이는 그들의 대체로 검소한 천성에 잘 맞는다. 물론 캐나다인들도 필요할 경우에는 배낭을 구입하지만, 그렇더라도 가능한 한 가장 평범한 색깔을 고를 것이다. 캐나다인들은 지위나 부를 번지르르하게 내보이는 것을 피하며, 남들보다 나아보이기 위한 시도처럼 보일 수 있는 물질적 소유를 본능적으로 피한다.

보수적인 영국계 캐나다인들은 또한 감정과 느낌을 공공연히 표현하는 것을 꺼리지만 프랑스계 캐나다인들은 자제하는 정도가 약간 덜하며, 제스처가 좀 더 활달하고, 대화하는 도중 상대방에게 더 가까이 선다. 캐나다인들이 지극히 예의바르고 친근하기는 하지만, 그들은 문제나 걱정을 내면화하는 것을 선호한다는 점에서 "다 터놓고 이야기하자"라는 미국인의 성향과는 반대이며 영국인에 더 가깝다. 캐나다의 광대한 자연 자원을 생각할 때, 캐나다를 상징하는 동물이 비버라는 것은 우연이 아니다. 비버는 본래 군생(群生, 같은 종류의 생물이 어떤 목적을 위해 집단생활하는 일 – 역자 주)을 하며 서로 협력해서 난공불락의 굴을 만들어서 살아남는다. 군체(群體), 또는 굴은 하나 이상의 가족 집단으로 이루어지며, 한 군체 안의 비버들은 보통 위험이 닥쳐왔을 때가 아니면 다른 군체의 비버들과 거의 접촉하지 않는다. 위험이 닥치면 비버들은 이웃 군체에 큰 소리로 경고를 하고 굴에 만들어 두었던 두 개의 탈출 통로 중 하나를 이용해 빠져나가려고 한다.

캐나다인들은 미국인들보다 외교적인 경향이 있는데, 그들은 불평을 하고 더 나은 대우를 요구해서 주의를 끌기보다는 마음에 들지 않더라도 상황을 받아들이는 것을 선호한다. 식당에서 주문한 요리가 잘못 나왔을 때 미국인들은 원래 주문한 요리를 다시 시키는 반면, 캐나다인들은 잘못 나온 요리라도 그냥 먹는다. 이와 유사하게, 몇 년 전에 어떤 캐나다 책이 『요통에 대처하기 위한 안내서(*Your Guide to Coping With Back Pain*)』(Fine, 1985)라는 소박한 제목으로 출간되었다. 출판사는 이 제목을 가지고는 이 책이 미국에서

단 한 부도 팔리지 않을 것이라고 단정했고, 미국에서 이 책의 제목은 『요통 정복(*Conquering Back Pain*)』(Fine, 1987)으로 바뀌었다.

캐나다인들은 예절을 강조하고 갈등을 피할 것을 강조하지만 그렇다고 해서 진실을 희생하지는 않는다. 이러한 접근은 문제를 정의하고 해결하기 위해 요구와 관심사를 공공연히 드러내어야 하는 사업상의 미팅에서는 바람직하지만은 않다. 이와 유사하게, 캐나다인들은 상사나 사업 파트너에게 불쾌한 이야기를 꺼내는 것을 약간 어려워한다. 캐나다인들이 예의바르고 간접적이기는 하지만, 의미를 결여한 복잡한 대화가 문화의 특징인 아시아인들이나 남미인들보다는 캐나다인들이 커뮤니케이션에서 더 직접적이다. 이런 의미에서 캐나다인들의 커뮤니케이션 양식은 더 직접적인 미국인들과 겹치는 면이 있고 비슷하기도 하지만 본질적으로는 다르다.

캐나다인들의 평등과 공정에 대한 인식이 또 드러나는 예는 보편적 의료 서비스와 사회안전망에 대한 국가 지원이다. 미국과 비교할 때 캐나다에서는 이들 서비스가 훨씬 더 균등하게 분포되어 있고 이 점은 서유럽의 사회민주주의와 일치한다. 무어(Michael Moore)는 그의 유명한 다큐멘터리 〈환자들(*Sicko*)〉(Moore & O'Hara, 2007)에서 이 차이에 초점을 맞추었고, 의료 서비스 체계 때문에 캐나다, 영국, 프랑스의 평균 수명이 미국보다 길다는 점을 시사했다.

그러나 무어는 2005년 캐나다 대법원에서 다수의 캐나다인이 만성 질환으로 고통을 받고 있으며 일부는 진료를 기다리는 도중 사망하기도 한다는 의견을 밝힌 것은 지적하지 않았다. 부유한 캐나다인들은 고품질의 의료 서비스를 받기 위해 미국으로 여행하는 경우가 잦다. 2010년, 매우 부유한 변호사이자 사업가였던 뉴펀들랜드 주지사 윌리엄스(Danny Williams)가 심장 수술을 위해 미국을 찾자, 그의 선거구민들 사이에서는 분노와 동정이 함께 일어났다. 또 하나의 불리한 점은 캐나다의 총 조세가 미국보다 훨씬 높다는 점으로, 이 진보적 조세 체계 때문에 연봉이 높은 사람들은 업무 부하를 줄이기도 하고 국외로 이주하기도 한다. 그러나 대부분의 캐나다인들은 이 교환 조건을 받아들이며, 이는 그들의 평등주의적이고 보수적인 관점을 반영한다. 사람들이 적절한 의료 서비스를 받을 수 있도록, 그들은 번지르르한 물품에 돈을 쓰는 대신 검소한 배낭을 사용하는 것을 선호한다.

캐나다 모자이크

캐나다인들은 타고나기를 남보다 잘난 사람은 아무도 없다고 어린 시절부터 배우며, 이러한 평등의 인식은 사회적 지위와 세계 속에서의 캐나다의 위치에 대한 캐나다인들의 관점에 깊이 스며들어 있다. 캐나다인들은 외국 문화에 대한 감식안이 높으며 지난 수십 년 간 세계 전역으로부터의 이민을 장려해 왔다. 사실 캐나다는 '한 나라 안의 지구마을'이라는 별칭으로 불린다. 캐나다에 채울 빈 땅이 많기도 하지만, 이민은 또한 캐나다인들의 평등과 페어플레이 정신 덕분에 가능했다. 캐나다인들은 인구가 밀집되어 있는 가난에 찌든 땅에서 일어나는 고난에 민감하다. 캐나다는 세 가지 주요한 이유에서 법적 이민자들의 대부분을 받아들인다. 이들은 경제적 이유로 이주하는 기술 보유자, 이미 캐나다에 거주하는 친척이 있는 사람, 마지막으로 정치적 망명에 대한 상당히 관대한 정책으로써 전통적으로 받아들인 전 세계로부터의 난민들이다. 이들 이민자들은 그 유명한 캐나다 모자이크를 구성하는 데 일조했다.

캐나다 안의 문화적 배경의 다양성은 실로 놀랍다. 이민자들은 200개 이상의 서로 다른 국가와 출생지 출신이다. 밴쿠버의 180만 인구 중 적어도 16%는 중국인이고, 공항 표지판과 구두 설명에는 중국어와 영어가 둘 다 사용되며, 밴쿠버 거주자 중 다른 14% 정도는 아시아의 다른 지역에서 왔다. 이와 유사하게 토론토 인구의 10% 이상은 중국인 또는 필리핀인이다. 캐나다에는 중국, 인도, 동남아시아, 동유럽, 카리브해 등의 출신의 이민자가 많다. 토론토와 밴쿠버에는 북미에서 가장 큰 차이나타운 두 개가 있다. 이민자는 토론토와 밴쿠버 인구 증가의 약 60%를 차지하고, 이러한 경향은 계속될 것으로 예상된다. 캐나다 기업은 이 소수민족 시장, 특히 중국과 남아시아 시장에 초점을 맞추고 있다. 캐나다 통계청의 예측에 따르면 2017년경에는 거의 캐나다인 다섯 명 중 한 명은 겉보기로 알아볼 수 있는 소수민족일 것이고, 토론토와 밴쿠버에서는 이 비율이 두 사람당 한 사람으로 올라갈 것이라고 한다 (2008, Figures 28 & 40). 따라서 토론토에 대규모 차이나타운이 있을 뿐 아니라 그리스인, 인도인, 이탈리아인, 포르투갈인, 카리브해인, 우크라이나인들이 압도적 다수인 지역도 많다는 것은 별로 놀랍지 않다.

어떤 면에서 캐나다는 새로 도착한 사람들을 변화시키고 있지만, 그들도 또한 캐나다를 변화시키고 있다. 캐나다인들의 독특한 개성은 학교, 기업 등의 기관에 전해 내려오는 가치 위에 살아 있고, 이 가치는 이민자들이 캐나다 시민이 되는 것을 돕는다. 그러나 캐나다는 미국의 용광로와는 달리 문화의 모자이크를 창조하는 것을 강조한다 (Andrews, 1999). 이러한 접근은 1988년 캐나다 다문화주의 조례에 공식적으로 인정되고 있으며 캐나다는 세계 최초로 1971년 공식적 다문화주의 정책을 채택한 사실을 자랑스럽게 여긴다.

일부 영국계 캐나다인들은 이민자들의 대규모 유입에 분개하기도 하고, 경기 침체 때문에 부정적 감정이 표면으로 떠오를 수도 있기는 하지만, 대체로 극히 예의바르고 친근한 캐나다인들의 천성 때문에 이러한 감정은 중화된다. 2011년 캐나다 통계청의 보고에 따르면, 토론토와 밴쿠버 모두에서 그리고 대부분의 다른 지방에서도 증오범죄가 증가했다. 반 이상의 증오범죄가 인종과 민족 때문에 일어났으며, 그 다음은 종교와 성적 지향이 차지했다. 사이먼프레이저대학교 범죄학대학 학장인 고든(Rob Gordon)은 "2008년에 세계 경제위기가 있었고, 내 생각에는 그것이 캐나다의 여러 중심지에 큰 영향을 미쳤다"고 말했다 (M. Robinson, 2011). 이 보고서에 나타난 문제적 통계는 범죄의 대부분을 12~17세 집단이 저질렀다는 것이었다.

그러나 일반적으로는 다수의 이민자 덕분에 캐나다 경제가 상당히 진보하였으며, 이민은 캐나다를 세계에서 가장 부유한 나라 중 하나로 만들었다. 일본이나 이탈리아 같은 다른 나라들은 인구 감소와 노령화로 경제적 어려움을 겪고 있지만, 캐나다는 노동자, 숙련된 전문가, 관리자, 소비자로 기여할 수 있는 사람들을 기꺼이 받아들인다. 캐나다에서 다문화주의는 공식 정책이고 권리와 자유의 헌장의 일부인데, 이는 영국, 프랑스, 네덜란드와 매우 다른 상황이다. 물론 '겉보기로 알 수 있는' 소수 민족에게 통합은 더 큰 과제이고, 정부 통계에 의하면 이들 소수 민족에게 '삶에 대한 만족감'은 2세대 이민자에서 1세대 이민자보다 줄어든다.

비미국계 북미인으로서의 캐나다인

캐나다인들과 미국인들이 많은 분야에서 서로 중요하게 협력하고 있지만, 캐나다인들은 미국인으로 오해받는 것을 싫어한다. 많은 캐나다인들은 미국 패스트푸드 체인, 책, 영화가 캐나다 것보다 훨씬 인기 있다는 사실을 좋아하지 않고, 캐나다 정부는 미국 도서, 잡지, 음악, 영화의 판매를 제한하는 법률을 주기적으로 고려한다. 사실상, 캐나다 TV와 라디오 방송국은 법에 의해 특정 분량의 '캐나다 프로그램만'을 방송하도록 요구받는데, 캐나다 프로그램이란 적어도 일부분이라도 캐나다인에 의해 씌어지거나, 연출되거나, 배급되거나, 다른 식으로라도 캐나다 출신이 기여한 프로그램으로 정의된다. 캐나다 정부는 캐나다 예술가와 회사들의 활동에 상당한 보조금을 지급하지만, 북미자유무역협정(NAFTA: North American Free Trade Agreement)과 세계무역기구는 캐나다산이 아닌 상품과 서비스를 배제하는 것을 억제하고 있다.

1990년대 후반 28세의 한 캐나다 배우가 어느 커피숍의 공개 발언 행사에서 즉흥적으로 다음에 나오는 연설을 한 뒤 문화적 영웅이 되었고, 이 연설은 몰슨 맥주의 광고로 쓰이게 되었다.

나는 캐나다인이다. 나는 벌목꾼도 아니고 모피 상인도 아니다. 나는 이글루에 살지도 않고, 고래 기름을 먹지도 않으며, 개썰매도 없다. 지미나 수지, 샐리는 분명 정말로 멋진 사람들이지만, 내가 알기로 캐나다 출신 중 지미, 수지, 샐리는 없다. 캐나다에는 대통령이 아니라 총리가 있다. 나는 미국말이 아니라 영어와 프랑스어를 쓴다. 그리고 나는 '어바웃'을 '어어봇'이 아니라 '어바웃'이라고 발음한다. 나는 배낭에 자랑스럽게 우리나라 국기를 꿰매어 달고 다닌다. 나는 치안이 아니라 평화유지를 믿고, 동화(同化)가 아닌 다양성을 믿는다. 그리고 비버가 자부심 높고 고귀한 동물임을 믿는다. 투크(tuque, 끝이 뾰족한 털모자 – 역자 주)는 모자이고, 체스터필드(침대 겸용 소파 – 역자 주)는 소파이다. 그리고 'z'는 제드라고 발음한다. 지가 아니다. 제드이다. 캐나다는 세계에서 두 번째로 큰 땅덩이고, 하키의 종주국이며, 북미에서 가장 좋은 나라이다. 내 이름은 조이고, 나는 캐나다인이다. (Molson Canadian Beer, 2000)

캐나다 전역에서 캐나다인들은 하키 경기 중에 얼음 위에 설치되는 공개 발언 마이크 앞에 줄을 서서 자기 이야기를 하려고 기다린다. 조(Joe)의 캐나다인 연설은 캐나다 신문들의 사설에서 일간 특집 기사가 되었고 대부분의 캐나다인들은 국가에 대한 약간의 자부심은 좋은 것이라는 사실에 동의했다. 그러나 반어적으로, 조가 캐나다에서의 직업 전망이 나쁘다는 이유로 로스앤젤레스로 배우 일자리를 찾아 이주하자 조의 유명세는 꺾이게 되었다. 일부 비평가들은 조가 '비미국적' 측면에만 집중하는 대신 이와 분리된 캐나다인의 정체성을 개척했어야 했다고 생각했다. 그러나 이 광고는 캐나다는 물론 전세계적으로 많은 패러디와 모방을 낳았다. 2007년 무슬림미국인협회에서는 "나는 무슬림이다"

라는 제목의 비디오를 만들었는데, 이 비디오는 몰슨 맥주의 광고 글을 많이 따오되 거기에 무슬림의 전형을 집어넣었다.

이와 유사하게 한 인기 있는 캐나다 주간 TV 프로그램인 〈지금은 1시간이 22분입니다(*This Hour Has 22 Minutes*)〉는 아무런 의심도 하지 않는 미국인들에게 다음과 같은 인터뷰를 함으로써 미국인의 무지를 풍자한다.

> 캐나다가 북미에 합류해야 한다고 생각하십니까? 캐나다에서는 이 문제가 큰 이슈입니다. 한 말씀 해 주시겠습니까?
>
> 캐나다가 토론토에서의 북극곰 살육을 법으로 금지해야만 할까요?

그러나 이 프로그램을 만들고 인터뷰를 맡은 머서(Rick Mercer)는 이 프로그램이 인기를 끈 이유를 설득력 있게 논평한다.

> 캐나다인들은 사회적 삶의 엄청난 부분을 캐나다인이 된다는 것이 무엇을 의미하는가를 정의하는 데 소비한다. 미국인들에게 미국인이 된다는 것이 무엇인지 정의하기 위해 소비하는 시간이란 없다. 캐나다인들은 정체성 위기를 겪고 있다. 우리는 미국인처럼 보인다. 우리는 미국인처럼 말한다. 우리는 미국인들의 모든 것을 알고 있다. 그들은 우리에 대해 아무것도 모른다. … 우리는 이것이 우스꽝스럽다고 생각한다 (Brown, 2001).

이러한 비미국계 북미인(반미는 아닌) 편견에 대해서는 몇 가지 설명이 있을 수 있다. 캐나다는 미국 독립혁명 전쟁 때 미국을 떠나온 영국 지지 세력에 의해 주로 형성되었다. 더 활동주의적인 미국인의 관점은 더 보수적인 캐나다인의 관점과 뚜렷하게 대조되었고 이는 지금도 마찬가지다. 미국 헌법이 생명, 자유, 재산권을 수호하는 반면 캐나다 헌법은 '평화, 질서, 좋은 정부'를 강조한다. 영화 〈사우스 파크(*South Park: Bigger, Longer & Uncut*)〉(Parker & Stone, 1999)에서 나온, 로빈 윌리엄스(Robin Williams)가 부른 유명한 노래 '캐나다 탓이야(Blame Canada)'와 코미디 센트럴(Comedy Central, 코미디 프로그램을 방영하는 미국의 케이블·위성TV 채널 – 역자 주)의 스튜어트(Jon Stewart)가 했던 "내가 캐나다에 가 봤는데, 이틀이면 점령하겠다는 인상을 받았어요"라는 논평에서 볼 수 있듯이 미국 코미디언들은 자주 캐나다를 농담의 소재로 삼고 있다.

또한, 미국에 비해 국력과 경제력이 훨씬 약한 이웃 나라로 지내는 것도 캐나다에게는 어려운 점이다. 1993년 이후 계속 미국 팀들이 하키의 최고 영예인 스탠리컵을 수상하고 있다. 하키가 캐나다의 국기(國技)임을 감안할 때, 이것은 캐나다인들이 특히 받아들이기 어려운 사실이다. 2011년, 밴쿠버 카눅(Vancouver Canuck)의 팬들은 스탠리컵 결승전에서 팀이 보스턴 브륀즈(Boston Bruins)에 패하자 폭동을 일으켜 횃불을 들고 거리 행진을 했다. 그나마 미국 팀 선수 중 대부분은 캐나다인이라는 사실이 상처를 완화시켜 주고 있다. 불행히도, 1988년 역사상 가장 위대한 하키 선수인 그레츠키(Wayne Gretzky)가 에드먼튼 오일러스(Edmonton Oilers)의 연봉 지급 능력 부족으로 인해 로스앤젤레스 킹즈(Los Angeles Kings)에 트레이드되자, 사실상 많은 캐나다 사람들은 이것을 국가적 재난으로 여겼다. 2010년 밴쿠버 동계올림픽에서는 금메달을 걸고 캐나다와 미국의 하키 결승전이 벌어졌고, 연장전에서 캐나다의 크로스비(Sidney Crosby)가 스릴 넘치는 골든골(하키 경기에서 90분이 지나도 동점일 때, 연장[전·후반 15분씩]전에서 골이 하나라도 나와 역전이 될 때 종료되는 제도 – 역자 주)로 경기를 마무리지었다. 대부분의 다른 금메달을 따낸 개최국 캐나다였지만, 국가의 정체성과 매우 밀접한 관계를 맺고 있는 스포츠에 대승리를 가져다준 것이었다. 설명이 뭐가 됐건 간에, 캐나다인들은 절대 미국인이 아니다. 스스로를 무엇이 아닌 것을 이용해서 정의하는 캐나다 문화에서는 이 사실이 정수라고 할 수 있다.

그러나 캐나다인과 미국인과의 유사성은 가정된 차이점보다 훨씬 더 크다. 두 문화 모두 개인주의적이고, 과정이나 업무 시작 전에 서로를 아는 것보다 목표를 성취하는 것이 중요한 직접적, 저맥락 형태의 커뮤니케이션을 선호한다. 영어를 사용하는 캐나다인의 예절은 영어를 사용하는 미국인들의 예절과 매우 비슷하지만, 프랑스계 캐나다인들은 자제하는 면이 덜하다. 또한 캐나다 시민권이 있는 부유한 홍콩계 중국인들은 그 정체성을 반영하는 자신들만의 업무 예절이 있다.

일부 캐나다 회사들은 국제 업무에서 공격적이고 성공적이라는 당연한 평판을 얻고 있다. 최근에는, 수요 증대와 일부 핵심 산유국들의 불안정성으로 인한 세계 유가의 변동성 맥락에서, 캐나다 알버타에 매장된 엄청난 양의 유사(油砂, 원유를 함유한 다공성 사암 – 역자 주)가 북미에서 상당한 잠재력을 갖고 있다. 이 유사는 사우디아라비아의 매장량에 다음가는 매장량(약 1,700억 배럴)을 가지고 있으며, 캐나다, 미국, 그리고 기타 시장의 에너지 수요에 앞으로 수십 년간 기여할 것으로 기대된다. 일반적 인식과는 달리, 캐나다는 미국의 제1위 원유 공급국이다.

세계 경제위기 이후, 캐나다는 적자와 부채 비율이 다른 G8(미국, 일본, 영국, 프랑스, 독일, 이탈리아, 캐나다 등 서방 7개국과 러시아 - 역자 주) 국가보다 훨씬 낮고 상대적으로 금융 환경이 안정된 국가로 부상했다. 일부에서는 캐나다 금융 제도에 원조가 필요하지 않은 이유가 캐나다 은행가들의 '진부하지만 좋은 방식'을 채택하는 경향과 모든 면에서 보수적인 캐나다인들의 기호에 있다고 주장한다. 그러나 『파이낸셜 타임즈(*Financial Times*)』에 기고한 글에서 금융 저널리스트 프리랜드(Chrystia Freeland)는, 그 진정한 이유가 캐나다의 매우 제한적인 모기지 마켓(주택금융 시장 - 역자 주)에 있음을 시사한다 (Freeland, 2010). 20% 미만의 계약금이 있는 모든 모기지는 보증을 받아야 하고, 자기자본수익률(ROE: return on equity, 기업의 자기자본에 대한 기간이익의 비율 - 역자 주)이 마이너스가 될 수도 있기 때문에 변동금리 또는 이자만 상환하는 모기지는 거의 찾아볼 수 없다.

미국과 캐나다 사이의 자유무역은 두 나라 모두에게 이익이지만, 순수출수지(수출액에서 수입액을 뺀 것 - 역자 주)의 측면에서는 캐나다가 더욱 이익이 크다. 다수의 캐나다인이 미국에서 성공했는데, 캐나다 인구의 거의 10배가 되는 미국은 무수한 성공의 기회를 제공하기 때문이다. 이들은 윌리엄 샤트너(William Shartner), 도널드 서덜랜드(Donald Sutherland), 셀린 디온(Celine Dion), 마틴 쇼트(Martin Short), 저스틴 비버(Justin Bieber), 라이언 레이놀즈(Ryan Reynolds) 등을 포함하는 다수이다.

그러나 캐나다인들은 심지어 단풍잎이 그려진 국기를 배낭 한가운데 꿰맬 정도로 차이점을 지적하면서 기뻐한다. 아마도, 현실은 훨씬 복잡하지만, 캐나다인들은 한쪽 끝에는 뻔뻔한 미국인이 있고 다른 쪽 끝에는 수줍어하는 영국인이 있는 분포도 가운데에 자신들이 있다고 보는 것 같다.

그리고 캐나다인들의 복잡한 현실은 영국계 캐나다인과 프랑스계 캐나다인 사이의 불편한 관계에 전형적으로 나타난다. 이 장에 나온 일반화의 대부분은 특히 영국계 쪽에 적용되지만, 캐나다에는 프랑스어를 쓰는 퀘벡과 뉴브런즈윅이라는 지역도 있다. 적의의 중심은 퀘벡으로, 퀘벡은 역사적으로 영어를 쓰는 지역보다 훨씬 못살았다. 1995년 퀘벡은 캐나다로부터의 분리 여부에 대한 주민 투표를 실시했고, 최종 표 차이는 극히 근소해서 분리 반대표가 50.5% 대 찬성표가 49.5%였다. 분리를 원하는 쪽이 승리했다면 국가로서의 캐나다 개념이 의심받았을 것이고, 영웅적으로 국기를 흔드는 노력을 통해서만 퀘벡 주민들이 캐나다에 남겠다는 확신을 가질 수 있었다. 그 이후의 설문조사는 독립 지지 비율이 떨어진 것을 보여주었고 독립을 지지했던 퀘벡당(PQ: Parti Quebecois)은 2003년 지방선거에서 패했다. 이 책이 출판될 즈음에는, 설문조사에서 40% 정도가 독립을 지지했고, 퀘벡당이 다음 선거에서 승리할 것으로 예상되어, 한 번 더 주민투표를 행할 가능성이 높아졌다. 일반적으로, 프랑스계 캐나다인들은 캐나다 내에서보다는 캐나다 밖을 여행할 때 더 캐나다인임을 느낀다고 주장한다.

아이러니컬하게도, 1995년은 캐나다의 단풍잎이 그려진 국기 채택 30주년을 기념해 많은 돈을 들인 캠페인이 이루어진 해였다. 분리 문제는 여전히 한구석에 잠재되어 있지만, 퀘벡으로 비프랑스적 문화가 계속 유입되고 경제가 개선됨에 따라 분리의 위협은 무뎌지거나 최소한 연기되었다. 게다가, 2006년에 캐나다 의회는 상징적인 제스처로, 퀘벡인들을 캐나다 안에서 한 '민족'

으로 간주해야 한다는 데 동의했다.

영국계 캐나다인들은 캐나다에 도착한 이후 계속 경제적으로 지배적 위치에 있었고, 프랑스계 캐나다인을 포함한 새로운 모자이크는 경제 규모를 확장하고 경제가 번영하는 데 아마도 도움이 되었겠지만 또한 문화적 다양성을 증가시켰다. 이렇게 됨에 따라, 중국인의 가족제단(7장 참조) 같은 새롭고 갈등을 일으킬지도 모를 문화적 상징이 출현했다. 그러나 2007년 수행된 도미니언연구소의 설문조사에 따르면, 열 명 중 일곱 명의 캐나다인이 그들이 공유하고 있는 역사, 영웅, 상징이 국가로서의 그들의 성공에 책임이 있다고 믿고 있었다. 몬트리올에 있는 캐나다학연구협회가 행한 최근의 전국적 조사는 '캐나다 역사에 관해 배우는 것'이 캐나다인들이 국가에 애착을 갖게 되는 방법 중 1위를 기록했음을 보여주었다. 흥미로운 사실은, 캐나다학연구협회의 회장 제드왑(Jack Jedwab)이 '셀린 디온 현상'이라고 명명한 바인데, 대부분의 캐나다인들이 캐나다 출신 스타들의 국제적 성공을 지켜보는 것이 시민으로서의 자부심과 나아가서는 통일성을 유지하는 데 강력한 영향을 준다고 느낀다는 것이다 (Boswell, 2011). 그렇기 때문에, 적어도 예측이 가능한 미래까지는 검소한 배낭에 꿰매어진 단풍잎이 그려진 국기가, 앞날이 매우 밝아 보이는 이 광대한 땅과 복잡한 문화에 대한 효과적인 문화적 은유가 될 것이라고 우리는 믿는다.

13

멕시코의 축제

축제는 멕시코인들이
사람, 종교, 현재를 경험하는 것,
위계적 사회질서에서 탈출하는
자유에 두는 중요성을 설명하는
은유로서 지속될 것이다.

멕시코

GLOBAL CULTURE

고독한 멕시코인들은 축제와 공적 모임을 사랑한다. 함께 모일 수만 있다면 어떤 경우라도 좋고, 시간의 흐름을 멈추기 위한 축제와 의식으로 사람과 사건을 기념하기 위한 어떤 핑계거리라도 좋다. 우리는 의식의 민족이고, 이러한 특징은 부드러운 동시에 예리한 우리의 이해와 감성을 풍부하게 한다. 축제라는 예술은 다른 곳에서는 거의 모두 그 수준이 낮아졌지만, 멕시코에서만은 그렇지 않다. 강렬한 원색, 기괴한 의상과 춤, 불꽃놀이와 의식, 무궁무진한 놀라움, 광장과 노천 시장에서 팔리는 과일, 사탕, 장난감 등으로 가득한 우리의 종교 축제와 같은 장관에 참여할 수 있는 곳은 세계에 얼마 없다.

– 옥타비오 파스 (Octavio Paz, 1961, p.47)

멕시코는 2010년 스페인의 지배로부터 벗어나기 위한 투쟁의 200주년을 맞이해 기념했는데, 그 분위기는 축제와는 한참 거리가 멀었다 (Thomson, 2010a). 정부는 2006년 이래로 강력한 마약 카르텔과 공개적으로 전쟁을 하고 있었고, 3만 명 이상의 시민이 이 폭력 사태로 목숨을 잃었다. 제도혁명당(PRI: Partido Revolucionario Institucional)이 2000년 대선에서 패하여 71년간 지속되어 온 권좌에서 유권자들에 의해 쫓겨나기는 했지만, 뒤를 이은 정부의 성적도 좋지는 않았다. 문제를 복잡하게 한 것은, 전 세계적인 경기 침체로 멕시코인들이 특히 어려움을 겪었다는 점이다. 대부분의 멕시코인들이 투쟁 200주년을 기념하는 두 가지 프로젝트(독립공원과 기념비)의 연기를 금욕적 무시로 받아들인 것도 당연하다.

멕시코는 고전적인 해체된 문화, 즉 침략자들과 널리 퍼진 기아

등 재난에 의해 그 뿌리가 해체된 문화를 대표한다 (Huntington, 1996). 멕시코의 경우, 이런 과정은 수차례 일어났고, 가장 최근의 예는 1990년경 국가 지도자들의 노력으로 멕시코가 세계 경제의 주요 당사자가 되기 시작한 것이었다. 멕시코에는 세 가지의 뚜렷이 구분되는 문화가 존재하는데, 인디언 문화, 스페인 문화, 그리고 인디언계와 스페인계가 섞여 있는 메스티소(*mestizo*) 문화가 그것이다. 1억 780만 인구 중 60% 가량이 메스티소이고, 30%는 순수 인디언(아메리카 인디언) 또는 인디언계가 우세한 혈통이다. 인디언들은 마야 제국과 아스텍 제국의 후손들이다. 마지막으로, 약 9% 정도가 스페인계이다. 예상되는 바와 같이, 이 세 집단 사이에는 암묵적이지만 불완전한 지위상 서열이 있는데, 그 순서는 스페인계, 메스티소, 그리고 인디언이다.

때때로 이러한 지위 서열은 갈등을 일으킨다. 예를 들어, 일부 기업들은 스페인계 소유주와 메스티소 관리자가 함께 일하기를 힘들어하면서 어려움을 겪기도 하였으며, 인디언들은 많은 형태의 차별을 겪어 왔다. 최근에는 가난한 인디언 집단의 곤경을 경감시키려는 시도들이 있어 왔다.

그럼에도 불구하고, 이 세 계층의 차별은 멕시코 문화의 중요한 부분이며, 1521년 인디언이 정복자 쿠르테스(Hernando Cortés)가 스페인 교회를 세운 장소인, 멕시코시티의 유명한 3문화광장(Plaza of Three Culture)에서 기념되고 있다. 그 교회는 인디언들이 건설한 고대 피라미드 구조물 위와 그 주위에 세워졌다. 교회의 명판이 이 세 부분으로 이루어진 문화를 간결하게 설명하고 있다. "1521년 8월 13일, 콰 우테 모크(Cuanhtemoc)가 영웅적으로 방어했던 틀라텔로코(Tlateloko)가 에르난 코르테스의 손에 들어갔다. 그것은 승리도 패배도 아니었다. 그것은 오늘날의 멕시코인 메스티소 국가의 고통스러운 탄생이었다."

멕시코에 대해 이야기할 때, 미국과 국경을 접하고 있는 북부 주들과 인구의 1/4 가량을 차지하는 남부와 남동부의 9개 주를 구별하는 것은 중요하다. 남부 및 남동부의 아홉 개의 주는 멕시코의 나머지 부분보다 도시화가 덜 진행되었고 더 가난하다. 그러나 시간이 지남에 따라 멕시코 전체가 여러 면에서 발전하고 있다. 예를 들어, 1960년 이후로 일반적인 멕시코 어린이가 학교에서 보내는 연수는 2.6년에서 거의 8년으로 늘었다 (M. Reid, 2006).

멕시코는 그 축제처럼 현실, 전통, 예술 및 사람들의 복잡한 혼합물이다. 여성 1인당 출산율은 2.2명이고, 이것은 예상 가능한 미래에는 인구가 상대적으로 안정적으로 유지될 수 있는 수치이다. 수도 멕시코시티는 1,950만 명의 인구가 있는, 세계에서 다섯 번째로 큰 도시이다. 대다수의 멕시코인은 인디언 및 스페인 유산과 자신들을 동일시한다. 대도시 지역의 많은 사람들이 영어를 이해하지만, 스페인어가 멕시코의 공식 언어이다. 멕시코의 여러 지방에서는 아직도 100여 가지 인디언 언어가 사용된다. 멕시코는 텍사스 주의 세 배, 혹은 미국의 1/5 크기이다.

멕시코는 수천 년의 역사를 가진 나라로 여전히 그 과거로부터 큰 영향을 받고 있다. 예를 들어, 수도의 중앙 광장 밑에 지하철 노선을 건설하려던 계획은 그것이 아스텍 제국의 숨겨진 유적을 파괴하게 된다는 사실이 발견되자 취소되었다. 과거는 셀 수 없이 많은 상들, — 히스패닉 이전도 포함하는 — 과거 영웅과 역사적 날짜의 이름을 따서 명명한 거리, 그리고 달력 속에서 기념된다. 예를 들어, 9월 전체는 스페인으로부터의 멕시코 독립을 기념하는 의식들로 채워져 있다. 그러나 앞에서 언급했듯, 스페인으로부터의 독립 200주년은 현재의 문제들에 대한 걱정 때문에 잠잠해졌다. 과거에 대한 몰두는 멕시코 정부가 그 어떤 나라보다 고고학 연구에 사용하는 예산이 많다는 사실에서도 드러난다.

심지어 공식적 과거조차도 현재의 관심사이다. 인터뷰와 신문 칼럼들은 반세기 전의 뉴스도 조명한다. 때때로 상징들은 선사 시대로부터 채택된다. 직무 중에 순직한 경찰관과 소방관들을 위한 1978년의 기념비는 땅과 풍요의 여신인 코아틀리쿠에(Coatlicue)의 상으로 그 발치에는 전사한 아스텍 병사가 있다. 멕시코 역사의 중요 인물들은 선과 악으로 나뉘고, 영웅주의, 국수주의, 혁명의 이상 또는 비겁함, 반역, 탐욕 및 억압 등의 개념을 의인화한다.

이렇게, 과거는 멕시코인의 생각과 행동을 이해하는 데 중요하다. 그렇기 때문에, 멕시코인과 그들의 문화를 종합적으로 이해하기 위해 멕시코 역사를 간략하게 살펴보는 것이 필수적이다.

역사적 배경

1519년 코르테스가 도착했을 때, 멕시코에는 아스텍인, 잉카인, 마야인을 포함한 수백 개의 토착 부족이 살고 있었다. 코르테스가 스페인의 이름으로 토착민들을 정복하는 데는 고작 2년밖에 걸리지 않았다. 대부분의 토착민들이 스페인의 정복과 유럽에서 들어온 질병으로 죽어갔고, 남은 토착민들은 식민지 시대에 스페인인에 의해 가톨릭 신앙으로 교화되었다. 멕시코의 은광과 주민들은 착취당했고 그 부는 스페인으로 보내졌다.

독립전쟁(1810~1820년)에서 스페인에 승리하고 나서, 멕시코에는 다음 백 년간 지속된 독립과 격동의 시기가 시작되었다. 1853년에는 주로 멕시코 전쟁을 통해 멕시코 영토의 절반이 미국령이 되었다. 이 기간의 특징은 불안정한 리더십과, 농장 일꾼들을 대농장의 실질적 노예로 만든 엘리트 지주들에 의한 농장 일꾼 착취이다. 이 기간의 지도자로는 순수 자포텍 인디언으로 유명한 후아레즈(Benito Juárez)가 있다.

1920년 멕시코혁명(1910~1917년 멕시코의 민족주의 혁명 – 역자 주)이 끝나고 이후 10년간 대지주와 빈민을 대표하는 여러 당파의 극렬한 분쟁이 있은 후, 대통령 선거가 시작되었다. 정부는 대규모의 보수적 지주인 가톨릭 교단을 해산시키려 했고, 교회와 국가를 분리시키기 위한 기구가 세워졌다. 종교가 대부분의 멕시코인의 삶에서 분리할 수 없는 일부였음에도 불구하고, 교회의 토지 소유는 허가되지 않았고, 성직자는 투표권이 없었다. 토지 개혁 하에 교회와 대지주가 소유했던 땅은 몰수되어 소작농과 토착민에게 주어졌다.

1960년에 인구의 거의 100%가 자신을 가톨릭교도라 밝혔고 최근에는 85% 가량이 그러한 가운데, 최근 가톨릭교의 인기는 줄어들고 있다. 그에 따라 개신교, 특히 다양한 복음주의 종파를 자신의 종교로 밝힌 인구의 비율이 거의 0%에서 6%로 뛰어올랐다. 개신교가 빈곤층에 인기를 끄는 일부 요인은 술에 대한 강한 금지, 더 열려 있고 덜 위계적인 접근 때문이다. 성직자의 잘못을 강조하는 반-가톨릭 영화도 인기다. 〈아마로 신부의 죄악(*El crimen del Padre Amaro*)〉

은 멕시코 역사상 가장 인기 있는 영화 중 하나로, 독신으로 남겠다는 서약을 위반하고 낙태 수술에 돈을 지불하여 한 가난한 젊은 여인을 죽음으로 이끈 19세기의 한 신부의 실화를 묘사하고 있다.

1920년에 끝난 멕시코혁명의 이로운 결과에도 불구하고, 빈곤, 실업, 높은 출산율, 부적절한 교육 제도, 비효율적 산업과 농업, 높은 외채, 자금조달 능력이 결여된 불안정한 경제를 포함한 여러 문제는 오늘날까지 남아 있다. 어떤 면에서 경제 상황은 원유 발견을 큰 이유로 지난 90년간 눈에 띄게 발전했다. 또한, 북미자유무역협정(NAFTA)은 멕시코와 미국 사이의 무역을 증대시켰는데, 미국은 멕시코 수출의 80.1%를 차지한다. 1994년 발효된 NAFTA는 멕시코의 대기업에 소규모 기업보다 훨씬 더 많은 이익을 주기 때문에 논란의 여지가 있다. 그러나 모든 문제에도 불구하고, 멕시코는 2011년 경제자유지수에서 179개국 중 48위로 상당히 높은 점수를 받았다 (T. Miller, 2011).

제도혁명당(PRI)이라는 오직 하나의 정당이 72년간 정치를 지배했다. 1988년 PRI의 패배에 가까운 득표는 멕시코 정치의 전환점이 되었으며, 독자 생존 가능한 반대당들이 현실로 나타났고, 이것은 2000년 총선에서 PRI의 패배로 정점을 이루었다. PRI는 몇 건의 스캔들을 겪었고, 더 이상 그들이 바라는 대로의 의문의 여지 없는 권위자가 아니었다. 그 지도자들은 진지함과 황제 같은 신비함의 기운을 유지하려고 시도했었지만, 이제는 미국 스타일의 선거에서 그들 서로 그리고 반대당의 구성원들과 경쟁해야만 한다.

비록 이 장이 멕시코 문화를 일반화하고 있지만, 사실상 멕시코 문화란 정형화되어 있지 않다. 멕시코에는 다섯 개 정도의 구분되는 지역이 있다 (Kras, 1989). 북쪽 국경지대는 미국과의 유사성과 마킬라도라(*maquiladora*) 프로그램 하의 많은 외국인 소유 기업의 존재에 영향을 받아 왔다. 마킬라도라 프로그램은 외국 기업이 멕시코로 관세 없이 부품을 실어 와서 멕시코 노동력을 이용하여 제품을 조립하고, 다시 관세 없이 제품을 싣고 나가는 것을 말한다. 북부 사람들은 다른 멕시코인에 비해 더 공격적이고 독립적이다.

중부는 더 전통적이고, 보수적이고, 독재적인 가족 소유 기업으로 특징지어진다. 남동부 지역에서는, 사람들이 좀 더 느긋하다. 그곳에는 산업보다는 대농장이 많다. 기업은 가부장적이고 독재적이다. 이 지역에는 많은 토착 인구가 살고 있다.

수도인 멕시코시티가 네 번째 지역을 이루고, 이곳은 멕시코 국민총생산의 40%를 자랑한다. 1인당 GDP는 1만 230달러로 미국이나 캐나다의 25%에 못 미친다. 비록 과밀 지역이기는 하지만, 멕시코시티는 매우 현대적인 국제도시이다.

다섯 번째 지역은 원유가 풍부한 멕시코 만 일대이다.

토착 인구와 스페인 인구의 혼합은 거의 완전해서, 멕시코인들이 메스티소라고 부르는 존재를 낳았다. 정복자들이 행한 비극에도 불구하고, 가톨릭 신앙이 토착 인구가 스페인 문화에 동화되는 것을 도왔다. 전통적 토착 신앙이 가톨릭교와 섞여서, 멕시코인의 종교적 믿음과 실천에 반영된 독특한 멕시코 문화를 낳았다. 이 두 문화(인디언과 스페인)의 혼합은 또한 특유한 건축, 언어, 그리고 멕시코인의 삶의 많은 다른 양상에서도 볼 수 있다.

예를 들어, 망자의 날 축제 기간에, 사람들은 친척의 묘에 꽃과 음식을 놓기 위해 묘지로 몰려든다. 이 상징적인 제스처는 사후의 삶에 대한 가톨릭교의 개념과 고대 인디언의 개념이 결합된 것이다. 매년 하루, 사람들은 소작농처럼 옷을 입고 아이들을 데리고 축복을 받으러 성당에 간다. 교회 앞에는 아이들이 사진을 찍는 부스가 있다. 이 부스의 배경막과 아이들의 의상에는 멕시코인들의 토착 배경을 보여주는 표지가 있다.

멕시코의 축제

비록 멕시코에는 축제보다 더 삶에 가까운 것이 많이 있지만, 멕시코의 문화를 더 완전하게 이해하기 위하여 축제의 많은 면을 멕시코에 연관시킬 수 있다. 멕시코 관광부에 의하면, 매년 열리는 공식 축제의 수는 500에서 600개에 달한다. 멕시코독립일 등 역사적 사건의 기념, 개별 마을, 도시, 주의 전통 강화, 가톨릭 성인과 의식 예배, 특정 지역의 특별한 음식과 작물에 대한 경의, 생일, 세례, 결혼, 졸업 기념 등 축제는 다양한 이유로 열린다. 그렇기 때문에, 축제는 멕시코를 살펴볼 수 있는 적합한 은유이다.

광범위하고 부분적으로 부정확한 한 가지 선입견은 "축제의 땅으로 오세요"라는 슬로건이 있는 유명한 관광 광고로 표현된다. 이러한 광고는 스팽글과 리본으로 장식된 옷을 입은 유혹적인 소녀들이 로맨틱한 기타 음악에 맞추어 아름다운 소년들과 춤을 추고 있는 장면을 묘사한다. 이러한 축제는 영화, 관광객, 그리고 아마도 큰 도시 프로젝트의 축제를 의미한다. 진정한 멕시코의 축제는 시골의 축제이다. 축제로 가는 길이 멀고 어려울수록, 그 축하는 더 매력적이다.

단순한 삶의 순수한 즐거움을 축제에서 경험할 수 있는데, 아름다운 의상을 입은 토착 원주민의 춤과 행복하게 춤추는 사람들이 그것이다. 축제를 통하여 멕시코인들은 존재를 활기차게 하고 고양시키는 기회를 갖는다. 그들은 이웃 마을에서 온 사람들을 볼 수도 있고, 약간의 장식품을 팔 수도 있으며, 파티를 하고, 친구와 가족 간의 동지애를 즐길 수도 있다. 심지어 가장 수수한 축제도 유머와 활력으로 가득한 특별한 분위기를 자아낸다. 축제에는 아름다운 의상, 언어, 부산한 활동, 목적 없는 어슬렁거림이 어우러져 있다.

열대 해안의 시골 마을에서 열리는 축제는 특별히 축제 기분이 더하다. 축제에 유머가 있기는 하지만, 명랑하거나 의식적으로 재미있지는 않다. 만약 축제의 분위기가 극적이라면, 그것은 계획되지 않은 것이다. 비록 수년간 축제에 참가해 왔더라도, 참여자는 그 행사와 의식을 제대로 이해하지 못했을 수도 있다. 축제는 큰 블록 파티(특정 블록의 교통을 차단하고 거리 등에서 벌이는 마을 축제 - 역자 주)에 비길 수 없다. 축제는 비합리적이고, 신비로우며, 움직인다.

일반적으로, 남부의 와하까(Oaxaca) 주에는 아름다운 지방 의상, 꽃 장식, 원주민의 불꽃놀이의 높은 카스티요(*castillo*, 탑) 등이 어우러진 멋진 축제가 있다. 와하까의 사람들은 주로 우아함, 침착성, 세속성을 공유하는 인디언이 주를 이룬다. 그들은 새로운 사람과 새로운 방식에 흥미가 꽤 많다. 최근 혁명 활동의 무대가 된 치아파스(Chiapas)주는 외부인들에게는 매혹적이면서도 무서울 수 있는 이교도 의식을 갖고 있다. 다른 지역의 축제는 종교적 의미 없이 단지 먹고, 노래하고, 춤추고 마시는 것이다. 이는 현재에 충실한 열대 지방에서 특히 그렇다. 축제의 다양성을 고려할 때, 각각의 축제는 그냥 지켜볼 것이 아니라 경험해야 한다.

그러나 최근에는 축제의 적어도 일부 전통은 쇠락했다. 심지어 11월 1일 망자의 날 축제도 변화하고 있다. 이 축제는 죽음을 삶의 끝이 아닌 변형으로 조명한다. 이러한 방식으로 가족 역사의 중요성을 강조하는 것이다. 그러나 미국의 할로윈 축하가 망자의 날에 이식되었고, 그 과정에서 많은 전통이 버려졌다 ("귀신 들린 멕시코[Mexico, Haunted]," 1999).

멕시코문화의 네 가지 중요한 양상이 축제에 드러난다. 첫 번째는 사람에 대한 멕시코인들의 주된 초점으로, 축제는 가족, 친구, 공동체와 함께 하는 즐거움을 누릴 기회가 된다. 두 번째로, 종교는 멕시코인의 삶에 스며들어 있는 영향으로, 엄청나게 많은 수의 종교 축제는 멕시코인이 신과 이야기할 기회이다. 세 번째로, 멕시코인에게는 현재를 경험하는 것이 중요하며, 축제는 그러한 기회가 된다. 마지막으로, 멕시코인들은 사회적 질서 안에서 자유를 찾으며, 축제의 사회적 질서 안에서 이 자유를 보여준다.

사람에 대한 주된 초점

사람은 멕시코문화에서 매우 중요하다. 축제는 가족과 친구와 함께 있는 것을 즐기는 시간이다. 그것은 또한 모든 멕시코인을 공통의 민족으로 묶어주는 유대를 형성한다. 멕시코는 집단주의적이고, 단단한 사회 구조 내에서 내집단 구성원, 특히 권위를 가진 지위의 사람들이 충성의 대가로 모든 사람들을 보살펴야 한다. 가브리엘리디스(Christina Gabrielidis)와 그의 연구 팀은 집단주의적인 멕시코인이 개인주의적인 미국인보다 다른 사람에 대한 걱정을 더 많이 보이고 적응과 협력을 더 많이 사용한다는 것을 발견했다 (Gabrielidis, Stephan, Ybarra, Dos Santos-Pearson & Villareal, 1997). 전반적으로, 멕시코는 권위 서열, 또는 수직 집단적이지만 가부장적인 문화로 상급자와 부하 사이에 상당한 사회적 거리가 존재한다. 가부장주의는 월급의 세 배에 상당하는 아기날도(*aguinaldo*), 즉 크리스마스 보너스 등 여러 측면에서 나타난다. 그러나 미국과 국경을 접하는 일부 지역에서는 개인주의가 점점 강해지고 있다.

사회의 기초 구성요소는 직계 가족이다. 많은 시골 지역에서는, 몇 세대가 같은 집에 함께 산다. 어린이들에게는 가족에 의존하고 집을 떠나지 않는 것이 장려된다. 가족은 일하지 않는 시간의 대부분을 함께 보내고, 어린이들은 어디든 부모와 함께 다닌다. 하인을 고용할 여유가 있을 만큼 부유한 소수 인구를 제외하면, 베이비시터는 거의 없다. 가족은 멕시코의 비공식적 복지 체계이다. 만약 사촌이 그의 아이들을 먹여 살릴 여유가 없다면, 나머지 가족들이 식료품을 제공한다. 멕시코의 가족은 친척에게 집이 없는 것을 매우 부정적으로 생각해서 가족 구성원의 숙소를 마련하기 위하여 뭐든 하려 든다.

축제는 가족과 함께 있는 것을 즐길 기회이다. 일부 축제는 심지어 가족의 범위를 연장한다. 세례와 아이의 일생에서 중요한 축제 의식들을 위하여 대모와 대부(마드리나, *madrina* 또는 파드

리노, *padrino*)가 선택된다. 대모나 대부가 되는 것은 영광이자 책임이다. 어린이는 각 행사마다 다른 대모나 대부를 가질 수 있는데, 새로운 대모나 대부는 기존 대모나 대부를 대신한다기보다는 추가된다는 개념이다. 이러한 대모나 대부가 어린이의 일생에서 모든 중요한 순간에 참석할 것이기 때문에, 이러한 관습은 실제로 대모, 대부와 그들의 가족을 가족에 포함시킴으로써 가족의 범위를 확장시킨다. **꼼빠드라즈고**(*compradazco*)는 부모와 대모, 대부가 공유하는 공동의 부모 노릇을 의미한다. 한 멕시코 친구는 **꼼빠드라즈고**를 많은 집 또는 가족을 하나의 큰 가족으로 이어주는 보이지 않는 줄로 이어진 네트워크에 비유했다.

친구 또한 멕시코에서 중요하다. 일단 친구가 된 사람은 내집단의 신뢰받는 구성원이 된다. 친구는 **꼼빠드라즈고**의 경우에서 볼 수 있듯이 거의 가족의 일부가 된다. 친구의 친구 또한 이 네트워크의 일부가 된다. 친구는 종종 **브라더**(*brother*), **시스터**(*sister*), **커즌**(*cousin*) 등의 가족 호칭으로 불린다.

관계의 규칙

멕시코인들은 추상적 개념보다는 관계에 훨씬 더 지배를 받는다. 멕시코인들은 친구나 친척이 보이면 무슨 일을 하고 있었는지에 상관없이 그것을 중단할 것이다. 애정을 나타내기 위하여 작은 것을 의미하는 *-ito*나 *-ita*와 같은 지소어미가 이름이나 단어의 끝에 붙는데, 예를 들면 **실비아**(*Silvia*) 대신 **실비타**(*Silvita*)라고 하는 것이다. 이러한 어미는 또한 문제를 축소하고 체면을 차리기 위하여 쓰이기도 한다.

비록 현대적인 기업에서는 덜 그렇지만, 멕시코인들은 자격이나 성취와 상관없이 낯선 사람보다는 친척이나 친구를 고용하는 경향이 있다. 호프스테드의 53개국 연구에서, 멕시코인들은 불확실성을 기피하고자 하는 강한 욕구를 갖고 있는 것으로 밝혀졌고, 이것은 그들이 불확실한 상황이나 타인에 대해 위협을 느끼고 그것을 피하려 한다는 것을 암시한다 (Hofstede, 2001). 그렇기 때문에, 누군가를 고용하거나 그와 동업을 하기 전에 그 사람을 알아놓는 것은 중요하다. 오랜 격언인 "무엇을 아는가가 아니라 누구를 아는가이다"는 문자 그대로 받아들여진다. 만약 타인과 함께 사업을 해야만 한다면, 어떤 거래가 이루어지기 전에 그들을 알기 위해 엄청난 시간이 들어간다. 멕시코인은 조직에 충성하지는 않지만, 조직에 속한 사람들에게는 헌신적이다.

가족이 멕시코인의 생활에서 차지하는 중요한 역할을 고려할 때, 외국인 중역들은 고용인의 가족에 대해 진지하게 관심을 가져야 한다. 예를 들어, 고용인이 가족의 병 때문에 결근했다면 흥미와 걱정을 보이는 것이 좋다. 가족의 유대를 이해하는 것은 외국인 관리자가 부하의 행동을 이해하고 그들과 좋은 관계를 발전시킬 수 있는 훌륭한 방법이다.

멕시코인들은 성공을 성취가 아닌 소속의 관점에서 본다. 누군가가 다른 사람에게 중요한 인물이 되는 것은 중요하다. 그러나 대규모의 현대적인 기업일수록 성취가 더 중요하다. 개인이 집단주의 문화의 통합된 일부일지라도, 개인으로서 각자의 독특성은 높이 평가된다. 멕시코인들은 이 내적 개인을 묘사하기 위하여 **알마**(*alma*, 영혼) 또는 **에스피리투**(*espiritu*, 정신)라는 말을 사용한다.

이 영혼 또는 품위와 명예를 지키는 것은 중요하다. 관리자들은 친구나 가족 앞에서 부하를 탓하는 일을 가급적 삼가야 한다. 멕시코인에게는 칭찬이 중요하다. 멕시코인들은 의견의 일치를 추구하는 편이며 감정이 상하고 대립이 일어나는 것을 피하기 위해서라면 거짓말도 한다. 타인을 비방하지 않는 것이 중요하다. 스페인어에서는 사람이 물건을 깨뜨리는 것이 아니라, 사물이 그냥 부서진다 ― *Se lo rompió* (그게 부러졌어요 - 역자 주). 거짓말과 진실은 절대적이지 않다. 멕시코인들은 심지어 말하는 내용이 완전한 진실이 아닐 경우에도, 대립을 피하고 누군가의 품위 손상을 막기 위해서 당신이 듣고 싶은 말을 하곤 할 것이다. 누군가 길을 물어보았을 때, 멕시코인들은 모른다고 하는 대신 틀린 답을 가르쳐 줄 수도 있다. 사과를 할 때 그들은 이렇게 말한다. "그 일이 일어나지 않은 셈 치십시오, **세뇨르**(*Senõr*)."

교차문화 인류학자 아가르(Michael Agar)는 합작 사업을 하고 있는 미국인들과 멕시코인들의 관계를 편하게 해 달라고 부탁받았을 때, 멕시코인들이 미국인들을 어떻게 보고 있었는지 선명하게 회상한다. 하루 종일 미국 기업인들과 일하고 난 후, 멕시코 중역들은 한 잔 하러 나갔다. 그 중 한 사람이 보이지 않는 투우사의 망토를 소, 즉 미국인들 앞에 휘두르며 **엘 카포**(*el capo*, 스페인어로 상사[the boss]라는 뜻. 미국인 상사를 돌진하는 소에 비유한 것이다 - 역자 주)라고 말했으며, 나머지 멕시코인들은 떠들썩하게 웃어댔다. 멕시코인들은 미국인들의 면전에 대고 미국인들의 행동이 천박하다고 말하기에는 그들 자신이 너무 예의바르고 교양 있다고 생각했다. 그러나 이러한 예의바름이 결국 합작 사업이 깨지는 주된 이유가 되었다. 멕시코인들이 마감 시한을 맞추는 것이 "문제없다"라고 말해 놓고서 계속해서 그것을 어기는 것에 미국인들이 몹시 화가 났기 때문이었다. 미국인들은 멕시코인들에게 거짓말을 하고 있다고 직설적으로 말했고, 멕시코인들은 모욕감을 느꼈다. 미국인들과 멕시코인들의 커뮤니케이션과 협상 스타일을 생각할 때, 이러한 결과는 자주 일어난다.

멕시코인들은 인간을 선악이 뒤섞인 존재로 생각한다. 아마도 이러한 관점과 진실과 거짓말 사이의 회색 지대 때문에, 사람들은 협력을 얻기 위해서는 보답을 해야 하는 일시적 장애물을 만날 수도 있다. 이와 유사하게, 축제에서 사람들은 자주 특별한 의상을 입고 가면을 쓴다. 가면은 품위를 잃지 않고도 현실에서 도피할 수 있게 해 준다. 옥타비오 파스는 심지어 멕시코인이 "자신을 지키기 위해서 스스로를 격리하는 사람이며, 그의 얼굴은 가면이고 그의 미소도 그러하다"라고 주장한다 (Paz, 1961: 29). 파스의 관점에서 멕시코인들은 고통스러운 현실을 가면으로 가리는 경향이 있으며, 드러나는 것보다 더 많은 것을 감추고 있다.

커뮤니케이션 스타일

비언어적 커뮤니케이션은 전체는 아닐지라도 대다수의 문화에서 중요하다. 멕시코에서는, 제스처, 얼굴 표정, 눈빛, 자세, 의복, 이 모든 것이 문화의 중요한 측면을 드러낸다. 인사와 인사말은 오랜 시간이 걸리며 많은 경우 악수, 포옹, 키스, 등 두드리기 등으로 꽉 채워진다. 멕시코에서는 동성 간에 미국에서 통용되는 것보다 더 많은 신체적 접촉이 있다. 남자들은 서로 **아브라소**(*abrazo*, 포옹)로 인사하며, 여자들은 뺨에 키스를 한다. 전반적으로, 멕시코인들은 미국인들보다 신체를 가까이 접촉하고 사람들 사이의 거리도 더 좁다.

따라서 미국인들은 멕시코인들과의 상호작용에서 감정적 또는 사회적 거리를 두는 커뮤니케이션을 하며 뒤로 물러날 수도 있다. 멕시코인들은 미국인들에게는 고압적으로 보일 수도 있다. 두 문화 사이의 보디랭귀지 또한 다르다. 미국인들이 머리와 목을 사용하는 반면 멕시코인들은 몸통을 많이 사용한다. 멕시코인들은 말하고 있는 내용을 설명하고 강조하기 위하여 손을 집중적으로 사용한다.

깔끔한 옷과 외모는 존중을 드러내는 것이므로 중요하다. 멕시코에서는, 의복과 장신구가 그 나라의 엄청난 민족적 다양성을 대표한다. 복장의 종류는 한 사람의 지역적 또는 민족적 배경을 나타낸다. 모자 하나만 보더라도, 그 다양성은 경이롭다. 상위 계층의 멕시코인은 멋진 옷, 비싼 장신구, 화려한 머리모양으로 그 지위를 구별한다. 존중받는 것 또는 데상트(*decente*, 품위 있는, 고상한 – 역자 주)에 대한 관심사가 옷에 드러난다.

대화는 멕시코에서 하나의 기술이며, 말하는 방식이 말하는 내용만큼 중요하다. 화자는 극적이고 화려한 문체로 요점을 에둘러 말하며 자주 내용을 반복한다. 암시와 중의는 멕시코인들의 기쁨이다. 문화권별로 정보를 전달하는 단어에 두는 중요성이 다르다 (Hall & Hall, 1990). 미국인들과 북유럽인들은 단어에 큰 강조를 둔다. 멕시코에서는 맥락이 더 중요하며, 똑같은 진술을 어떤 상황에서는 정직하다고 보고 다른 상황에서는 무례하다고 볼 수도 있다. 누가 말했는지, 어떻게 말했는지를 아는 것은 의미하는 내용을 이해하는 데 필수적이다.

잦은 만남은 만난 사람들끼리 함께 있는 것을 단순히 즐기는 사회적 행사가 된다. 어떤 대화든 감정과 열정이 충만하다. 예를 들어, 멕시코 남자가 여자를 유혹할 때 그는 전형적으로 그녀의 아름다움에 미사여구의 칭찬을 늘어놓는다. 이와 유사하게 축제에서도 극한의 즐거움과 슬픔이 보인다.

언어는 자주 그것이 의미하는 이상을 말한다. 예를 들어, "*Mi casa es su casa*"는 의미 그대로는 "내 집은 당신 집입니다"를 의미하지만, 사실상은 "우리 집은 당신을 환영합니다"를 의미한다. 멕시코인들이 당신을 만나서 기쁘다면, 자기가 **엔깐따도**(*encantado*) 되었다고 말하는데, 이는 당신을 만나서 황홀해졌다는 뜻이다.

교육과 훈련

대체로, 학교에서는 논리적 개념과 사회에서의 경쟁력을 강조한다. 실용 학문의 중요성이 덜한 반면, 철학, 과학, 예술과 같은 지적 추구가 중요하다. 이러한 관행은 종종 기업에서 부하직원들이 계획의 실행을 맡았으나 그것을 해낼 충분한 기술이 없는 경우 문제가 된다. 따라서 외국인 관리자들은 부하를 훈련시키는 것의 중요성을 깨달아야 하는데, 특히 그들의 유쾌하고 권위에 의심을 갖지 않는 성향을 고려하면 더더욱 그렇다.

최근에는 실용 훈련의 중요성이 늘었다. 예를 들어, 몬터레이 공과대학교(ITESM)는 다수의 일류 경영 및 엔지니어링 학생을 배출하고 있으며, MBA 프로그램 같은 일부 프로그램은 세계에서 제일가는 수준이다. 이 대학은 또한 그 엄격한 입학 기준에 미치지 못했으나 수습기간을 조건으로 받아들여진 학부생들에 대해 1년간 학력 부족 보충수업도 제공한다.

종교 강조

종교적 축제의 의미와 그 숫자는 멕시코인들의 삶에서 종교가 갖는 중요성을 보여준다. 종교 축제는 참가자들에게 신과 소통할 기회를 부여한다. 게다가 종교적 목적이 없는 일부 축제에도 종교적 특징이 있다.

중요한 축제는 사순절 이전에 기념되는 카니발이다. 또 다른 기념일, 과달루페의 성모 축일은 가장 중요한 종교적 휴일 중의 하나로, 성모 마리아가 테페약(Tepeyac) 언덕(현재는 멕시코시티의 일부)에 나타났다고 전해지는 날을 기념한다. 크리스마스 9일 전 밤에, 멕시코인들은 마리아와 요셉이 베들레헴으로 묵을 곳을 찾아가는 것을 재연한다. 이러한 기념일, 즉 **포사다**(*posada*)의 밤마다, 어린이들은 **피냐타**(*piñata*, 장난감과 사탕을 넣은 항아리로 만든 놀이감 - 역자 주) 놀이를 한다. 부활절 전 주인 성주간(Holy Week)은 축제들로 축하된다. 게다가, 모든 도시나 마을은 그 수호성인을 위한 축제를 매년 개최한다. 종교 축제 기간에, 멕시코인들은 교회에서 기도하고 촛불을 켠다.

그 외에도 가족의 축제는 세례, 첫 번째 영성체, 결혼을 포함한 전통적 통과 의례를 축하한다. 대모, 대부와 그들의 가족을 포함한 가족 전체가 이 축제에 참여하는데, 이것은 영성체가 있는 교회 예배로 시작되는 경우가 많다.

심지어 종교적 목적이 아닌 일부 축제도 종교적 양상을 갖는다. 15세 소녀를 위한 축제, **퀸세네라**(*quinceañera*, 열다섯 살 생일잔치)는 미국의 16세 생일잔치 또는 사교계 데뷔 파티와 비슷하다. 그것은 본질적으로는 사교적이지만 영성체가 있는 교회 예배와 여러 코스의 식사, 가급적 큰 밴드가 연주하는 음악에 맞추어 추는 춤을 포함한다. 이것은 한 소녀의 생애에서 가장 중요한 축제로, 참가하는 소녀들은 값비싼 고급 드레스를 입고 그들과 동반하는 소년들은 수트를 입고 넥타이를 맨다. 가족들은 이 축제를 위해 많은 돈을 쓰며, 충분한 자원이 없는 가족은 딸이 퀸세네라의 즐거움을 만끽할 수 있도록 어떠한 방법이라도 쓸 것이다. 예를 들어, 미국의 집들을 청소하는 것으로만 수입을 얻는, 네 명의 자녀가 있는 한 홀어머니는 딸의 명예를 위하여 축제의 주요한 십대 주인공들이 교회 예배에서 입을 드레스와 수트를 직접 꿰매어 만들고, 그 지역 멕시코 음악가 밴드를 고용하고, 음식의 대부분을 준비하고, 축제 전반을 혼자 관리했다. 이 퀸세네라는 오전 10시에 시작하여 다음날 새벽 3시가 되어서야 끝난다.

신의 의지

멕시코인들은 삶이란 그들이 통제할 수 없다고 믿는 경향이 있다. 신이 행하려 하는 것은, 일어난다. 흔한 표현인 '*si Dios nos presta el tiempo*'는 '신이 우리에게 시간을 빌려주신다면'이라는 뜻이다. **니 모도**(*ni modo*)라는 표현은 '절대 안 돼' 또는 '나쁜 운'을 의미한다. 많은 멕시코인들은 일반적으로 자연이 인간보다 우세하다고 간주한다. 문제가 발생하면, 멕시코인들은 환경을 수정하기보다는 자신들을 바꾸려는 경향이 있다. 이러한 이유로, 계층 간의 선은 쉽게 깨어지지 않고, 문제는 최소화되곤 한다. 이와 유사하게, 축제의 가면은 현실에 대처하기 위해 자아를 수정하는 수단이다. 그러나 가면은 또한 현실을 윤색하고, 전형적인 미국인의 칵테일파티에, 심지어 미국 독립기념일과 같은 공휴일에도 결여되어 있는 창조적인 차원을 삶에 더해준다.

많은 멕시코인들의 삶은 통제할 수 없는 것이라고 믿는 경향은 운명론적 태도를 공유하는 경향으로 이어진다. 그들은 또한 죽음에 대한 매혹, 심지어는 강박관념을 보여준다. 신문은 유혈이 낭자하거나 질병과 관련된 이야기들로 가득차 있다. 이러한 강박관념은 축제에도 반영된다. 만령절이라고도 불리는 망자의 날은 망자에게 경의를 표하고 그들을 기억하는 축제로 기념된다. 사람들은 죽은 친척의 묘에 음식과 꽃을 갖다놓는다. 심지어 어떤 사람들은 식탁에 죽은 사람의 자리도 마련한다. 죽은 사람의 이름이 새겨진 두개골 모양의 사탕을 사서 먹거나 선물로 주기도 한다. 멕시코인들에게 이 활기찬 축하는 산 사람과 죽은 사람 모두를 위한 것이다. 물론, 겉보기에는 멀게 보이는 다른 문화도 비슷한 전통을 갖고 있다 (7장 중국의 가족제단 참조).

멕시코인은 죽음이 단지 큰 그림의 일부라고 믿는 경향이 있다. 이러한 믿음은 아마도 토착 신앙과 가톨릭교 모두에서 비롯되었을 것이다. 원형의 아스텍 달력이 그려진 돌의 중앙에는 태양신과 두 마리의 뱀이 있다. 생명의 끝없는 재생이 계속될 수 있도록, 아마도 이 돌 위에서 신들에게 보답하기 위한 인간의 희생이 이루어졌을 것이다. 기독교 역시 죽음을 두 개의 삶 사이의 이행으로 본다. 비록 일부에서 현대 멕시코인들에게 죽음은 더 이상 한 삶에서 다른 삶으로의 이행이 아니라고 주장하고 있지만, 멕시코인들은 여전히 죽음을 삶의 통합되고 분리할 수 없는 부분으로 보는 경향이 있다. 죽은 자와의 교감에 대한 이러한 믿음은 과거는 죽은 것이 아니라는 믿음에서 나온 자연스러운 결과물이다. 이와 유사하게 축제는 멕시코인들에게 다시 활력을 주고 그들을 강하게 해준다는 점에서 멕시코인들에게 죽음과 재생의 시간이다. 즉, 축제는 멕시코인들에게 끊임없는 에너지와 재생의 원천이다.

단지 스포츠라기보다는 죽음 앞에서의 용기를 강조하는 의식인 투우는 종종 축제의 일부가 된다. 투우의 죽음의 춤은 죽음에 대한 멕시코인들의 몰두의 표현이다. 또한, 투우는 **토레로**(*torero*, 투우사 – 역자 주)가 죽음을 두려워하지 않는다는 것을 보여주어야만 하는 **마치스모**(*machismo*, 남성다움 – 역자 주)의 과시이다. 일부 축제에서는, 남자들이 긴 기둥 끝에 매달려 높은 중앙 기둥 주위를 수직으로 또는 수평으로 놀이공원의 관람차처럼 돌면서 죽음에 직면한 용기를 보일 수도 있다.

마치스모의 효과

마치스모는 멕시코에서 중요한 개념이다. 남자다움과 정력은 매우 존경을 받고, 심지어 권위보다도 더 큰 존경을 받는다. 비록 지금은 순수하게 경쟁하는 정당들이 있다 해도, 노동조합장 같은 실력자들은 여전히 다수의 멕시코 도시에서 가장 막강한 인물이다(Sullivan, 2002). 남자들에게 있어, 항상 남성다움과 금욕주의를 보이고 죽음을 두려워하지 않음을 드러내는 것은 중요하다. 남자

아이들은 여자아이들보다 칭찬을 더 많이 받는다. 소년들은 작지만 남자로서 행동할 것이 기대되고, 아버지가 없을 때 가족을 돌보아야 한다는 말을 듣는다. 연중 하루 가족은 아이들을 성당으로 데려가서 축복을 받게 한다. 성당 밖에서 사진을 찍을 때, 사람들은 남자아이들이 성인 남자처럼 보이도록 콧수염을 붙여준다.

멕시코 남자의 불안정성은 여자에게 배신당할까봐 두려워하는 데서 드러난다. 한 일반적인 인류학적 설명은 멕시코의 혼혈이 스페인 남자와 인디언 여자의 결합에서 시작되었기 때문에, 남녀관계가 여성의 배반과 남성의 정복에 기초해 있다는 것을 시사한다. 정복자가 정복민을 완전히 믿을 수 없는 것처럼, 남자다움을 과시하는 남자는 배신으로부터 자신을 지켜야만 한다.

남성의 여성에 대한 숭배라는 이상은 처녀성에 대한 숭배와 어머니에 대한 추종으로 나타난다. 그러나 아내는 때때로 성적 대상으로 간주된다. 충실하고 애정 있는 남편은 상처받기 쉽고 연약하다고 간주된다. 정부를 갖는 것은 남자가 배반당하기 전에 정복할 수 있게 해준다. 남편에게 정부가 있는 것에 분개한 아내는 때로 아들에게 지나친 주의를 기울인다. 그 결과 아들은 어머니를 여성성의 이상으로 바라보게 되지만, 일단 결혼하면 아버지의 전철을 밟는 경향이 있다.

여성은 남성과 마찬가지로 대부분의 시간을 동성과 함께 보낸다. 사교 모임에 가면, 그들은 남편 곁에 있거나 다른 여성들과 어울린다. 그들이 다른 남자와 많은 시간을 보내는 경우는 거의 없다. 경력을 쌓고자 하는 여자는 장애물에 부딪힌다. 어머니와 주부로서의 전통적 역할 때문에 직업을 구하는 것이 어려워진다.

사생아, 결손가정, 아버지의 부재가 흔한 사회에서 여성은 가족의 중심으로 기댈 수 있는 존재로 남아 있다.

안정을 찾을 때, 멕시코인들은 내향적이 될 수 있다. 축제는 그들의 고독과 자제에 감정적 출구를 제공한다. 축제는 다른 곳 어디에서도 찾을 수 없는 해방감을 준다.

현재를 경험하기

비록 대부분의 멕시코인이 과거에 매우 많은 영향을 받지만, 그들은 현재를 살아간다. 축제는 그들이 멈추어 순간을 즐길 수 있게 해 준다. 그것은 일과 가난으로부터의 탈출이다. 축제는 영혼의 해방이다.

멕시코인의 시간관념은 느슨하고, 항상 시간이 많다. 그러한 다중시간적인 관념에서는 한 가지 이상의 일이 동시에 일어난다(Hall & Hall, 1990). 멕시코인들은 이것을 **라 호라 멕시카나**(*la hora Mexicana*, 멕시코 시간)이라고 부른다. 방해와 지연이 흔하고 마감 시간은 유동적이다. 긴 주말을 보내고 난 뒤의 결근은 **산 루네스**(*San Lunes*, 성 월요일. 근로자가 월요일에 임의로 결근하는 것 – 역자 주)로 제도화되어 있고, 이것은 정당한 결근 사유로 받아들여진다. 많은 프로젝트들이 결코 완성을 보지 못한다. 사람들은 사교적 행사에 늦게 마련이고, 주인도 실제로 이러한 만일의 사태에 대비해 계획을 세운다. 제 시간에 맞추어 오는 것은 무례하다고 간주된다. 많은 멕시코인들은 파티가 언제 끝나는지 미리 적혀 있는 북미인의 초청장을 받으면 크게 실망한다.

심지어 돈을 낸 승객을 태운 멕시코의 버스나 택시 운전수들은 때때로 예정에 없는 목적지로 친구를 태워다 주기 위해서 멈출 수도 있다. 이러한 시간관념은 커뮤니케이션에도 나타나는데, 즉흥적이고 동시에 일어나며 여러 방향에서 생각이 흘러든다. 마나나 증후군(*mañana syndrome*, 내일까지 일을 미루는 것 – 역자 주)이라는 용어는 멕시코인의 게으름이나 비효율성에서 왔다기보다는 시간에 대한 남다른 철학에서 온 것이다. 재난은 '절대(*ni modo*)' 피할 수 없는 것으로 간주된다.

그러나 때때로 권위의 중요성 같은 다른 요소가 시간의 문화적 표현보다 더 중요할 때도 있다. 멕시코에 처음 온 한 미국인 훈련 교사가 그러한 일을 겪었다. 그는 수업을 시작할 준비가 되었지만, 50명의 경영자급 훈련생 중 단 한 명도 제 시간에 오지 않았다. 예의를 보이기 위해서 그는 시작하기 전에 30분을 기다렸고, 그때쯤에는 수강생의 반 정도가 참석했다. 그가 멕시코인 상사에게 훈련생들의 느슨한 태도에 대해 불평하자, 상사는 "그것은 당신 잘못이오"라고 말해 그를 경악하게 했다. 그의 설명은 아무도 안 왔다고 해도 수업을 정시에 시작했어야 했고, 그랬다면 그가 권위를 가진 인물이기 때문에 모두가 당장 거기에 왔을 것이라는 내용이었다. 그는 두 번째 수업 시간에 그렇게 했고, 10분 안에 모든 훈련생이 착석했다. 계속된 모든 수업에서, 훈련생들은 수업이 시작했을 때 자리에 앉아 있었다.

대규모의 현대적인 기업일수록 시간에 맞추고 생산하라는 압박이 더 크다. 현대 기업에서는 일정을 엄격히 준수하는 것이 중요하긴 하지만, 미국인 중역들은 시간에 대한 멕시코인의 태도에 인내심을 가져야 하며, 시간 불이행과 예상하지 못한 일에 대해 대비를 해야만 한다.

행복 찾기

멕시코는 지리적으로나 사회 계층 구조의 엄격함으로 보나 극단의 나라로, 이는 멕시코인들의 삶을 힘들게 한다. 그러나 멕시코인들은 어려운 삶 속에서도 행복을 찾는 방법을 알고 있다. 그들은 어떤 역경 속에서도 희망을 찾는 능력을 계발해 온 것이다. 축제는 멕시코인들이 즐거움을 찾는 시간이고, 축제 때 쓰는 가면이 이것을 가능하게 해준다.

멕시코인들은 일에 대한 불만의 표현이 지나치리만큼 많다. 그들은 "일이 사람을 짐승으로 만든다(*El trabajo embrutece*)", 그리고 "게으름은 좋은 삶의 어머니이다(*La ociosidad es la madre de una vida padre*)"라고 말한다. 심지어 사업을 나타내는 단어 네고시오(*negocio*)도 여가의 부정형(不定形)을 내포한다. 즉, 일은 여가를 얻기 위한 목적으로만 완료된다는 것이다 (Fisher, 1988). 많은 멕시코인들이 열심히 일하지만, 그들은 일보다 가족과 친구와 함께 보내는 여가시간에 가치를 둔다. 다시 말하면, 그들은 성취보다는 소속에 의해 더 동기가 부여되는 경향을 갖고, 그들이 강조하는 것은 행동(doing)보다는 존재(being)이다. 일은 해야만 하기 때문에 하는 것으로, 이것은 일을 하는 것과 일 자체가 선하다고 주장하는 개신교의 직업윤리와는 완전히 대조되는 개념이다. 멕시코인들은 일과 여가의 균형을 필요로 하며, 이것은 어떤 일은 '마냐나(*mañana*, 내일 – 역자 주)'로 미룰 것을 요구한다.

그래서 어떤 외국인들은 멕시코를 마냐나의 땅으로 정형화한다.

일을 강조하지 않는 이유 중 하나는 삶에서의 성공이 주로 성취가 아닌 인간관계에 기초하기 때문이다. 직업에서의 승진도 성과보다는 대인 접촉에 의해 일어나곤 한다. 일을 열심히 한다고 해서 반드시 성공이나 번영으로 이어지는 것은 아니며, 많은 멕시코인들이 일생 동안 열심히 일함에도 불구하고 지독한 가난 속에서 살고 있다. 일과 여가 사이에 엄격한 이분법은 없다. 멕시코인들은 일을 좀 더 재미있게 하기 위해서 친구와 친척들과 함께 일하는 것을 좋아하며, 이러한 현상을 태국에서는 일에서의 **사눅**(*sanuk*, 즐거움 – 역자 주)이라고 표현할 것이다 (9장 참고). 많은 기업은 가족이 운영하며, 그들은 낯선 사람을 고용하기 전에 다른 가족과 친구를 먼저 고용한다.

멕시코인들은 미래를 중시하지 않는 경향이 있으며, 대규모의 더 경쟁력 있는 회사가 아닌 이상 장기 계획을 세우는 일은 거의 없다. 매일은 그 날 하루로 받아들여진다. 이것은 부분적으로는 불안정한 경제 때문이다. 프로젝트의 마무리는 거의 하기 어렵다. 품질관리와 같은 개념은 가장 큰 규모의 최고로 현대적인 회사가 아니고서는 흔하지 않다.

사회 질서 안에서의 자유

멕시코사회는 계층적(수직적 집단주의)이고, 모두가 사회 안에서 어떤 역할을 갖는다. 멕시코는 호프스테드의 권력 거리 차원에서 높은 점수를 받았는데, 이는 사회가 부와 권한의 불균등한 분배를 의문 없이 받아들인다는 것을 뜻한다 (Hofstede, 2001).

GLOBE 연구는 이 사실을 확인시켜 준다 (House et al., 2004). 따라서 너, 당신(*you*)에 해당하는 스페인어 단어의 두 가지 형태 사이의 구별은 주목할 만하다. *tu*는 비공식적이고 친구 사이에 쓰이며, *usted*는 공식적이고 상급자나 손위 사람에게 존경을 표하기 위하여 쓰인다. 그러나 이러한 구별이 멕시코에만 있는 특이한 것은 아니며, 다른 여러 나라에도 이러한 구별은 있다.

더 작은 마을에서는, 사람들은 공동체 내에서 특화된 역할을 충족시킨다. 이러한 위계질서는 멕시코의 가부장적 가족 구조에서 분명히 관찰된다. 아버지는 권위를 가진 존재이며, 전통적인 어머니의 역할은 아이들과 남편을 사랑하고 그들을 위해 자기희생적인 삶을 살아가는 것이다. 아이들은 부모에게 순종하라고 배운다. 부모가 자식을 돌보는 것처럼, 더 부유한 가족 구성원은 더 가난한 구성원을 보살핀다. 가족이 축제를 치를 때면, 더 부유한 구성원이 비용의 큰 부분을 지불할 것으로 기대된다. 미국에서 일하는 멕시코인들이 어린 형제자매의 학비, 여동생의 사교계 데뷔 파티 등 여러 다른 것들에 돈을 대기 위하여 집에 송금을 하는 것은 흔한 일이다. 이러한 도움은 수십억 달러에 달하고 규모 면에서 정부 지원과 쌍벽을 이룬다. 이와 유사하게, 미국에 있는 멕시코인들이 덜 부유한 친척들이 가족 축제를 치르는 비용에 도움이 되도록 돈을 보내는 것도 기대된다. 현재 미국 고용시장의 불황으로 많은 노동자들이 멕시코로 되돌아갔으며, 따라서 미국에 있는 가족 구성원으로부터 멕시코로 보내는 송금액은 줄어들었다.

직장에서는, 전통적으로 부하가 상사에게 의문을 제기하지 못하는 엄격한 위계질서가 있다. 권위적 관리의 전형적인 문제점은 멕시코인 부하가 부정적 정보를 알려야 하는 중요한 경우에도 그것을 보류하고 좋은 소식만을 전달한다는 것이다. 모두가 자신의 역할을 알고 그것을 지킨다. 이와 유사하게 정부도 관료제에 따르며, 로마가톨릭교회에도 위계질서가 있고, 학교들은 전통적으로 질문을 장려하지 않는 권위적 방식으로 구조화되었다. 이러한 계층화는 스페인인들이 오기 전에 시작되었다. 오늘날, 위계질서 안에서의 절대적 권위는 무너지기 시작했으며, 특히 대기업이 참여적 경영 스타일로 움직이고 있는 도시에서는 더욱 그렇다.

전통 대 현대

이 토의가 함축하듯이 때때로 갈등은 전통적 가치와 현대 생활 사이에서 발생한다. 어떤 가족에서, 형이 유망한 사업을 시작하고 바로 밑의 남동생을 영업부장으로 채용했는데, 동생이 아버지에게 형이 약속한 급료를 주지 않고 훨씬 적은 돈을 준다는 불평을 했다. 아버지가 형에게 그 문제를 묻자, 형은 몹시 화를 내며 원래는 동생에게 빚진 모든 것, 즉 성장 도중의 사업에 대한 투자 손실을 실제로 지불하려 했지만, 이제는 가족에 미칠 영향과 상관없이 즉시 동생을 해고하겠다고 말했다. 아버지가 이를 동생에게 알렸을 때, 동생은 사업이 더 안정될 때까지 약속된 급료를 요구하는 것을 보류했다.

지위는 멕시코인들에게 중요하다. 인상적인 학위나 직함에는 존경이 따른다. 직함의 사용은 멕시코 사회 내에서 위계질서의 느낌을 강화한다. 대학을 졸업한 하위관료에게 리센시아도(*licienciado*, 학사를 의미 – 역자 주)라는 호칭을 쓰는 것은 일반적이다. 이 호칭은 슈트를 입고 타이를 맬 것을 요구하며 영향력을 암시한다. 사무실의 장은 ○○리센시아도(*licienciado*)라고 불리는 대신, 마치 그가 유일한 사람인 양, 엘 리센시아도(*el licienciado*)라고 불린다. 마에스트로(*maestro*, 선생을 의미 - 역자 주)라는 호칭은 종종 배관공, 화가, 목수, 대학에서 강의를 하는 고급 관료 등에게 두루 쓰인다.

엘리트의 구성원들은 예전에는 순수한 스페인계 출신이었고 그들의 밝은 피부색과 스페인 혈통을 자랑스러워했다. 비록 지금은 토착민과 메스티소 인구에도 엘리트가 있지만, 더 밝은 색의 피부와 눈에 대한 선호는 여전하다. 대부분, 멕시코에서 인디언이라는 것은 인종적이라기보다는 문화적으로 정의된다. 인디언 언어를 말하고 인디언문화를 실천해야만 인디언으로 간주된다. 1910년 혁명에서, 인디언에게 찍힌 낙인을 제거하려는 시도를 통해 멕시코의 토착 유산은 미화되고 심지어 찬양되었다.

구조와 안정은 멕시코의 자유에서 재미있는 혼합을 이룬다. 모두가 자신의 역할을 알고 그것을 위반하거나 다른 사람의 역할에 도전하지 않으며, 사람들은 다른 사람의 품위를 제한하지 않으려고 주의한다. 그러나 덜 계급적인 사회만큼은 아니더라도 순응에 대해서는 압력이 별로 없다. 멕시코인들은 다른 사람을 모욕하거나 사회에서의 자기 역할을 벗어나지 않는 이상 원하는 것을 할 수 있는 자유가 있다. 직업이 있으면 멕시코인들은 안정감을 느끼고, 그들은 그에 따라 직장에서 자유를 즐긴다. 앞에서 말했듯이, 멕시코인들은 월요일에 단지 '성 월요일'이라는 이유만으로 결근하기 일쑤다. 아이들은 가족 구조 안에서 안정과 따뜻함을 느끼고, 매우 사랑받기 때문에, 원하는 것을 할 수 있는 더 큰 자유를 갖는다.

개인으로서의 멕시코인은 미국인보다 죄책감과 의무에서 더 자유롭다. 죄를 짓는 것은 개인이 아니며, 집단이 그 책망을 공유한다. 의무는 개인의 것이 아니라 집단의 것이다. 또한 고해성사에서 신의 용서를 구함으로써, 가톨릭 신앙이 멕시코인들을 죄로부터 자유롭게 한다. 친구와 친척이 그들 집단에서 도움을 필요로 하는 사람들을 보살핀다.

구조의 혼돈

멕시코시티에 있는 대성당을 방문하는 동안, 이 자유 그리고 심지어 구조와 질서 내의 혼돈도 분명히 볼 수 있다. 로마가톨릭교는 위계질서가 있고 구조화되어 있지만, 안으로 들어가 보면 이 성당은 그렇지 않다. 사람들은 성직자의 지도를 구하지 않고 여가시간 아무 때나 혼자 기도하러 들어왔다 나간다. 많은 부속 예배당은 물론 중앙 예배당에서도 마찬가지다. 한 여자가 성직자 옆의 제단 앞에 무릎을 꿇고, 성당 안에서 벌어지는 다른 모든 일들과 상관없이 자기의 고해만이 분명하게 들리게 한다. 얼핏 보기에 오랫동안 사용되어 온 것 같은 의자늘은, 깔끔한 열을 짓는 대신에 여기저기 흩어져 있다. 교회의 위계질서 내에 안정과 자유가 있는 것이다.

축제는 이러한 자유를 지켜볼 기회이고, 어떤 면으로 축제는 혼돈의 기념이다. 때때로 참가자들은 취해서 난폭한 행동을 보인다. 역할, 위계질서, 규칙, 법은 사라진다. 예를 들어, 가난한 사람들이 사회의 부유한 구성원들의 옷차림을 하는 것처럼 말이다. 모든 사람이 야한 의상을 차려입고 자신이 아닌 다른 사람이 된다. 축제 동안에는 마치 사람들이 어떤 가면을 쓸지 마음대로 정하는 것 같다. 비록 축제 동안 그들이 자유와 혼돈에 탐닉하지만, 그들은 대체로 수용 가능한 행동 규칙 내에서 그렇게 한다.

멕시코인들은 쿠바에서 향수병에 걸려 다음 유명한 글귀를 쓴 네그레테(Jorge Negrete)의 그리움의 노래에 쉽게 공감한다.

> 아름답고 사랑스러운 멕시코,
> 내가 그대로부터 멀리 떨어진 채 죽는다면,
> 나에게 내가 잠든 것이라고 말해 주고,
> 나를 이곳으로 다시 데려다 주오.

멕시코인들은 수년에 걸쳐 변화해 왔고 앞으로도 그럴 것이다. 현재 멕시코는 특히 마약 전쟁과 관련된 혼돈과 2008년 이후 세계 금융위기에 관련된 경제 문제 등 많은 변화에 직면해 있다. 도시와 대규모 기업에서는 성취와 엄격한 일정 등 서구의 관념이 더 보편화되고 있다. 대기업들은 소규모 기업보다 덜 독재적이고 덜 가부장적이다. 이것은 아마도 많은 대기업이 외국인 소유라는 사실에 일부 이유가 있을 것이다. 이러한 변화들이 눈에 띄는 반면, 이것은 멕시코문화의 아주 작은 일부일 뿐이다. 대부분, 멕시코는 더 작고 전통적인, 전통 문화가 주가 되는 기업들로 이루어져 있다. 긴 세월을 거쳐 축제는 멕시코문화의 통합된 일부였고, 앞으로도 그럴 것이다. 그리고 축제는 멕시코인들이 사람, 종교, 현재를 경험하는 것, 위계적 사회질서에서 탈출하는 자유에 두는 중요성을 설명하는 은유로서 지속될 것이다.

14 브라질의 삼바

브라질인들은 역경에 맞서는
강인한 정신력을 갖고 있다.
이러한 정신력의 샘은
브라질인의 삶에 대한 열정으로
끊임없이 다시 채워진다.

브라질

GLOBAL CULTURE

자국의 장엄함과 자신의 위대한 노력에 대한 브라질인의 인식에 대해
지나치게 많은 결론을 내리는 것은 아마도 현명하지 않겠지만, 브라질
인들이 자연스럽게 브라질을 특별 장소로, 즉 다른 나라는 브라질보다
덜 특별하다고 여긴다는 가정은 지나치지 않을 것이다. 그렇게 많은
자연적, 인공적 기념물이 있는 나라에서는, 바로 이웃 국가와의 어떠
한 비교도 그 이웃을 매우 보잘것없게 만들 뿐이다.

- 빈센트(Jon Vincent, 2003; 15)

삼바 학교의 드럼 섹션에 다가가는 것은 말 그대로 감동적인 경험이
다. 베이스 드럼은 당신의 몸을 울리고 아주 높은 음을 내는 탬부어(북
의 일종 - 역자 주)는 귀를 공격하여 귓가에서 윙윙 울린다. 당신이
느끼기도 전에, 당신은 리듬에 따라 흔들리고 있다.

- 휘틀리(Wheatley, 2010; 12)

1억 8,600만 명의 인구가 있는 브라질은 극도로 다양하며, 일부 특별한 지역과 26개 주를 포함한다. 육지로만 보면, 브라질은 미국 전체의 크기와 거의 비슷한데 브라질이 851만 1,965 ㎢이고 미국이 932만 2,610㎢이다. 브라질은 세계에서 제일 긴 강인 아마존 강, 세계에서 산소를 가장 많이 공급하는 숲인 아마존 숲, 세계에서 가장 큰 습지대, 세계 최대의 축구 경기장, 세계 최대의 삼바 춤 경연장 등 거대함과 장엄함의 많은 측면에서 세계 최고를 자랑한다. 12개의 브라질 도시가 각각 100만 명 이상의 인구를 갖고 있고, 1,830만 명의 인구로 인도의 뭄바이에 필적하는 인구를 가진 상파울루는 세계에서 네 번째로 큰 도시이다 (도쿄가

3,530만 명이고 멕시코시티가 1,930만 명으로 상파울루는 그 뒤를 잇는다). 투자은행 골드만삭스(Goldman Sachs)는 브라질을 중국, 러시아, 인도와 함께 BRIC 국가의 하나로 지정했다. 골드만삭스의 연구는 이 네 개의 개발도상국이 2050년경에 세계 경제를 지배할 것이라고 시사한다 (Wilson & Purushotaman, 2003).

브라질은 또한 대비의 나라이다. 상파울루를 중심으로 하는 산업화된 남부는 북부보다 훨씬 부유하다. 브라질 북동부는 특히 가난하지만 지난 10년간 연간 GDP 성장률은 나라 전체의 3.6%에 비해 높은 4.2%에 달했다. 정부는 이 지역에 매우 성공적인 빈곤 퇴치 프로그램을 도입했다. 그러나 성장의 3/4이 기반시설 개선 붐에서 온 것인 반면, 주요 문제는 빈약한 교육 제도인 것 같다. 북동부는 이전에 그러한 성장을 경험했지만, 훈련된 노동자의 부족으로 그 성과가 약화되었다 ("서둘러 따라잡기[Catching Up in a Hurry]," 2011). 2007년, 웅거(Brooke Unger)가 브라질에 대한 2007년 논평에서 강조했듯이, 많은 문제들, 특히 높은 세율, 정부의 과도한 관료제, 1960년대 이래 18% 정도가 사라진 아마존 숲의 파괴 등에 주의가 요구된다. 그러나 미래는 밝아 보이며, 이러한 문제에 대처하려는 노력은 특히 지난 십 년간 계속되어 왔다.

이 증가하는 번영의 두드러진 예를 역사적으로 매우 낮은 임금을 받아왔던 유모에 대한 수요 급증에서 찾을 수 있다. 많은 여성들이 출산 후 직장으로 돌아가고 탁아시설 이용에 한계가 있기 때문에, 잘 훈련받고 교육받은 유모들에 대한 수요가 높아졌다. 어떤 유모들은 자기 자식들을 돌볼 다른 유모를 고용할 만큼 돈을 잘 번다. 예를 들어, 한 유모는 한 달에 4,300달러를 벌고 자기 유모를 900달러에 고용한다 (Barrionuevo, 2011). 그러나 1인당 GDP는 미국의 4만 5,492달러에 비해 현저히 낮은 6,860달러에 불과하다.

브라질인들은 역경에 맞서는 강인한 정신력을 갖고 있다. 이러한 정신력의 샘은 브라질인의 삶에 대한 열정으로 끊임없이 다시 채워진다. 은유적으로 삼바는 삶에 대한 이 열정을 집약적으로 보여주며 좋은 시절에나 나쁜 시절에나 이 샘을 채우는 데 보탬이 된다.

삼바는 진정 국가적 상징이 되었다. 예를 들어, 브라질에서 열린 이탈리아계의 브라질 젊은 여성을 위한 미인대회에서 모든 참가자들은 브라질(Brazil)이라는 단어를 들었을 때 최초로 떠오르는 생각을 말해 보라는 질문을 받았다. 즉시 젊은 아가씨들 전부가 삼바를 추기 시작했다. 삼바의 기술적 정의는 "두 부분으로 이루어진 타악 리듬으로 첫 번째 박자는 절대 소리가 나지 않아서 계속적이고 주저하는 듯한 긴급한 느낌을 불러온다"이다 (Krich, 1993: 73). 비록 사업 중심인 남부는 더 단일시간적인 경향이 있지만, 이 개념은 브라질인의 다중시간적인 천성과 겉보기에 계속되는 듯한 움직임과 유사하다. 예를 들어, 남부에서는 업무 회의의 참가자들이 제 시간에 도착할 것으로 기대되며, 이를 어기면 부정적 평가를 받는다. 브라질인들은 그들이 가야 할 방향에 대해 시각 또는 청각적인 최초의 지시가 없으면 미래에 대해 천성적으로 불안해한다. 브라질이 BRIC 국가로서 지명된 것이 그 증거이듯 지금은 시대에 뒤처진 한 오래된 농담 중에, 브라질은 미래의 나라이고 앞으로도 항상 그럴 것이라는 말이 있다. 1988년 이래 브라질은 중요한 변화들을 겪어왔다. 인플레이션이 이제는 10% 미만으로 관리 가능해졌고, 5% 미만을 기록한 적도 많으며, 정부와 민간 기업 모두 정치 제도, 경제 제도, 그리고 교육 제도나 법 제도 등의 제도를 강화하기 위하여 브라질의 광대한 자원을 자본화하고 있다.

브라질의 잠재력이 최근까지의 성취를 훨씬 능가한다는 데는 몇 가지 진실이 있다. 그것은 브라질이 미래의 나라이고 앞으로도 항상 그럴 것이기 때문이 아니다. 그보다는, 브라질은 최근까지 미래를 강조하지 않았는데, 국가를 수립한 세 집단, 즉 정복자이자 탐욕스러운 포르투갈인, 토착 브라질인, 노예들이 이 미래를 강조할 이유가 없었기 때문이다. 오늘날, 이러한 일반화는 더 이상 유효하지 않다 (Unger, 2007).

삼바의 진화

삼바의 존재 자체는 플랜테이션 노동자들의 음악적 재능 덕분에 가능했다. 오늘날 삼바로 알려진 것의 첫 번째 속삭임이 들렸던 곳은 플랜테이션 농장이었다. 수십 년 후에 브라질의 대도시에서 흑인들의 사회적 지위가 높아짐에 따라 삼바의 전신(前身)이 우아한 탱고의 형태로 문명사회에 나타났다. 삼바로서의 이 춤의 최초 특징은 1870년 바이아(Bahia, 브라질 동해안의 도시 – 역자주)의 자유 노예들의 댄스파티에서 등장했다. 당시 바이아는 지금과 마찬가지로 브라질에서 흑인 문화의 중심지였다. 들리는 바에 의하면, 바이아 출신의 아멜리아(Tia Amelia)라는 여인이 삼바를 더 남쪽, 리우데자네이루의 빈민가로 퍼뜨렸다고 한다. 그녀의 아들 동가(Donga)는 1916년 최초로 녹음된 삼바를 작곡했다. 일찍이 1923년부터 삼바 학교가 탄생했다. 이 학교들은 오늘날 번성하고 있으며 특히 매년 사육제의 카니발 기간에 외부 세계 대부분에 삼바의 정신을 상징적으로 보여준다. 물론 삼바 정신의 일부분을 카니발 중의 눈부시게 아름다운 무용수들과 삼바 학교 퍼레이드의 장식 수레에서 볼 수 있기는 하지만, 삼바는 훨씬 더 복잡하다. 그 물리적 특징과 음악적 질은 브라질인을 둘러싼 복잡한 그물을 자아내어 삶의 많은 면에 영향을 준다.

삼바는 '삼바 탑(塔, pagode), 삼바 줄무늬(raiado), 삼바 파티(de partido alto), 삼바 언덕(do morro), 삼바 마당(de terreiro), 삼바 노래(canção), 삼바 줄거리(enredo), 삼바 고함(choro), 삼바 브레이크(do breque), 삼발레로(sambalero), 삼발란소(sambalanço), 삼바(samba)' 등 여러 형태를 취한다 (Krich, 1993: 73). 다양한 삼바는 특별한 상황과 사회적 수준에 적용된다. 예를 들어 삼바 줄거리(enredo)는 삼바 학교에서 작곡되고 이용된다. 삼바 마당(de terreiro)은 덜 복잡하고 시골 지역에서 더 많이 추는 경향이 있다. 다른 삼바는 단순히 음악적인 혁신이다. 예를 들어 삼바 브레이크(do breque)는 랩과 비슷한 리드미컬한 대사를 전통적 삼바 음악 한가운데 집어넣은 것이다.

비록 모두 공통된 주제를 가지고 있기는 하지만, 다양한 유형의 삼바들은 가사 역시 다양하다. 삼바의 가사가 역사와 일상 속의 사람들의 고난과 시련을 중심으로 하기 때문이다. 인기 있는 주제는 부패, 가난, 역사적 사건, 지역의 영웅 등이다. 작곡된 삼바 노래의 수는 무수한데, 삼바 학교는 매년 카니발을 위해 평균 2,000개의 새 노래를 만든다.

자세히 탐구하면 삼바의 다섯 가지 특징이 브라질 국민, 그들의 행동, 그들이 사업을 하는 방식에 관한 이 나라의 문화를 설명해준다. 비록 분명히 겹치는 점이 있기는 하지만, 우리는 간결한 설명을 위해 이 춤의 음악이나 가사의 특징보다는 물리적 속성을 토의하기로 했다. 이 특징들은 작은 스텝의 순환성, 신체적 접촉, 파동, 자발적 도피, 무용수의 역설이다.

작은 스텝의 순환성

삼바를 출 때, 사람들은 몸 윗부분은 가만히 둔 채, 원형으로 작고 때때로는 통제된 스텝을 밟는다. 이 작은 스텝과 순환성의 개념은 1500년 유럽인이 브라질을 발견했을 때부터 브라질에 존재했다. 아시아로 가는 바닷길을 찾으려 했던 포르투갈인 카브랄(Pedro Alvares Cabral)이 후에 브라질이 되는 땅에 우연히, 문자 그대로 발을 내딛었다. 콜럼버스(Chistopher Columbus) 역시 같은 경로로 신대륙을 발견했었기에, 카브랄은 아마도 같은 경우를 바랐을 것이다. 그러나 카브랄보다 이전인 1494년 스페인과 포르투갈은 토르데시야스 조약(1494년 에스파냐와 포르투갈이 맺은 사상 최초의 기하학적 영토 조약 – 역자 주)에 의해 신세계를 분할했으며, 브라질은 유럽인들이 그 광대한 크기를 알지 못했음에도 포르투갈에 주어졌다. 바꾸어 말하면, 이 땅은 대부분 초기부터 영토 전쟁을 거치지 않고 포르투갈 제국의 일부가 되었다.

역사적 진화

일반적으로, "국가로서의 브라질의 발전은 급격한 단절이나 극적인 비연속 없이, 근본적으로 진화론적이었다"(Schneider, 1996:

35). 브라질은 예를 들어 군사정부에서 민간정부가 되었다가 다시 되돌아가는 등 순환적인 작은 스텝 속에서 성장했다. 1800년대 초 포르투갈 황제 동 조앙 6세(Dom João VI)는 유럽에서의 나폴레옹의 세력을 두려워하여 브라질로 이주했다. 그의 통치 하에서 비로소 브라질의 성장이 시작되었다. 유럽의 상황이 안정화됨에 따라 동 조앙은 포르투갈로 돌아가고 그의 아들 동 페드로 1세(Dom Pedro I)를 브라질의 통치를 위해 남겨놓았다. 동 페드로 1세는 브라질을 포르투갈로부터 공식적으로 분리해야 할 필요성을 인식하고 1822년 9월 7일 브라질의 독립을 선언했다.

몇 년 후 그도 포르투갈로 돌아갔지만 그는 아들 동 페드로 2세(Dom Pedro II)에게 브라질을 맡겼다. 동 페드로 2세가 일 때문에 국외에 있는 사이, 그의 딸이 노예 해방 서류에 서명을 했다. 그로부터 얼마 되지 않아 두 육군 장군이 브라질에서 동 페드로 2세의 추방을 주도했다. 그리하여 1889년에 군주정은 끝나고 브라질 공화국이 수립되었다. 군주정에서 공화정으로의 이러한 이행은 브라질인들이 어떻게 작은 스텝으로 움직이는지 보여준다. 브라질인들이 독립 후에 포르투갈 군주정의 잔존 세력을 일소하는 데는 67년이 걸렸다.

오랜 시간에 걸친 몇 가지 다른 형태의 정부의 존재와 그 형태들 사이에서의 동요 역시 작은 스텝과 그 순환성의 은유를 반영한다. 브라질 역사의 대부분에서 군사독재가 흔했기 때문에, 공화정이 두 장군에 의해 선언되었다는 것은 중요하다. 많은 대통령이 군사장교였고, 따라서 군사정치와 민주정치는 더욱 뒤섞였다. 비록 장군들이 여전히 핵심 인물이지만, 1985년 민간정부와 선거가 군사정부를 대신했다.

부분적인 이유이긴 하지만, 각 정당이 총선에서 얻은 투표율에 따라 입법부에서 대표권을 갖는 제도 때문에 현재 20개 이상의 정당이 있다. 두 개의 주요 정당이 있어 모든 선거에 하나 또는 두 개의 독립 정당이 출마하는 미국의 관습과 달리, 브라질의 제도는 복잡한 다당제 정부가 수립되는 조건을 창출했다. 이것은 빈번히 서로 거래를 하는 연립 정당에 의해 통치되는 약한 정부라는 결과를 낳았다. 이로 인해 과도하고 비효율적인 관료제가 나타났으며, 현재 브라질은 기업하기 좋은 나라 순위에서 125개국 중 121위이다. 2011년 179개국을 대상으로 조사한 경제자유지수에서, 브라질은 겨우 113위였다 (이 지수에 대한 서술은 T. Miller, 2011을 참조하라). 이러한 비효율적 관행을 바꾸려는 시도가 있지만, 이 관행은 작은 스텝 순환성의 개연성에 기여한다.

분명히 이 다양한 정당의 이념과 활동에는 순환적이고 중복, 반복되는 측면이 많다. 그러나 동시에, 사람들은 그들의 신념을 표현하고 그 신념을 대표하는 조직된 집단을 형성할 중요한 자유가 있다. 다시 한 번, 이 관념은 서로 다른 집단들이 포르투갈 문화에 완전히 동화되도록 강요받지 않았던 브라질의 국가 수립 시기로 되돌아간다. 이 자유로운 태도는 인종 간의 결합의 풍습에까지 확장되어, 혈통이 섞이는 많은 결혼과 많은 혼혈아들로 이어졌다. 브라질인의 모든 유형은 인종적 통합이 확대되는 작은 스텝을 통하여 통합된 사회로 편입되었다. 사실상, 크라이히(Krich)는 "브라질 사회에서 새로운 흑인 세대는 삼바가 진보의 편리한 수단 중 하나임을 발견할" 것이라고 믿고 있다 (Krich, 1993: 82). 특정 지역에서 더 헌신적으로 치러지기는 하지만, 삼바는 브라질 전체에

스며들어 있고, 삼바를 추는 법을 아는 것은 브라질인이 되는 과정의 일부이다. 따라서 이 춤은 이 광대한 나라의 모든 다양한 사람들과 지역이 어느 정도의 통합성을 경험하게 해주는 수단이다.

경제와 교육

통화와 교육 제도 역시 진화와 작은 스텝의 순환성을 예증한다. 1940년 이래 브라질은 밀레이스(*mil reis*), 크루제이루(*cruzeiro*), 크루자두(*cruzado*), 신-크루제이루, 현재의 헤알(*real*) 등 다섯 가지 서로 다른 통화를 썼다. 급격한 변화를 꺼린 브라질인들은 여러 번의 평가 절하를 통하여 크루제이루를 계속 유지하려 했다. 앞에서 지적했듯이, 1990년대 초 연간 인플레이션은 상상도 안 되는 2,500%에 육박했지만, 그 이후로는 10% 미만으로 평준화되었고 5% 미만으로 떨어지는 일도 빈번하다. 상황에 희망이 없다는 것이 결국 명백해졌을 때, 크루자두를 도입하는 움직임이 일어났다. 그러나 이것도 효과가 없자 크루제이루가 재도입되면서 신-크루제이루로 선포되었는데, 역시 순환성의 관념이 명백하다.

브라질의 교육 제도는 느슨한 한편 또한 통제가 되어 있다는 점에서 꽤 흥미롭다. 대부분의 교육 제도에서처럼, 초등학교, 고등학교, 대학과 같은 단계가 있다. 대학교에 들어가기 위해서는, 베스티뷸라(*vestibular*)라고 불리는 시험을 치러야 한다. 대학 입학은 이 시험 성적으로만 결정되며, 고등학교 성적이나 과외 활동은 중요치 않다. 따라서 고등학교 저학년 학생들은 학업에 좀 더 느긋한 태도를 보이는 경향이 있다. 그러나 고등학교 교육과정은 매우 구조적이고 많은 노력을 필요로 한다. 예를 들어, 모든 학생은 3년간 수학, 물리학, 화학, 생물학 등의 수업을 들어야만 한다. 물리학과 화학을 계속 듣지 않고 고등학교를 마치는 것은 불가능하며, 둘 중 하나라도 불합격하면 일 년 유급하게 된다.

베스티뷸라가 다가오면, 학생들은 시험 합격을 위해 박차를 가한다. 학생들이 이 시험에서 역사나 체육 같은 특정 과목의 시험도 치른다는 사실이 중요한 흥밋거리이다. 따라서 18세의 나이에 그들은 이미 대학에서의 학문 분야를 정한다. 대학에 입학하면, 학생들은 각 분야와 관련된 과목만 공부하게 된다. 비록 독일의 제도에서는 브라질보다 대학 이전의 성적에 더 큰 비중을 두긴 하지만, 브라질의 교육 제도는 미국의 제도보다는 독일의 제도와 유사하다.

전형적 대학 캠퍼스에는 각 과목별로 별도의 건물이 있어서, 예를 들어 역사를 공부하는 학생은 역사학 건물 안에서만 시간을 보낸다. 학생들이 들을 수 있는 선택과목은 몇 개 되지 않는다. 그들이 역사 공부를 계속하기를 원하지 않는다고 결정했다면, 단순히 다른 과로 전과하는 것이 아니라 다른 과목의 베스티뷸라를 다시 치러야 한다. 따라서 학생은 귀중한 시간을 잃게 된다. 삼바에서 발견되는 몸통과 움직임의 엄격한 통제로 상징되듯이, 이러한 면에서 교육 제도는 엄격하다. 그러나 개인이 선호하는 분야에서 어느 정도의 수준에 이르려면 많은 스텝이 취해져야 함이 분명하고, 따라서 작은 스텝의 순환성 관념이 확인된다.

교육은 브라질 문화 내의 갈등과 모순이 명백해지는 영역이다. 최근 브라질의 교육은 거의 보편적인 초등교육과 중등 및 대학 등록률의 빠른 증가로 상당히 발전했다. 그러나 브라질은 여전히 40개국 학생들의 표준화된 수행에 대한 한 연구에서 수학은 꼴찌를, 읽기는 밑에서 4위를 기록했으며 10세 아동의 절반은 기능적 문맹(조금은 읽고 쓸 수 있으나 정상적인 사회, 경제적 관계 내에서 그것들을 사용할 충분한 자질을 갖추지 못한 사람을 말한다 - 역자 주)이다 (Unger, 2007: 13 참조). 학교의 대부분은 시설이 노후하고 자금이 부족하며, 따라서 브라질은 교육받은 노동력이 필수적인 세계 경제에서 불리한 위치에 있다. 때때로 그 모순은 매우 놀랍다.

예를 들어, 1990년대 초반 북동부의 Bulhões 일가는 그 지역 내 최고의 영아 사망률, 최저의 어린이 예방접종률, 최하의 산전 관리 비율, 그리고 최단 교육 기간 중 하나(성인 1인당 1.8년)로 고통을 겪고 있는 알라고아스(Alagoas) 주(브라질 북동부에 있는 주 - 역자 주)에서, 모든 삶의 영역에 믿을 수 없는 권력을 행사하고 영향을 미쳤다. 그러나 대조적으로, 이 지역 엘리트들은 1994년 1월부터 시작되는 이동전화 서비스의 시작을 고대하고 있었다. 주지사의 아내인 Bulhões 부인은 디자이너의 의상을 입고 "가난한 사람들도 사교계 사람들처럼 나의 아름다움을 볼 동등한 권리가 있다"라고 말하며 빈민가 거주자와 소작농 앞을 걸어다녔다 (Brooke, 1993에서 재인용).

그 당시 그녀는 상파울루를 왕복하기 위해 주의 재정에서 2만 4,000달러의 비용을 들여 초호화 제트기를 세 차례 전세냈다. 반면 그 주의 공립학교는 교사들이 한 달 80달러의 급료에 반대하여 항의 시위를 하면서 7개월간 폐쇄되었다. 교사들에게 강경책을 쓴 사람은 교육부 장관으로 역시 주지사의 남자 형제였다. 이 일가는 공적, 사적 소비와 책임의 경계가 모호한, 일부 가난한 주일수록 존재하는 정치적 과두제를 보여주는 가장 좋은 예이다. 다행히도 이것은 브라질 북동부의 가장 부패되고 가난한 주의 극단적인 예이다. 앞에서 지적했듯이, 심지어 북동부도 경제적 부흥을 경험하고 있으며, 다른 많은 지역에서는 대조적인 예가 나올 것이다.

개인적 삶

작은 스텝과 순환성은 브라질인들의 개인적 삶에서도 찾아볼 수 있다. 브라질에서 **콜레가**(*colega*, 지인)를 사귀는 것은 꽤 쉽지만, 깊고 오래가는 우정을 맺는 데는 시간이 좀 걸린다. 외국 학생에게 전형적인 양상은 **콜레가**의 네트워크를 만들어 학교 밖에서 어울리고, 그 과정에서 몇몇 개인과 **콜레가** 이상의 우정을 발전시키는 것이다. 이후에 그러한 학생들은 친구 집에 초대를 받을지도 모르고 궁극적으로는 가족의 일원으로 취급받을지도 모른다. 이와 유사하게 사업도 보통 식당에서 이루어지고, 사업적 동료의 집에 초대받는 것은 영예와 신뢰의 표시이다.

브라질인들이 부모의 집으로부터 자신의 집으로 이사하는 것도 많은 작은 스텝으로 이루어진다. 가족은 가장 중요한 제도이고, 따라서 개인에게 엄청난 영향을 미친다. 예를 들어 이전 세대보다는 훨씬 덜하고 시골보다 도시 지역에서 덜하긴 하지만, 데이트 과정은 가족의 규제를 빋는다. 시대가 변하고 있다고 하더라도, 많은 젊은 성인들은 결혼을 해서야 부모의 집을 떠난다.

많은 문화권에서 그런 것처럼, 직장에서의 남녀 관계는 복잡하고, 심지어 미국에서는 소송의 사유로 간주될 만한 불쾌한 행동도 브라질이나 다른 라틴, 비-라틴 문화권에서는 다른 의미를 갖는다. 여전히 미국에서는 문제가 될 만한 방식으로 남성이 여성을 칭찬하는 일이 흔하고, 또 그보다는 덜하지만 남성들은 단지 자신들이 재미있다고 생각하는 말을 여성에게 던지거나 그런 말로 여성에 대한 이야기를 하는 일이 흔하다. 그러나 자주 상황은 반전되고, 남성의 가장 큰 두려움은 특히 여러 사람이 모여 있는 앞에서 여성으로부터 뼈 있는 반격을 당하는 것이다. 이러한 커뮤니케이션 양식이 널리 퍼져 있기는 하지만, 앞에서 지적한 바와 같은 결혼과 가족관계에 대한 브라질인들의 보수적 관점이 이것을 상쇄한다.

확장된 구애의 관념은 기업 관계에서도 찾아볼 수 있다. 브라질에서 사업을 할 때, 사람들은 보통 먼저 굳은 우정을 맺는다. 헌신적 관계가 자리 잡은 이후에야 거래가 성사된다. 전형적 충고는 "브라질에서 강력한 관계를 맺으려면(시간과 돈 양면에서) 장기적 자원을 쓸 준비를 하라. 그러한 헌신 없이는, 거기서 사업할 생각을 아예 하지 마라"이다 (Morrison & Conaway, 2006: 67). 따라서 작은 스텝을 거쳐 굳은 개인적 유대를 맺으려는 끈기와 의지가 이 나라에서의 사업 협상 성공에 매우 중요하다.

브라질은 일반적으로 많은 중요한 문제에서 집안의 아버지가 최종 의사결정권자가 되는 가부장적 사회이다. 나이가 들어감에 따라, 집안의 더 나이 많은 구성원들 또한 존경을 받게 되고 더 젊은 가족 구성원의 보살핌을 받게 된다. 따라서 호프스테드의 53개국 조사에서 브라질이 권력 거리에서 14위에 오른 것은 놀랍지 않다 (Hofstede, 2001). 그러나 62개국 사회를 대상으로 한 더 최근의 GLOBE 연구에서는, 브라질이 권력 거리의 실태에서는 24

위를 기록했지만, 권력 거리에 두는 가치에서는 낮은 순위(54위)를 기록했다 (House et al., 2004). 기업 거래의 측면에서, 권위에는 많은 층위가 있고 외국인들은 일을 처리할 수 있는 사람을 찾기 위해 많은 스텝을 거쳐야 한다.

또한, 미국인이나 일본인과 비교했을 때, 브라질인들은 좀 더 명령을 많이 하는 경향이 있고 협상에서 "노(No)"를 말하는 경향이 더 컸다 (Adler, 2007). 명령의 사용은 브라질의 긴 군사정부 역사 때문으로 돌릴 수 있다. 따라서 이러한 행동은 역사적 정치 제도로부터 작은 스텝 떨어진 것이다. 과도하게 "노"라고 말하는 경향 또한 협상이 너무 빨리 타결되는 것을 막기 위한 방법이고, 역시 작은 스텝으로 진행할 필요성을 보여주는 행동이다.

신체적 접촉

간헐적인 군사통치와 쇠퇴하고는 있지만 여전한 군사통치의 영향 때문에, 엘리트는 일반 대중 위에 권력을 휘두르는 것으로 널리 간주되고 있다. 사실, 현대 사회에는 엘리트가 거의 모든 부를 통제했던 식민 시대의 강한 자취가 남아 있다. 브라질은 전 세계적으로 빈부 격차가 가장 심한 나라 중 하나로, 가장 부유한 10%가 부의 50% 이상을 통제하고 가장 가난한 10%는 부의 1% 미만을 통제한다. 그러나 앞에서 지적했듯이, 1992년 이후 빈곤은 상당히 줄어들었고 그에는 엄청난 지역적 차이가 있다. 또한 지난 수십 년간 소득 불평등 비율은 브라질에서보다 영국이나 미국 같은 선진국에서 훨씬 많이 증가했다.

국가 문화에 대한 일반화는 반드시 지역적 차이를 고려해야 하고, 브라질도 예외가 아니다. 작은 스텝과 순환성 같은 행동의 다수는 사업이 전형적 서구 스타일로 이루어지고 사람들이 버스를 탈 때도 줄을 설 만큼 조직화된 상파울루와 같은 일부 지역에는 잘 적용되지 않는다. 그러나 상파울루는 부유한 기업가들이 범죄의 희생양이 되는 일을 최소화하기 위해 자기 회사가 있는 곳과 외부인 출입을 통제하는 자신들의 공동체 사이를 헬리콥터를 이용해서 이동할 정도의 큰 빈부 격차로 어려움을 겪고 있다. 그들은 또한 직장과 집에 무장 경호원을 고용한다. 예상이 가능하듯이, 장갑차가 매우 인기 있다.

이 나라 역사의 작은 스텝과 순환성이 가져온 미래에 대한 불확실성은 브라질인들에게도 강하게 나타난다. 브라질은 꽤 오랫동안 신흥시장이었고 현재는 위에서 지적했다시피 BRIC 국가로 알려져 있다. 이 잠든 거인을 깨우기 위한 오랜 기다림은 대중에게 긴장감을 불어넣었고, 사람들은 이 매일매일의 압박감과 불확실성을 여러 가지 방법으로 다루었다. 한 가지 주요한 방법은 개인적 관계와 인간적 따스함에 의존하는 것이다. 우리는 신체적 접촉이라는 특징에 관하여 삼바를 분석함으로써 이 생각을 더 발전시킬 것이다.

삼바는 보통 다른 사람과 매우 가까이에서 추고, 삼바 박자를 따라가려면 움직임이 격렬하고 계속적이어야 한다. 삼바의 역사 자체가 신체적 접촉의 중요성을 지시한다. 삼바는 '배꼽을 격렬하게 튕기는' 것을 특징으로 하는 앙골라의 다산 의식의 후신이라고 알려져 있다 (Krich, 1993: 73). 몇몇 사람들은 **움비가다**(*umbigada*) 의식이 현대의 삼바에 또 다른 영향을 미쳤다고 생각한다. 이 의식에서 사람들은 원형으로 둘러서서 골반을 내밀면서 춤을 춘다. 움비가다라는 단어는 배꼽을 의미하는 단어 움비고(*umbigo*)에서 파생되었다. 따라서 이 의식과 전자의 관계는 분명하다. 또한, 앙골라에서 쓰이는 반투족 언어인 은간겔라(Ngangela)에서, **쿠삼바**(*kusamba*)라는 단어는 '깡충거리고, 뛰어다니면서 제약이 없는 즐거움을 표현하는 것'으로 정의할 수 있다 (Krich, 1993: 73). 따라서 신체적 접촉과 인간적 따스함의 중요성은 삼바라는 은유에 잘 나타난다.

가족 간의 유대

인간적 접촉에 대한 이러한 필요성은 브라질 가족을 통해 가장 잘 나타난다. 앞에서 말했듯이, 가족 간의 유대는 이 나라에서 최고로 중요하다. 아이들이 결혼할 때가 되어서야 부모의 집을 떠나는 경우가 잦고 새 집도 가까운 곳에 마련하는 경우가 빈번하기 때문에, 가족 구성원은 보통 일정한 지역 안에서 다 찾을 수 있다. 이러한 주거 배열 덕분에 가족 구성원은 정기적으로 서로를 직접 만나 대화할 수 있다. 가족의 유대를 재확인하는 가장 흔한 방법은 일요일 식사에 가는 것이다. 보통 일족의 웃어른이 이 식사를 주관하고, 그의 아들과 손자 모두가 그의 집에 모여 대화와 좋은 음식을 나눈다. 이러한 생각은 다음 인용구에 잘 나타난다. "우리는 포르투갈 요리와 함께 브라질인의 환대의 기본인 풍족한 식탁, 다양한 음식, 친구와 가족과 함께 식사하는 즐거움에 대한 취향을 물려받은 것을 잊을 수 없다"(Buarque de Holanda, 1971: 121).

강한 가족적 통합은 자연스럽게 기업계에서의 광범위한 친족

등용 족벌주의로 이어진다. 가족 구성원들은 모든 친척들이 확실하게 보살핌을 받도록 특별한 주의를 기울인다. 불행하게도 많은 일자리는 일을 제대로 해낼 수 있는 능력의 여부에 관계없이 가족 구성원에게 주어진다.

만약 어떤 브라질인의 가족 구조가 약하거나 존재하지 않는다면, 많은 부분 가족의 유대에 기초한 사회적 네트워크의 중요성을 생각할 때 그는 크게 불리한 위치에 있다. 그러한 사회적 네트워크 밖에 존재하는 개인이 얼마나 보호로부터 멀어지는지에 대한 극단적 예로, 다행히도 상대적으로 드문 경우이기는 하지만 고아들을 죽여서 그 신체 일부를 파는 것이 있다. 이와 유사하게, 경찰도 때때로 정당한 이유가 아예 없거나 거의 없이 민간인을 죽일 정도로 부패한 행동을 한다. 몇 년 전, 자기 민족을 위해 시위를 하는 하류 계층의 인디언에게 등유를 쏟은 두 상류층 젊은이를 판사가 벌하지 않자 대중은 분노했다. 그 판사는 젊은이들이 자기 개를 다룰 때 보이듯이 그들은 다른 사람들에게는 섬세하다고 주장했다.

그러나 사회적 이동성을 높이기 위한 몇 가지 메커니즘이 있고, 그에 대한 지원도 늘어나고 있다. 비록 부유한 사람의 자녀들이 가정교사와 더 나은 학교를 구할 여유가 있고 그에 따라 대학에 갈 기회도 늘어나기는 하지만, **베스티불라도** 이동성을 높이기 위한 메커니즘 중 하나이다. 브라질은 최근 미국의 법과 비슷한 최초의 평등고용기회법을 통과시켰다. 현재 브라질 국민의 53%는 자신을 백인으로 분류하고, 6.2%는 흑인, 38%는 '혼혈', 그리고 2.8%는 토착민으로 분류하거나 아예 지정을 하지 않는다.

자아와 집단주의

개인주의적인 브라질인들이 평등과 자신의 꿈을 추구하기 위한 자유에 가치를 둔다는 사실을 기억하는 것이 중요하다. 역사적으로 서로 다른 인종 출신의 사람들이 어느 정도의 종교적 자유를 허락받았고 그들이 선택한 사람 누구와도 함께 아이를 낳을 수 있는 권리를 지녔다. 예를 들어 사업 협상에서, 브라질인들은 어떤 점을 증명하기 위해 사회적 규칙을 사용하는 방식인 규범적 호소를 일본인이나 미국인보다 훨씬 적게 사용한다 (Adler, 2007). 따라서 브라질인들은 꽉 짜인 집단 안에서 자아에 대한 분명한 인식을 갖고 있다. 집단주의와 개인적인 일반적 자유의 공존이라는 관념은 호프스테드가 브라질에 매긴 순위에 잘 나타난다 (Hofstede, 2001). 브라질이 53개국 중 개인주의-집단주의 연속체에서 정확히 가운데 있기 때문에, 그러한 사상적 대비는 놀랍지 않다. 이와 유사하게 연구는 브라질인들이 다른 사람의 성과에 미국인들보다 더 많은 관심을 표한다는 것을 보여준다 (V. Pearson & Stephens, 1998). 62개 국가 사회를 대상으로 한 GLOBE 연구에서 브라질이 제도적 집단주의 실천에서 52위인 반면, 그에 두는 가치에서는 2위를 차지했다 (House et al., 2004). 이에 비해, 미국은 각각 32위와 54위를 차지했다.

사업을 할 때, 미국인들에게는 브라질인의 접촉이 개인주의적으로 보일지라도, 브라질인들은 많은 집단에 연결되어 있으며 종종 이들 집단의 필요를, 특히 가족의 필요를 개인의 목표보다 우선시한다는 것을 기억하는 것이 중요하다. 기업인들이 가족의 문제를 돌볼 필요 때문에 만남을 취소하거나 회의에 늦는 일이 드물지 않다.

같은 맥락에서 브라질인과 협상할 때는 단지 바로 앞에 닥친 사업을 빠르게 토의하는 것은 적절치 않다. 서로를 알아가는 것이 브라질인들에게는 매우 중요하다. 개인적 관계가 매우 중시되기 때문에, 가족의 안부부터 묻고 시작하는 것은 일반적으로 좋은 출발점이 된다. 개인의 시간과 보살핌이 중요한 다른 관계에서처럼, 신중하게 쌓은 브라질인과의 기업적 관계는 양측 모두에게 장기적 이득을 낳는다.

이러한 신체적 접촉, 가까움, 인간적 따스함의 관념은 더 구체적인 협상 행동에서도 명백히 드러난다. 브라질인들은 미국인이나 일본인보다 얼굴을 정면으로 바라보거나 신체를 접촉하는 경향이 훨씬 더 크다 (Adler, 2007). 얼굴을 바라보는 것은 아마도 사업 파트너의 표정을 읽고 그의 인격에 대해 알고자 하는 브라질인의 소망 때문일 것이고, 신체적 접촉은 종종 단순히 관계의 확인 또는 다른 사람에 대한 관심의 전달이다. "두 명의 브라질 사람 사이의 일반적 대화는 서로 6인치(약 15cm - 역자 주)에서 12인치(약 30.5cm - 역자 주) 떨어진 곳에서 이루어진다" (Morrison, Conaway & Douress, 1995: 34). 미국에서 두 사람 사이의 전형적 거리는 2피트(약 61cm - 역자 주) 이상이다.

파동

엉덩이의 특이한 움직임, 즉 파동으로 묘사되는 삼바의 특징 역시 브라질 문화에 대한 통찰을 제공한다. 파동은 앞에서 서술된 순환 사상의 확장이다. 순환성이 해결책에 도달하는 먼 길을 가든지 막다른 골목에 도달하든지 둘 중 하나로 귀결되는 반면, 파동은 매우 자주 해결책으로 가는 지름길로 이끄는 경향이 있다.

브라질에서 어떤 일을 하기 위해 법과 장애물을 피하는 것은 흔한 일이다. 이 나라에서 찾을 수 있는 복잡한 관료제에 직면하여 어떤 일을 성취하는 것은 삼바의 은유가 시사하듯 말 그대로 여러 가지 일들 사이를 춤추며 나아가는 기술을 통해 이루어진다. 이러한 기술의 배경은 브라질 건국 초기에 있다. 크라이히가 지적하듯, 원래의 포르투갈 출신들 중 다수는 갑자기 땅과 지위를 얻은 약자나 노상강도였다. 이제 높은 지위에 올랐어도 이들의 행동은 그들이 가장 잘 아는, 길거리에서 살아남는 법 안에 굳건히 한정되어 있었다. 자주, 그들의 생존은 인간적 관계를 맺고 사회적 규범을 피하는 데 달려 있었다.

규칙을 무시하는 이러한 이상을 보여주는 브라질의 인기 있는 신화에는 흥미로운 점이 있다. 이 신화의 주인공은 파이프 담배를 피우고 빨간 모자를 쓴 외다리의 키 작은 흑인 사시(Saci)이다. 이 사시에 관해서는 많은 이야기가 있는데, 모두 악행이라는 중심 주제를 갖는다. 이 인물은 일반적으로 사람에게 악행을 하고 도망간다. 예를 들어, 한 이야기에서는 사시가 농장에 들어가는데 그의 존재 때문에 우유가 시어진다. 솔로몬(Michael R. Solomon)에 의하면, 신화란 "한 문화의 공유된 감정과 이상을 표현하는 상징적 요소를 담고 있는 이야기이다. 이러한 방식으로 소비자들에게 그들의 세계에 대한 지침을 제공하기 때문에 신화는 걱정을 덜어준다"(Solomon, 1996: 543). 그러므로 브라질의 많은 사회집단에서 악행을 통해 성공한 개인이 영웅이나 사시의 훌륭한 후계자로 간주되는 것은 놀랍지 않다.

규칙을 깨고 적절한 절차를 벗어나 목적을 달성하는 것에 대한 브라질인의 애호는 잦은 교통신호 위반에서도 명백히 드러난다. 사실 특히 밤에는 적색 신호에 멈추는 것이 위험할 수 있는데, 거리의 행인들이 빈번히 운전자에게 다가와 위협적인 언사를 건네기 때문이다.

지위의 영향

규칙을 피해 가는 길을 찾는 또 다른 방법은 지위를 이용하는 것이다. 브라질이 위계적 구조를 갖기 때문에 흔한 반응인 "내가 누군 줄 알고 그러는 거야?"라는 말에서 드러나듯 높은 지위에 있는 사람에게는 존경을 표해야만 한다. 이러한 반응은 법이 특별한 사람들에게는 통하지 않는다는 정당화의 근거로서, 그 개인이 환기하고자 하는 지위를 가리킨다 (Schneider, 1996: 193). 다시 위의 말로 돌아가서 보면, 화자는 개인적 관계와 당신이 알고 있는 사람의 중요성을 보여주는 것이다. 효과적인 개인적 네트워크는 빈번히 사람들에게 법에 따르는 것보다 훨씬 더 큰일을 해준다. 심지어 20년간의 군사통치 후 민주정을 회복한 1988년 헌법도 **코르디알리다지**(*cordialidade*) 문화, 즉 법보다 개인적 인연이 우선순위라는 문화를 폐지하지 않았다 (Unger, 2007).

이러한 형태의 개인적 인연은 계층에 의한 것이 아닐 때 **제이칭뉴**(*jeitinho*)라고 불린다. 제이칭뉴를 준다는 것은 동료에게 개인의 상황을 이유로 규칙을 피하는 것을 도와달라고 요청한다는 뜻으로 대충 번역할 수 있다. 일반적으로 이 관념은 개인의 평등에 대한 브라질인의 믿음 및 확장된 관료제에 직면하여 인간적 관계를 보존하려는 믿음과 긴밀하게 연결된다. "이러한 관점에서, 제이칭뉴는 사회에서의 도덕적 평등과 사람들의 사회적 불평등을 고려하여 규칙을 인간화하는 방식으로 일상의 놀라움을 처리하는 유연한 방식이다"(Hess, 1995: 40). 제이칭뉴를 구할 때 계층을 끌고 들어가면 특별한 예외를 구하는 개인에게 역효과를 낼 수 있다.

예를 들어, 브라질 대사관에서 일을 볼 때, 여행자들은 직원에게 **제이칭뉴**를 써서 서류 작업을 빨리 처리할 수 있는지 물을지 모른다. 여행자들은 심각하게 아픈 친척이 있어서 최대한 빨리 브라질로 귀국해야 한다고 말할 수도 있다. 직원의 동정심과 강한 가족적 가치에 대한 이러한 호소는 그 과정을 용이하게 해 줄 수도 있다. 그러나 이 호소에 더하여 조금이라도 우월감을 내비친다면 아마도 요청은 거부로 이어질 가능성이 크다. **제이칭뉴** 의식에 연관됨으로써 브라질인들은 비인격적인 규칙을 피하는 동시에 일상생활에 어느 정도의 통제를 행사할 수 있다.

관료제 피하기

순수한 기업 거래에서는, **제이칭뉴**를 구하는 것만으로는 아마도 충분치 않을 것이다. 이런 경우 기업인들은 브라질의 무수하고 복잡한 관료제 규칙을 헤쳐나가는 것을 도와줄 **데스빠샨치**(*despachante*), 즉 대행인을 구한다. 25년 전 포르투갈인으로부터 물려받은 광범위한 관료제는 많이 단순화되었고, 그러한 서비스에 대한 필요성도 약간 줄어들었다. 그럼에도 불구하고, 고객들을 위해 힘겹게 규제를 헤쳐 나가는 것이 일인 **데스빠샨치**들로만 구성된 사무소들이 있다. 더 나아가, 브라질인들은 글로 쓰인 말, 특히 개인의 서명에 거의 신뢰를 갖지 않아서, 거의 모든 서류는 공증을 받아야 한다. 따라서 데스빠샨치의 유용성은 명백하다. 아이로니컬하게도, 소득세를 신고하는 것은 쉬워서 브라질에는 다른 나라보다 훨씬 앞선 1995년경에 적절한 웹 기반 전자 소득세 신고 시스템이 도입된 바 있다.

데스빠샨치 사업의 구조는 약간 복잡하다. 보통 수석 데스빠샨치가 한 개인의 개별적 요청에 대해 주도적 역할을 맡는다. 그러나 수석 데스빠샨치 밑에는 더 지루한 일을 수행하는 몇 개의 층위로 이루어진 부하들이 있다. 이들이 하는 지루한 일은 적합한 사람이 서명한 특정 서류를 떼기 위하여 여러 시간 줄 서서 기다리는 것이다. 따라서 일반 시민이 브라질의 관료제를 피하는 것을 돕기 위해 진화된 이 제도 자체가 그 조직 내에서는 역시 복잡해졌다. 그러나 미국 내에서 부유한 미국인이나 기업도 그런 목적을 위해 임시직을 고용한다.

규칙을 피한다는 관념은 국제관계에 영향을 주는 쟁점들에서도 찾아볼 수 있다. 지적재산권(IPR: intellectual property rights)의 무대에서, 브라질은 IPR에 관한 파리, 베른, 국제저작권협약의 조인국이자 관세 및 무역에 관한 일반협정(GATT: General Agreement on Tariffs and Trade)의 무역 관련 지적 재산권 협정에 동의했음에도 불구하고, 매우 저조한 성적을 보이고 있다. 해적 소프트웨어 면에서 보면, 브라질에서 판매되는 정품 한 개당 네 개의 불법 복제물이 제작되는 실정이다. 이것은 비효율적 관료제를 가진 개발도상국에서는 흔한 일이다. 여기서 다시, 브라질 문화의 집단주의의 정도가 개인적 관계의 중요성과 합쳐져서 이러한 행동을 조장한다. 많은 논평가들은 브라질이 세계 환경에서 합법적인 사업 파트너로 간주되기 위해서는 이러한 관행이 바뀌어야만 한다고 주장한다. 무수히 많은 복잡한 규제가 만들어내는 장애물 주위에서 춤을 추며 피해가는 것은 이 문화에 매우 뿌리 깊이 박혀 있어서, 오로지 국제적 사업을 수행해야 한다는 필요성만이 브라질인들을 더 보편적인 규범에 따르게 할 수 있는 이유가 될 것 같다.

자발적 탈피

자발적 탈피는 브라질 삼바의 다섯 번째 특징이다. 예상이 가능하듯이, 브라질인들은 이 탈피의 관념에서 길을 잃고 시간의 자취를 놓치는 경향이 있다. 많은 경우 그들은 삶의 불확실성을 피하려 노력하지는 않지만, 너무 심한 불확실성 때문에 음악과 삼바 춤을 통하여 긴장에서 탈피하려는 동기를 갖게 된다. 브라질인들에게 삼바는 많은 브라질인을 괴롭히는 실업, 낮은 생활의 질, 가난 등 일상적 현실로부터의 자발적 탈피라는 관념을 상징한다.

그러나 더 가까이서 보면, 가난한 현실에도 불구하고 이 나라는 여전히 미소짓고 있다. 왜일까? 아마도 그것은 브라질인들이 삼바를 출 수 있고, 짧은 순간만이라도 자유로 가득한 세상에서 관심의 중심이 될 수 있기 때문일 것이다. 수년간 군사통치 하에 있었고 정부에 대한 불신 및 널리 퍼진 뇌물과 부패에 시달리는 나라에서, 탈피는 많은 브라질인들이 갈망하는 그 무엇이다. 삼바는 그 음악과 춤이 사람들을 휩쓸어 시간의 자취와 그들의 문제를 잊게 하기 때문에 탈피이다. 브라질인들이 다중시간적이라고 묘사되는 것도 놀랄 일이 아니다. 그러나 다시 말하지만, 그렇게 다양하고 대조적인 땅에서, 이러한 일반화는 억제되어야 한다. 예를 들어 사무적인 남부에서 기업인들은 미팅에 제 시간에 맞게, 심지어 더 일찍 올 것으로 기대되며, 남부 브라질인들은 할당된 일을 시간에 맞추어 끝내지 못하면 일반적으로 눈살을 찌푸린다. 그러한 기대는 단일시간적 행동을 상징한다.

앞에서 지적했듯이, 삼바는 카니발과 동의어로 간주되어 왔으며, 그 중 가장 잘 알려진 것은 리우에서 치러진다. 전 세계적으로 대부분의 카니발은 하루 동안 지속되지만 리우에서는 카니발이 4일에 걸쳐 치러진다. 16개 삼바 학교 각각이 일 년 동안 꾸준히 다양한 퍼레이드와 시합에 사용할 장식 수레를 만든다. 마지막 퍼레이드는 6만 명을 수용할 수 있는 특별한 퍼레이드 경기장인 삼보드로모(Sambodromo)에서 열린다. 브라질 카니발의 독특함과 인기를 설명하기 위해 다양한 이론들이 동원되어 왔다. 한 가지 두드러진 설명은 이 축제가 일상의 힘들고 단조로운 일로부터의 탈피이자 서로 다른 사회 계층의 구성원을 쉽게 함께 어울리게 하는 자발적이고 예상되지 않은 활동, 즉 파티와 퍼레이드임을 강조했다.

브라질문화의 자발성은 때때로 그 제도에서도 찾을 수 있다. 한 브라질인은 학생들이 그냥 자발적으로 아무거나 손에 잡히는 대로 들고 삼바 박자를 치던 상황을 묘사하며 브라질에서의 대학 생활 경험을 떠올렸다. 예를 들어, 연필로 책상을 두드릴 수도 있고 자로 의자를 때릴 수도 있다. 많은 브라질인들이 비슷한 이야기로 학창 시절을 묘사한다. 이러한 이유 때문에, 삼바는 더더욱 분명하게 브라질의 문화적 상징이다. 모든 브라질인들은 교육 초기부터 대학 졸업 때까지 삼바의 춤과 움직임을 통하여 자발성을 성취하고 현실에서 탈피하는 법을 배운다.

사커(soccer), 또는 대부분의 세계에서 풋볼(football)이라고 불리는 축구는 삼바의 자발성을 반영하는 브라질의 또 다른 문화적 양상이다. 사실 브라질의 경기 스타일은 '삼바 축구'라고 불리며 화려하고, 복잡하며, 매우 위험한 공격적 동작으로 특징지어진다. 브라질은 다른 어떤 나라들보다 세계 챔피언이 된 적이 많으며, 모든 시대를 아우르는 최고의 축구 선수는 분명히 브라질인인 펠레(Pelè, 진주라는 뜻. 브라질의 전 국가대표 축구선수로 브라질을 세 차례 연속 월드컵 우승으로 이끌었던 펠레의 본명은 에드손 아란테스 도 나시멘토[Edson Arantes do Nascimento]로 펠레는 초등학교 때 얻은 별명이다 – 역자 주)이다. 브라질은 2014년 월드컵과 2016년 올림픽을 주최한다.

부자와 빈자

브라질 국민은 또한 일상의 경제적 현실에서 탈피할 필요를 느낀다. 상당한 번영을 과시하고 있음에도 불구하고, 브라질의 대도시는 인구과밀일 뿐 아니라 세계에서 가장 가난한 사람들이 살고 있는 곳이다. 사실 브라질은 중남미에서 **파벨라**(*favela*, 브라질 도시의 빈민 지역 – 역자 주), 즉 빈민굴이 가장 많은 나라이고, 이러한 브라질인들을 위한 탈피는 그들의 인내와 생존에 필수적이다.

탈피의 사상은 브라질 문화와 언어의 큰 부분이다. 브라질인들이 사용하는 가장 유명한 어구 중 하나로 브라질 문명을 가장 잘 요약하는 **투두 봉**(*tudo bom*), 즉 삶의 모든 것은 어떤 식으로든 잘 되기 마련이라는 말이 있다. 이 어구는 삶에 대한 브라질인의 태도와 일상의 부정적인 우여곡절을 보여준다. 브라질인들은 많은 정치적, 경제적 역경을 참아야 했지만 그들은 빈번히 춤, 삼바로 어려운 상황에서 빠져나왔다. 한 브라질인은 심지어 일이 잘 풀리지 않는 하루를 보내고도 사무실에서 매일 **투두 봉**이라는 어구를 사용하여 이 현상을 보여주었다. 대부분의 브라질인들처럼, 그러한 실망은 인생의 현실이며, 단지 긍정적 태도를 가지는 것만이 궁극적으로 모든 것이 잘 되는 길이라는 것이 그녀의 믿음이었다.

기업 관행 면에서, 브라질에서 사업을 하려는 미국인 관리자들은 회의가 항상 제 시간에 시작되고 끝나는 것은 아니라는 점, 아젠다는 해결되지 않을 수도 있다는 점, 요청이 즉시 승인되지 않을 수도 있다는 점을 인식해야만 한다. 앞에서 언급했듯이, 브라질인들에게 시간은 미국인들보다 덜 중요하고, 일정은 빈번히 단순히 형식적인 것으로 받아들여지기 일쑤다. 거듭 말하지만, 북부보다 남부에서는 이런 일이 드물다.

협상과 같은 기업적 상황에서 미국의 관습적 행동 규칙 비슷한 것은 거의 존재하지 않는다. 브라질과 미국의 의사소통 행동 사이의 가장 중요한 차이 중 하나는 침묵의 순간과 대화가 겹치는 순간의 빈도이다 (Adler, 2007). 침묵의 빈도는 미국에서 더 높았고, 대화가 겹치는 순간은 브라질에서 더 자주 나타났다. 브라질은 단일시간적이라기보다는 다중시간적인 경향이 있는 사회이고, 브라질인들은 즉흥적인 경향이 있는 민족이다. 예를 들어, 전형적인 브라질인들은 자기의 의견이 가장 중요하다고 느끼고, 자기가 말하고 싶을 때는 심지어 다른 사람의 말에 갑작스럽게 끼어들어서라도 말을 한다. 브라질인들은 서로의 말에 끊임없이 끼어드는 경향이 있는데, 이러한 경향은 아마도 집단주의/개인주의에 관한 이 문화의 상대적 순위와 일치하는, 전체의 이익을 위한 개인적 표현의 필요성을 반영하는 것 같다. 브라질인들은 협상에 매우 개방적이며, 절대적이라고 간주되는 것은 아무것도 없다. 흥정에 대한 이러한 접근에는 브라질인들의 개인주의적이고 순응을 거부하는 욕구가 반영되어 있다.

업무와 사회생활의 융합

그 외에도 브라질사회의 집단주의지향을 생각할 때, 개인적 생활과 직장생활이 높은 상관관계를 보이는 것은 드물지 않은 일이다. 예를 들어, 브라질의 주요 기업은 고용인들의 재정적 문제를 지원하며 가족의 질병이나 다른 개인적 필요에도 매우 협조적이다.

브라질에서의 기업 수행에서 삼바의 자발적 탈피와 관련된 또 다른 면은 브라질인들이 잠재적 사업 파트너와 점심식사를 하며 교제해야 할 필요성이다. 구체적으로, 대부분의 중남미 문화권에서 그렇듯이, 브라질인들은 인생을 일만 하고 놀지는 않는 것으로 생각하지 않는다. 점심식사라는 배경은 종종 좌절감을 주는 직장 환경으로부터의 브라질 기업인의 전형적인 탈피인 것이다. 따라서 브라질인과 업무상 점심식사를 함께 할 때는 소소한 이야기나 업무와 관련되지 않은 이야기들을 받아들이고 적응해야 한다. 또한 관리자들은 그들의 취미나 가족에 대한 질문에도 개방적이 되어야만 한다. 브라질에서의 업무상 점심식사는 잠재적 사업 파트너들이 서로를 알게 되고 반드시 결론을 이야기하지 않아도 되는 기회가 된다.

브라질인들은 식사 시간을 매우 중요하게 생각하고 업무 문제에서 벗어날 기회를 소중히 한다. 브라질의 전형적 업무상 점심식사는 어느 곳에서든 한 시간 반에서 세 시간이 걸린다. 브라질에서 동맹 관계를 형성하려는 미국인에게, 브라질 문화의 일부로서 탈피의 필요성을 인식하고 존중하는 것은 도움이 될 것이다.

더 나아가, 브라질에서 사업을 하고자 하는 사람은 브라질이 명확한 규칙이 거의 없는 나라라는 점도 인식하고 이해해야 가장 편할 것이다. 예를 들어 브라질에서는 누군가 계약서만으로는 성취할 수 없는 장기적 관계를 위해 계약을 어기는 행동을 해도 윤리적이라고 취급된다. 많은 서구인들에게 이러한 유형의 행동은 비윤리적이고 비난받을 일로 간주될 것이다. 브라질인들과 사업을 할 때는 무언가에 직면하는 대신 그 주위를 돌아가는 방법, 즉 춤을 추며 사물의 주위를 돌아가는 것을 이해하면 유용하다. 이렇게 대부분의 브라질인에게 삼바는 변화하는 통화, 인플레이션 및 정당의 한가운데에서 긴 시간에 걸쳐 안정적인 요소를 상징한다.

무용수의 역설

브라질의 공장 노동자가 카니발 퍼레이드에서 입을 의상에 한 달 급료를 쓰는 것은 드문 일이 아니다. 일 년 내내 같이 리허설을 하는 삼바 학교의 친구들과 함께, 그들은 퍼레이드 동안 거대한 용위에서 춤추고 짧지만 매력적인 존재감을 경험한다. 이러한 경험은 브라질에서의 삼바의 영향과 효과를 매우 잘 묘사해 준다. 브라질의 삼바 학교는 70년도 더 전에 개교되었고 축구팀처럼 지역적 정체성의 일부이다. 그러나 이러한 행동이 가장 잘 보여주는 것은 삼바에서의 무용수의 역설이다.

이 이야기가 보여주듯이, 브라질에서 삼바 무용수들은 대비되는 속성으로 가득 차 있다. 다른 삼바 학교와의 경쟁을 준비하거나 카니발에서 삼바를 출 때, 브라질인들은 그들이 되고 싶어 하는 무엇이든 될 수 있는 또 다른 세계로 도망친다. 이 한 순간 동안, 삼바는 그들에게 천국으로 가는 차표이다. 예를 들어 삼바 의상은 가격이 4,000달러(빈민가 거주자의 일 년치 소득)까지 나간다. 이러한 의상은 아마도 최고급일 것이고, 대부분의 빈민굴 거주자는 비록 의상에 많은 돈을 쓰기는 하지만 일 년치 급료 전부를 의상 하나에 쓰지는 못한다. 그러나 몇몇에게 있어서는, "그들의 투자는 노예의 조상들에게 적합한 백일몽을 삶에 가져다줌으로써 보상을 받는다 … 그 날 하루 동안 그들은 왕의 친구가 된다"(Krich, 1993: 69). 이러한 삶의 역설적 방식은 브라질 문화의 많은 측면에서 찾아볼 수 있다.

크라이히가 지적했듯이, 전체 삼바 퍼레이드는 무명의 옛 작곡가, 잊혀진 노예들의 반란, 쌀 경작의 역사, 심지어 바나나의 영광 등에 대한 헌정으로 구성된다 (Krich, 1993). 즐거움과 고통 간의 이러한 대비는 브라질 전역에서 볼 수 있다. 로빈슨(Eugene Robinson)은 사우바도르 다 바이아(Salvador da Bahia)라는 도시를 브라질 음악의 맥박이라고 정의했다 (Robinson, 1997). 이 도시에서 브라질인이 지니는 대비되는 이미지들은 중앙 광장에서 일어나는 활동을 통하여 가장 명백해진다. 오늘날 이 광장은 여행객들이 사진을 찍으려고 포즈를 취하고 드레드락(레게 머리의 바른 명칭 – 역자 주)

을 한 장사꾼들이 그 지방 공예품을 파는 관광객의 메카이지만, 수년 전 이 똑같은 광장은 노예를 공개적으로 고문하는 장소였다.

대비와 역설

역사적으로 브라질은 대비와 역설의 나라였다. 앞에서 지적했다시피, 브라질 국민은 사회적, 경제적 배경과 인종이 다양하며 이 다양성에 필적할 나라는 거의 없다. 많은 전문가들이 유럽계 인구가 브라질인의 신체적 외모에 가장 큰 공헌을 했다고 믿고 있지만, 또한 역사에 걸친 광범위한 인종 간 결혼으로 인해 유전학적으로 복잡한 인구가 탄생함으로써 브라질인이 구별되는 새로운 민족이 되었다고도 믿는다.

브라질 국민은 외부인을 쉽게 당황하게 만들 수 있다. 비록 대부분의 브라질 사람들이 적어도 북미인의 눈에는 '흑인'으로 보이지만, 단지 6%만이 인구총조사에서 자신이 흑인이라고 답했다. 더욱이, 브라질인들은 메스티소(*mestisos*), 혹은 혼혈인을 묘사하는 많은 용어를 갖고 있다. 브라질인들은 브라질에서 볼 수 있는 다양한 피부색 유형을 묘사하기 위해 무수한 창의적인 은유적 명칭을 사용한다. 예를 들어, 그들은 매우 검은 아프리카계 유형을 **석탄색**(*cor do carvão*)이라고 부르고 사회에서 중요한 위치를 차지하고 있는 피부색이 검은 사람들은 **땅의 하얀색**(*branco da terra*)이라고 부른다. 한 가구조사는 응답자들이 검정-흰색 연속체 속에서 개인을 묘사하기 위하여 136개라는 많은 수의 용어를 사용했음을 보여준다 ("흑백이 아니다[No Black and White]," 2006). 브라질사회가 그 예술, 음식, 음악에 많은 인종과 민족적 요소들을 성공적으로 결합해 왔기 때문에 이 결과는 놀랍게 보일 수도 있다. 사회적 지위에 차이는 있을지라도, 삼바를 출 때처럼, 사람들이 "우리 모두는 브라질인이다(We ard all Brazilian)"라는 전반적인 감정을 갖는 순간이 있다. 이 표어는 하나의 문화로서 그리고 아마도 하나의 민족 단위로서의 브라질의 모든 것을 포함하는 감정을 정의한다.

그러나 인종 문제는 브라질에서 극도로 복잡하다. 비록 모든 유형의 브라질인들이 미국인들보다 일상생활에서 더 쉽게 상호작용하는 경향이 있지만, 상당한 소득 불평등이 있고, 검은색 피부를 가진 사람들이 빈곤층의 다수를 차지한다. 아프리카계 미국인 저널리스트인 로빈슨은 브라질과 미국의 차이를, 아프리카인의 피가 한 방울이라도 섞이면 흑인이라는, 미국에 널리 퍼진 '한 방울' 이론에 돌렸다 (Robinson, 1995, 1999). 그 결과, 미국에는 인구통계학적 분류로 지지되는 '흑인 대 백인'이라는 큰 격차가 있다.

브라질에서는 반대 이론, 즉 '백인의 피가 한 방울이라도 섞이면 백인'이라는 이론이 광범위하게 써져 있다. 이에 따라 아프리카계 미국인 사이에서 피부색의 미묘한 차이가 논의의 초점임에도 불구하고, '브라질리안 레인보우'라는 용어는 대중적으로 쓰이지만 '아메리칸 레인보우'는 없다. 이러한 피부색의 불확정성 때문에, 일부 관찰자들은 브라질에서는 인종보다 사회 계급이 중요하고, 심지어 계급을 의식하는 잉글랜드에서보다도 브라질에서 사회 계급이 더욱 중요하다고 주장했다 (P. B. Smith & Bond, 1998). 아이러니컬하게도, 과학자들은 현재 인종이란 쓸모없고 피상적인 분류이며, 제국주의적 편견에 의해 알려진 옛 사이비과학의 유물이라고 주장한다. 문제를 더 복잡하게 하는 것은, 브라질에 많은 수의 다른 민족 집단이 있다는 사실을 주목해야 한다는 것이다. 사실상, 아메리카 원주민, 유럽인, 아프리카인, 순혈과 혼혈 동아시아인 등을 포함하여 브라질보다 더 다양한 인종을 가진 나라는 거의 없다. 브라질은 아프리카 밖에서 흑인과 그 자손이 가장 많이 모여 사는 곳일 뿐만 아니라 일본 밖에서 일본인과 그들의 자손이 가장 많이 모여 사는 곳이기도 하다. 그들 모두 혹은 그들 중 거의 모두는 자신의 정체성을 브라질인으로 본다. 예를 들어, 10만 명 이상의 일본계 브라질인들은 브라질에서의 일자리 부족으로 인해 일본의 하급 직장에서 일하지만, 실상 아무도 일본어를 쓰지 않고 일본인들은 그들을 피한다. 이와 유사하게, 독일계 브라질인들은 거의 모두가 포르투갈어를 제1 언어로 사용하는데, 전통적 독일 방식대로 자정까지 옥토버페스트를 기념하며, 이때 삼바와 같은 브라질 음악이 이 행사를 바꾸어놓는다. 『이코노미스트(*Economist*)』는 이러한 현상에 대한 논평을 통해 '브라질리안 레인보우'가 그 단점에도 불구하고 심도 있게 연구되어야 한다고 주장하며, "브라질인들은 그들을 갈라놓는 것보다 그들을 뭉치게 하는 것에서 더욱 주목할 만하다"고 썼다 ("아이네 클라이네 삼바[Eine Kleine Samba, 모차르트의 〈소야곡(*Eine Kleine Nachtmusik*)〉에서 따온 제목 – 역자 주]," 1995: 49).

이러한 아이러니컬한 통합은 브라질의 요리에도 반영된다. 야자유와 코코넛 밀크로 가득한 해물 스튜 등 많은 전통 음식이 아프리카 요리로부터 큰 영향을 받았다. 특히 목각 예술품과 공예품은 마치 세네갈이나 가나에서 생산된 것처럼 보인다. 이러한 예는 브라질에서는 매우 일상적이다.

부자와 빈자 사이의 대비는 브라질 문화의 거의 모든 측면에 나타난다. 예를 들어 브라질의 많은 도시에는 현대의 마천루와 산업, 식민 시대의 교회와 마을이 역설적으로 공존한다. **파벨라**(*favelas*, 빈민가 언덕) 바로 아래에서 호화스러운 아파트를 보는 일이 드물지 않다. 기업경영이 반민반관(半民半官)의 성격을 띤다는 점에서 다시금 집단주의/개인주의 연속체의 중간에 브라질을 두는 삼바의 역설이 정부 부문에도 반영된다.

종교의 역할

그 외에도, 종교가 브라질 국민의 대비를 잘 보여준다. 브라질 일부에 널리 퍼진 종교는 로마가톨릭교와 아프리카 컬트 숭배의 제 신혼합주의(여러 사상, 종교, 철학 등의 융합 – 역자 주)로, 아프리카로부터 직접 유래된 만신전(萬神殿, 모든 신을 모시는 신전 – 역자 주)을 특징으로 한다. 브라질의 많은 종교는 또한 가톨릭교로부터 십자가에 못 박힌 예수상이나 다양한 성인 등의 상징을 차용한 무수한 미술과 컬트 종교의 대비에도 반영된다. 이에 따라 종교적 요소는 보수적 가톨릭 전통이 마술 풍습과 초자연적 힘에 대한 믿음에 따라 변형될 정도로 서로 뒤섞인다. 인구총조사에서는, 73%의 브라질인이 자신이 가톨릭교도라고 대답했고, 15%는 복음주의자, 5%는 기타 종교, 7%는 종교가 없다고 답했다. 브라질은 모순에 엄청난 관용을 베푼다.

중남미에서 복음주의 개신교도는 1960년 500만 명에서 1997년 6,000만 명으로 증가한 것으로 추정되며, 이 추세가 뒤바뀔 조짐은 없다. 이러한 움직임에 대처하기 위하여, 브라질의 가톨릭교 신부들은 현재 가톨릭교도들이 다시 종교에 귀의하도록 주의를 끄는 수단으로 랩 음악, 삼바와 관련 음악을 이용하고 있다(Faiola, 1997).

브라질과 그 국민의 역설에 대한 마지막 진술로서, 우리는 녹색 바탕에 큰 황색 다이아몬드가 있는 브라질 국기를 살펴볼 수 있다. 녹색은 브라질의 푸르게 우거진 들과 숲을 상징한다. 황색은 브라질 여러 지역에서 찾을 수 있는 금의 부유함을 상징한다. 황색 다이아몬드의 중앙에는 지구의 열대 지방에서 볼 수 있는 보통의 남색 하늘을 상징하는 청색 구(球)가 있다. 그 하늘에는 브라질의 수도와 연방 주를 상징하는 별들이 있다. 구 중앙에는 '질서와 진보'를 뜻하는 *Ordem e Progresso*라는 명각이 있는 백색 깃발이 있다. 브라질 국민에 의한 이러한 브라질의 묘사는 그 자체가 역설이다. 브라질인들이 그들의 풍부한 자연 자원에 자부심을 갖고 있기는 하지만, 현재의 기업 관행은 실제로 아마존 숲과 같은 자원을 침식하고 있다. 더 나아가, '질서와 진보'라는 관념은 브라질이 그 다채로운 역사 속에서 다스려져 온 방식과는 상당히 대조적이다.

삼바 무용수의 역설은 브라질인들과 함께 일하기를 원하는 기업인들에게 중요한 함의를 갖는다. 위에서 예로 들었듯이, 브라질인들은 쉽게 범주화하기 어려운, 또는 이해하기 어려운 특징을 가진 사람들의 도가니이다. 브라질인과 함께 일하려 할 때는, 그들의 풍부한 역사와 문화적 승리를 기억하는 것이 도움이 된다. 비록 브라질인이 방문객에게 매우 친절하고 방문객이 편안함을 느낄 수 있도록 최선의 노력을 하지만, 이 나라에서 기업 파트너십을 형성하려면 인내가 핵심적 미덕이다. 그러면서도 여전히, 계급적 차이와 다양한 특수이해집단에 세심한 주의를 기울이는 것이 정치적 동맹을 맺고 전략적 이득을 취하는 데 필수적이다. 브라질은 다양성이 큰 나라이지만, 공동의 대의명분을 위해 삼바를 춤으로써 통합될 수 있다. 이러한 이유로, 브라질의 경제, 사회, 문화(국민)에 편안함을 느낄 수 있도록 브라질 국민의 다양한 요소를 이해하는 것이 중요하다.

    결론적으로, 브라질은 거대한 다양성과 대비로 이루어진 광대한 나라이다. 그러나 이 장 첫머리의 인용문이 시사하듯이, 전부는 아닐지라도 대부분의 브라질인들이 브라질과 그 문화가 특별하고 비범하다고 간주한다. 브라질이 그 기반시설과 규제 환경에서 이미 겪었고 앞으로 계속 겪어야만 할 중대한 변화에도 불구하고, 브라질은 계속 다양하고, 복잡하고, 신비한 나라일 것이며 삼바는 이러한 문화적 주제를 새롭고 흥미로운 방식으로 계속 표현할 것이다.

참고문헌

A party animal. (2011, January 20). *The Economist*, 63-64. Retrieved from http://www.economist.com/node/17965515

Accents: We want to talk proper. (2002, December 5). *The Economist*, 55. Retrieved from http://www.economist.com/node/1477669

Adler, N. (with Gundersen, A.). (2007). *International dimensions of organizational behavior* (4th ed.). Cincinnati, OH: South-Western.

American football: The search for supermen. (2006, September 28). *The Economist*, 95. Retrieved from http://www.economist.com/node/ 7963514

Andersen, P. A. (1994). *Explaining intercultural differences in nonverbal communication*. In L. A. Samovar & R. E. Porter (Eds.), Intercultural communication: A reader (7th ed., pp. 4-24). Belmont, CA: Wadsworth.

Andrews, J. (1999, July 22). A survey of Canada: Holding its own. *The Economist*. Retrieved from http://www.economist.com/node/224910

Angelos, J. (2010, July 3). Many Germans would rather waive the flag: Immigrant's banner raises a ruckus with Berlin leftists. *The Wall Street Journal*. Retrieved from http://online.wsj.com/article/SB 100014240527 4870469960457534300403883993 6.html

Arden, H. (1990, May). Searching for India: Along the Grand Trunk Road. *National Geographic*, 177-185.

Azuma, H. (2011, March 16). For a change, proud to be Japanese (S. Kono & J. E. Abel, Trans.). *The New York Times*. Retrieved from http://www.nytimes.com/2011/03/17/opinion/17azuma.html

Bac to school. (2007, September 6). *The Economist*, 55. Retrieved from http://www.economist.com/node/9769433

Banerji, P. (1983). *Erotica in Indian dance*. Atlantic Highlands, NJ: Humanities Press.

Barnlund, D. (1989). *Public and private self in Japan and the United States: Communicative styles of two cultures*. Yarmouth, ME: Intercultural Press.

Barrionuevo, A. (2011, May 19). Upwardly mobile nannies move into the Brazilian middle class. *The New York Times*. Retrieved from http://www.nytimes.com/2011/05/20/world/americas/20brazil.html

Barzini, L. G. (1964). *The Italians* (1st Touchstone ed.). New York: Simon & Schuster.

Barzini, L. G. (1983). *The Europeans*. New York: Simon & Schuster.

Beech, H. (2011, June). Sumo wrestles with globalization. *McKinsey Quarterly*. Retrieved from http://www.mckinseyquarterly.com/Sumo_wrestles_with_globalization_2829

Bellman, E. (2010, October 5). When the stars align, Indians say, it's a good time to have a C-section. *The Wall Street Journal*. Retrieved from http://online.wsj.com/article/SB10001424052748704394704575495413840008880.html

Berg, S. (2011, July 8). Five schools "send more to Oxbridge than 2000 others." *BBC Today*. Retrieved from http://www.bbc.co.uk/news/education-14069516

Boerner, S., & Freiherr von Streit, C. (2005). Transformational leadership and group climate: Empirical results from symphony orchestras. *Journal of Leadership and Organizational Studies*, 12(2), 31–41.

Bonavia, D. (1989). *The Chinese*. London, UK: Penguin.

Bond, M. H. (1986). *The psychology of the Chinese people*. New York: Oxford University Press.

Boorstin, D. J. (1965). *The Americans: The national experience*. New York: Random House.

Boswell, R. (2011, June 13). 'Celine Dion phenomenon' could boost patriotism: Poll (updated August 25, 2011). *National Post*. Retrieved August 26, 2011, from http://news.nationalpost.com/tag/association-for-canadian-studies/

Brint, S. (1989). Italy observed. *Society*, 26(5), 71–76.

British stiff-upper lip "prevents heart attack patients getting help." (2006, November 20). *Daily Mail* (UK). Retrieved from http://www.dailymail.co.uk/news/article-417510/British-stiff-upper-lip-prevents-heart-attack-patients-getting-help.html

Brooke, J. (1993, November 12). Even Brazil is shocked: State is one family's fief. *The New York Times*. Retrieved from http://www.nytimes.com/1993/11/12/world/even-brazil-is-shocked-state-is-one-family-s-fief.html

Brown, D. L. (2001, July 5). The boundaries of ignorance: Canadian TV show satirizes Americans. *The Washington Post*. Retrieved from http://www.washingtonpost.com/ac2/wp-dyn?pagename=article&node=&contentId=A20075-2001Jul4

Brzezinski, Z. (2000, January 7). War and football. *The Washington Post*.

Buarque de Holanda, S. (1974). *Historia do Brasil: Curso moderno*. São Paulo, Brazil: Companhia Editora Nacional.

Burr, A. (1917). Russell H. Connell and his work. *Philadelphia*, PA: Winston.

But did they buy their own furniture? (2006, August 10). *The Economist*, 46. Retrieved from http://www.economist.com/node/7289005

By hook or by crook. (2007, May 31). *The Economist*, 49–50. Retrieved from http://www.economist.com/node/9259081

Campbell, J. (1962). *The masks of god: Oriental mythology*. New York: Penguin Books.

Cannadine, D. (1999). *The rise and fall of class in Britain*. New York: Columbia University Press.

Carême, A. (1833). *L'art de la cuisine francais au dix-neuvieme siecle*. Paris, France.

Carroll, R. (1987). *Cultural misunderstandings: The French American experience*. Chicago, IL: University of Chicago Press.

Casciato, P. (2011, June 8). Americans rated most hilarious in global poll. *Reuters*. Retrieved from http://www.reuters.com/article/2011/06/08/us-humour-nationalities-idUSTRE7563XB20110608/

Caste prejudice "may exist" in British workplaces. (2010, March 3). *BBC News*. Retrieved from http://news.bbc.co.uk/2/hi/uk_news/politics/8546661.stm

Catching up in a hurry. (2011, May 19). *The Economist*, 37–38. Retrieved from http://www.economist.com/node/18712379

Chen, M.-J. (2001). *Inside Chinese business: A guide for managers worldwide*. Boston, MA: Harvard Business School Press.

Chu, H. (2008, March 30). From low caste to high office in India. *Los Angeles Times*. Retrieved from http://articles.latimes.com/2008/mar/30/world/fg-mayawati30/

Clarke, M., & Crisp, M. (1976). *Understanding ballet*. New York: Harmony.

Clausewitz, C. von. (1989). *On war* (M. Howard & P. Paret, Trans.). Princeton, NJ: Princeton University Press. (Original work published 1832)

Clayre, A. (1985). *The heart of the dragon*. Boston, MA: Houghton Mifflin.

Cohen, R. (2011, June 9). When fear breaks. *The New York Times*. Retrieved from http://www.nytimes.com/2011/06/10/opinion/10iht-edcohen10.html

Colvin, G. (2002, July 22). Sick of scandal? Blame football! *Fortune*, 44. Retrieved from http://money.cnn.com/magazines/fortune/fortune_archive/2002/07/22/326310/

Colvin, G. (2003, February 17). For touchdown, see rule 3, sec. 38. *Fortune*, 17, 34. Retrieved from http://money.cnn.com/magazines/fortune/fortune_

archive/2003/02/17/337324/

Conty, M. (1999, Fall). *Belle of the ball*. Hermes [Columbia Business School], 42–44.

Coomaraswamy, A. (1969). *The dance of Shiva*. New York: Sunwise Turn. (Original work published 1924)

Cooper, A. (1995). Tangomania in Europe and North America: 1913–1914. In S. Collier, A. Cooper, M. S. Azzi, & R. Martin (Eds.), *Tango! The dance, the song, the story* (pp. 66–113). London, UK: Thames and Hudson.

Copland, A. (1957). *What to listen for in music*. New York: McGraw-Hill. (Original work published 1939)

Cottrell, J. (1986). *Library of nations: Germany*. Alexandria, VA: Time-Life Books.

Crook, C. (1991, May 4). A survey of India. *The Economist*, 1–18.

Crozier, M. (1964). *The bureaucratic phenomenon*. Chicago, IL: University of Chicago Press.

Crystal, D. (2011). *Evolving English: One language, many voices*. London, UK: British Library.

de Gramont, S. (1969). *The French: Portrait of a people*. New York: G. P. Putnam's Sons.

de Jorio, A. (2000). *Gesture in Naples and gesture in classical antiquity* [La mimica degli antichi investigata nel gestire napoletano] (A. Kendon, Trans.). Bloomington: Indiana University Press.

De Mente, B. (1990). *Japan's secret weapon: The kata factor; The cultural programming that made the Japanese a superior people*. Phoenix, AZ: Phoenix Books.

de Mooij, M. (2011). *Consumer behavior and culture: Consequences for global marketing and advertising* (2nd ed.). Thousand Oaks, CA: Sage.

Dehejia, R. S. (2010, April 30). India journal: Conspicuous under-consumption. *The Wall Street Journal*. Retrieved from http://blogs.wsj.com/indiarealtime/2010/04/30/india-journal-conspicuous-under-consumption/

Eine kleine samba. (1995, November 4). *The Economist*, p. 49.

Emsden, C. (2008, January 26). Euro-Zone growth may rest with Germany. *The Wall Street Journal*.

England's shame. (1998, June 18). *The Economist*, 49. Retrieved from http://www.economist.com/node/136016

Ever higher society, ever harder to ascend. (2004, December 29). *The Economist*, 22–24. Retrieved from http://www.economist.com/node/3518560

Fackler, M. (2007, August 5). Career women in Japan find a blocked path.

The New York Times. Retrieved from http://www.nytimes.com/2007/08/06/world/asia/06iht-06equal.6995284.html

Fackler, M. (2008b, February 24). Michelin gives stars, but Tokyo turns up nose. *The New York Times*. Retrieved from http://www.nytimes.com/2008/02/24/business/worldbusiness/24guide.html

Faiola, A. (1997, October 2). Priest tries to rap Brazilians back into fold. *The Washington Post*.

Faiola, A. (2010, December 19). Kate Middleton's "commoner" status stirs up Britons' old class divide. *The Washington Post*. Retrieved from http://www.washingtonpost.com/wp-dyn/content/article/2010/12/18/AR2010121803829.htm

Fan, M. (2007, December 26). Children of China's elite get lessons in family values. *The San Diego Union-Tribune*. Retrieved from http://www.signonsandiego.com/uniontrib/20071226/news_1n26china.html

Fang, T. (1999). *Chinese business negotiating style*. Thousand Oaks, CA: Sage.

Ferguson, N. (2002). *Empire: The rise and demise of the British world order and the lessons for global power*. New York: Basic Books.

Ferguson, W. S. (2007). *Why I hate Canadians* (10th anniversary ed.). Vancouver, Canada: Douglas & McIntyre.

Fieg, J., & Mortlock, E. (1989). *A common core: Thais and Americans* (Rev. ed.). Yarmouth, ME: Intercultural Press. (Original work published 1976; author J. Fieg)

Fine, J. (1985). *Your guide to coping with back pain*. Toronto, Canada: McClelland & Stewart.

Fine, J. (1987). *Conquering back pain*. New York: Prentice Hall Press.

Fisher, G. (1988). *Mindsets: The role of culture and perception in international relations*. Yarmouth, ME: Intercultural Press.

Fleming, C., & Lavin, D. (1997, November 5). How many protests can the French take? About 10,000 a year. *The Wall Street Journal Europe*.

Freeland, C. (2010, January 29). What Toronto can teach New York and London. *Financial Times*. Retrieved from http://www.ft.com/intl/cms/s/2/db2b340a-0a1b-11df-8b23-00144feabdc0.html

Frost, E. (1987). *For richer, for poorer: The new U.S.-Japan relationship*. New York: Council on Foreign Relations.

Fuller, T. (2011a, May 12). The fallout for chiding the royals in Thailand. *The New York Times*. Retrieved from http://www.nytimes.com/2011/05/12/world/asia/12thai.html

Fuller, T. (2011b, January 1). When the spirits talk, as they frequently do, Thais are eager to listen. *The New York Times*. Retrieved from http://query.nytimes.com/gst/fullpage.html?res=9501EFDC1139F932A35752C0A9679D8B63

Gabrielidis, C., Stephan, W., Ybarra, O., Dos Santos-Pearson, V., & Villareal, L. (1997). Preferred styles of conflict resolution. *Journal of Cross-Cultural Psychology*, 6(28), 661-677.

Gaskell, E. (1995). *North and south*. New York: Penguin Putnam (Original work published 1855)

Geertz, C. (1973). *The interpretation of cultures: Selected essays*. New York: Basic Books.

George, P. (1987). *University teaching across cultures: Lessons from U.S. Fulbrighters in Southeast Asia and their colleagues in Thailand*. Bangkok, Thailand: U.S. Information Service.

Gledhill, R. (2007, February 15). Catholics set to pass Anglicans as leading UK church. *Times Online* (UK). Reprinted at http://www.freerepublic.com/focus/f-religion/1785394/posts/

Glyn, A. (1970). *The British: Portrait of a people*. New York: Putnam.

Goldstein, P. (2004, September 12). The game of life. *Los Angeles Times*. Retrieved from http://articles.latimes.com/2004/sep/12/entertainment/ca-goldstein12/

Gopal, R., & Dadachanji, S. (1951). *Indian dancing*. London, UK: Phoenix House.

Guiliano, M. (2005). *French women don't get fat: The secret of eating for pleasure*. New York: Knopf.

Gupta, V., & Hanges, P. J. (2004). Regional and climate clustering of societal cultures. In R. J. House, P. J., Hanges, M. Javidan, P. W. Dorfman, & V. Gupta (Eds.), *Culture, leadership, and organizations: The GLOBE study of 62 societies* (pp. 178-215). Thousand Oaks, CA: Sage.

Habermas, J. (2010, October 28). Leadership and Leitkultur. *The New York Times*. Retrieved from http://www.nytimes.com/2010/10/29/opinion/29Habermas.html

Haley, E. (1996, March 22). How French advertising professionals develop creative strategy. *Journal of Advertising*. Retrieved from http://www.allbusiness.com/marketing-advertising/advertising/554562-1.html

Hall, E. T. (1966). *The hidden dimension*. Garden City, NY: Doubleday.

Hall, E. T., & Hall, M. R. (1990). *Understanding cultural differences*. Yarmouth, ME: Intercultural Press.

Hand of God, hand of Italian man. (1998, May 14). *The Economist*, 56. Retrieved from http://www.economist.com/node/129193

Handley, P. M. (2006). *The king never smiles: A biography of Thailand's*

Bhumibol Adulyadej. New Haven, CT: Yale University Press.
Happy-ish birthday. (2011, March 17). *The Economist*, 61. Retrieved from http://www.economist.com/node/18400574
Harden, B. (2008, May 6). Japan steadily becoming a land of few children. *The Washington Post*. Retrieved from http://www.washingtonpost.com/wp-dyn/content/article/2008/05/05/AR2008050502224.html
Haskell, A. L. (1963). *The Russian genius in ballet*. Elmsford, NY: Pergamon Press.
Haskell, A. L. (1968). *Balletomania*. New York: AMS Press.
Haycraft, J. (1987). *Italian labyrinth: Italy in the 1980s*. New York: Viking Penguin. (Original work published 1985 in the UK)
Hess, D. (1995). *The Brazilian puzzle: Culture on the borderlands of the Western world*. New York: Columbia University Press.
Hofstadter, R. (1955). *Social Darwinism in American thought*. Boston, MA: Beacon.
Hofstede, G. H. (1980a). *Culture's consequences*. Beverly Hills, CA: Sage.
Hofstede, G. H. (1991). *Cultures and organizations: Software of the mind*. New York: McGraw-Hill.
Hofstede, G. H. (2001). *Culture's consequences: Comparing values, behaviors, institutions, and organizations across nations* (2nd ed.). Thousand Oaks, CA: Sage.
Hogg, C. (2006, January 11). Japan bows to code of respect. *BBC News*. Retrieved from http://news.bbc.co.uk/2/hi/asia-pacific/4594782.stm
Hollinger, C. (1977). *Mai pen rai means never mind* (1st Far East reprint ed.). Tokyo, Japan: John Weatherhill. (Original work published 1967)
House, R. J., Hanges, P. J., Javidan, M., Dorfman, P. W., & Gupta, V. (2004). *Culture, leadership, and organizations: The GLOBE study of 62 societies*. Thousand Oaks, CA: Sage.
How Britain's elite has changed. (2002, December 5). *The Economist*, 15. Retrieved from http://www.economist.com/node/1477598
Huntington, S. P. (1996). *The clash of civilizations and the remaking of world order*. New York: Simon & Schuster.
Huxley, A. (1951). *Antic hay*. New York: Modern Library.
Illarionov, A. (2009). The siloviki *in charge*. *Journal of Democracy*, 20(2), 69–72. Retrieved from http://www.journalofdemocracy.org/articles/gratis/Illarionov-20-2.pdf
In a league of its own. (2006, April 27). *The Economist*, 63–64. Retrieved from http://www.economist.com/node/6859210
Iwao, S. (1990). Recent changes in Japanese attitudes. In A. D. Romberg

& T. Yamamoto (Eds.), *Same bed, different dreams: America and Japan-Societies in transition* (pp. 41-66). New York: Council on Foreign Relations.

Iwatani, N., Orr, G., & Salsberg, B. (2011, June). Japan's globalization imperative. *McKinsey Quarterly*. Retrieved from http://www.mckinseyquarterly.com/Japans_globalization_imperative_2824/

JETRO (Japan External Trade Organization). (2006). Japan is the world's most concentrated source of revenue for luxury brands. Retrieved from http://www.jetro.org/content/361/

Jobless pay around the globe. (2010, May 16). *Bloomberg Businessweek*, 14. Retrieved from http://www.businessweek.com/magazine/content/10_20/b4178014086188.htm

Johnson, H. (1985). *How to enjoy wine*. New York: Simon & Schuster.

Jones, H. (2010, December 10). Why British students are rioting in London. *Time*. Retrieved from http://www.time.com/time/world/article/0,8599,2036392,00.html

Kahn, G., & Di Leo, L. (2007, June 28). In Italian crackdown, tax cheats get the boot. *The Wall Street Journal*.

Kakar, S. (1978). *The inner world: A psycho-analytic study of childhood and society in India*. New York: Oxford University Press.

Kang, K. C. (2008, February 26). Americans loosening their church loyalties. *Los Angeles Times*. Retrieved from http://articles.latimes.com/2008/feb/26/nation/na-religion26

Kanter, R. M. (1979). Power failures in management circuits. *Harvard Business Review*, 57(4), 65-75.

Karp, H. (2008, February 1). What game? *The Wall Street Journal*. Retrieved from http://online.wsj.com/article/SB120182489659533665.html

Karp, J., & Williams, M. (1998, April 22). Leave it to Vishnu: Gods of Indian TV are Hindu deities. *The Wall Street Journal*.

Kaufman, J. (1999, October 22). Why doesn't business, like baseball, create improbable heroes? *The Wall Street Journal*.

Keefe, E. K. (1977). *Area handbook for Italy*. Washington, DC: American University.

Keirsey, D. (1998). *Please understand me II: Temperament, character, intelligence*. Del Mar, CA: Prometheus Nemesis Book.

Kettenacker, L. (1997). *Germany since 1945*. Oxford, UK: Oxford University Press.

Keyes, R. (2006). *The quote verifier: Who said what, where, and when*. New York: St. Martin's Press.

Kightly, C. (1986). *The customs and ceremonies of Britain*. London, UK:

Thames & Hudson.

Kimmelman, M. (2010, December 10). In Italy, a political opera about opera. *The New York Times*. Retrieved from http://www.nytimes.com/2010/12/11/arts/music/11scala.html

King, L. (2011, March 13). Japan's massive earthquake has little effect on culture's impeccable manners. *Los Angeles Times*. Retrieved from http://articles.latimes.com/2011/mar/13/world/la-fg-japan-quake-polite-20110313/

Knight, C. (2007, July 25). The grandstand erected by Italy. *Los Angeles Times*. Retrieved from http://articles.latimes.com/2007/jul/25/entertainment/et-getty25/

Kotkin, J. (1993). *Tribes: How race, religion and identity determine success in the new global economy*. New York: Random House.

Kraar, L. (1994, October 31). The overseas Chinese. *Fortune*, 91–114.

Kras, E. S. (1989). *Management in two cultures*. Yarmouth, ME: Intercultural Press.

Kresge, N. (2008, February 17). Aging guest workers are fresh poser for Germany. *Reuters*. Retrieved December 20, 2008, from http://www.reuters.com/article/worldNews/idUSL0521752720080218/

Krich, J. (1993). *Why is this country dancing?* New York: Simon & Schuster.

Kristof, N. D. (2011, March 11). Sympathy for Japan, and admiration. *The New York Times*. Retrieved from http://kristof.blogs.nytimes.com/2011/03/11/sympathy-for-japan-and-admiration/

Lakshmi, R. (2011, December 7). India suspends plan to open up retail market to foreign chains. *The Washington Post*. Retrieved from http://www.washingtonpost.com/world/asia_pacific/india-suspends-plan-to-open-up-retail-market-to-foreign-chains/2011/12/07/gIQA74wqbO_story.html

Lannoy, R. (1971). *The speaking tree: A study of Indian culture and society*. New York: Oxford University Press.

Laurent, A. (1983). The cultural diversity of Western concepts of management. *International Studies of Management and Organization*, 13(1–2), 75–96.

Lessem, R. (1987). *The global business*. London, UK: Prentice-Hall International.

Levine, I. R. (1963). *Main Street, Italy*. Garden City, NY: Doubleday.

Lewis, M. (2006). *The blind side: Evolution of a game*. New York: Norton.

Liker, J. K., & Ogden, T. N. (2011). *Toyota under fire: Lessons for turning crisis into opportunity*. New York: McGraw-Hill.

Lintner, B. (2009). The battle for Thailand: Can democracy survive? *Foreign Affairs*, 88(4), 108–118.

Lucas, E. (2010, September 17). State security post-Soviet style [Review of Andrei Soldatov and Irina Borogan's book, *The new nobility: The restoration of Russia's security state and the enduring legacy of the KGB*]. *The Wall Street Journal*. Retrieved from http://online.wsj.com/article/SB10001424052748703466704575489774021664514.html

Major, J. S. (1989). *The land and the people of China*. New York: J. B. Lippincott.

McBride, E. (2002, February 28). A new order: A survey of Thailand. *The Economist*. Retrieved from http://www.economist.com/node/998338

McBride, S. (2003, August 7). Gray area: In corporate Asia, a looming crisis over succession. *The Wall Street Journal*.

McCarthy, D. J., Puffer, S. M., & Darda, S. V. (2010). *Convergence in entrepreneurial leadership style: Evidence from Russia* (Harvard Business School Case # CMR464-PDF-ENG). Available from http://hbr.org/store/

McClave, D. E. (1996). The society and its environment. In E. Solsten (Ed.), *Germany: A country study* (3rd ed., pp. 131–192). Washington, DC: Library of Congress.

McDating. (2002, January 31). *The Economist*, 30. Retrieved from http://www.economist.com/node/966859

McFaul, M., & Stoner-Weiss, K. (2008). The myth of the authoritarian model: How Putin's crackdown holds Russia back. *Foreign Affairs*, 87(1), 68–84. Retrieved from http://iis-db.stanford.edu/pubs/22072/Myth_of_the_Authoritarian_Model.pdf

McKinsey & Company. (2008). *Germany 2020: Future perspectives for the German economy; Summary of findings*. Frankfurt, Germany: McKinsey & Company. Retrieved from http://www.mckinsey.de/downloads/profil/initiativen/d2020/D2020_Exec_Summary_englisch.pdf

McNeilly, M. (2012, Revised Ed.). *Sun Tzu and the art of business: Six strategic principles for managers*. New York: Oxford University Press.

Meichtry, S. (2011, March 31). Italian mammas put meals on wheels, say "Mangia!" to faraway offspring. *The Wall Street Journal*. Retrieved from http://online.wsj.com/article/SB10001424052748704520504576162382890059622.html

Mexico, haunted by new ghosts. (1999, November 4). *The Economist*, 36. Retrieved from http://www.economist.com/node/256028

Michon, J. (1992, December 5). Crown & crisis: Profiles of 20th-century British nobility [Television series episode]. In *Time machine with Jack*

Perkins. New York: Arts & Entertainment.
Miller, L. C., & Hustedde, R. J. (1987). Group approaches. In D. E. Johnson, L. R. Meiller, L. C. Miller, & G. F. Summers (Eds.), *Needs assessment: Theory and methods* (pp. 91–125). Ames: Iowa State University Press.
Miller, T. (2011, January 12). The U.S. loses ground on economic freedom. *The Wall Street Journal*. Retrieved from http://online.wsj.com/article/SB10001424052748703779704576074193214999486.htm
Milton Friedman goes on tour. (2011, January 27). *The Economist*, 63. Retrieved from http://www.economist.com/node/18010553
Molson Canadian Beer (Producer). (2000). *I am Canadian* [Television advertisement]. Retrieved from http://www.youtube.com/watch?v=BRI-A3vakVg
Montignac, M. (1987). *Je mange, donc je maigris!* Paris, France: Artulen.
Moore, M. (Producer and Director), & O'Hara, M. (Producer). (2007). *Sicko* [Motion picture]. United States: Dog Eat Dog Films.
Morin, R. (1998, September 6). Shy nations. *The Washington Post*.
Morrison, T., & Conaway, W. A. (2006). *Kiss, bow, or shake hands* (2nd ed.). Avon, MA: Adams Media.
Morrison, T., Conaway, W. A., & Douress, J. (1995). *Dun & Bradstreet's guide to doing business around the world*. Englewood Cliffs, NJ: Prentice Hall.
Munshi, K. (1965). *Indian inheritance* (Vol. 1). Bombay, India: Bharatiya Vidya Bhavan.
Nakane, C. (1973). *Japanese society*. London, UK: Penguin.
Narayana, G., & Kantner, J. F. (1992). *Doing the needful: The dilemma of India's population policy*. Boulder, CO: Westview Press.
Needham, J. (1954-). *Science and civilisation in China*. Cambridge, UK: Cambridge University Press.
Newman, P. C. (1987, December 7). *A national contempt for the law*. MacLean's, 40.
Ni, C.-C. (2007, May 7). She makes Confucius cool again. *Los Angeles Times*. Retrieved from http://articles.latimes.com/2007/may/07/world/fg-confucius7/
No black and white matter. (2006, July 13). *The Economist*, 38. Retrieved from http://www.economist.com/node/7176779
Onishi, N. (2008, June 13). Japan, seeking trim waists, measures millions. *The New York Times*. Retrieved from http://www.nytimes.com/2008/06/13/world/asia/13fat.html
Osawa, M., & Kingston, J. (2010, July 1). Japan has to address the 'precariat.' *Financial Times*. Retrieved from http://www.ft.com/intl/

cms/s/0/359fa9a8-8545-11df-9c2f-00144feabdc0.html
Ouchi, W. G. (1981). *Theory Z: How American business can meet the Japanese challenge*. Reading, MA: Addison-Wesley.
Paglia, C. (1997, September 17). Gridiron feminism: Why women should love football. *The Wall Street Journal*.
Parker, J. (2003, November 8). A nation apart. *The Economist*, 1–20. Retrieved from http://www.economist.com/node/2172066
Parker, T. (Producer and Director), & Stone, M. (Producer). (1999). *South Park: Bigger, Longer & Uncut* [Motion picture]. United States: Comedy Central & Braniff Productions.
Paul, A. (2007, January 19). The year of the pigskin. T*he Wall Street Journal*.
Paz, O. (1961). *The labyrinth of solitude: Life and thought in Mexico*. New York: Grove.
Pearlstein, S. (2011, April 3). India's costly culture of corruption. *The Washington Post*. Retrieved from http://www.washingtonpost.com/business/economy/indias-costly-culture-of-corruption/2011/03/28/AFXoUMPC_story.html
Pearson, L. (1990). *Children of glasnost: Growing up soviet*. Seattle: University of Washington Press.
Pearson, V., & Stephens, W. (1998). Preferences for styles of negotiation: A comparison of Brazil and the U.S. *International Journal of Intercultural Relations, 22*, 80–99.
Peet, J. (2005, November 24). Addio, dolce vita: A survey of Italy. *The Economist*, 1–16. Retrieved from http://www.economist.com/node/5164061
Pierson, D. (2006, January 3). Cantonese is losing its voice. *Los Angeles Times*. Retrieved from http://articles.latimes.com/2006/jan/03/local/me-cantonese3/
Platt, S. (Ed.). (1989/2003). *Respectfully quoted: A dictionary of quotations requested from the Congressional Research Service*. New York: Bartleby.com. Retrieved from http://www.bartleby.com/73/1652.html (Original work published 1989)
Pomfret, J. (2003, April 27). My place in the procession of tradition. *The Washington Post*.
Pomfret, J. (2008, July 27). A long wait at the gate to greatness. *The Washington Post*. Retrieved from http://www.washingtonpost.com/wp-dyn/content/article/2008/07/25/AR2008072502255.html
Punctured football. (1993, January 9). *The Economist*, 83.
Putnam, R. D. (with Leonardi, R., & Nonetti, R. Y.). (1993). *Making democracy work: Civic traditions in modern Italy*. Princeton, NJ: Princeton

University Press.

Rachman, G. (1999, December 16). A survey of wine: The globe in a glass. *The Economist*, 91-105. Available at http://www.economist.com/node/268095

Radzinsky, E. (2006, July 10). What is Russian civilization? (A. W. Bouis, Trans.). *The Wall Street Journal*. Retrieved from http://www.fbird.com/assets/What%20is%20Russian%20Civilization_7112006153129.pdf

Reforming gloomy France. (2011, April 20). *The Economist*, 27-29. Retrieved from http://www.economist.com/node/18584584

Reid, M. (2006, November 18). Time to wake up: A survey of Mexico. *The Economist*, 1-16.

Reid, T. R. (2000, January 14). The Yanks have landed. *The Washington Post*.

Reischauer, E. O. (1988). *The Japanese today: Change and continuity*. Cambridge, MA: Belknap Press.

Rentoul, J. (2011, June 26). Threatened, isolated, under siege: The UK's working class today. *The Independent* (UK). Retrieved from http://www.independent.co.uk/news/uk/home-news/threatened-isolated-under-siege-the-uks-working-class-today-2302850.html

Reversing inequality: For he that hath. (2010, January 28). *The Economist*, 66-67. Retrieved from http://www.economist.com/node/15407957

Richmond, Y. (2003). *From nyet to da: Understanding the Russians* (3rd ed.). Yarmouth, ME: Intercultural Press.

Ries, N. (1994). Mystical poverty and the rewards of less: Russian culture and conversation during *perestroika*. *Dissertation Abstracts International*, 54(09A), University Microfilms AA (No. 9406121).

Robinson, E. (1995, December 10). Over the Brazilian rainbow. *The Washington Post*.

Robinson, E. (1997, September 28). Sound treks, musical adventures in India, Brazil and Italy. *The Washington Post*.

Robinson, E. (1999). *Coal to cream*. New York: Free Press.

Robinson, M. (2011, June 8). Hate crimes on rise in Canada, but not B.C. *The Vancouver Sun*. Retrieved from http://www.canada.com/vancouversun/news/westcoastnews/story.html?id=91ea9e92-98de-4511-a44a-d663a4d5bc36

Rose, D. (2006, June 29). Britain is running more than a day late. *The Times* (UK). Retrieved from http://www.thetimes.co.uk/

Ross, A. S. C. (1954). Linguistic class indicators in present-day English. *Neuphilologische Mitteilungen*, 55, 113-149. Retrieved from http://www.

scribd.com/doc/39396431/Ross-Alan-1954-Linguistic-Class-Indicators-in-Present-Day-English/

Ross, A. S. C. (1956). U and non-U. In N. Mitford (Ed.), *Noblesse oblige: An enquiry into the identifiable characteristics of the English aristocracy*. London, UK: Hamish Hamilton.

Ross, A. S. C. (1969). *What are U?* London, UK: Andre Deutch.

Russian exceptionalism: Is Russia different? (1996, June 15). *The Economist*, 19-21.

Sanchanta, M. (2010, July 13). Japan's women advance—but slowly. *Market Watch*. Retrieved from http://www.marketwatch.com/story/japans-workplace-gender-gap-2010-07-13-22600/

Sanford, C. L. (1961). *The quest for paradise: Europe and the American moral imagination*. Urbana: University of Illinois Press.

Schaap, J. (2008, February 3). *We will catch excellence*. Parade, 8-9.

Schneider, R. (1996). *Brazil, culture and politics in a new industrial powerhouse*. Boulder, CO: Westview.

Schrotenboer, B. (2006, April 26). Legal in state since December, mixed martial arts sells out arenas. *The San Diego Union-Tribune*. Retrieved from http://www.signonsandiego.com/uniontrib/20060426/news_1n26fight.html

Schulze, H. (1998). *Germany: A new history* (D. L. Schneider, Trans). Cambridge, MA: Harvard University Press.

Schwartz, H. W. (1938). *The story of musical instruments: From shepherd's pipe to symphony*. Elkhart, IN: Pan-American Band Instruments.

Shamberg, M. (Producer), & Crichton, C. (Director). (1988). *A fish called Wanda* [Motion picture]. United States: Metro-Goldwyn-Mayer Pictures.

Shaw, G. B. S. (1916). *Pygmalion: A romance in five acts*. Retrieved from http://www.bartleby.com/138/ (Original work published 1912)

Shiflett, D. (2000, September 1). Praise the lord and pass the football. *The Wall Street Journal*.

Siegele, L. (2006, February 9). Waiting for a wunder: A survey of Germany. *The Economist*. Retrieved from http://www.economist.com/node/5465017

Slackman, M. (2010a, October 1). For some Germans, unity is still a work in progress. *The New York Times*. Retrieved from http://www.nytimes.com/2010/10/01/world/europe/01germany.html

Smith, H. (1991). *The world's religions* (Rev. & updated ed.). San Francisco, CA: HarperCollins.

Smith, J. (2011, December 9). Legal outsourcing: Is the bloom already off the rose? *Law Blog. The Wall Street Journal.* Retrieved December 23, 2011, from http://blogs.wsj.com/law/2011/12/09/legal-outsourcing-is-the-bloom-already-off-the-rose/

Smith, K. G., Grimm, C. M., & Gannon, M. J. (1992). *Dynamics of competitive strategy.* Newbury Park, CA: Sage.

Smith, L. (1990, February 26). Fear and loathing of Japan. *Fortune*, 50–60.

Smith, P. B., & Bond, M. H. (1998). *Social psychology across cultures* (2nd ed.). Boston, MA: Allyn & Bacon.

Solomon, M. (1996). *Consumer behavior.* Englewood Cliffs, NJ: Prentice Hall.

Solsten, E. (1996). Introduction. In E. Solsten (Ed.), *Germany: A country study* (pp. xxxvii–l). Washington, DC: Library of Congress.

Some Friday afternoon polls. (2011, September 30). *Open Europe Blog.* Retrieved from http://openeuropeblog.blogspot.com/2011/09/some-friday-afternoon-polls.html

Sons and daughters. (2011, April 4). Graphic detail [blog]. *The Economist.* Retrieved December 23, 2011, from http://www.economist.com/blogs/dailychart/2011/04/indias_sex_ratio/

Srinivas, M. N. (1980). *India: Social structure.* Delhi, India: Hindustan. (Original work published 1969)

St. John, A. (2009). *The billion dollar game: Behind the scenes of the greatest day in American sport —Super Bowl Sunday.* New York: Doubleday, 2009.

Stewart, E., & Bennett, M. (1991). *American cultural patterns: A cross cultural perspective* (2nd ed.). Yarmouth, ME: Intercultural Press.

Stiglitz, J. E. (2002). *Globalization and its discontents.* New York: W. W. Norton.

Stoller, R. (1975). *Perversion: The erotic form of hatred.* New York: Pantheon.

Sugawara, S. (1998, August 21). From debt to desperation in Japan. *The Washington Post.*

Sullivan, K. (2002, December 26). The union boss is the only man to see. *The Washington Post.*

Sun Tsu. (1963 ed.). *Sun Tzu and the art of war* (S. B. Griffith, Trans.). London, UK: Oxford University Press.

Swardson, A. (1996, November 30). Surly Parisians taught to grin and bare their friendly side. *The Washington Post.*

Szalay, L. (1993). *The subjective worlds of Russians and Americans: A guide for mutual understanding.* Chevy Chase, MD: Institute of Comparative Social and Cultural Studies.

Tabuchi, H. (2011, January 3). Japan keeps a high wall for foreign labor. *The New York Times.* Retrieved from http://www.nytimes.com/2011/01/03/world/asia/03japan.html

Tan, A. (1991). *The kitchen god's wife.* New York: Ballantine.

Tasker, P. (1987). *The Japanese: Portrait of a nation.* New York: New American Library.

Taylor, S. A. (1990). *Culture shock! France.* Portland, OR: Graphic Arts Center.

Thais tickled pink by unlikely fashion trendsetter: King. (2007, December 1). *The San Diego Union Tribune.* Retrieved from http://www.signonsandiego.com/uniontrib/20071201/news_lz1n1nowread.html

The ascent of British man. (2002, December 5). *The Economist,* 53. Retrieved from http://www.economist.com/node/1477687

The importance of sex. (2006, April 12). *The Economist.* Retrieved from http://www.economist.com/node/6800723

The long life of *Homo sovieticus.* (2011, December 10). The Economist, 27. Retrieved from http://www.economist.com/node/21541444

The potential heirs to Buffett's throne. (2011, April 1). Dealbook. Retrieved from http://dealbook.nytimes.com/2011/04/01/the-potential-heirs-to-buffetts-throne/

The uncivil partnership. (2011, May 12). *The Economist,* 71. Retrieved from http://www.economist.com/node/18681847

Thomson, A. (2010a, September 14). Mexico finds itself with little to celebrate. *Financial Times,* 8. Retrieved from http://www.ft.com/intl/cms/s/0/9ba52bbe-c01a-11df-b77d-00144feab49a.html

Timmons, H., & Polgreen, L. (2011, June 14). As India's growth slows, leaders face political headwinds. *The New York Times.* Retrieved from http://www.nytimes.com/2011/06/15/business/global/15rupee.html

Too many laws, too many prisoners. (2010, July 22). *The Economist,* 25–29. Retrieved from http://www.economist.com/node/16636027

Triandis, H. C., & Gelfand, M. J. (1998). Converging measurement of horizontal and vertical individualism and collectivism. *Journal of Personality and Social Psychology,* 74(1), 118–128.

Trompenaars, F., & Hampden-Turner, C. (1998). *Riding the waves of culture: Understanding cultural diversity in global business* (2nd ed.). New York: McGraw-Hill.

Tsunoda, T. (1985). *The Japanese brain: Uniqueness and universality.* Tokyo, Japan: Taishukan.

Two pints of lager and a decaf latte. (2010, September 16). *The Economist*, 71. Retrieved from http://www.economist.com/node/17043860

UKIP (UK Independence Party). (2010). *UKIP manifesto: Empowering the people*. Retrieved from http://www.ukip.org/media/pdf/UKIPManifesto 2010.pdf

Unger, B. (2007, April 14). Dreaming of glory: A special report on Brazil. *The Economist*, 1–16.

UNICEF. (2008). *State of the world's children 2009: Maternal and newborn health*. New York: United Nations Children's Fund. Retrieved from http://www.unicef.org/sowc09/

Vedel, A. (Ed.). (1986). *The Hachette guide to French wines*. New York: Knopf.

Venezia, E. (1997). *Cross-cultural management: UN solo management nella differenziata realta Italiana?* (Unpublished doctoral dissertation). Universita Boccon, Milan, Italy.

Vincent, J. (2003). *Culture and customs in Brazil*. Westport, CT: Greenwood Press.

Vivekanada. (2011). Lectures from Colombo to Almora: My plan of campaign. In *The complete works of Swami Vivekananda* (Vol. 3). Retrieved from http://www.ramakrishnavivekananda.info/vivekananda/volume_3/lectures_from_colombo_to_almora/my_plan_of_campaign.htm (Originally presented as a lecture, February 9, 1897, in Madras [Chennai], India)

Vogel, E. F. (1979). *Japan as number one: Lessons for America*. Cambridge, MA: Harvard University Press.

Weir, F. (2008, May 22). Russian parents make no apologies for being "hyperprotective." *The Christian Science Monitor*. Retrieved from http://www.csmonitor.com/The-Culture/The-Home-Forum/2008/0522/p18s01-hf gn.html

Wheatley, J. (2010, February 11). The dance professionals: The Brazilian samba schools behind carnival are discovering the art of management. *Financial Times*, 12.

Whitlock, C. (2008, February 2). Germany rebuffs U.S. on troops in Afghanistan. *The Washington Post*. Retrieved from http://www.washingtonpost.com/wp-dyn/content/article/2008/02/01/AR2008020103141.html

Whitlock, C., & Smiley, S. (2008, March 14). Non-European PhDs in Germany find use of 'Doktor' verboten. *The Washington Post*. Retrieved from http://www.washingtonpost.com/wp-dyn/content/article/2008/03/13/AR2008031304353.html

Wilkinson, T. (2007a, February 18). Italy's rich pay to look richer. *Los Angeles Times*. Retrieved from http://articles.latimes.com/2007/feb/18/world/

fg-bella18/

Willey, D. (1984). *Italians*. London, UK: British Broadcasting Corporation.

Wilson, D., & Purushothaman, R. (2003). *Dreaming with BRICs: The path to 2050* (Global Economics Paper No. 99). New York: Goldman Sachs. Retrieved from http://www2.goldmansachs.com/our-thinking/brics/brics-reports-pdfs/brics-dream.pdf

Wilson, J. Q. (2007, April 20). In defense of guns. *Los Angeles Times*. Retrieved from http://articles.latimes.com/2007/apr/20/opinion/oe-wilson20/

Wines, M. (2011, March 23). As tsunami robbed life, it also robs rite of death. *The New York Times*. Retrieved from http://www.nytimes.com/2011/03/24/world/asia/24burial.html

찾아보기

G

G8 국가 434
GLOBE 연구 43, 51, 65, 109, 169, 244, 309-310, 417, 466, 489

ㄱ

가라테 283
가레산스이(枯山水) 273
가르보(garbo) 12-13
가마쿠라 277
가부장주의 450; 가부장적 가족 구조 466; 가부장적 사회 484
가브리엘리디스(Christina Gabrielidis) 450
가이 포크스 데이(Guy Fawkes Day) 162
가이고쿠진(外国人) 279, 298, 300
가이진(外人) 279, 300
가족 32; 가족 복합체 252; 가족 중심 네트워크 256; 가족관계 28, 32, 35, 257; 가족기업 32-33
가족제단 245, 252, 254, 261, 437, 459
가톨릭 14-15, 31, 212
간디(Mohandas Karamchand Gandhi) 345
감독이사회(Aufsichtsrat) 70
개논(Martin Gannon) 332
개스켈(Elizabeth Gaskell) 141

개인주의 36, 43, 108, 125, 169, 187, 190, 193, 220, 246, 263, 272, 310-311, 415, 450
개인주의-집단주의 연속체 489
건식정원 273
게뮈틀리히카이트(Gemütlichkeit) 60
게이츠(Bill Gates) 193
게잠트슐레(Gesamtschule) 77
겔펀드(Michael Gelfand) 318
격식 62, 66
견제와 균형 194
경영이사회(Vorstand) 70
경쟁적 개인주의 71
경제불평등 189
경제자유지수 3, 50, 225, 270, 321, 337, 387, 420, 479
경제전쟁 49
경제협력개발기구(OECD) 78, 101, 189
계급구조 17
고령화 17
고맥락 105-106, 120, 207, 227, 240, 247, 251, 258-259, 312; 고맥락 문화 8, 40
고비사막 229
골드만삭스(Goldman Sachs) 473
공격성 183, 199; 공격적인 민족주의 160
공동결정(codetermination) 70

공민이혼 31
공산주의의 철권 408
공자 236; 공자평화상 225; 공자학원 224
공적 자아 302
공화정 478
관료제 109, 493
관세 및 무역에 관한 일반협정(GATT) 494
광둥어 237
교향곡 8, 51, 83
교향악 51, 53, 71; 교향악단 51-53, 55, 58-59, 64, 66, 71, 78-79
구획: 구획나누기 59, 62-64; 구획화 86
국가사회주의당(National Socialist Party) 48
국가주의 215, 217, 218
국제저작권협약 494
국제투명성기구 399
국제학생평가프로그램 78
군사통치 478, 485, 492
군자(君子) 232
군주제 171, 172, 478
군중장면 25
권력 거리 43, 108, 465
권위 서열 323-326, 399; 권위 서열 문화 232, 272, 318, 325, 327; 권위 서열 문화권 321, 324
귀납법 73
그레츠키(Wayne Gretzky) 433
그룬트슐레(Grundschule) 75
극단주의자 345
근대화 42
글라스노스트(glasnost) 385
글린(Alan Glyn) 145

금융위기 67
기독교민주연합(CDU) 57, 79
기업가족 246
기회의 평등 193, 196
길드 4
김나지움(Gymnasium) 76
꼼빠드라즈고(compradazco) 451
꽌시 249, 258-260
끄렝 짜이(kreng cai) 321

ㄴ

나카네(Chie Nakane) 247
나폴레옹 99; 나폴레옹 법전 95
남성중심 사회 31
남아선호사상 225
네그레테(Jorge Negrete) 470
노동당 138-139
노동자회의 70
노동조합 168
노벨평화상 225
노스롭 그루만(Northrop Grumman) 331
노자 234, 236
노허들 오펜스(no-huddle offense) 185, 203
농경사회 236
누레예프(Rudolf Nureyav) 402
뉴잉글랜드 패트리어츠(New England Patriots) 181, 190
느슨한 권위 서열 323-333
느슨한 수직적 위계질서 318
니덤(Joseph Needham) 263

ㄷ

다마루(ठमरु) 339
다양성 55-56, 58
다원주의 200, 207

다이아닉 누티야(दैनिक नतृय) 339
다이어(Brigadier Dyer) 345
다중시간 107, 462, 474, 496, 498
다테마에(建前) 301
단기지향 257
단일시간 107, 211, 474, 496, 498
단일이사회제 70
대공황 48
대동(大同)사상 232
대륙법 99
대처(Margaret Thatcher) 131, 139, 170
대침체(Great Recession) 171
대화 방식 120
더닝(Eric Dunning) 160
덩샤오핑(鄧小平) 265
데스빠산치(despachante) 493-494
데카르트(René Descartes) 101-102; 회의론 101
도(道) 234; 도교(道敎) 234, 236, 238
도스토예프스키(Fyodor Dostoyevsky) 406
도시화 17
도요타 293; 도요타 방식 293
도이체반(Deutsche Bahn) 80
도제 77
독립당(UKIP) 142
독립선언서 213-214
독립전쟁 444
독일통일 83
동 조앙 6세(Dom João VI) 478
동시성 54, 71, 73, 75, 86
동인도회사 344
되르프(Dörfer) 59
둠스데이 북 130
드골(Charles de Gaulle) 116, 123

드라비다족 341
드래프트 186
디아길레프(Sergei Diaghilev) 389, 391
뚜 르 몽드(tout le monde) 98

ㄹ

라 벨라 피규라(la bella figura) 12-13, 26
라 호라 멕시카나(la hora Mexicana) 462
라마(Rama) 343
라이컬투어(Leikultur) 84
라인배커(linebacker) 191
라진스키(Edvard Radzinsky) 384
러시아 혁명 385
러시아연방보안국(FSB) 386, 387
러시아의 문화; 계급 389, 393, 417; 드라마와 사실주의 389, 397, 405, 417; 러시아인의 영혼 389, 409, 412, 417
런던경제학파 151
레알슐레(Realschule) 76
레이건(Ronald Reagan) 116
레프트태클 188
로랑(Laurent) 167
로마제국 6
로빈슨(Eugene Robinson) 501
로스(Alan Ross) 152
롤링(J. K. Rowling) 151
루드라(Rudra) 340
루즈벨트(Franklin D. Roosevelt) 132
르네상스 6, 14
리드(T. R. Reid) 153
리센시아도(licienciado) 467
리소르지민토(risorgimento) 6
리시버(receiver) 191

리치몬드(Yale Richmond) 401, 411, 416
린트너(Lintner) 316
릴라 340
링기쇼(稟議書) 291

ㅁ

마냐나 증후군(mañana syndrome) 463
마린르펜(Marine Le Pen) 117
마린스키: 마린스키 극장 391; 마린스키 발레단 392; 마린스키(키로프) 발레단 397
마셜플랜(Marshall Plan) 49
마에스트로(maestro) 468
마오쩌둥(毛澤東) 224, 236, 240, 265
마이 펜 라이(mai pen rai) 332
마이어스·브릭스 유형 지표 198
마이크스(George Mikes) 144
마치스모(machismo) 460
마킬라도라(maquiladora) 446
마헤스바라(Mahesvara) 340
마히돌 왕(King Mahidol) 316
막부정치 277
만델라(Nelson Mandela) 345
만령절 459
만리장성 229, 238, 240-241
망자의 날 446
매춘 319
메테르니히(Prince Metternich) 53
맥데이팅 210
멋지게 늦기 164
메드베데프(Dmitry Medvedev) 387
메르켈(Angela Merkel) 57, 67
메스티소(mestizo) 442, 446, 468, 502; 메스티소 문화 441

메이지유신 277
멕시코 혁명 444
멜팅팟(melting pot) 202
명(明)나라 230
명예의 전당 215
모기지 435
모노노아우레(もののあはれ) 308
모차르트(Wolfgang Amadeus Mozart) 51
몬테베르디(Claudio Monteverdi) 36
무굴제국 343, 344
무슬림 159, 342-344; 무슬림 공동체 92
무용수의 역설 477
무위(無爲) 235
무조(無常) 307
문(文) 233
문화적 은유 228
미국화(Americanization) 17
미나모토(Yoritomo Minamoto) 277
미니텔(Minitel) 123
미래 지향 417
미르(mir) 416
미식축구 177, 180, 183, 189-190, 195, 197-199, 201-202, 204, 220, 272
미테랑(François Mitterrand) 114, 116
미학 275; 미학이론 306
민권운동 345
민속 간 결혼 325
민주사회 171

ㅂ

바가노바(A. Y. Vaganova) 392
바그너(Wilhelm Richard Wagner) 54

바라티야 자나타당(BJP) 347
바웬사(Lech Walesa) 345
박스트(Leon Bakst) 402
반체제인사 395
발란친(George Balanchine) 392
발레뤼스(Ballet Russe) 391
버팔로 빌스(Buffalo Bills) 185
버핏(Warren Buffett) 190, 193
베르디(Giuseppe Verdi) 39
베르사유 조약(Versailles Peace Treaty) 48
베를루스코니(Silvio Berlusconi) 27
베스트팔렌 조약 55
베스티뷸라(vestibular) 480-481, 488
베토벤(Ludwig van Beethoven) 51, 83
벨리니(Vincenzo Belini) 19
벨칸토(bel canto) 19
벼농사기술 276
벽돌집 짓기 132
병마용 229
보갑제 257
보로간(Irina Borogan) 387
보수당(토리) 138-139
복음주의 기독교 212
볼쇼이 392, 394, 397; 볼쇼이 극장 389, 396; 볼쇼이 발레단 396
부계적 접근 255
부라쿠민(部落民) 299, 300
부시(George W. Bush) 407
부패 34
북경어 237
북대서양조약기구(NATO) 49, 85, 116, 407
북미자유무역협정(NAFTA) 430, 445
북부연맹(Lega Nord) 5
북이탈리아 평야 4

분데스베르(Bundeswehr) 79
불경죄법 314
불교 236, 238, 282; 불교 사원(와트) 316
불신임 투표 139
불확실성 104, 108-109; 불확실성 회피 417
붓다 282
브라마(Brahma) 339, 340
브라운(Gordon Brown) 172
브라질리안 레인보우 503-504
브랜슨(Richard Branson) 151
브리튼띵쓰(BritainThinks) 141
브릭스(BRICs) 336; BRIC 국가 387, 473-474, 486
블레어(Tony Blair) 139
비-U; 비-상류층 152
비-회교도 공동체 92
비교우위 193
비동맹주의 346
비미국계 북미인 432
비베카난다(Swami Vivekananda) 338
비슈누(Vishnu) 339, 340
비스마르크(Otto von Bismarck) 131
비즈니스스쿨 186, 188
비쿨로프(Sergei Vikulov) 402
빈센트(Jon Vincent) 472
빠레 라 빠쎄치아떼(fare la passeggiate) 23
빨간 셔츠 317; 빨간 셔츠당 320
쁘띠 부르주아지(petite bourgeoisie) 98

ㅅ

사눅(sanuk) 331, 465
사다비사(Sadavisa) 340
사란진(Thilo Sarranzin) 57

사르코지(Nicholas Sarkozy) 93, 116
사모펀드 69
사무라이 277, 278
사부아 비브르(savoir-vivre) 99
사순절 81
사실주의 402
사적 자아 302
사트야그라하 345
사회민주당(SDU) 57
사회주의 사실주의 392
산 루네스(San Lunes) 462; 성 월요일 468
산사태 5
산스이가(山水画) 306
산업화 17, 37
삼바 무용수의 역설 506
삼바 축구 497
삼자모델 242
삼하라 340
상호작용 스타일 112
상황윤리 295
생활방식의 선호도 158
샤를마뉴(Charlemagne) 47, 55
서민층(classes populaires) 98
선거권자(MP) 138
선불교(Zen Buddhism) 282, 307; 선불교정원 273
성과 186; 성과곡선 207
성패트릭데이 82
세계경제포럼 310
세계무역기구 259, 430
세계보건기구(WHO) 270
세계부패인식지수 399
세이신(精神) 275, 282, 284-285
세포이 항쟁 344
센빠이(先輩) 285-286

센세이(先生) 299
소니 271
소비만능주의(consumerism) 226
소비에트 연방 385
소셜미디어 211
소수내각 48
소승불교 329
손자 228, 238, 241, 284
솔다토프(Andrei Soldatov) 387
쇄국정책 278
쇠 밥 그릇 226
쇼(George Bernard Shaw) 152
쇼(show) 10-11
쇼군(將軍) 277-279
쇼토쿠(Shotoku)태자 276
수직적 서열 322, 324
수직적 위계질서 319
수직적 집단주의 318, 465
수호성인 18
슈리슈티 340
슈미(趣味) 309
슈티티 340
슈파치에강(spatziergang) 23
슈퍼볼 203-204, 215; 슈퍼볼 선데이(Super Bowl Sunday) 178
스모 298, 300
스코틀랜드; 골프 경기 고안 159; 스코틀랜드 국민당(Scottish National Party) 129
스페셜팀 186
스피드 데이팅(speed dating) 210
습식정원 272-273
시간제한 210
시라크(Jacques Chirac) 94
시민참여 4
시바(Shiva) 339, 342; 시바의 춤 340-341, 347

시부이(渋い) 308
시세이 루덴(愛家庭 流転) 307
시스코 239
시장 228, 241; 시장가격 문화 272; 시장경제 50
시카타(仕方) 275, 279, 280
식전공연 181
신-크루제이루 480
신도(神道) 305-306
신성로마제국 47, 55
실리콘 밸리 195
실크로드 230
싱(Manmohan Singh) 337

ㅇ

아가르(Michael Agar) 453
아누그라하 340
아들러(Adler) 167
아디제스(I. K. Adizes) 396
아리아족 341
아마에(甘え) 285, 321
아브라소(abrazo) 454
아비투어(Abitur) 76-77
아스텍 제국 442
아우토반(Autobahn) 80
아펜니노 산맥 4
아프가니스탄전 49
아피씻(Abhisit Vejjajiva) 314
악바르(Akbar) 황제 343
안나 여제(Empress Anna) 390, 397
알마(alma) 452
알제리 전쟁 93
알프스 산맥 4
암스트롱(Neil Armstrong) 264
애니미즘 252, 305
야마토(大和) 정권 276
에스피리투(espiritu) 452

엘 리센시아도(el licienciado) 468
여권 신장론 114
여왕의 대관식 171
역설 228, 242
연대(Solidarity) 자유노조 345
연립정권 139
연역법 73
영국방송협회(BBC) 140
영국병 160
영국심장재단 144
영미주의(Anglo-American) 48
예(禮) 232-233
예수회 278, 343
오륜(五倫) 232
오페라 2, 6-7, 11, 14-15, 20-22, 25, 27, 30, 36-37, 40-41, 51, 54, 71; 오페라하우스 390
오페레타 6
옥토버페스트(Oktoberfest) 81
와(和) 275, 279
와비(侘) 308
와이(wai) 322
와인의 다섯 가지 주요한 요소 90; 분류 90, 97, 109; 성분 90; 성숙도 90; 순도 90; 어울림 90, 114
와카(和歌) 306
와트 318, 320
외면화 22-28, 35-36, 42-43
외버슐레(Oberschule) 79
운메이(運命) 306
운명론 7
울라노바(Galina Ulanova) 392
움비가다(umbigada) 486
움비고(umbigo) 487
웅거(Brooke Unger) 473
원-백 오펜스(one-back offense) 185
월남전 319

월드와이드웹 123
월시(Bill Walsh) 185
위계질서 69, 304
윌슨(Woodrow Wilson) 199
유고브(YouGov) 140
유교 224, 227, 232, 236, 238, 254; 유교 역학 257; 유교 윤리 강조 257; 유교제도 277
유대 252
유동성 248, 251, 263-265
유럽연합(EU) 3, 41, 56, 67, 85, 89, 137, 142, 173; EU국가 84
유로존 50, 142
유토피아 213, 217
육아휴직법 310
은드랑게타('Ndrangheta) 35
음양 235; 음양의 조화 254
의사결정과정 291
의회당(Congress Party) 346
의회민주주의 134
이라크 전쟁 49, 103, 116
이슬람교 159, 343
이에야스(Tokugawa Ieyasu) 278
이중맹세 85
이지메(いじめ) 287
이탈리아 헌법 12
인(仁) 232
인구대체율 225
인구통계학 503
인더스 문명 341
인도·갠지스 평원 341
인도국민회의 344, 345
인상(impression) 12, 13, 18, 24
인종차별정책(Apartheid) 345
일본은행 310
일부일처제 255
잃어버린 10년 270

입소스리드(Ipsos Reid) 421
잉글랜드의 수치 160

ㅈ

자리배치 64, 86
자민족중심주의 218
자유당 138
자유와 평등 318, 333
자유의 땅 326
자이바츠(財閥) 289-290
작은 스텝의 순환성 477-481, 483, 486
장기 지향 257
장대한 볼거리 10, 11, 13, 15-16, 18, 26, 43
장제스(蔣介石) 249
저맥락 105-106, 238; 저맥락 문화 8, 39
저출산 17
적자생존의 법칙 200
전략 183
전사적품질경영(TQM) 280
전인도무슬림연맹 345
전쟁 228, 238
전제 군주정 316
절대(ni modo) 463
점술 319
접촉문화 410
정령의 집 318
정복왕 윌리엄 130
정원 273-275, 282, 297, 304, 306-308
정체성 84
정확성 54, 71, 73, 75, 80, 86
제국 문화 396
제도적 집단주의 489
제도혁명당(PRI) 440, 445

제시형 리더십 68
제이칭뉴(jeitinho) 492
종교정원 307
종속적 개인주의 71, 86
주공(周公) 257
주택의 기초 놓기 132
중간공연 179, 181
중국: 중국 문화 247; 중국 민족 245; 중국 사회 246; 중국에 대한 대만의 투자 260; 중국의 부계 사회 254; 중국의 제단 252
중산층 98, 150
중앙집권화 103, 105, 107, 109, 125, 396
중화(中華) 230
지빌타(civilta) 17
지역적 다양성 8
지역주의 4
지적재산권(IPR) 494
직업 러시아 무용수 390
진나라 229
진시황 229
집(das Heim) 60, 61
집단주의 36, 169, 188, 246, 325, 415, 450, 489; 집단주의 지향 499
집시 남자 공동체 92

ㅊ

차니와(茶庭) 양식 273
차르 정권 408
차이코프스키(Pyotr Il'yich Tchaikovsky) 391
처칠(Winston Churchill) 128, 131, 417
첸(Ming-Jer Chen) 244
초고속열차(TGV) 124
최대한 느리게(ASLSP) 74

츠키야마(築山) 273
친척 복합체 252

ㅋ

카네발(Karneval) 81
카다피(Muammar Gaddafi) 116
카렘(Antonin Carême) 99
카를로스 곤 효과 271
카모라(Camorra) 35
카브랄(Pedro Alvares Cabral) 477
카스트 346
카이젠(改善) 280
카타 279-280, 285, 298
캄파닐리스모(campanilismo) 37
캐나다: 캐나다 데이 421; 캐나다 모자이크 422, 427-429
캐머런(David Cameron) 139, 142
케이레츠(系列) 290
케이지(John Cage) 74
케인즈(John Maynard Keynes) 48
코너백(cornerback) 192
코르디알리다지(cordialidade) 492
코르테스(Hernando Cortés) 441, 443
코미디 센트럴(Comedy Central) 433
코아비타시옹(cohabitation) 115
코아틀리쿠에(Coatlicue) 443
코워드(Noel Coward) 163
코크니 '압운 속어' 155
코트킨(Joel Kotkin) 245
코하이 286
코헨(Roger Cohen) 420
콘웰(Russell H. Conwell) 216
콜럼버스(Chistopher Columbus) 477
콩코드 123
콰 우테 모크(Cuanhtemoc) 441
쿠삼바(kusamba) 487

쿼터백(quarterback) 184, 188, 203, 208
퀘벡당(PQ) 436
퀸세녜라(quinceanera) 458
크라(Louis Kraar) 257
크로지어(Michel Crozier) 102
크루자두(cruzado) 480
크루제이루(cruzeiro) 480
크리스털(David Crystal) 154
클라우제비츠(Karl von Clausewitz) 240
클레그(Nick Clegg) 139
키로프 극장 392
킥오프(kickoff) 187

ㅌ

탄(Amy Tan) 245
태국: 태국 권투 329; 태국의 미소 318, 329, 331, 333-334
터치다운(touchdown) 187
테일게이트 파티 179, 181
토르데시야스 조약 477
토지 개혁 444
토착 부족 443
톨스토이(Leo Tolstoy) 412
통일성 8, 54, 55, 79
투두 봉(tudo bom) 498
트라이언디스(Harry Triandis) 318
트래블러스 그룹(Travelers Group) 292
특화 188, 193
티로브하바 340

ㅍ

파동 477
파르바티(Parvati) 342
파리 조약 422
파벨라(favela) 497
파블로바(Anna Pavlova) 392
파흐오버슐레(Fachoberschule) 77
파흐호흐슐레(Fachhochschule) 77
팔정도(八正道) 282
팡(T. Fang) 246
팬터마임 무용 390
페기(Charles Péguy) 97
페레스트로이카(perestroika) 385
페리(Matthew C. Perry)제독 279
페트로프스키 극장 392
펠레(Pele) 497
평등고용기회법 310, 488
평등주의 196, 208, 422-424, 427
평화주의 235
포사다(posada) 457
포킨(Mikhail Fokine) 392
표트르 대제(Peter the Great) 384, 390, 407
푸미폰(Bhumibol Adulyadej) 왕 314, 316-317, 320
푸시킨(Alexander Pushkin) 384, 412
푸틴(Vladimir Putin) 386-387, 395, 407, 414
풍경정원 272, 273, 274, 307
프랑스 혁명 95
프레데리코(Frederico) 왕 4
프로미에 당쉐르(premier danseur) 393
프로이센 68; 프로이센 왕국 47
프리드리히 대왕 47, 68
프리드먼(Milton Friedman) 189
프리마 발레리나 393
프티파(Marius Petipa) 391
피그(John Fieg) 333
피사(PISA)쇼크 78
피어슨(Landon Pearson) 414

필드골(field goal) 186, 214

ㅎ

하웁트슐레(Hauptschule) 77
하이든(Joseph Haydn) 51
한 방울 이론 503
한(漢)나라 229
한자녀 정책 225
할랄 93
해스켈(A. L. Haskell) 402
해체된 국가문화 231
핵가족 195
핸들리(Paul Handley) 320
행위(doing) 205
허례허식 236
허세의 사용(vranya) 404
헉슬리(Aldous Huxley) 135
헤알(real) 480
협상 233, 240; 협상가 232, 239-241
호도호도 조쿠(不好不坏族) 311

호프스테드(Geert Hofstede) 50, 65, 108-109, 168, 187, 309, 452, 465, 484, 489; 문화 가치에 대한 53개국 조사 43, 108, 256, 272
혼네 303
홀(Edward T. Hall) 105, 147
홀린저(Carol Hollinger) 332
화교 237
황제 폐하의 예술가 390, 391
후아레즈(Benito Juárez) 444
후쿠시마 원전 269
훌리건 160
흑인기독교(black Protestant) 213
희망퇴직제 271
히스패닉 442
히틀러(Adolf Hitler) 47
힌덴부르크(Paul von Hindenburg) 대통령 48
힌두교 282, 338-339, 343
힐스(John Hills) 151

저자 소개

■ 마틴 J. 개논(Martin J. Gannon)

캘리포니아주립대학 산마르코스 캠퍼스 경영대 국제경영전략 교수이자 메릴랜드 대학 칼리지 파크 캠퍼스 스미스 경영대 명예교수이다. 메릴랜드 대학에서 교무부학장, 글로벌비즈니스센터 창립이사 등 행정직을 두루 맡고 있으며, 동 대학으로부터 국제우수학술상을 수상하기도 했다. 개논 교수는 *Paradoxes of Culture and Globalization* (2008), *Handbook of Cross-Cultural Management* (2001), *Dynamics of Competitive Strategy* (1992), *Managing Without Traditional Methods: International Innovations in Human Resource Management* (1997), *Ethical Dimensions of International Management* (1997)을 비롯하여, 90편의 글과 17권의 책을 저술, 공저 또는 공편했다.

독일 노동·고등교육 센터에서 풀브라이트 수석연구교수를, 태국 방콕 탐마쌋 대학(Thammasat University)에서 존 F. 케네디/풀브라이트 교수를 역임했으며, 그 밖에 다수의 아시아 및 유럽대학에서 방문교수를 지냈다. 여러 기업과 정부기관을 대상으로 컨설팅을 하기도 했다. 방문교수, 컨설턴트, 강사로서 개논 교수는 세계 30개 이상의 국가에 장·단기간 머무르며 강의를 했다.

■ 라즈난디니 필라이(Rajnandini Pillai)

캘리포니아주립대학 산마르코스 캠퍼스 경영대 경영교수이다. 동 대학의 리더십혁신-멘토십형성 센터 창립회원으로서 사무국장을 맡고 있다. 주 연구 분야는 리더십과 비교문화 경영이다. 필라이 교수의 카리스마·변형리더십, 리더십과 투표행동, 조직정의의 문화간 차이에 관한 연구는 *Leadership Quarterly, Journal of Management, Journal of International Business Studies*와 같은 유수의 학술지와 계간지에 게재되었다. 필라이 교수의 주요 저서로는 *Teaching Leadership: Innovative Approaches for the 21st Century* (2003, 공편), *Follower Perspectives on Leadership* (2007, 공편) 등이 있다. 또한 인도 은행업계에서 중간관리자로 일한 적이 있고, 미국의 여러 기관을 대상으로 리더십의 효과성에 대한 컨설팅을 진행했으며, 리더십과 글로벌 이슈에 관한 워크샵을 실시했다. 필라이 교수는 뛰어난 강의와 연구실적으로 CSUSM 경영대 우수교수상, 미국경영학회 서부지부 유망학자상, 우수학술 및 창조활동 CSUSM 총장상, 해리 E. 브레이크빌 공훈교수상 등을 수상했다.

번역자 소개

남경희
서울대학교 영어영문학과 졸업
서울대학교 영문학 석사
現 프리랜서 번역가
삼성경제연구소, 국립중앙박물관 근무

주요 서적
『여성은 왜 적게 버는가』 (신원문화사)
Three Years after the IMF Bailout: A Review of the Korean Economy's Transformation since 1998 (삼성경제연구소, 공역)
Review of the Korean Economy in 2001 (삼성경제연구소, 공역)

- 3장 프랑스, 4장 영국, 7장 중국 가족제단, 9장 태국, 11장 러시아, 12장 캐나다, 13장 멕시코, 14장 브라질 번역

변하나
이화여자대학교 사회생활학과(지리교육, 공통사회교육 전공) 졸업
서울외국어대학원대학교 한영순차통역 및 번역 석사
現 삼성경제연구소 번역사
테라데이터 프로젝트 통번역사, 전 통일부 상임연구위원 역임

주요 서적

『미디어의 이해』(명인문화사)

- 1장 이탈리아, 2장 독일, 5장 미국, 6장 중국 만리장성, 8장 일본, 10장 인도 번역